O que as pessoas estão falando sobre
Economia Circular

Texto confiável e abrangente, que destrincha todos os filamentos importantes que engendram oportunidades de negócios numa economia circular. Está apinhado de fatos, estudos de caso e referências para reflexões posteriores.

Ken Webster, *Head of Innovation*, Ellen MacArthur Foundation

Setor por setor, Catherine esmiúça sistematicamente por que precisamos construir uma economia circular e, o mais importante, complementa a análise explicando como partir para a ação.

Mike Barry, *Director of Sustainable Business*, Marks & Spencer, plc

Este livro vai direto ao ponto e é leitura obrigatória para quem queira compreender e aplicar a economia circular hoje. Os fatores capacitadores, aceleradores e *drivers* são descritos com exemplos e aplicações práticas. Para uma avaliação dos desafios a serem enfrentados no percurso, leia este livro e aprenda com os melhores.

Dr. Julieanna Powell-Turner, *Sustainability Director*, Frith Resource Management, e *Senior Lecturer* em *Sustainable Supply Chains*, Cranfield University, Reino Unido

Explorar ao máximo os recursos e extrair valor em todo o percurso é a essência da transição para uma economia circular. Este manual não poderia ser mais oportuno para ajudar as empresas a se adaptar e a florescer com a implementação dos princípios e práticas da economia circular.

Martin Baxter, *Chief Policy Advisor*, IEMA

Olhar instigante e penetrante sobre a economia circular, partindo da história, dos princípios e dos conceitos subjacentes e concluindo com diretrizes práticas para adotar e aplicar uma abordagem mais circular na condução de qualquer negócio. A transição para modelos de negócio circulares deve situar-se no topo da agenda de todas as organizações, que pode ser orientada e estimulada por este livro.

Nick Cliffe, Innovate, Reino Unido

Compêndio extremamente útil sobre a economia circular, e importante base de referência, entremeada por numerosos estudos de casos. Facilmente compreensível, passa da teoria à prática sem lacunas nem costuras. Recomendo-o como boa fonte de consulta contínua e objetiva para qualquer pessoa que queira aprender e adotar os modelos de economia circular.

Steve Smith, *Director, Supply Chain Transformation*, Tata Steel Europe

Introduz conceitos e ideias centrais para a adoção de métodos de trabalho sustentáveis, claros e pragmáticos em economias circulares. Os muitos exemplos práticos tornam tangíveis os modelos de *supply chain* cada vez mais necessários para conservar recursos escassos e promover o desenvolvimento econômico. Este é um manual para mudança que não poderia ser mais oportuno.

Calum Lewis, *Senior Director*, Demand Planning/Management EMEA, The Lego Group

Introdução clara e acessível ao desenvolvimento e implementação da mentalidade circular, com exemplos práticos e significativos para ajudar as organizações e seus parceiros a fazer a transição para a circularidade.

Dr. Matthew Hunt, *Director, Environment and Sustentability Consulting*, Royal Haskoning DHV

A ambição de Catherine Weetman parece-me ser a de definir a agenda para as empresas e para as cadeias de suprimentos em nossa economia globalizada, e seu livro, *Economia Circular*, é a realização desse propósito. Com elegância e talento, este livro promete abrir os olhos das pessoas, reformular sua mentalidade e reconfigurar suas aspirações para o que pode ser alcançado mediante a aplicação inteligente dessas ideias. Weetman é uma pensadora instigante, que compôs um livro que ajudará as empresas e seus líderes a manter-se à frente do processo de adaptação organizacional e de introdução de mudanças reais muito necessárias.

Gerald Chick, *Director of Intelligence*, Skanör Group Ltd

A necessidade de gestão sustentável da cadeia de suprimentos e, em especial, de gestão da economia de *loop* fechado (economia circular) é ao mesmo tempo tópica e abrangente. Os participantes de cadeias de suprimentos enfrentam o desafio não só de aprender e apreender esses novos conceitos, mas também de aplicar várias ferramentas e técnicas para gerenciar com eficácia cada um de seus elos e assegurar seu encadeamento. Este livro oferece uma abordagem abarcante dos tópicos que influenciam a economia circular por entre uma variedade de setores e fornece orientações valiosas para o manejo das cadeias de suprimentos. A profusão de exemplos de casos, de ferramentas e de recursos de aprendizado deste livro será extremamente benéfica para estudantes, acadêmicos e profissionais.

Professor Sami Dani, Professor de Logística e *Supply Chain Management*, University of Huddersfield, Reino Unido

Este livro atende a uma premência, ao reunir ampla variedade de *insights* e exemplos sobre a importância crescente da economia circular e de seu impacto sobre os modelos de negócio tradicionais e as redes de cadeia de suprimentos com os quais hoje estamos familiarizados. Os muitos casos práticos são sustentados pela estrutura muito clara e pela maneira como a discussão e a análise se integram no contexto mais amplo. A autora demonstra vasta experiência, o que se evidencia ao longo de todo o texto. Este livro é uma contribuição importante e oportuna para melhorar a nossa compreensão da economia circular e de suas implicações para a cadeia de suprimentos e para a gestão da logística.

Michael Browne, Professor de Logística, Escola de Negócios, Economia e Direito da University of Gothenburg, Suécia

Economia circular é um tema em rápida ascensão entre acadêmicos e profissionais. Este livro se ergue sobre ampla variedade de referências e sobre conhecimento profundo, o que consolida a ideia de economia circular para atender às necessidades de pesquisa e de consolidação.

Professor Ming K. Lim, Professor de *Supply Chain* e *Operations Management*, Coventry University, Reino Unido

Se você está buscando um guia prático e abrangente sobre os aspectos da economia circular, este livro deve atender confortavelmente às suas necessidades. É estruturado com inteligência, altamente informativo e escrito em estilo muito engajador por uma das mais notáveis especialistas no assunto.

Professor Alan McKinnon, Professor de Logística, Kühne Logistics University, Alemanha

ECONOMIA
CIRCULAR

Copyright © 2017 Catherine Weetman

Tradução publicada mediante acordo com a Kogan Page.

Título original: *A circular economy handbook for business and supply chains: repair, remake, redesign, rethink*

Todos os direitos reservados pela Editora Autêntica Business. Nenhuma parte desta publicação poderá ser reproduzida, seja por meios mecânicos, eletrônicos, seja via cópia xerográfica, sem autorização prévia da Editora.

EDITOR
Marcelo Amaral de Moraes

ASSISTENTE EDITORIAL
Luanna Luchesi Pinheiro
Vanessa Cristina da Silva Sá

CAPA
Diogo Droschi

REVISÃO TÉCNICA
Marcelo Amaral de Moraes

PREPARAÇÃO DE TEXTO
Vanessa Cristina da Silva Sá

REVISÃO
Lúcia Assumpção

DIAGRAMAÇÃO
Guilherme Fagundes

**Dados Internacionais de Catalogação na Publicação (CIP)
(Câmara Brasileira do Livro, SP, Brasil)**

Weetman, Catherine

Economia circular : conceitos e estratégias para fazer negócios de forma mais inteligente, sustentável e lucrativa / Catherine Weetman ; tradução Afonso Celso da Cunha Serra. -- 1. ed. ; 1. reimp. -- São Paulo : Autêntica Business, 2022.

Título original: A circular economy handbook for business and supply chains : repair, remake, redesign, rethink.

ISBN 978-85-513-0514-0

Bibliografia.

1. Estratégia 2. Economia Circular 3. Sustentabilidade 4. Economia compartilhada 5. Capitalismo consciente I. Título.

19-23990   CDD-658.7

Índices para catálogo sistemático:
1. Cadeias de fornecimento de manufatura : Negócios sustentáveis : Economia circular : Administração 658.7

Maria Paula C. Riyuzo - Bibliotecária - CRB-8/7639

A **AUTÊNTICA BUSINESS** É UMA EDITORA DO **GRUPO AUTÊNTICA**

São Paulo
Av. Paulista, 2.073 . Conjunto Nacional
Horsa I . Sala 309 . Cerqueira César
01311-940 . São Paulo . SP
Tel.: (55 11) 3034 4468

Belo Horizonte
Rua Carlos Turner, 420
Silveira . 31140-520
Belo Horizonte . MG
Tel.: (55 31) 3465 4500

www.grupoautentica.com.br

CATHERINE WEETMAN

ECONOMIA
CIRCULAR

Conceitos e estratégias para fazer
negócios de forma mais inteligente
sustentável e lucrativa

1ª reimpressão

TRADUÇÃO Afonso Celso da Cunha Serra

autêntica
BUSINESS

Sumário

Lista de figuras, quadros e tabelas	13
Lista de estudos de caso e perfis – por setor e por nome de empresa	17
Sobre a autora	21
Sobre os colaboradores	23
Como usar este livro	25
Agradecimentos	29
Introdução	31

PARTE UM: VISÃO GERAL DA ECONOMIA CIRCULAR

1 ECONOMIA CIRCULAR – O QUE É?   **39**

Antecedentes	40
Evolução do conceito: arquitetos, cientistas e marinheiros	44
Outras abordagens de apoio	53
Escalada: empresas, *think tanks*, grupos de negócios	54
A economia circular: estrutura genérica	61
Resumo	66
Recursos adicionais	67

2 A CADEIA DE DESIGN E SUPRIMENTOS   **69**

Escopo da cadeia de suprimentos	70
Terminologia	71
A "cadeia de design e suprimentos"	77
Repensando	98
Resumo	99
Recursos adicionais	100

3 MODELOS DE NEGÓCIO CIRCULARES   **101**

Tendências e *drivers* globais	102
Modelos de negócio e *frameworks*	109

Modelos comerciais	110
Modelos operacionais circulares	124
Resumo	127
Recursos adicionais	128

4 CAPACITADORES E ACELERADORES DA ECONOMIA CIRCULAR — 129

Capacitadores: pensando diferente	130
Capacitadores: tecnologia	135
Aceleradores	154
Resumo	160
Recursos adicionais	161

PARTE DOIS: COMO AS EMPRESAS ESTÃO ADOTANDO OS MODELOS DE ECONOMIA CIRCULAR?

5 *DRIVERS* DE MUDANÇA — 165

Revoluções industriais	166
A "Grande Aceleração"	169
Inventário global	171
Bem-vindo ao Antropoceno	174
Demanda superando a oferta	177
Repensando e refazendo o design	180
Resumo	181
Recursos adicionais	182

6 ALIMENTAÇÃO E AGRICULTURA — 183

Visão geral do setor	184
Cadeia de suprimentos tradicional: problemas e desafios	186
Demanda *versus* oferta	194
Desenvolvimentos da economia circular	199
Subsetor cafeeiro	206
Implicações para a cadeia de suprimentos	217
Resumo	219
Recursos adicionais	220

7 MODA E TÊXTEIS — 221

Tendências globais	221
Cadeia de suprimentos tradicional: problemas e desafios	223
Desenvolvimentos da economia circular	239
Resumo e implicações para a cadeia de suprimentos	258
Recursos adicionais	260

8 MATERIAIS ELÉTRICOS E ELETRÔNICOS DE CONSUMO 261

Cadeia de suprimentos tradicional: problemas e desafios 262
Demanda *versus* oferta 268
Desenvolvimentos da economia circular 276
Resumo e implicações para a cadeia de suprimentos 293
Recursos adicionais 294

9 MANUFATURA INDUSTRIAL 295

Cadeia de suprimentos tradicional: problemas e desafios 296
Demanda *versus* oferta 297
Desenvolvimentos da economia circular 300
Subsetor: móveis para escritório 306
Resumo e implicações para a cadeia de suprimentos 326
Recursos adicionais 327

PARTE TRÊS: O QUE ISSO SIGNIFICA PARA AS CADEIAS DE SUPRIMENTOS?

10 ESTRATÉGIA E PLANEJAMENTO DA CADEIA DE SUPRIMENTOS 331

Drivers e megatendências globais 332
Cadeias de suprimentos tradicionais 334
Cadeias de suprimentos para uma economia circular 337
Entregando acesso e desempenho 345
Planejamento da cadeia de suprimentos 351
Resumo 358
Recursos adicionais 359

11 CADEIA DE SUPRIMENTOS – *UPSTREAM*: DESIGN DO PRODUTO, *SOURCING* E *PROCUREMENT* 360

Cadeias de suprimentos tradicionais 361
Tendências globais 363
Cadeias de suprimentos para a economia circular: *upstream* 365
Oportunidades de criação de valor 376
Resumo 378
Recursos adicionais 378

12 CADEIA DE SUPRIMENTOS – *MIDSTREAM*: O PROCESSO DE FABRICAÇÃO 379

Cadeias de suprimentos tradicionais: problemas e tendências 380
Cadeias de suprimentos para a economia circular 382
Embalagem 392
Tecnologias capacitadoras 395

Relacionamentos	396
Oportunidades de criação de valor	396
Resumo	397
Recursos adicionais	397

13 CADEIA DE SUPRIMENTOS – *DOWNSTREAM*: DISTRIBUIÇÃO E LOGÍSTICA REVERSA — 398

Cadeias de suprimentos tradicionais	399
Tendências, escopo e complexidades	399
Cadeias de suprimentos para a economia circular	410
Resumo	418
Recursos adicionais	419

PARTE QUATRO: IMPLEMENTAÇÃO

14 DESENVOLVENDO O CASO DE NEGÓCIO E INICIANDO A JORNADA — 423

Tendências e *drivers*	424
O caso de negócio	428
Definindo a direção estratégica	429
Fatores externos	432
Superando barreiras	436
Iniciando a jornada	439
Pensamento sistêmico	442
Prioridades e abordagens escalonadas	454
Ferramentas de medição e avaliação	456
Resumo	461
Recursos adicionais	462
Glossário	463
Índice	479

Lista de figuras, quadros e tabelas

FIGURA A.1: Estrutura do livro
FIGURA 0.1: Três bilhões de novos consumidores em 2030
FIGURA 0.2: Jargão para uma nova revolução industrial
FIGURA 1.1: A "Grande Aceleração"
FIGURA 1.2: Ponto da virada
FIGURA 1.3: Evolução da economia circular
QUADRO 1.1: Abordagens à economia circular – comparações
FIGURA 1.4: *Framework* da economia circular
FIGURA 1.5: O produto perfeito
FIGURA 2.1: Esboço do *framework* da economia circular
FIGURA 2.2: "Diagrama Borboleta" da Ellen MacArthur Foundation
FIGURA 2.3: O "retângulo da recuperação"
FIGURA 2.4: *Framework* da economia circular – design do produto
FIGURA 2.5: *Framework* da economia circular – inputs circulares
FIGURA 2.6: *Framework* da economia circular – design do processo
FIGURA 2.7: *Framework* da economia circular – fluxos circulares
FIGURA 3.1: Esboço do *framework* da economia circular
FIGURA 3.2: Riscos globais
FIGURA 3.3: *Framework* da economia circular – modelos de negócio e relacionamentos
FIGURA 4.1: *Framework* da economia circular – capacitadores e aceleradores
FIGURA 4.2: Nove princípios de biomimética
FIGURA 4.3: *Framework da* economia circular – conexões I3D
FIGURA 5.1: Crescimento do comércio mundial
FIGURA 5.2: População mundial crescente
FIGURA 5.3: A "Grande Aceleração"
FIGURA 5.4: Impactos da cadeia de suprimentos
QUADRO 5.1: Condições sistêmicas da Natural Step – *scorecard*
FIGURA 6.1: *Footprint* da agricultura em 2010

QUADRO 6.1: Condições sistêmicas da Natural Step – problemas da cadeia de suprimentos de alimentos
FIGURA 6.2: Emissões de GEE pelo sistema alimentar
FIGURA 6.3: Uso global de água
FIGURA 6.4: *Footprint* hídrico de alimentos
FIGURA 6.5: Pegada da cadeia de suprimentos do setor alimentício no Reino Unido
FIGURA 6.6: Consumo mundial de carne e laticínios
FIGURA 6.7: Exportações globais de produtos agropecuários
FIGURA 6.8: Desperdício global de alimentos por região
FIGURA 6.9: Impactos da cadeia de suprimentos
FIGURA 6.10: Alimentos – problemas conflitantes
FIGURA 6.11: *Framework* da economia circular
QUADRO 6.2: *Framework* da economia circular – Greencup
FIGURA 6.12: Cadeia de suprimentos de café na economia circular
FIGURA 7.1: Produção de fibras têxteis por tipo de fibra
FIGURA 7.2: Cadeia de suprimentos da moda
FIGURA 7.3: Exemplo de emissões de GEE no ciclo de vida do jeans
TABELA 7.1: *Footprint* hídrico *versus* escassez de água
FIGURA 7.4: O encolhimento do Mar do Aral
FIGURA 7.5: Análise do *footprint* do jeans
QUADRO 7.1: Problemas setoriais – moda
FIGURA 7.6: *Framework* da economia circular – inputs circulares
FIGURA 7.7: Prioridades de biomateriais
FIGURA 7.8: Ciclo de vida intencional da Pinãtex™
FIGURA 7.9: *Framework* da economia circular – design do produto
FIGURA 7.10: *Framework* da economia circular – design do processo
FIGURA 7.11: *Framework* da economia circular – fluxos circulares
FIGURA 7.12: Energia incorporada em fibras têxteis
FIGURA 7.13: *Framework* da economia circular – capacitadores e aceleradores
FIGURA 8.1: Mapa da cadeia de suprimentos para produtos eletrônicos
QUADRO 8.1: Plásticos em REEE (Resíduos de Equipamentos Elétricos e Eletrônicos)
FIGURA 8.2: Taxas de reciclagem globais
FIGURA 8.3: Quantidades de lixo eletrônico global
FIGURA 8.4: Lixo eletrônico por região
FIGURA 8.5: Oportunidades de criação de valor na economia circular
FIGURA 8.6: *Framework* da economia circular

QUADRO 8.2: *Framework* da economia circular – Environcom

TABELA 8.1: Fluxos de produtos Environcom

FIGURA 8.7: Environcom – processo típico

FIGURA 9.1: Riscos globais

QUADRO 9.1: Exemplos de recursos-chave específicos de setores

FIGURA 9.2: *Framework* da economia circular

FIGURA 9.3: Subprodutos do aço

TABELA 9.1: Conteúdo de materiais de móveis para escritório

FIGURA 9.4: Móveis para escritório – cadeia de suprimentos típica

FIGURA 9.5 Móveis para escritório – cadeia de suprimentos da economia circular

QUADRO 9.2: *Framework* da economia circular – Rype Office

QUADRO 9.3: Comparações de móveis sustentáveis para escritório

FIGURA 9.6: Cadeia de suprimentos Rype Office

FIGURA 10.1: Design da rede da cadeia de suprimentos

FIGURA 10.2: Processos industriais – extrair, produzir, descartar

FIGURA 10.3: Cadeias de suprimentos para uma economia circular

FIGURA 10.4: Princípios "8S" para cadeias de suprimentos

FIGURA 10.5: Fluxos de nutrientes – reciclados ou renováveis

FIGURA 10.6: Módulos do ERP II

FIGURA 10.7: PLM – apoiando e impulsionando a cadeia de valor

FIGURA 10.8: Fluxo de informações e dados

FIGURA 10.9: Fechando o *loop* de informações

FIGURA 11.1: Cadeia de suprimentos da moda

FIGURA 11.2: *Framework* da economia circular – inputs circulares

FIGURA 11.3: Princípios "8S" para cadeias de suprimentos

FIGURA 11.4: Processos industriais – extrair, produzir, descartar

FIGURA 11.5: Visão geral da avaliação do ciclo de vida

QUADRO 11.1: Avaliação do ciclo de vida do jeans

FIGURA 12.1: Reformulando as cadeias de suprimentos de manufatura

FIGURA 12.2: Princípios "8S" para cadeias de suprimentos

FIGURA 12.3: *Framework* da economia circular – design do processo

FIGURA 12.4: Simbiose industrial – The Plant

TABELA 12.1: Remanufatura na Europa

QUADRO 12.1: Embalagem – objetivos de design

QUADRO 12.2: Perspectivas dos *stakeholders* para embalagens

FIGURA 13.1: Tipos de cadeia de suprimentos reversa

FIGURA 13.2: Fatores de destino dos produtos

FIGURA 13.3: Aspectos correlatos à cadeia de suprimentos reversa

FIGURA 13.4: Design para a recuperação de valor

FIGURA 13.5: Incentivos para a devolução de produtos

FIGURA 13.6: Princípios "8S" para cadeias de suprimentos

FIGURA 14.1: Ponto da virada

FIGURA 14.2: Riscos Globais

FIGURA 14.3: Pensando em valor

QUADRO 14.1: Valor não capturado – exemplos de serviços de alimentação

FIGURA 14.4: Processo estratégico

FIGURA 14.5: *Framework* da economia circular

FIGURA 14.6: Desenhos das cartas

FIGURA 14.7: Introdução ao tema do jogo

QUADRO 14.2: Instruções para o jogo

FIGURA 14.8: Jogo do Design Sistêmico Holístico – principais critérios

FIGURA 14.9: Três fases da transição para a manufatura sustentável

QUADRO 14.3: *Scorecard* da Natural Step – exemplo da moda

Lista de estudos de caso e perfis – por setor e por nome de empresa

Nome de empresa em **negrito** indica estudo de caso.

Empresa	Descrição	Setor	Capítulo
GE Aviation	Impressão 3D	Aeroespacial	4
Ford e Heinz	Colaboração e materiais sustentáveis para veículos	Automotivo	2
Calfee Design	Inputs renováveis	Bens de consumo duráveis	2
iFixit	Plataforma para compartilhamento de conhecimentos	Bens de consumo duráveis	8
IKEA	Usar menos, usar renováveis, usá-lo mais, usá-lo novamente	Bens de consumo duráveis	1
Kingfisher	Serviços de aluguel e reparos	Bens de consumo duráveis	3
ShareGrid	Aluguel P2P (*peer-to-peer*)	Bens de consumo duráveis	3
Apple	Programa de reutilização e reciclagem	Tecnologia de consumo	8
Dell	Inputs reciclados e renováveis, processo de *loop* fechado	Tecnologia de consumo	8
Empresas de eletrônicos	Cadeias de suprimentos reversas	Tecnologia de consumo	8
Environcom	Reciclar, reformar, revender	Tecnologia de consumo	8
Fairphone	Cadeia de suprimentos de ouro com certificação Fairtrade	Tecnologia de consumo	8

Empresa	Descrição	Setor	Capítulo
Fairphone 2	Modular e reparável	Tecnologia de consumo	13
Gamestop	Reformar e vender	Tecnologia de consumo	13
Intel	Computadores sem conflito	Tecnologia de consumo	8
Nokia	Impressão 3D e personalização	Tecnologia de consumo	4
Philips	Service and performance (serviço e desempenho)	Tecnologia de consumo	1
Repair Café	Compartilhamento de conhecimento	Tecnologia de consumo	8
RepRap	Impressão 3D de autorreplicação de código aberto	Tecnologia de consumo	4
Unipart e Sky	Reparar e reciclar	Tecnologia de consumo	8
Telefônica UK	Fluxos de recuperação circular	Tecnologia de consumo	8
Adidas	Inputs reciclados, impressão 3D	Moda e têxteis	2
Ananas Anam	Inputs renováveis	Moda e têxteis	7
Elvis & Kresse	Inputs sobreciclados	Moda e têxteis	7
Girl Meets Dress	Serviços de aluguel de moda	Moda e têxteis	3
H&M	Fluxos de recuperação circular	Moda e têxteis	1
Looptworks	Reciclar e melhorar	Moda e têxteis	7
Lyf Shoes	Fechar o *loop* em produtos personalizados	Moda e têxteis	7
Patagonia e iFixit	Reparos "*do it yourself*"	Moda e têxteis	13
Piñatex	Inputs renováveis	Moda e têxteis	7
Rohner	Resíduos = alimentos	Moda e têxteis	7
Thred&Up	Plataforma de troca de roupas	Moda e têxteis	7
Tidal Vision	Inputs reciclados, química verde	Moda e têxteis	7

Empresa	Descrição	Setor	Capítulo
Arla Foods	Simbiose industrial	Alimentos	2
Bio-bean™	Energia de resíduos	Alimentos	6
Brewery	Efluentes se transformam em energia e água	Alimentos	2
Brussels Beer Project	Inputs reciclados	Alimentos	2
Espresso Mushrooms Company	Kits para cultivo de cogumelos	Alimentos	6
Greencup	Reciclagem de *loop* aberto entre setores	Alimentos	6
GRO Holland	Cultivo de cogumelos em plantações de café	Alimentos	6
Java Log	Energia de resíduos	Alimentos	6
Cidade de Milwaukee	Descongelamento de estradas com queijo	Alimentos	2
MyMuesli	Desjejuns personalizados	Alimentos	12
Pectcof	Resíduos = alimentos	Alimentos	2
The Plant	Aquaponia e simbiose industrial		12
Toast Ale	Inputs reciclados	Alimentos	2
Tomorrow Machine	Embalagens biodegradáveis	Embalagem de alimentos	2
Echo	Plataforma de compartilhamento de habilidades e tempo	Recursos humanos	3
Simbiose de Kalundborg	Simbiose industrial	Industrial	2
Fabricante de equipamentos médicos	Cadeia de suprimentos reversa de peças sobressalentes	Equipamentos médicos	13
Flute Office	Inputs renováveis	Móveis para escritório	9
Herman Miller	Design para reciclabilidade	Móveis para escritório	9

Empresa	Descrição	Setor	Capítulo
Orangebox	Design para desmontagem e recuperação	Móveis para escritório	9
Rype Office	Remanufatura de *loop* aberto	Móveis para escritório	9
Senator International	Remanufatura de *loop* fechado	Móveis para escritório	9
Steelcase	Design para reciclabilidade	Móveis paras escritório	9
Warp It	Plataforma de reutilização	Móveis para escritório	9
Bakers Basco	Embalagem para trânsito, colaboração setorial	Embalagens	13
Dell	Inputs reciclados e renovados, processo de *loop* fechado	Embalagens	8
TerraCycle	Reciclagem, reciclagem com melhoramentos	Embalagens	2
REDISA	Reciclagem de pneus	Transporte	3
Renault	Reciclagem e remanufatura	Transporte	1
Desmonte de navios	Cadeia de suprimentos reversa e recuperação de materiais	Transporte	13
Viridor	Reciclagem	Gestão de resíduos	8

Sobre a autora

CATHERINE WEETMAN fundou a ReThink Solutions para ajudar as empresas a desenvolver estratégias resilientes, resistentes a disrupções, avaliando os riscos para a sustentabilidade e as oportunidades de criar valor. Ela tem mestrado nas áreas de logística e transportes pela Cranfield University, é *visiting fellow* na University of Hudderfield e *vice-chair* do Environment and Sustainability  Forum, Chartered Institute of Logistics and Transport. Sua formação inclui engenharia industrial em manufatura e distribuição de varejo, design de soluções de logística, gestão de projetos, *business intelligence* e consultoria em *supply chain*. Sua carreira abrange as áreas de alimentos, moda e *supply chain*, abrangendo empresas como Tesco, Kellogg's e DHL Supply Chain.

Sobre os colaboradores

JO CONLON

Jo Conlon é membro do Chartered Management Institute, Associate of the Textile Industry e *fellow* da Higher Education Academy. É *Senior Lecturer* de Fashion and Textiles da University of Huddersfield, onde suas pesquisas recentes se concentram em gestão do ciclo de vida de produtos (product life-cycle management – PLM) como modelo de mudança em gestão da cadeia de suprimentos na indústria da moda. Em carreira anterior, na cadeia de suprimentos da Marks & Spencer, trabalhou com ampla e complexa faixa de produtos, em apoio a seus princípios de cadeia de suprimentos responsável.

DRA. REGINA FREI

Dra. Regina Frei é *Senior Lecturer* em Gestão de Engenharia de Fabricação e Cadeia de Suprimentos na University of Portsmouth. Suas áreas de pesquisa incluem cadeias de suprimentos reversas, economia circular, remanufatura e robótica inteligente. Ela tem mais de 35 publicações revisadas por pares e foi premiada com nove bolsas para pesquisas. Regina tem mestrado (MSc) em microengenharia, pelo Swiss Federal Institute of Technology Lausanne (EPFL), PhD em manufatura inteligente pela Universidade Nova de Lisboa, e certificado de pós-graduação em Academic Practice pela Cranfield University.

BARRY WADDILOVE

Barry tem 27 anos de experiência trabalhando em design e desenvolvimento de produtos para marcas e organizações de 25 países. Em 2014 e 2015, concluiu extensa pesquisa sobre o papel do design na economia circular, enquanto trabalhava como Schmidt MacArthur Fellow, na Cranfield University e na Ellen MacArthur Foundation. Barry tem Mdes (mestrado em Design) na área de Design e Inovação para a Sustentabilidade, pela Cranfield University, e é *fellow* da Royal Society for the Encouragement of Arts, Manufactures and Commerce (RSA).

Trabalhando atualmente como Knowledge Transfer Manager for Design na Knowledge Transfer Network, Barry promove o design estratégico como ingrediente essencial para que os inovadores do Reino Unido avancem vitoriosamente do conceito para a comercialização.

Como usar este livro

Este livro é um manual prático para quem quer compreender a economia circular, conscientizar-se de como ela transformará os modelos de negócio tradicionais e aprender a projetar e operar redes de cadeia de suprimentos para um modelo de negócio circular. Ela abrange os aspectos "o quê", "por quê" e "como", sob uma perspectiva de negócios, e, em especial, na prática das cadeias de suprimentos. Talvez você esteja estudando cadeia de suprimentos e logística, talvez você esteja prosseguindo com o seu desenvolvimento profissional, ou talvez você seja um profissional experiente de *supply chain* à procura de estudos de caso e de exemplos das diferentes abordagens que estão surgindo em diferentes setores de atividade. É provável que você já tenha algumas perguntas, tais como:

- Poderemos apenas adaptar a cadeia de suprimentos tradicional e aumentar nossos níveis de reciclagem?
- Todos os segmentos de mercado serão afetados ou principalmente os que usam metais, minerais e plásticos – como o setor de tecnologia?
- Como o conceito de economia circular influenciará todos os produtos e setores e afetará as cadeias de suprimentos?
- Quais são os riscos mais relevantes para os principais setores de atividade e para as cadeias de suprimentos?
- Que tipos de negócios estão adotando as abordagens circulares?
- Como projetar e implementar uma cadeia de suprimentos da "economia circular"?

Responderemos a essas perguntas, e a outras, à medida que investigamos o que a economia circular significa para diferentes setores de atividade, ao longo das cadeias de suprimentos. O glossário no fim deste livro explica a nova terminologia, o jargão da cadeia de suprimentos, e outros termos menos familiares, associados aos modelos de negócio sustentáveis. Para os leitores que quiserem se aprofundar, cada capítulo inclui sugestões de leitura e de recursos on-line.

Parte um: Visão geral da economia circular

Começamos no Capítulo 1 com uma visão geral da economia circular, como ela evoluiu, os principais conceitos básicos e seus mais notáveis preconizadores. Analisamos uma estrutura genérica, baseada nos

FIGURA A.1: Estrutura do livro

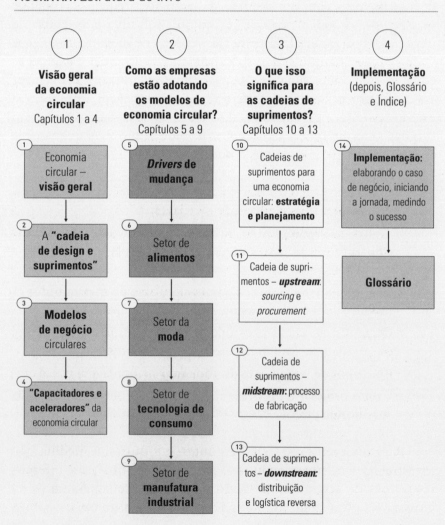

temas comuns oriundos das várias escolas de pensamento e exploramos esse arcabouço amplo para definir cada elemento e para compreender o que significam em termos práticos, para os negócios e para a cadeia de valor. O Capítulo 2 foca no fluxo central, a "cadeia de design e suprimentos"; o Capítulo 3 explora os vários modelos de negócio e suas implicações; e o Capítulo 4 analisa os "capacitadores e aceleradores", ajudando a criar oportunidades e incentivos para as abordagens circulares.

Parte dois: Como as empresas estão adotando os modelos de economia circular?

Nessa seção, investigamos os indutores de uma abordagem circular, olhando para os problemas e riscos que tiram o sono dos líderes de negócios, à noite. A história industrial recente, que levou à "Grande Aceleração" no desenvolvimento e no impacto humano sobre a Terra, justificou o conceito de Antropoceno. Examinamos as evidências científicas que explicam os limites seguros das fronteiras planetárias; o inventário dos recursos globais, fornecendo evidências de que a demanda está superando a oferta; e a razão de nossos métodos tradicionais não serem inviáveis no longo prazo.

Analisamos o que essas conclusões significam para os vários setores industriais, considerando os problemas e os riscos da "cadeia de suprimentos" tradicional. Também nos debruçamos sobre as cadeias de suprimentos da economia circular para esses setores, explorando como elas evoluirão para incorporar ampla gama de abordagens circulares.

Parte três: o que isso significa para as cadeias de suprimentos?

À medida que as cadeias de suprimentos se desenvolvem e se transformam em redes interconectadas e transetoriais, as mudanças afetarão cada uma de suas partes. Examinamos como as estratégias de cadeia de suprimentos evoluirão para gerenciar o escopo expandido e as escolhas mais complexas, visando à resiliência e à agilidade. Analisamos o desenho da rede para compatibilizá-lo com a manufatura distribuída e à recuperação local de materiais. Exponho meus "oito princípios de sustentabilidade" para as cadeias de suprimentos e mostro como eles podem orientar decisões e prioridades para o redesenho da cadeia de suprimentos. Também consideramos como a equipe da cadeia de suprimentos pode desenvolver suas próprias iniciativas circulares, inclusive aspectos de colaboração e embalagem, e o papel da gestão do ciclo de vida do produto.

No Capítulo 11, tratamos do *upstream* da cadeia de suprimentos, que explora as oportunidades de captação e abastecimento (aprovisionamento), com vistas a captar inputs circulares e melhorar a resiliência. As avaliações do ciclo de vida promovem a transparência e ajudam a reduzir o *footprint*, e o compartilhamento de conhecimento colaborativo pode revelar novas oportunidades de criar valor.

No Capítulo 12, o *midstream* da cadeia de suprimentos, envolvendo a manufatura final e a montagem das partes, analisamos as alavancas do "local *versus* global". Consideramos as oportunidades "resíduos = alimentos" e o impacto da remanufatura nas cadeias de suprimentos. Embalagens, tecnologias capacitadoras e novas parcerias colaborativas podem revelar novas oportunidades de criar valor.

No *downstream*, no Capítulo 13, haverá aumentos significativos nos fluxos reversos, com produtos e materiais retornando para restauração, reparo, remanufatura e revenda, ou para a desmontagem e recuperação de materiais ou componentes. A cadeia de suprimentos deve preservar o valor do produto e dos materiais constitutivos, uma operação de logística reversa que danifique o produto e destrua valor não será premiada!

Parte quatro: implementação

Consideramos aqui como implementar as abordagens de economia circular: seja para toda a empresa, seja para o produto, ou para elementos do produto ou o design do processo. Adotamos uma perspectiva mais ampla no caso de negócio pela mudança e na definição da direção estratégica, abrangendo um grupo mais amplo de *stakeholders,* de modo a revelar oportunidades de criar valor.

Também focamos os fatores externos e examinamos como superar as objeções e barreiras comuns. No início da jornada, salientamos a importância do pensamento sistêmico, como priorizar e como medir o sucesso.

As ferramentas deste livro incluem um glossário de termos. Os termos incluídos no glossário estão destacados com um "*" na primeira vez em que aparecem no conteúdo da obra.

Agradecimentos

Esta jornada começou por volta de 2010, quando me sentia cada vez mais frustrada com a falta de ação dos governos, das empresas – e de todos nós – para discutir os problemas e para desenvolver soluções reais para uma série de desafios de sustentabilidade. Em vez disso, eu só via atos "verdes" isolados, com as pessoas, os políticos e a mídia "desviando o olhar" do tema. No percurso, várias pessoas me inspiraram, me ajudaram e me ofereceram apoio, e eu gostaria de dizer obrigada, principalmente:

A quem me ofereceu inspiração ao longo da jornada, irradiando otimismo e esperança, com uma visão de entusiasmo, de realizações, e de futuro sustentável; inclusive a todos da Ellen MacArthur Foundation, e, especialmente, a Ken Webster e Craig Johnson, pelo livro *Sense and Sustainability*, que lampejou um momento "eureca" que pairou sobre a economia circular, em 2010. A Derek Moore e aos líderes da CILT, no fórum Supply Chain, e a Derrick Porter, da Potter Logistics, pelas palavras sábias, nos primeiros estágios, e a Mark Parsons, Martin Neil e Deborah Capill, da DHL, por ajudar, de diferentes maneiras, a iluminar minhas ideias. A Julie Starr, cujas muitas observações incisivas, inspiradoras e frutíferas mantiveram-me no rumo certo. A todos do Institute for Manufacturing da University of Cambridge, inclusive Iam Bamford, Dee Dee Frawley, Dr. Geraldine Brennan, Fenna Blomsma, professor Steve Evans, Dr. Dai Morgan, Dra. Doroteya Vladimirova e Miying Yang.

Obrigado, também, a meus colaboradores, como Jo Conlon, Dra. Regina Frei e Barry Waddilove; ao Dr. Winifred Ijomah, diretor do Scottish Institute for Remanufacture, pelas sugestões úteis sobre remanufatura; e a quem revisou o conteúdo e forneceu *feedback* útil, como Calum Lewis, da Lego, a Jo Conlon, e à equipe da Kogan Page. Meus agradecimentos ao Dr. Andrew Jenkins e ao professor Samir Dani, da University of Huddersfield; ao professor David Grant, da University of Hull, e Rachel Raymond, pelas ótimas dicas sobre livros-texto; e a Gudrun Freese, pelos conselhos e sugestões pontuais.

Meus agradecimentos a todos que dedicaram algum tempo a "perguntas e respostas" e a correções dos estudos de caso, além de a outros conteúdos: Adam Fairweather da Re-worked e diretor de inovação da Greencup coffee; Dr. Greg Lavery, fundador de Rype Office e diretor de Lavery/Pennell; Chris Stephenson, diretor-gerente da Environcom; Dra. Carmen Hijosa e Jeanne Rideau, de Ananas Anam; e Kresse Wesling OBE, de Elvis & Kresse. Obrigado também às pessoas que permitiram a inclusão neste livro de diagramas e gráficos.

Sou muito grata à minha família e amigos, especialmente a Lindsey Leonard e Paul Stokes, pelos estímulos reiterados e pelos conselhos sobre redação.

Por fim, e mais importante, tenho uma dívida de gratidão (suspeito que talvez eu venha a me arrepender de usar a palavra "dívida" aqui) para com meu brilhante e generoso marido, Mark Jones. Ele foi fonte a inesgotável de encorajamento sem limites, e contribuiu com muito mais do que sua parcela justa de preparar as refeições, passear com o cachorro, arrumar a casa e levar várias xícaras de chá (e pedaços de chocolate) à minha mesa. Ele também se ligou no "desafio da pesquisa", acenando com alguns bons artigos e programas de rádio.

Introdução

*Os problemas importantes que enfrentamos
não podem ser resolvidos no mesmo nível de
pensamento em que os criamos.*
ALBERT EINSTEIN

A população mundial cresceu exponencialmente em poucos séculos recentes, mais do que dobrando durante a minha vida, passando de 3,3 bilhões, em 1965, para mais de 7,2 bilhões, em 2015. No século XX, a população quadruplicou e o produto interno bruto* per capita decuplicou. Nesse período, o preço médio dos recursos diminuiu em quase 50%.[1] O comércio global aumentou, as atividades fabris se deslocaram para as economias em desenvolvimento, e as populações migraram do meio rural para as cidades industriais. A "classe consumidora" começou a se expandir rapidamente (Figura 0.1). A Organização para a Cooperação e Desenvolvimento Econômico (OCDE) prevê que esse grupo de classe média, com renda disponível,[2] inchará de 1,8 bilhão, em 2010, para quase 5 bilhões, em 2030.[3]

---

[1] RESOURCE Revolution: Meeting the World's Energy, Materials, Food, and Water Needs. *McKinsey Global Institute*, p. 22, 2011. Disponível em: <http://www.mckinsey.com/business-functions/sustainabilityand-resource-productivity/ourinsights/resource-revolution>. Acesso em: 15 ago. 2016.
[2] KHARAS, H. *The Emerging Middle Class In Developing Countries*. OECD Development Centre Working Paper No. 285, 2010. Este trabalho considera de classe média quem gasta de US$ 10 a US$ 100 por dia, em paridade do poder de compra.
[3] RESOURCE Revolution: Meeting the World's Energy, Materials, Food, and Water Needs. *McKinsey Global Institute*, p. 5, 2011.

> *Em um mundo que se aproxima de 9 bilhões de habitantes em 2030 – inclusive 3 bilhões de novos consumidores de classe média –, o desafio de expandir a oferta para atender à demanda futura não tem precedentes.*
>
> WORLD ECONOMIC FORUM, 2014[4]

Esses novos consumidores oferecem oportunidades fantásticas para as empresas, e a próxima revolução industrial já está a caminho, com as tecnologias digitais em vias de transformação de muitos produtos[*] e setores de atividade. No entanto, também impõem grandes desafios, e os líderes empresariais expressam profunda preocupação com a volatilidade dos custos de muitos recursos, inclusive recursos básicos como água, alimentos, metais e energia. A demanda está superando a oferta, acarretando muitos problemas de pobreza, fome, acesso a água potável e saneamento: 836 milhões de pessoas ainda vivem em pobreza extrema[5] e uma em cada nove pessoas da população mundial está subnutrida.[6]

A escassez de água afeta mais de 40% da população global, e a situação tende a piorar,[7] enquanto uma em cada cinco pessoas ainda vive em áreas não eletrificadas.[8]

O impacto humano tem transformado a Terra com tanta intensidade que os cientistas argumentam que entramos em nova era geológica – o Antropoceno.[9] Nos últimos 150 anos, com o desenvolvimento da fabricação em massa, adotamos um sistema linear. Extraímos materiais da natureza, produzimos alguma coisa, e ao fim

---

[4] TOWARDS the Circular Economy. *World Economic Forum*, 2014. Disponível em: <https://www.weforum.org/reports/towards-circular-economy-accelerating-scale-across-global-supply-chains>. Acesso em: 15 ago. 2016.

[5] United Nations, 2016. Disponível em: <http://www.un.org/sustainabledevelopment/poverty/>. Acesso em: 5 jun. 2016.

[6] United Nations, 2016. Disponível em: <http://www.un.org/sustainabledevelopment/hunger/>. Acesso em: 5 jun. 2016.

[7] United Nations, 2016. Disponível em: <http://www.un.org/sustainabledevelopment/water-and-sanitation/>. Acesso em: 5 jun. 2016.

[8] United Nations, 2016. Disponível em: <http://www.un.org/sustainabledevelopment/energy/>. Acesso em: 5 jun. 2016.

[9] LEWIS, S. L.; MASLIN, M. A. Defining the Anthropocene. *Nature*, v. 519, p. 171–80, 11 mar. 2015.

a descartamos, quando não mais se presta aos propósitos originais. Esse sistema "extrair, produzir, descartar" (a economia linear) nos levou a uma situação de "sobrecarga ecológica". A população mundial consome por ano 1,5 planetas. Nos últimos 50 anos, destruímos ou degradamos 60% dos ecossistemas da Terra — nossos sistemas de sustentação da vida.[10] A demanda humana sobre o planeta (nossa pegada ecológica)* supera a "biocapacidade"* da natureza — a capacidade de repor os recursos do planeta e de absorver resíduos, inclusive dióxido de carbono.

FIGURA 0.1: Três bilhões de novos consumidores em 2030

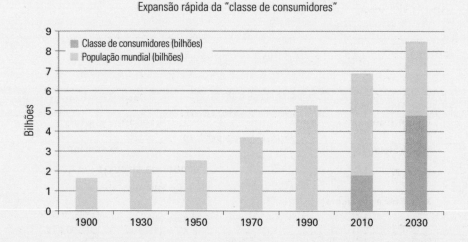

FONTE: NAÇÕES UNIDAS, 2015. *World Population Prospects: The 2015 Revision* (dados extraídos do site da ONU: https://esa.un.org/unpd/wpp/DataQuery/). KHARAS, H. *The Emerging Middle Class in Developing Countries.* Centro de Desenvolvimento da OCDE, Working Paper nº 285, jan. 2010. (Esse trabalho considera pertencente à classe média quem gasta de US$ 10 a US$ 100 por dia, em paridade do poder de compra.)

A economia circular* resolve esse conflito, desacoplando o crescimento das empresas do consumo de recursos. Em vez da abordagem "extrair, produzir e descartar" da economia linear tradicional, a economia circular adota uma abordagem em que usamos recursos, em

---

[10] ECOSYSTEMS and Human Well-Being: Synthesis. *Millennium Ecosystem Assessment*, 2005. p. 1. Disponível em: <http://www.millenniumassessment.org/documents/document.356.aspx.pdf>. Acesso em: 8 ago. 2016.

vez de consumir recursos, e elimina os resíduos no design do produto, não no descarte do lixo.

A economia circular é muito mais ambiciosa do que a reciclagem* de materiais, ou "zero lixo para os aterros sanitários". Ela amplia a cadeia de valor* para abranger todo o ciclo de vida do produto,* do início ao fim, incluindo todos os estágios de fornecimento, fabricação, distribuição e vendas. Pode envolver o redesign do produto, o uso de diferentes matérias-primas, a criação de novos subprodutos* e coprodutos* e a recuperação do valor das antigas sobras dos materiais usados no produto e no processo. Pode significar venda de serviços em vez de venda de produtos, ou novas maneiras de renovar,* reparar ou remanufaturar o produto para revenda. De tudo isso resulta novo jargão de negócios para descrever essas "inovações disruptivas".

FIGURA 0.2: Jargão para uma nova revolução industrial

FONTE: © CATHERINE WEETMAN

Tudo isso exige reconsideração radical das cadeias de suprimentos, com a criação de redes simbióticas colaborativas, capazes de se interconectar dentro dos e entre os setores de atividade. As equipes da cadeia de suprimentos fornecerão matérias-primas renováveis ou recicladas e distribuirão novos subprodutos. À medida que as pesquisas criam novas maneiras de extrair valor do que antes era lixo, a cadeia de suprimentos deve evoluir continuamente para sustentar os novos fluxos de materiais e produtos.

Os consumidores e as empresas esperarão transparência crescente em relação aos fornecedores e aos materiais, e os negócios desenvolverão *loops* de retorno eficientes e robustos para recuperar o valor e os recursos dos produtos no fim do uso.* Novas parcerias e colaborações se formarão, à medida que as cadeias de suprimentos evoluem para incluir novas operações, como remanufatura e manutenção. O escopo e a complexidade da cadeia de suprimentos aumentarão para atender a essas novas necessidades.

Um pouco sobre mim

Meu interesse sobre sustentabilidade e os chamados tópicos "verdes" começaram nos anos 1990, aprofundando-se na década seguinte. Os eventos referentes a "cadeia de suprimentos sustentável" e a "logística verde" geralmente me deixavam decepcionada, uma vez que os temas focavam em eficiência dos recursos* – veículos aerodinâmicos, consumo de combustível, redução do uso de veículos vazios, e assim por diante – embora eu estivesse lendo sobre problemas complexos, que precisavam de soluções urgentes e abrangentes. Podemos encarar a sustentabilidade como "problema superameaçador",[11] porquanto:

- O tempo está se esgotando.
- Não há autoridade central.
- Os pretensos solucionadores também são seus provocadores.
- Permitem-se descontos hiperbólicos.[12]

---

[11] PRINCIPLES of Sustainability. *University of Idaho*, 2016. Disponível em: <www.webpages.uidaho.edu/sustainability/mission.html>. Acesso em: 5 jun. 2016.

[12] HYPERBOLIC DISCOUNTING. Individuals using hyperbolic discounting reveal a strong tendency to make choices that are inconsistent over time – they make choices today that their future self would prefer not to have made, despite using the same reasoning. In: WIKIPEDIA, [S.d.]. Disponível em: <en.wikipedia.org/wiki/Hyperbolic_discounting>. Acesso em: 5 jun. 2016.

Depois de expor minhas preocupações nos formulários de *feedback*, ocorreu-me que, se eu quisesse mudar as coisas, talvez eu devesse me envolver!

Comecei a pesquisar sobre problemas de sustentabilidade; todavia, quanto mais eu pesquisava, mais deprimida eu me sentia. À medida que me empenhava em compreender os problemas, eu descobria novos termos, como simbiose industrial,* economia circular, e sistemas produto-serviço, e ficava pensando no que significavam. A fase seguinte de minhas pesquisas, ao investigar esses novos modelos de negócio "disruptivos", deixou-me mais otimista. A leitura de *Sense and Sustainability,* de Ken Webster e Craig Johnson, em 2010, iluminou-me com a revelação da economia circular, revertendo minha perspectiva de "estamos todos perdidos" para "uau!, que oportunidades fantásticas!". De repente, deparei com as maneiras de atender às necessidades crescentes da população galopante, sem exaurir os recursos do mundo e sem destruir os sistemas vivos de que dependemos – bastantes, para todos, para sempre.

Em 2013, resolvi dedicar-me em tempo integral ao tema. Trabalho agora para ajudar as empresas a examinar com novos olhos as ameaças e oportunidades relacionadas com a sustentabilidade, no intuito de construir empresas "à prova de futuro", ou seja, resistentes a disrupções, e desenvolver estratégias de *supply chain*. Parafraseando (ligeiramente) as ambições de Ray Anderson em relação à Mission Zero da InterfaceFLOR[13]:

> *Não extrair nada, não descartar nada, não prejudicar; e fazer bem, fazendo o bem não às custas do planeta, mas sim face à falta de atenção dos concorrentes.*
>
> RAY ANDERSON, Fundador da Interface Inc.,1934-2011

---

[13] ANDERSON, R. *A Giant Passes: RMI Trustee.* In: LOVINS, A. B., 1994. Disponível em: <blog.rmi.org/GiantPassesRMITrusteeRayCAnderson>. Acesso em: 13 jul. 2015.

PARTE UM

VISÃO GERAL DA ECONOMIA CIRCULAR

ECONOMIA CIRCULAR – O QUE É?

> *Cerca de cem em cem anos na história do Ocidente ocorre uma transformação brusca. Em poucas breves décadas, a sociedade e sua visão de mundo, seus valores básicos, sua estrutura social e política, suas artes e suas principais instituições se rearranjam. Quinze anos depois, surge um novo mundo.*
> PETER F. DRUCKER[1]

O insigne consultor de empresas Peter Drucker, escrevendo em 1992, prosseguiu para afirmar: "E as pessoas nascidas nesse novo mundo nem podem imaginar o velho mundo em que seus avós viveram e em que seus próprios pais nasceram".

Nas últimas décadas, podemos ver muitas mudanças revolucionárias na maneira como vivemos, trabalhamos e nos comunicamos. A economia linear que emergiu das revoluções industriais anteriores, baseadas em extrair, produzir e descartar, está sendo substituída pela economia circular. As empresas reconsiderarão como desenham laptops, móveis, tênis, telefones móveis, produtos de limpeza e até jeans. Em vez de vender e esquecer os produtos, as empresas usarão os produtos como oportunidades para a contínua criação de valor e para relacionamentos duradouros e contínuos com os clientes.

Stahel e outros descrevem diferentes modelos de negócio na economia circular.[2] Não tenho um telefone móvel; em vez disso, alugo um de uma empresa que o concebeu para ser atualizável, customizável

---

[1] DRUCKER, Peter F. The Post-Capitalist World. *Harvard Business Review*, set./out. 1992.
[2] STAHEL, W. R. The Circular Economy. *Nature News, Nature Publishing Group*, 23 mar. 2016. Disponível em: <www.nature.com/news/the-circular-economy-1.19594>. Acesso em: 1 jun. 2016.

e fácil de reparar ou remanufaturar. Não mais compro lâmpadas elétricas, compro iluminação LED como serviço, e a empresa que vende esse serviço de iluminação garante que as lâmpadas LED funcionem de maneira confiável durante muito tempo.

Empresas grandes e pequenas, em todo o mundo – empresas globais tradicionais e start-ups disruptivas – estão inovando os modelos de negócio e os designs de produtos, com o propósito de aproveitar as oportunidades fantásticas de comercializar com as "classes consumidoras" em rápido crescimento, de garantir acesso aos recursos futuros e de tornar seus negócios "à prova de futuro".

Analisamos as questões decorrentes de nossa tradicional economia "linear" na Parte dois, mas, primeiro, exploramos a economia circular com mais profundidade, considerando:

- Os antecedentes da economia circular.
- A evolução do conceito: principais escolas de pensamento, seus princípios, e como se comparam.
- Breve olhar sobre algumas abordagens de apoio.
- Escalada: principais grupos e empresas que investiram nelas.
- Estruturas genéricas, que exploramos com mais detalhes nos capítulos 2 a 4.

Antecedentes

A partir dos anos 1970, constata-se cada vez mais que muitos dos recursos de que dependemos para a nossa sobrevivência são finitos ou estão sujeitos às restrições impostas pela velocidade de renovação ou pela disponibilidade de terras. Em nossos ambientes urbanos, é fácil esquecer que a Terra e seus sistemas vivos fornecem tudo o que usamos ou consumimos – alimentos, ar, água, habitação, roupas, transporte – tudo.

Rachel Carson, em seu livro *Silent Spring* (1962) [ed. bras. *Primavera silenciosa*, tradução Cláudia Sant'Anna Martins, Gaia, 2013], promoveu a conscientização do público quanto ao meio ambiente e a destruição da vida silvestre, em consequência do amplo uso de pesticidas.[3] A imprensa a condenou, e a indústria química até tentou

---

[3] CARSON, R. *Silent Spring*. Boston: Houghton Mifflin, 1962.

proibir o livro. Desde 1950, as práticas agrícolas mudaram em muitos países desenvolvidos, usando fertilizantes sintéticos e técnicas de irrigação para conseguir enormes aumentos no rendimento das safras. Além disso, a população humana manteve o rumo de crescimento exponencial, com cada vez mais gente e cada vez mais consumo. No século XX, enquanto a população quadruplicou, o produto interno bruto (PIB) e o consumo aumentaram por um fator de vinte. Muitos outros indicadores de consumo e desenvolvimento mostram a mesma tendência de crescimento exponencial a partir da década de 1950. A Figura 1.1 apresenta alguns exemplos da "Grande Aceleração". Quando os efeitos da "Grande Aceleração" começaram a se manifestar, cientistas e instituições passaram a questionar nossas maneiras tradicionais de vender e consumir produtos. É possível encontrar mais informações a esse respeito no site do Fórum Econômico Mundial.[4]

FIGURA 1.1: A "Grande Aceleração"

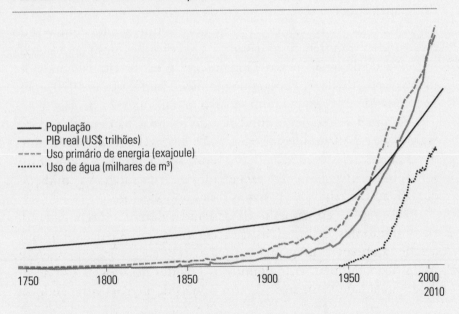

FONTE: CENTRO DE RESILIÊNCIA DE ESTOCOLMO; http://stockholmresilience.org/21/research/researchnews/1-15-2015-new-planetary-dashboard-shows-increasing-human-impact.html/

---

[4] 24 Charts Every Leader Should See. *World Economic Forum*, 2016. Disponível em: <https://www.weforum.org/agenda/2015/01/24-charts-every-leader-should-see/>. Acesso em: 1 jun. 2016.

O economista e teórico de sistemas Kenneth Boulding descreveu as questões de sistemas abertos e fechados, em termos de economia e de recursos.[5] Ele especula se o primeiro fator a limitar o crescimento seria não ter espaço para armazenar os resíduos e a poluição, antes de ficar sem matérias-primas. "Los Angeles se tornou irrespirável, Lake Erie virou uma cloaca, os oceanos estão contaminados por chumbo e DDT, e a atmosfera pode tornar-se nosso maior problema na próxima geração, se mantivermos a intensidade com que a estamos poluindo." Ele defendeu que mantivéssemos o foco na preservação de nossos estoques de recursos e promovêssemos a mudança tecnológica para reduzir a produção e o consumo.

À medida que melhorávamos as técnicas de mineração, extração e fabricação, os custos dos recursos caíam drasticamente, apesar de alguns aumentos pouco duradouros, resultantes de guerras e de fatores geopolíticos. Durante o século XX, os preços se reduziram à metade. Ao entrarmos no século XXI, ocorreu um ponto de virada, e a tendência declinante converteu-se em trajetória ascendente acentuada, que os consultores da McKinsey descreveram como um "século de queda de preços, que se reverteu numa década".[6] Descobrimos e exploramos toda a "facilidade de obter" coisas. Pior ainda, os preços estão nas condições mais voláteis, desde o "choque de petróleo" da década de 1970, e frequentemente um choque num recurso se transmite aos demais.

As previsões sugerem mudança de patamar na demanda global entre 2010 e 2030, na medida em que 3 bilhões de novos consumidores se juntam às "classes médias", com renda suficiente para adquirir um smartphone, mais alimentos processados e carne, melhores condições de habitação e talvez até passar as férias no exterior.

Esse rápido crescimento da demanda, além das dificuldades de encontrar fontes* de materiais eficazes e econômicas e de enfrentar os desafios ambientais, pressionam ainda mais os custos dos suprimentos. Além disso, também enfrentamos os grandes desafios da pobreza e da desigualdade, com mais de um bilhão de pessoas carecendo de

---

[5] BOULDING, E. K. *The Economics of the Coming Spaceship Earth*. 1966. Disponível em: <http://www.ub.edu/prometheus21/articulos/obsprometheus/BOULDING.pdf>. Acesso em: 15 ago. 2016.

[6] RETHINKING Natural Resource Management. *McKinsey Global Institute*, 28 nov. 2011. Disponível em: <www.mckinsey.com/business-functions/sustainability-and-resource-productivity/our-insights/a-new-era-for-commodities>. Acesso em: 8 jun. 2015.

acesso seguro a alimentos, água e energia. As pressões crescentes da demanda, associadas aos desafios da oferta de recursos e à saúde dos sistemas vivos de que dependemos para a limpeza da atmosfera, a segurança da água e o acesso a alimentos, madeira, polinização e medicamentos significam que precisamos reconsiderar nossos sistemas. Analisamos essa questão com mais profundidade na Parte dois.

FIGURA 1.2: Ponto da virada

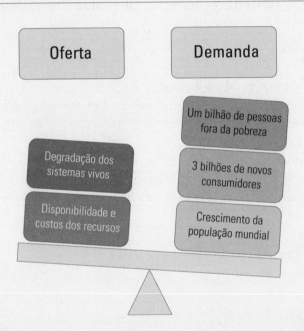

Relatórios recentes da ONU, da Comissão Europeia, da OCDE e do Fórum Econômico Mundial e de consultorias de gestão globais ecoam as graves advertências publicadas em *Os limites do crescimento*, documento do Clube de Roma, de 1972.[7] Eles manifestam preocupações com a combinação de superexploração de importantes ecossistemas e recursos naturais, condições climáticas cada vez mais instáveis, e poluição do ar, da água, do solo e da atmosfera.

A maneira como fazemos as coisas está agravando o problema. A maioria dos métodos de fabricação são "lineares" – a empresa extrai

---

[7] MEADOWS, D.; MEADOWS, D. L.; RANDERS, J.; BEHRENS, W. W. III. *Limits to Growth*. Nova York: Universe Books, 1972.

alguns materiais, produz alguma coisa e a vende ao consumidor, que a descarta quando ela não mais se presta à sua finalidade original. É a por vezes denominada "economia do processamento" ou até "economia do lixo", que gera resíduos durante o processo de fabricação e no fim da vida* do produto. Esses resíduos danificam nossos sistemas vivos (que fornecem ar limpo, controle climático, água potável e solo saudável) e destroem nossos recursos. Voltamos a esses temas mais adiante, neste livro.

Evolução do conceito: arquitetos, cientistas e marinheiros

E, então, como evoluiu a economia circular? Em fins do século XX, importantes pensadores desenvolveram novos conceitos para a criação de novos modelos de negócio sustentáveis. Novo jargão está surgindo nas publicações sobre negócios, como *Cradle to Cradle* (C2C – berço ao berço),* biomimética,* serviços do ecossistema,* ecologia industrial* e sobreciclagem.* Inovação recorrente é o modelo de "economia circular".

Examinamos aqui as diferentes escolas de pensamento, apresentadas na Figura 1.3, examinando como priorizam diversos aspectos e resultados, antes de amalgamá-las na estrutura da economia circular, analisada em todo este livro.

FIGURA 1.3: Evolução da economia circular

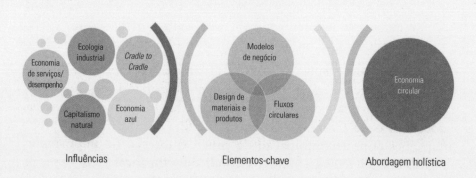

A economia do desempenho

O Product-Life Institute, de Walter Stahel, esboça seu principal objetivo como sendo "abrir novas fronteiras do desenvolvimento econômico para uma Economia do Desempenho (ou uma Economia de Serviços Funcionais), cujo foco seja a venda de desempenho (serviços), em vez de bens, numa economia circular, internalizando todos os custos (*loops* fechados, *Cradle to Cradle*)".[8] A premissa é de que esse objetivo será alcançado mediante a combinação de design sistêmico, inovação técnica e comercial – principalmente no âmbito de economias regionais, com base no desenvolvimento de modelos de negócio de recomercialização de bens (reutilização)* e ampliação do ciclo de vida de bens e componentes* (p. ex., por meio da remanufatura e atualização) para criar empregos locais, melhorar a gestão e conservação de recursos (*resource husbandry*) e evitar resíduos.

Cinco "pilares" sustentam a visão de economia e sociedade sustentável:

1. **Conservação da natureza:** a natureza e os sistemas vivos proveem os fundamentos da vida humana. Dependemos de recursos "fornecidos pelo sistema de ecossuporte global", como biodiversidade, florestas, ar puro, rios e oceanos. A "capacidade de carregamento da natureza" depende das populações regionais e de seu estilo de vida, p. ex., uso da água, padrões de uso do solo, poluição e assimilação de resíduos.

2. **Limitação da toxidade:** protegendo, assim, a saúde e a segurança dos humanos e de outras espécies vivas. Alguns exemplos são agentes tóxicos, como metais pesados, pesticidas, processos químicos, e assim por diante. Essa proteção exige medições exatas (p. ex., em nanograma) e avaliação da capacidade da natureza de absorver e de processar essas toxinas.

3. **Produtividade dos recursos:** com os países industrializados reduzindo o uso de materiais, ou "desmaterializando-se",* para que outros países também possam se desenvolver. Stahel estima que precisamos reduzir o consumo de recursos por 10, a fim de evitar a ameaça de mudanças radicais no nível planetário e de promover a redução da desigualdade entre os países.

4. **Ecologia social:** Stahel salienta a importância da paz e da defesa dos direitos humanos, da igualdade de raça e gênero, da dignidade e da democracia, do emprego e da integração social, e da segurança.

5. **Ecologia cultural:** inclusive educação e conhecimento, ética, cultura, valores da "herança nacional", e atitudes em relação ao risco.

---

[8] Product-Life Institute. Disponível em: <product-life.org/en/node>. Acesso em: 9 fev. 2016.

Capitalismo natural[*]

O livro *Natural Capitalism: Creating the next Industrial Revolution* (1999), escrito por Paul Hawken, Amory B. Lovins e L. Hunter Lovins [ed. bras. *Capitalismo Natural: criando a próxima revolução industrial*, tradução Luiz A. de Araújo, Maria Luíza Felizardo, Cultrix, 2000], descreve o projeto de uma nova economia.[9] Os autores imaginam uma nova revolução industrial, em que os interesses ambientais e empresariais se sobrepõem, possibilitando que as empresas, simultaneamente, melhorem o lucro, ajudem a resolver os problemas ambientais e tenham sentimentos positivos sobre seus impactos. Eles salientam que o principal indutor das revoluções industriais anteriores foi a produtividade humana, sendo que, agora, pessoas e tecnologias se tornaram abundantes, ao passo que o capital natural está escasseando.

O capital natural abrange recursos naturais e sistemas ecológicos, prestando serviços vitais de suporte à vida a todos os seres vivos. Pode ser difícil, ou impossível, substituir esses serviços. No caso de serviços de polinização, por exemplo, prestados por abelhas e borboletas, a perspectiva de polinização manual ou robótica logo suscita grandes dúvidas: como e a que custo? Os autores observam que as atuais práticas de negócios quase sempre ignoram o valor desses serviços e dos ativos naturais, mesmo que esse valor se alinhe cada vez mais com sua escassez. O nosso uso perdulário e desregrado de energia, materiais, fibras, solo e água está degradando e destruindo o capital natural.

O capitalismo natural tem quatro princípios[10]:

1. Aumentar a **produtividade dos recursos naturais:** inovações no design e nas tecnologias de produção podem reduzir o uso de recursos naturais – energia, água, florestas, minerais – em 5, 10 ou até 100 vezes, em comparação com o presente. O mais importante é que as economias financeiras daí resultantes podem ajudar as empresas a implementar os outros três princípios.

2. Usar modelos e materiais de produção **inspirados na biologia**. Nos sistemas de *loop* fechado,[*] modelados pela natureza, todos os outputs

---

[9] HAWKEN, P.; LOVINS, A. B.; LOVINS, L. H. [1999] *Natural Capitalism*. Londres: Earthscan, 2010.

[10] LOVINS, A. B.; LOVINS, L. H.; HAWKEN, P. A Road Map For Natural Capitalism. *Harvard Business Review*, Londres, p. 145–58, maio/jun. 1999.

retornam à natureza como nutrientes* (resíduos = alimentos) ou são usados como inputs em outro processo de fabricação. Desenhe os processos industriais para reduzir a dependência em relação a insumos finitos e imite a química benigna da natureza. Os resultados geralmente são produtos de simplicidade elegante, cujos métodos de produção são muito mais eficientes.

3. **Adotar modelos de negócio _service and flow_ (fluxo contínuo de serviços).** Crie valor por meio de um fluxo contínuo de serviços, como fornecer iluminação em vez de vender lâmpadas. Nesses modelos, os provedores e os clientes compartilham os mesmos objetivos, e ambos dividem as recompensas decorrentes do aumento da produtividade dos recursos e da longevidade dos produtos.

4. **Reinvestir em capital natural.** A depleção do capital natural erode a base da prosperidade futura. Exaurir (e dilapidar) recursos finitos significa torná-los indisponíveis. A poluição das fontes de água destrói os mananciais de água potável, peixes e outras espécies. À medida que aumentam a população humana e suas necessidades, também se intensificam as pressões sobre o nosso capital natural. Os consumidores estão se conscientizando dessas questões, e estão convencendo as empresas, cada vez mais, a preservar, restaurar e aumentar o capital natural. Daí resultam novas oportunidades para os negócios.

O capitalismo natural enfatiza a importância do "design sistêmico holístico", adotando tecnologias inovadoras e reconsiderando "práticas deletérias" na maneira como as empresas alocam capital e os governos estabelecem políticas e tributos.

Ecologia industrial

A preservação dos materiais e da energia "incorporadas" em um produto – matérias-primas, energia, água e outros adjuvantes do processo – é postulado básico da ecologia industrial.[11] A ecologia industrial visa a ajudar as empresas a compreender como usam os recursos-chave, como monitoram os fluxos de materiais, energia e água, e como se

---

[11] A NOTE from the Presidents. _International Society for Industrial Ecology_, 2015. Disponível em: <is4ie.org/A-Note-from-the-Presidents>. Acesso em: 7 fev. 2016.

responsabilizam pelo produto durante todo o seu ciclo de vida. O objetivo é mudar o uso de recursos, de implícito para explícito, desde o início do ciclo até o fim do uso.

O que um país consome, em vez de o que produz, é indicador-chave do impacto ambiental do país. Embora a reciclagem ajude a reduzir a energia, a preservar recursos e a diminuir o impacto ambiental, precisamos mudar o que e como consumimos. Os modelos tradicionais de indústria, "extrair, produzir e descartar", devem ser transformados em "ecossistemas industriais", otimizando o consumo de energia e de materiais, minimizando a geração de resíduos, e garantindo que os efluentes de um processo se tornem matérias-primas de outro.

Economia azul

O livro *Blue Economy* (2015), de Gunter Pauli, baseia suas soluções na física, usando sistemas naturais de nutrientes, matéria e energia como modelo ideal.[12] A gravidade é a principal fonte de energia; a energia solar é o segundo mais importante combustível renovável; e a água é o solvente básico. A natureza não precisa de catalisadores tóxicos, químicos e complexos, e tudo é biodegradável – é só uma questão de tempo.

Na Economia Azul, não há resíduos, e qualquer subproduto pode ser fonte de novo produto. Questione o uso de todos os materiais usados na produção – será que você consegue se arranjar sem eles? Você pode fazer mais com menos?

O modelo de negócio da Economia Azul tem dois temas[13]:

1. Substituição de alguma coisa por nenhuma outra.
2. Cascateamento de nutrientes e energia.

A Economia Azul reconhece que nosso atual modelo econômico se baseia na escassez como base da produção e do consumo. Ela define "riqueza" como diversidade, e nossa padronização industrial é o oposto.

---

[12] PRINCIPLES. *The Blue Economy,* 2016. Disponível em: <www.theblueeconomy. org/Principles.html>. Acesso em: 12 fev. 2016.

[13] PAULI, G. *The Blue Economy: A Report to the Club of Rome.* 2009. Discurso de abertura. Disponível em: <www.worldacademy.org/files/Blue%20Economy%20 2009.pdf>. Acesso em: 16 fev. 2016.

A natureza evoluiu a partir de poucas espécies, continua evoluindo continuamente, e a mudança é uma constante. A natureza é não linear. A natureza usa o que está disponível no local, atende primeiro às necessidades básicas, e então evolui, da suficiência para a abundância e a simbiose – nos sistemas naturais, tudo está interconectado, e um processo gera diversos benefícios.

Os negócios sustentáveis maximizam o aproveitamento do material e da energia disponíveis, reduzindo, em consequência, o preço unitário para o consumidor. Os negócios sustentáveis respeitam os recursos, a cultura e as tradições locais.

Pauli nos lembra que, na natureza, há água, ar e solo disponíveis para todos, gratuitos e abundantes. As sociedades sustentáveis "respondem às necessidades básicas com o disponível, introduzindo inovações inspiradas pela natureza, gerando variados benefícios, inclusive emprego e capital social, oferecendo mais com menos".

A Economia Azul é agora parte da Zero Emissions Research and Initiatives (ZERI). Os objetivos são ambiciosos: criar 100 milhões de empregos e gerar capital de valor substancial, por meio de 100 inovações, no decênio 2010-2020. Todas as inovações são de código aberto[*] e publicadas no site da Blue Economy (www.theblueeconomy.org).

Cradle to Cradle®

William McDonough e Dr. Michael Braungart escreveram *Cradle to Cradle: Remaking the Way We Make Things* (2002) [ed. bras. *Cradle to Cradle: criar e reciclar ilimitadamente*, tradução Frederico Bonaldo, GG BR, 2013], descrevendo a importância de tratar os materiais como nutrientes biológicos[*] ou técnicos e de estender o "período de uso" de todos esses materiais. McDonough e Braungart encorajam uma abordagem de pensamento sistêmico, reenquadrando o design para torná-lo regenerativo e avançando constantemente de ser "menos ruim" para fazer "mais bem". Eles rejeitam a ideia de que o crescimento é mau para o meio ambiente, lembrando-nos de que, na natureza, o crescimento é bom.

Em vez de "ecoeficiência", eles almejam "ecoeficácia", induzindo a inovação e a liderança para objetivos positivos. Abordagens ecoeficientes, *demand-side* (lado da demanda), só podem reduzir ou minimizar os danos. Ecoeficiência é simplesmente a prática de negócios sensata. Significa conceber um design sucinto, para gerar impactos positivos na saúde econômica, ecológica e social. O sucinto deve focar em abordagens *supply-side* (lado da oferta) e incluir valores e princípios *Cradle to Cradle®*. Designs com bons resultados incluem diversão, beleza e inspiração, e encorajam consequências ambientais abundantes e saudáveis.

O site resume os princípios *Cradle to Cradle®*[14]:

- **Saúde dos materiais:** valorizar os materiais como nutrientes para ciclos seguros e contínuos.
- **Reutilização de materiais:** manter fluxos ininterruptos de nutrientes biológicos e técnicos.
- **Energia renovável:** impulsionar todas as operações com energia 100% renovável.
- **Manejo da água:** tratar a água como recurso precioso.
- **Justiça social:** celebrar todos os sistemas pessoais e naturais.

O *Cradle to Cradle Certified™ Product Standard* (Padrão de Produto com Certificação *Cradle to Cradle®*) é gerenciado pelo Cradle to Cradle Products Innovation Institute, organização sem fins lucrativos, de código aberto.[15] É um processo de melhoria contínua, que avalia o produto em função dos cinco princípios listados acima, e com uma faixa de níveis de realizações, para promover a melhoria contínua.

Economia circular

A economia circular está se tornando cada vez mais sinônimo de Ellen MacArthur Foundation (EMF). A EMF é uma instituição filantrópica que trabalha com empresas, governos e organizações educacionais, a fim de acelerar a transição para a economia circular, a qual já tem muitos livros, trabalhos e vídeos que explicam e promovem a economia circular. A fundação atua em estreito entrosamento com os consultores da McKinsey e com grande variedade

---

[14] C2C Framework. *MBDC*, 2016. Disponível em: <www.mbdc.com/cradle-to--cradle/c2c-framework/>. Acesso em: 12 fev. 2016.

[15] Cradle to Cradle Products Innovation Institute. Disponível em: <www.c2ccertified.org/>. Acesso em: 18 fev. 2016.

de empresas globais, que constituem o grupo CE100. Muitos dos importantes pensadores mencionados nas outras abordagens circulares também apoiam a EMF, oferecendo artigos on-line, aulas, palestras, e assim por diante.

O primeiro relatório importante da série Towards the Circular Economy (2012) desbravou novo território, avaliando as oportunidades econômicas e empresariais de um modelo circular restaurador.[16] A economia circular se inspira na natureza, onde o resíduo de uma espécie é o alimento de outra, e a soma fornece energia. A Economia Circular "movimenta em ciclos materiais e produtos valiosos, produzindo-os e transportando-os usando energia renovável".[17]

Princípios:

1. **Resíduos = alimentos:** nos sistemas vivos não existe essa coisa de "resíduos" – os resíduos de uma espécie se tornam alimentos de outra espécie. Um coelho morto é devorado por mamíferos ou pássaros predadores, e o que sobra é absorvido como nutriente pelo solo. Podemos reduzir os resíduos, redesenhando os produtos para que sejam reutilizados ou desmontados no fim da vida, mantendo sempre os produtos e os materiais em seu mais alto patamar de valor.

2. **Construa a resiliência por meio da diversidade:** esse princípio usa a natureza como modelo, explicando que os sistemas vivos são diversificados, com muitíssimas espécies diferentes ajudando a sustentar o ecossistema contra os choques (p. ex., secas e enchentes). A natureza tem vasto conjunto de recursos, e pode compartilhar suas forças, promovendo a saúde total do sistema e criando resiliência. Empresas, países e sistemas econômicos podem explorar a diversidade para desenvolver resiliência e recursos.

3. **Use energia renovável:** a economia circular envolve muitos atores que atuam juntos, gerando fluxos eficazes de materiais e informação, com todos os seus elementos cada vez mais impulsionados por energia renovável.

---

[16] TOWARDS the Circular Economy: Economic and Business Rationale for an Accelerated Transition. *Ellen MacArthur Foundation*, 2012. Disponível em: <https://www.ellenmacarthurfoundation.org/news/towardsthe-circular-economy>. Acesso em: 15 ago. 2016.

[17] CIRCULAR X Circular Economy: An Introduction. Principles of the Circular Economy. *TU Delft with Ellen MacArthur Foundation*, 2016. Disponível em: <courses.edx.org/courses/course-v1:Delftx+CircularX+1T2016/courseware/>. Acesso em: 12 fev. 2016.

4. **Pense em sistemas:** olhando para as conexões entre ideias, pessoas e lugares, de modo a criar oportunidades para as pessoas, os negócios e o planeta.

A EMF descreve quatro "blocos constitutivos" da Economia Circular[18]:

1. **Design da Economia Circular:** o design de produtos e sistemas requer uma abordagem diferente, para possibilitar a reutilização, a reciclagem e o "cascateamento" (o resíduo de um processo se torna input de outro) do produto. Isso requer competências, informação e metodologias avançadas. As áreas de foco incluem seleção de material e padronização ou componentes modulares. O design deve visar à durabilidade, à facilidade de reutilização no fim da vida, à classificação ou separação de produtos e materiais e à busca de possíveis subprodutos e usos para os "resíduos".

2. **Modelos de negócio inovadores para substituir os existentes ou para aproveitar novas oportunidades:** grandes empresas podem explorar suas características de escala e de integração vertical como meio de impulsionar a abordagem circular para o *mainstream* dos negócios convencionais. Além das ideias, também materiais e produtos serão fornecidos pelas disruptoras e start-ups; os líderes de marca e volume podem inspirar outros atores e acelerar a transição.

3. **Ciclos reversos:** novos materiais e produtos cascateiam, e o retorno final dos materiais para o solo ou de volta para o sistema de produção industrial requer perspectiva cuidadosa e novas abordagens. Aqui se incluem logística, armazenamento, gestão de riscos, geração de energia e até biologia molecular e química de polímeros. Sistemas para produtos no fim da vida devem fornecer meios eficientes e eficazes de coleta, classificação, tratamento e segmentação, redução de "vazamentos" de materiais para fora do sistema, de modo a suportar o caso de negócio para o design circular.

4. **Capacitadores e condições sistêmicas favoráveis:** mecanismos de mercado novos ou renovados podem encorajar a reutilização generalizada de materiais e aumentar a produtividade dos recursos. Formuladores

---

[18] BUILDING Blocks of a Circular Economy. *Ellen MacArthur Foundation*, [S.d.]. Disponível em: <www.ellenmacarthurfoundation.org/circulareconomy/building-g-blocks>. Acesso em: 12 fev. 2016.

de políticas, instituições educacionais e líderes de opinião populares precisarão promover essas ideias. Os exemplos incluem colaboração; novos incentivos; elaboração de um conjunto apropriado de normas ambientais internacionais; liderança pelo exemplo e escalada rápida; acesso a financiamentos.

Comparamos essas escolas de pensamento mais adiante, neste capítulo, enfatizando as diferentes prioridades de cada abordagem.

Outras abordagens de apoio

Abordagens como biomimética, permacultura* e The Natural Step* (www.thenaturalstep.org) desenvolveram-se em paralelo às escolas de pensamento da economia circular, e podem ajudar a resolver problemas específicos, a fornecer diferentes perspectivas para resolver os problemas da economia linear, e a enriquecer as soluções da economia circular:

- **Biomimética**, conforme definição do Biomimicry Institute, é "uma abordagem à inovação que busca soluções sustentáveis para problemas humanos, imitando padrões e estratégias da natureza, de eficácia comprovada pelo tempo".[19]
- **Permacultura**, que surgiu na década de 1970, concebe maneiras de imitar os ecossistemas de florestas naturais, sobretudo no plantio de árvores, de modo a criar agroflorestas perenes, ou sistemas de "**perma**nent agri**culture**", ou "agricultura permanente", daí o nome. O enfoque se transformou em ferramenta de pensamento sistêmico, para o projeto de paisagens, empreendimentos, prédios e comunidades de baixo consumo.
- **The Natural Step** é uma rede global de organizações sem fins lucrativos, que focam no desenvolvimento sustentável* e usam um arcabouço científico.[20] Sua missão é acelerar a transição para uma sociedade sustentável, "em que indivíduos, comunidades, empresas e instituições progridem dentro dos limites da natureza".

---

[19] WHAT is Biomimicry. *Biomimicry Institute*, [S.d.]. Disponível em: <biomimicry.org/what-is-biomimicry/#.VsW6dOahOkV>. Acesso em: 12 fev. 2016.

[20] ABOUT us. *The Natural Step*, 2016. Disponível em: <www.thenaturalstep.org/about-us/>. Acesso em: 14 fev. 2016.

Vemos exemplos dessas abordagens em todo o livro.

Escalada: empresas, *think tanks*, grupos de negócios

Organizações e empresas progressistas estão adotando abordagens circulares, ao se afastarem de sistemas "extrair, produzir, descartar" e adotarem sistemas holísticos. O objetivo é reter recursos valiosos, regenerar ou, pelo menos, não fazer mal aos sistemas vivos (que fornecem nossos serviços essenciais), e equilibrar as necessidades da humanidade com as limitações de nosso planeta vivo. O Fórum Econômico Mundial (FEM), a União Europeia (UE) e a China estão pesquisando, investindo e promovendo a economia circular.

Fórum Econômico Mundial

Em 2014, o FEM, com o apoio de pesquisas e ideias da Ellen MacArthur Foundation e da McKinsey, lançaram uma iniciativa conjunta de "escalada" da economia circular, o Projeto MainStream (Project MainStream).[21] Presidentes (CEOs) de nove empresas globais – Averda, BT, Tarkett, Royal DSM, Ecolab, Indorama Ventures, Philips, SUEZ e Veolia – lideram o projeto, que foca em:

- Impasses sistêmicos em fluxos de materiais globais, muito grandes ou muito complexos para serem superados isoladamente por empresas, cidades ou governos.
- E "capacitadores" da economia circular – por exemplo, tecnologias digitais.

União Europeia

A UE anunciou seu plano de ação de economia circular, *Closing the Loop* (Fechando o *Loop*), em dezembro de 2015.[22] Ela vê a transição

---

[21] PROJECT Mainstream. *Ellen MacArthur Foundation*, [S.d.]. Disponível em: <www.ellenmacarthurfoundation.org/programmes/business/project-mainstream>. Acesso em: 13 fev. 2016.

[22] CLOSING the Loop: An EU Action Plan for a Circular Economy. *European Commission*, 2 dez. 2015. Disponível em: <eur-lex.europa.eu/legal-content/EN/TXT/?qid=1453384154337&uri=CELEX:52015DC0614>. Acesso em: 13 fev. 2016.

para uma economia mais circular como contribuição essencial para uma economia sustentável, de baixo carbono e eficiente em recursos, gerando novas vantagens competitivas sustentáveis para a Europa. Aí se incluem manter o valor de materiais, recursos e produtos na economia, durante o maior tempo possível, com a minimização de resíduos. A economia circular pode proteger as empresas contra a escassez de recursos e a volatilidade de preços, criando oportunidades para o desenvolvimento de métodos de produção e consumo inovadores e eficientes. Também envolve a criação de empregos locais, de oportunidades de integração social, de economia de energia e de prevenção de danos irreversíveis, como resultado do consumo de recursos com mais rapidez do que a capacidade de recuperação da Terra. A UE reconhece que as empresas e os consumidores são essenciais para impulsionar a economia circular e que ambos devem desempenhar papel de apoio fundamental, abrangendo arcabouço regulatório e sinalização de caminhos para a frente, com ações ambiciosas, amplas e concretas, antes de 2020.

China

O primeiro estágio da economia circular da China começou em 1998, a partir de estudos conceituais acadêmicos.[23] O segundo estágio incluiu produção limpa e parques ecoindustriais, apoiados por um órgão público de proteção ambiental em expansão. O terceiro estágio, que se iniciou em 2006, caracterizou-se pelo reconhecimento da economia circular como modelo de desenvolvimento alternativo. A "lei de promoção" da economia circular na China consiste em dissociar o crescimento econômico do consumo de recursos e da emissão de poluentes, e ajudar o país a saltar para um arcabouço econômico mais sustentável.

Consultores globais

Entre as grandes empresas globais de consultoria em gestão, a McKinsey & Company talvez seja a mais ativa na economia circular.

---

[23] ZHU, D. *China's Policies and Instruments for Developing the Circular Economy.* 15 jun. 2014. Disponível em: <europesworld.org/2014/06/15/chinas-policiesand-instruments-for-developing-the-circular-economy/#.Vr9XGlKhOkU>. Acesso em: 13 fev. 2016. D. Zhu é diretor do Institute of Governance for Sustainable Development, Tongji University, em Xangai, Europe's World.

Além de já ter publicado vários trabalhos sobre o tema, é parceira de conhecimento da EMF, e contribui com pesquisas e *insights* para muitos dos relatórios da EMF e do FEM.[24] A PricewaterhouseCoopers (PwC) inclui "soluções de economia circular" como parte de seus Serviços de Sustentabilidade, e participa do projeto Great Recovery,[25] da Royal Society for the Encouragement of Arts, Manufactures and Commerce (RSA).

A Accenture publicou um infográfico[26] e um relatório,[27] destacando "as principais organizações que estão adotando modelos de economia circular para dissociar crescimento econômico e fontes de recursos". Também participa de programas de pesquisa, e trabalha com instituições como FEM, Young Global Leaders Forum e outras, explorando as transições e as transformações necessárias para criar a economia circular.

Importantes empresas globais também estão fazendo investimentos significativos na economia circular, elaborando maneiras de auferir valor de seus processos e de seus resíduos de fim de vida.

Renault: reciclagem e remanufatura[*]

O blog empresarial da Renault, Economia circular: recicle, reutilize, Re-nault!, define a economia circular como "o máximo em programa de reciclagem, no qual o ideal é que nada vá para o lixo".[28] Exemplos de seu progresso até agora são:

- Em 2014, o carro Renault Espace era 90% reciclável.
- Todos os carros do ano de 2014 incluíam 30% de materiais recicláveis.

---

[24] RESEARCH and Insights. *Ellen MacArthur Foundation*, [S.d.]. Disponível em: <www.ellenmacarthurfoundation.org/ce100/the-programme/research-and-insights>. Acesso em: 18 fev. 2016.

[25] CIRCULAR Economy Solutions. *PwC*, 2015–2016. Disponível em: <www.pwc.co.uk/services/sustainability-climate-change/supply-chain/circular-economy-solutions.html>. Acesso em: 20 fev. 2016.

[26] DRIVING the Circular Economy – Infographic. *The Guardian*, 13 maio 2013. Disponívelem: <www.theguardian.com/sustainable-business/driving-circular-economy-infographic>. Acesso em: 13 fev. 2016.

[27] CIRCULAR Advantage: Innovative Business Models and Technologies that Create Value. *Accenture*, 2014. Disponível em: <www.accenture.com/gb-en/insight-circular-advantage-innovative-business-models-valuegrowth>. Acesso em: 15 ago. 2016.

[28] MCEVOY, P. *Groupe Renault, News, Corporate Blog*, 5 jun. 2014. Disponível em: <group.renault.com/en/news/blog-renault/circular-economy-recycle-renault/>. Acesso em: 13 fev. 2016.

- A fábrica francesa da Renault, Choisy-le-Roi, remanufatura componentes, que chegam a 75% nas caixas de marcha e a 38% nos motores.
- A fábrica francesa usa componentes remanufaturados exclusivamente para o reparo de veículos em uso, testando todas as partes para garantir a qualidade e o desempenho.
- A prática de remanufatura na Choisy-le-Roi começou em 1949, e o mix expandido de componentes inclui injetores, bombas de injeção e turbocompressores.[29]
- A Renault também está investindo na reciclagem de carros em sua subsidiária INDRA, desmontando veículos em fim de vida para acessar partes sobressalentes, possibilitando a reciclagem de componentes e materiais.*

Philips: serviços e desempenho

A Philips vê a "transição da economia linear para a economia circular como condição fronteiriça necessária" para um mundo sustentável.[30] Inovações circulares em reutilização de materiais, componentes e produtos, assim como novos modelos de negócio, baseados em soluções e serviços, criam valor ao reduzirem custos e ampliar mercados.

A Philips enfatiza algumas tendências globais, que envolvem desafios e oportunidades.

- Custos e disponibilidade de recursos: o "fim da era de petróleo e de materiais baratos" significa que usar menos não é suficiente, e as empresas enfrentam os riscos da volatilidade de preços.
- A expansão da "classe média", com a inclusão, até 2030, de 3 bilhões de pessoas, principalmente nas economias

---

[29] CIRCULAR Economy Applied to the Automotive Industry. *Ellen MacArthur Foundation*, 24 jul. 2013. Disponível em: <www.ellenmacarthurfoundation.org/circular-economy/interactive-diagram/the-circular-economy-applied-to-the-automotive-industry>. Acesso em: 13 fev. 2016.

[30] SUSTAINABILITY, Rethinking the Future: Our Transition Towards a Circular Economy. *Philips*, 2016. Disponível em: <www.philips.com/a-w/about/sustainability/sustainable-planet/circular-economy.html>. Acesso em: 13 fev. 2016.

emergentes, aumentando a demanda (e, portanto, os resíduos).

- *Big data,*[*] propiciando níveis mais profundos de inteligência de mercado e de compreensão do comportamento dos consumidores, e transformando a escala e os métodos de solução de problemas. O *big data* ajuda a compreender onde estão as coisas na economia, em que consistem, e sua condição ou estado.
- A renovação e o reforço da legislação e da governança, em resposta ao espalhamento de materiais tóxicos, à ampliação dos aterros sanitários e a outros desafios. As empresas estão reagindo com inovações no design de produtos e nos materiais.
- Mudança nos modelos de consumo, à medida que os consumidores priorizam o acesso e o desempenho, abrindo mão da propriedade.
- As relações substituem as transações. As mídias sociais e o comércio multicanal estão aumentando o engajamento e as conexões entre marcas e consumidores.

A Philips oferece exemplos de desenvolvimentos em sua economia circular, inclusive em seu sistema Diamond Select Advance, que oferece produtos de assistência médica recondicionados e renovados, como aparelhos de imagem por ressonância magnética (MRI). Exemplo bem divulgado é a sua solução de iluminação LED *pay-per-lux*, em que a Philips fornece luz como serviço e se responsabiliza pelo desempenho da iluminação.

H&M: fluxos de recuperação circular

A marca de moda global H&M lançou sua iniciativa *Closing the Loop* (Fechando o *Loop*), explorando as tendências de roupas vintage e retrô. "Literalmente, converteremos a sua roupa velha em novos trajes, para evitar que a moda vá para o lixo."[31] O conceito

---

[31] SUSTAINABILITY, Closing the Loop. *H&M*, [S.d.]. Disponível em: <about.hm.com/en/About/sustainability/commitments/reduce-waste/closing-theloop.html>. Acesso em: 13 fev. 2016.

consiste em coletar, reutilizar e converter as roupas em algo novo. Eles alegam que essa é a maneira mais rápida e fácil de a indústria da moda reduzir significativamente o consumo de recursos e o lançamento de resíduos em aterros sanitários. A H&M já lançou um programa de Garment Collecting (Coleta de Roupas), e pode misturar cerca de 20% das fibras recicladas em novos fios.

IKEA: usar menos, usar renováveis, usá-lo mais, usá-lo novamente

Durante uma palestra numa conferência do *The Guardian*, Steve Howard, chefe de sustentabilidade da IKEA, disse:

> Se lançarmos um olhar global, nós, no Ocidente, provavelmente já atingimos o *peak stuff*. Falamos em pico do petróleo. Eu diria que já atingimos o pico da carne vermelha, o pico do açúcar, o pico de tudo; enfim, o *peak stuff*... o pico de móveis e utensílios para o lar, inclusive... construiremos cada vez mais uma IKEA circular, onde é possível reparar e reciclar produtos.[32]

Na Estratégia Positiva de Pessoas e Planeta, da IKEA,[33] dois dos três eixos envolvem temas de economia circular:

- "Inspirar e capacitar milhões de clientes a viver uma vida mais sustentável em casa." O objetivo da IKEA é desenvolver e promover produtos e soluções que ajudem os clientes a poupar ou gerar energia, a reciclar ou reduzir o consumo de água, e a classificar ou reduzir resíduos. Os exemplos incluem trocar toda a linha de produtos de iluminação pela tecnologia LED, em 2015. A iluminação LED consome até 85% menos energia do que a iluminação incandescente, e as lâmpadas LED podem durar

---

[32] FARRELL, S. We've Hit Peak Home Furnishings, Says Ikea Boss. *The Guardian*, 18 jan. 2016. Disponível em: <www.theguardian.com/business/2016/jan/18/weve-hit-peak-home-furnishings-says-ikea-bossconsumerism>. Acesso em: 13 fev. 2016.

[33] SUSTAINABILITY Report FY15, v. 12, n. 14-18, p. 8. *IKEA Group*, 2016. Disponível em: <www.ikea.com/ms/en_US/img/ad_content/2015_IKEA_sustainability_report.pdf>. Acesso em: 1 fev. 2016.

até 20 anos. Todas as torneiras de cozinha da IKEA incluem recursos para reduzir o fluxo da água, reduzindo o consumo em até 40%. As torneiras de banheiro agora incluem funções de economia de energia e de partida a frio.

- "Buscar a independência de recursos e de energia". A IKEA reconhece a importância de garantir o acesso duradouro a matérias-primas sustentáveis, com o intuito de exercer impacto positivo nas comunidades onde se abastece de insumos. A IKEA visa a usar recursos dentro dos limites da Terra, a promover a eficiência energética em toda a sua cadeia de valor, e a produzir energia renovável para equilibrar seu consumo. No caso de produtos que dependem de recursos florestais, a IKEA, em 2015, captava 50% da madeira que consumia em fontes sustentáveis (certificada pelo *Forest Stewardship Council – FSC,* ou reciclada), e até 2020, pretende expandir essa meta para 100% de madeira, papel e papelão. Também em 2015, a IKEA comprava todo o seu algodão em fontes sustentáveis (como a Better Cotton Initiative e o e3 Cotton Programme).

O relatório da IKEA a descreve "convertendo-se para a economia circular [...] onde os resíduos são eliminados num ciclo de reparo, reutilização, renovação e reciclagem".[34] A IKEA vê o fechamento do *loop* como iniciativa com enorme potencial para gerar impactos positivos, ao mesmo tempo em que envolve um grande desafio.[35] Uma IKEA circular significa foco em:

- Desenhar produtos para a circularidade: prolongar a vida do produto, projetando-o para a facilidade de sobreciclagem e reciclagem, oferecendo aos clientes soluções claras e simples para o reparo e reutilização de móveis e utensílios para o lar. Os produtos usados se tornarão "bancos de materiais" para o futuro.
- A cadeia de suprimentos se transformará em cadeia de recursos, melhorando a capacidade de usar materiais secundários

---

[34] SUSTAINABILITY Report FY15, v. 12, n. 14-18, p. 47. *IKEA Group,* 2016. Disponível em: <www.ikea.com/ms/en_US/img/ad_content/2015_IKEA_sustainability_report.pdf>. Acesso em: 12 fev. 2016.

[35] SUSTAINABILITY Report FY15, v. 12, n. 14-18, p. 24. *IKEA Group,* 2016. Disponível em: <ww.ikea.com/ms/en_US/img/ad_content/2015_IKEA_sustainability_report.pdf>. Acesso em: 12 fev. 2016.

(recuperados de produtos pós-uso), aumentando, assim, a demanda, a disponibilidade e o uso de mais materiais reciclados para estimular o setor de reciclagem.

- Novas opções para o aluguel, compartilhamento ou revenda de produtos: ao analisar listagens de produtos de segunda mão na eBay e encontrar cerca de 80.000 para venda a qualquer hora, a IKEA percebeu que seus clientes estavam descobrindo valor em mercados de produtos usados. Em vez de ignorar ou desencorajar essa prática, a empresa decidiu promovê-la, simplificando as maneiras de comprar peças sobressalentes e fazer o download de manuais de produtos.[36]

Exploramos mais desses exemplos na Parte dois. Em todo o livro, estudos de caso e "perfis" cobrem uma gama de setores e lugares, variando de "megamarcas" globais a empreendedores e empreendimentos sociais.

A economia circular: estrutura genérica

As várias abordagens a negócios "circulares" e a modelos econômicos atribuem ênfases ligeiramente diferentes aos principais componentes. Elas compartilham vários princípios comuns, com o objetivo de:

- Estender a vida dos materiais e produtos, onde possível, ao longo de vários "ciclos de uso".
- Adotar o enfoque "resíduos = alimentos" para ajudar a recuperar materiais e garantir que os materiais biológicos que retornam à Terra sejam benignos, não tóxicos.
- Reter a energia, a água e outros inputs de processos embutidos no produto e no material, por tanto tempo quanto possível.
- Adotar métodos de pensamento sistêmico no desenho de soluções.
- Regenerar ou pelo menos conservar a natureza e os sistemas vivos.
- Promover políticas, tributos e mecanismos de mercado que encorajem o *stewardship* do produto, por exemplo, políticas e normas do tipo "o poluidor paga".

---

[36] COOK, Heidenmark P. Rethinking Progress. *Bradford University*, 14 abr. 2015. Painel de discussão. Cook é chefe de Sustentabilidade da IKEA Retail and Expansion, da Ikea Group.

QUADRO 1.1: Abordagens à economia circular – comparações

Tema	Princípio	Economia Azul	*Cradle to Cradle*	Economia Circular	Capitalismo Natural	Economia do Desempenho
Design	Biomimética	Y			Y	
Design	Diversidade	Y	y	Y		
Design	Pensamento sistêmico		y	Y	Y	
Condições	Internalizar externalidades			Y	y	y
Condições	Código aberto	y				
Condições	Serviços substituem produtos				Y	Y
Fluxos	Fluxos circulares	y	Y	Y	y	y
Fluxos	Priorizar o menor *loop*			y		y
Fluxos	Sistemas locais	y				Regional
Sistemas vivos	Conservar a natureza					y
Sistemas vivos	Regenerar a natureza		y		Y	
Recursos	Toxidade limitada				y	y
Recursos	Energia renovável	y	Y			y
Recursos	Produtividade dos recursos		Insuficiente!		Especialmente natural	y
Recursos	Resíduos = alimentos	y	Nutrientes	Y		~
Recursos	Manejo da água		Y			
Sociedade	Ecologia cultural	y				y
Sociedade	Ecologia social	y	Justiça social		Atende às necessidades	y

Legenda: y = incluído; **Y =** forte ênfase; outro texto = referência parcial

TAMBÉM: *Economia do desempenho*: mantém materiais técnicos fora da biosfera; trabalhos ligados a recursos ou a inputs de energia; Países industrializados "desmaterializam", permitindo o desenvolvimento de outros países; *Economia Azul*: gravidade é a principal fonte de energia.

O Quadro 1.1 compara os princípios das diferentes escolas de pensamento, e visa a orientar quanto às suas diferentes ênfases, em vez de oferecer descrições detalhadas das posições de cada uma em relação aos princípios. Algumas abordagens enfatizam "fechar o *loop*", no sentido de recuperar os produtos, partes e materiais para reutilização ou para fabricação de novos produtos. Neste livro, diferenciamos entre fluxos circulares de "*loop* fechado" e de "*loop* aberto",[*] e exploramos as diferenças no Capítulo 2.

Integramos aqui as principais abordagens, em uma "estrutura da economia circular", genérica, apresentada na Figura 1.4. Essa estrutura tem seis blocos: inputs circulares, design do produto, design do processo, fluxos circulares, modelos de negócio e, finalmente, capacitadores e aceleradores. Consideramos sucintamente cada um deles neste capítulo e os analisamos em detalhes nos Capítulos 2 e 3. A bem da consistência, usamos "economia circular" ao nos referirmos à abordagem consolidada genérica, ou Economia Circular para denotar, especificamente, a abordagem descrita pela Ellen MacArthur Foundation.

FIGURA 1.4: *Framework* da economia circular

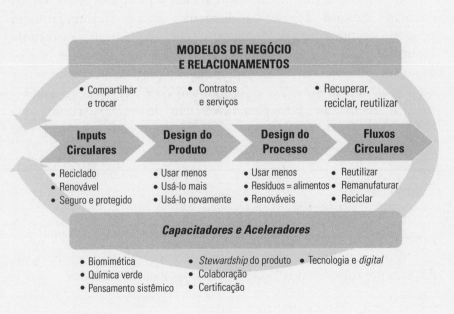

FONTE: © CATHERINE WEETMAN

Inputs circulares

Significa projetar o produto para usar recursos sustentáveis em sua lista de materiais.* Estes devem ser seguros, não tóxicos, renováveis e, de preferência, reciclados. A especificação de materiais substitutos potenciais pode reduzir o risco de possíveis faltas de suprimentos, melhorando a segurança do fornecimento.

Design do produto

O bom design poderia promover a longevidade, possibilitando que o produto dure mais, na primeira "vida" (ou ciclo) e nas subsequentes, de modo a ser usado sucessivas vezes, por mais tempo. É fácil desmontá-lo e repará-lo? O design deve capacitar e encorajar fluxos circulares, para manter o produto, as partes e os materiais circulando, com o maior valor possível, em sucessivos ciclos, os mais longos possíveis? O design deve simplificar a desmontagem ao fim de cada ciclo de uso, para permitir acesso fácil aos recursos futuros.

Design do processo

O processo de manufatura deve incluir o planejamento de fluxos circulares, de modo a preservar "nutrientes" para uso futuro. Também precisam minimizar o uso de recursos, tanto de materiais quanto de inputs de processo, como energia, água e outros adjuvantes, que se transformam em recursos incorporados* no produto. Você pode criar ou desenvolver subprodutos e coprodutos? Você é capaz de remanufaturar* ou renovar produtos para novos ciclos de uso? Você conseguiria desenvolver fluxos simbióticos, de ida e volta, com outros setores de atividade, benéficos para todas as partes?

Fluxos circulares

Como você recuperará os produtos, partes ou materiais, sem perder valor nos fluxos reversos?

Qual seria a melhor maneira de estabelecer fluxos circulares, ou de "recuperação de saída" (*output recovery*)? Aqui se incluem:

- opções de reutilização, em que o produto é revendido ou compartilhado;

- remanufatura, para que o desempenho do produto seja compatível com o outro "novo", numa segunda vida;
- reciclagem, para que os materiais ou componentes sejam usados em outro produto.

Modelos de negócio

Os modelos de negócio e as estruturas comerciais podem promover a circulação do produto, partes ou materiais. Aqui se incluem modelos de serviço para substituir a propriedade, como *pay-per-use*,[*] *lease and hire* (*leasing* e aluguel), compartilhamento, e sistemas de troca. Reparos, manufatura, reciclagem ou revenda também podem formar a base do modelo de negócio.

Capacitadores e aceleradores

É possível se beneficiar com "capacitadores" e "aceleradores", ao longo de toda a cadeia de valor. Os capacitadores incluem "química verde",[*] para melhorar a escolha de material ou ajudar no desenvolvimento de subprodutos; abordagens de biomimética, para o design de produtos e seleção de materiais; código aberto e abordagens de pensamento sistêmico. A tecnologia abrange computação na nuvem *(cloud computing),*[*] internet das coisas *(Internet of Things — IoT)*[*] e tecnologia de sensores (*sensor tecnologies*), *big data*, impressão 3D,[*] *apps* móveis (*mobile apps*)[*] e plataformas de compartilhamento e internet móvel (*mobile internet*).[*]

As abordagens de *stewardship* do produto[*] estão ajudando a acelerar a transição. Os exemplos incluem avaliações do ciclo de vida *(life-cycle assessments)*[*] do produto, padrões éticos e certificações, e melhor compreensão das pegadas de recursos e das fontes de material sustentável. Iniciativas da indústria colaborativa, como Round Table on Responsible Palm Oil, ou Better Cotton Iniciative, podem ajudar a acelerar a disponibilidade de recursos renováveis mais sustentáveis.

Políticas públicas e legislação também são úteis, com o governo regulando e tributando o *stewardship* do produto ou responsabilidade estendida do produtor,[*] e induzindo as empresas a assumir os custos externalizados, como poluição.

O enfoque da economia circular é apoiado por conceitos baseados em eficiência dos recursos, ou ecoeficiência, sustentabilidade, responsabilidade social da empresa (RSE) (*corporate social responsibility* – CSR),* triplo resultado (*triple bottom line*);* mas essas visões mais restritas não são tão sistêmicas e amplas quanto a da economia circular, e podem ser classificadas como estratégias encorajadoras, que são "menos ruins", em vez de fazerem "mais bem".

Resumo

Mostramos os indutores do conceito de economia circular e como ele evoluiu. Também apresentamos alguns exemplos de empresas e organizações que estão investindo em economia circular. Como poderíamos sintetizar a ideia de economia circular? Cada uma das diferentes escolas de pensamento tem sua própria definição – e também há uma definição criada por *crowdsourcing* (contribuição ou colaboração coletiva), no estilo da Wikipédia, promovida pela Open Source Circular Economy Days[37]: "**Economia circular** é o conceito de uma economia verdadeiramente sustentável, que funciona sem resíduos, poupa recursos e atua em sinergia com a biosfera.* Em vez de encarar as emissões, os subprodutos e os bens danificados ou indesejados como "resíduos" ou "lixo", esses itens, na economia circular, tornam-se matéria-prima e insumos para um novo ciclo de produção".

> *"[...] os bens de hoje se transformam nos recursos de amanhã, a preços de ontem."*
>
> PROFESSOR WALTER STAHEL[38]

---

[37] WHAT is "Open Source Circular Economy"? In a Nutshell. *Open Source Circular Economy Days*, 2016. Disponível em: <oscedays.org/open-source-circular-economy-mission-statement/>. Acesso em: 18 fev. 2016.

[38] STAHEL, W. R. The Circular Economy. *Nature News, Nature Publishing Group*, 23 mar. 2016. Disponível em: <www.nature.com/news/the-circular-economy-1.19594>. Acesso em: 15 ago. 2016.

Kresse Wesling,[39] de Elvis & Kresse, ofereceu um breve projeto detalhado do "produto perfeito", apresentado na Figura 1.5: ele deve ser feito de componentes (como o Lego); projetado para desmontagem e recirculação; pode ser customizado ou atualizado (no modo "*do it yourself*" – DIY); e engajador, trocável, compartilhável, e reparável – para ter "vida própria".

FIGURA 1.5: O produto perfeito

FONTE: Atributos do produto perfeito, com permissão de Kresse Wesling MBE, Elvis & Kresse

Recursos adicionais

BRAUNGART, M.; MCDONOUGH, W. *Cradle to Cradle: Remaking the Way We Make Things*. Londres: Vintage Books, 2008.

HAWKEN, P.; LOVINS A. B.; LOVINS, H. L. [1999] *Natural Capitalism*. Londres: Earthscan, 2010.

TOWARDS the Circular Economy: Economic and Business Rationale for an Accelerated Transition. *Ellen MacArthur Foundation*, 2012. Disponível em: <https://

---

[39] WESLING, K. *Elvis & Kresse*. Cambridge: University of Cambridge, 6 jul. 2015. Apresentação na conferência do EPSRC & Institute for Manufacturing Industrial Sustainability.

www.ellenmacarthurfoundation.org/news/towardsthe-circular-economy>. Acesso em: 15 ago. 2016.

Recursos on-line

CIRCULAR x Circular Economy: An Introduction. 1.2 Principles of the Circular Economy. *T. U. Delft e Ellen MacArthur Foundation*, 2016. Disponível em: <https://courses.edx.org/courses/course-v1:Delftx+CircularX+1T2016/courseware/>. Acesso em: 12 fev. 2016.

Canal da Ellen MacArthur Foundation no YouTube. Disponível em: <https://www.youtube.com/user/made2bemadeagain>. Acesso em: 13 fev. 2016.

RESOURCES and Project Mainstream. *Ellen MacArthur Foundation*, [S.d.]. Disponível em: <http://www.ellenmacarthurfoundation.org/programmes/business/project-mainstream>. Acesso em: 13 fev. 2016.

A CADEIA DE DESIGN
E SUPRIMENTOS

Com o passar do tempo, muitas empresas se sentem bem fazendo o que sempre fizeram, com umas poucas mudanças incrementais. Esse tipo de incrementalismo leva à irrelevância... pois a mudança tende a ser revolucionária, não evolucionária. Por isso é que continuamos a investir no longo prazo, em nossa próxima geração de grandes apostas.

LARRY PAGE, GOOGLE, 2013[1]

No Capítulo 1, vimos como a economia circular evoluiu, a partir de algumas escolas de pensamento convergentes, e miramos algumas das principais empresas que começaram a focar na nova abordagem. Agora, olharemos para as diferentes maneiras como as empresas podem incorporar a "circularidade" em seus negócios. O esboço do *framework* da economia circular, na Figura 2.1, compõe-se de seis blocos, delineando as áreas de oportunidade.

Nos próximos dois capítulos, exploramos esses seis blocos, começando, neste capítulo, com os quatro blocos que constituem o "fluxo" central da estrutura, formando a "cadeia de design e suprimentos".* Analisamos as opções para o sucesso no design circular do produto e do processo, para a escolha de materiais, e para que os fluxos circulares recuperem os materiais e os produtos. Muitos desses fatores afetam o design da cadeia de suprimentos, que exploramos com mais profundidade na Parte três. Examinamos novos modelos de negócio, no Capítulo 3; e falamos dos capacitadores e aceleradores que impulsionam a economia circular, no Capítulo 4.

---

[1] PAGE, L. Founders' Letter. *Alphabet*, 2013. Disponível em: <abc.xyz/investor/founders-letters/2013/>. Acesso em: 24 fev. 2016.

FIGURA 2.1: Esboço do *framework* da economia circular

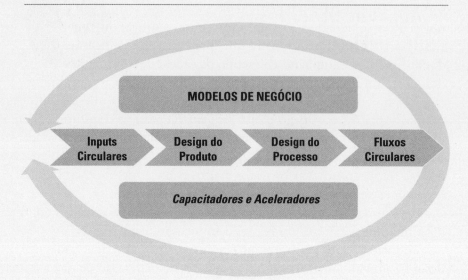

FONTE: © CATHERINE WEETMAN

Este capítulo abrange:

- Expansão da **cadeia de suprimentos**, para sustentar produtos, processos e modelos de negócio circulares.
- **Terminologia**, para garantir a compreensão consistente do negócio e dos processos operacionais. Esses termos fornecem a estrutura de todo o livro.
- Uma explicação detalhada das "alavancas" a serem manejadas em cada um dos quatro blocos da **cadeia de design e suprimentos**, para impulsionar nosso avanço rumo à economia circular. Exemplos reais de vários setores industriais ajudam a ilustrar a teoria.
- **Reconsideração** – uma visão breve, usando novas lentes e adotando abordagens de "design sistêmico holístico" a esse fluxo central do *framework*: a "cadeia de design e suprimentos".

Escopo da cadeia de suprimentos

O relatório Beyond Supply Chains – Empowering Responsible Value Chains (2014), do Fórum Econômico Mundial, examina como as cadeias de suprimentos de empresas importantes evoluem para sustentar "melhorias na lucratividade, ao mesmo tempo em que beneficiam a sociedade e o meio ambiente", auferindo uma "tripla vantagem".[2] O relatório mostra um "panorama de práticas de cadeia de suprimentos", ampliando o escopo da cadeia de suprimentos. Inclui design do produto, atividades de fim de vida e "práticas transfuncionais", assim como as atividades típicas da cadeia de suprimentos, integrando captação, produção e distribuição. As práticas transfuncionais incluem tecnologias para rastrear materiais e melhorar a visibilidade da cadeia de suprimentos, por meio de dados e análise, e "normas de trabalho", como salários justos e altos padrões de meio ambiente, medicina e segurança.

O Capítulo 1 introduziu a estrutura da economia circular (Figura 2.1). Seu fluxo central, abrangendo inputs circulares, design circular do produto e do processo, e fluxos circulares formam uma "cadeia de design e suprimentos". Design do produto, especificação de materiais e inputs de processos* (produtos químicos, água, energia, embalagem para trânsito, etc.) são o primeiro elo dessa cadeia, e a cadeia de suprimentos precisa responder a esses elementos. Embora talvez haja oportunidades para flexibilizar alguns aspectos desses elementos, em especial para reduzir o risco de disrupção no caso de aumento de custos ou falta de materiais, basicamente o design e a lista de materiais induzem as decisões sobre captação, abastecimento ou aprovisionamento e logística, não o contrário.

Examinamos cada seção desse fluxo central, nossa "cadeia de design e suprimentos", detalhadamente, mais adiante, neste capítulo, depois de definirmos alguns termos básicos, usados em todo este livro.

Terminologia

Usamos numerosos termos técnicos neste livro, alguns que são típicos do setor ou têm definições técnicas consabidas, e foram incluídos no glossário. Outros, porém, usamos em contextos específicos e ajudam a estruturar o livro, como mostramos a seguir.

---

[2] BEYOND Supply Chains. World Economic Forum, 2015. Disponível em: <www.weforum.org/reports/beyond-supply-chains-empoweringresponsible-value-chains>. Acesso em: 19 fev. 2016.

Nutrientes

Muitas escolas de pensamento da economia circular salientam o princípio "resíduos = alimentos". A abordagem *Cradle to Cradle* sempre trata os materiais como "nutrientes", o que muito contribui para reconsiderarmos maneiras de preservar a capacidade de cada material de "nutrir" um novo produto ou processo. "Nutrientes biológicos" são materiais da "biosfera". Aqui se incluem materiais naturais em alimentos, fibras de plantas com algodão ou lã, outras partes de plantas como cascas de nozes ou penugens de frutas, madeira e outros produtos florestais, couro, pele, e assim por diante. Os nutrientes biológicos geralmente são seguros e não tóxicos (com a exceção de cogumelos, plantas venenosas, peçonha, etc.) e, o que é crucial, retornam com segurança ao solo, no fim do uso.

"Nutrientes técnicos"* são materiais minerados ou extraídos da crosta terrestre, e incluem combustíveis fósseis, como carvão, petróleo e gás, e materiais com origens fósseis, como plásticos na base de petróleo e petroquímicos. Embora essas substâncias sejam constituídas de nutrientes biológicos, elas se formaram ao longo de milhares ou até milhões de anos, e, portanto, não são renováveis, no sentido prático. Também se consideram nutrientes técnicos metais e minerais, produtos químicos e outros compostos* correlatos.

Mais adiante, neste capítulo, analisamos a importância de manter à parte os nutrientes técnicos e biológicos, ou de torná-los facilmente segregáveis, no fim do uso.

Loops – *fechados e abertos*

O modelo de economia circular da Ellen MacArthur Foundation tem quatro *loops* de nutrientes técnicos, como mostra o "diagrama borboleta"* da Figura 2.2 (aqui incluído com a gentil permissão da Ellen MacArthur Foundation).

O *loop* interno do modelo, **manter**, envolve atividades que estendem ou prolongam a vida do produto no primeiro ciclo de uso. Este é o *loop* mais capaz de nos afastar da abordagem "extrair, produzir e descartar", e depende muito do design do produto, da qualidade dos materiais e dos processos de fabricação.

A prioridade seguinte é **reutilizar e redistribuir.*** Esse *loop* possibilita novos ciclos de uso para o produto, talvez mediante sistemas de compartilhamento ou troca, ou por meio de revenda. O terceiro *loop* no modelo EMF é **remanufaturar e renovar**, seguido pelo *loop* final, mais externo, **reciclar**.

O diagrama mostra todos esses *loops* no lado "técnico" da "borboleta", e exploramos *loops* envolvendo materiais e produtos biológicos, fluindo em *loops* semelhantes, como, por exemplo, no setor de alimentos. Também diferenciamos entre *loops* "fechados" e "abertos". *Loops* **fechados** são ingrediente fundamental na abordagem *Cradle to Cradle*, e, neste livro, significam produtos ou materiais retidos ou recuperados para serem usados novamente pela mesma empresa — no mesmo produto ou processo ou em diferentes produtos ou processos. Como exemplos, citamos o aço, quando se reciclam refugos ou aparas de aço para uso em novos produtos, e água, quando a empresa recupera e purifica a água para seu próprio uso.

Materiais e produtos também podem refluir para outra empresa — talvez uma especialista em reciclagem de metais, envolvida no processamento de aço e alumínio de carros no fim da vida, ou uma empresa que revende ou remanufatura produtos fabricados originalmente por outra empresa. Usarei o termo **"*loop* aberto, mesmo setor"**[*] para designar esses tipos de fluxos. O estudo de caso do Rype Office, no Capítulo 9, é bom exemplo de remanufatura de *loop* aberto.

A terceira categoria é **"*loop* aberto, transetorial"**,[*] ou entre setores, em que os materiais ou produtos fluem para um ou mais setores diferentes. Um exemplo é a reciclagem de plástico, em que processadores especializados manejam resíduos de plástico misturados, como embalagens de coletas de lixo doméstico. O resultado dessa reciclagem, geralmente plástico de grau mais baixo, pode, então, fluir para várias aplicações. A fábrica da British Sugar, em Wissington, Reino Unido, gera uma linha de subprodutos[*] que fluem para setores como engenharia civil, agricultura e geração de energia.[3] O "retângulo da recuperação", na Figura 2.3, ilustra os fluxos circulares de *loop* aberto e fechado.

---

[3] HOW Our Factory Operates. *British Sugar*, 2016. Disponível em: <www.british-sugarlearningzone.com/how-our-factory-operates/>. Acesso em: 10 mar. 2016.

FIGURA 2.2: "Diagrama borboleta" da Ellen MacArthur Foundation

ECONOMIA CIRCULAR – *um sistema industrial que é restaurador por design*

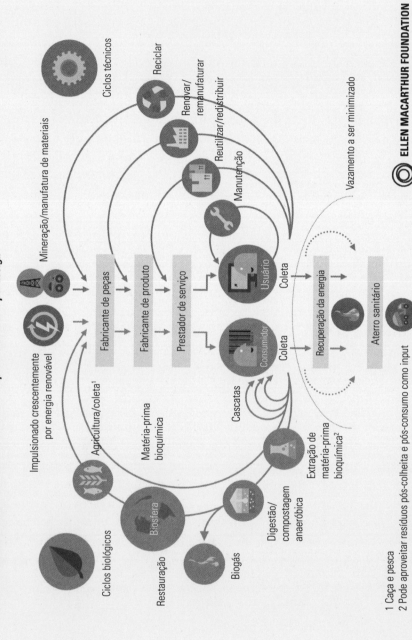

1 Caça e pesca
2 Pode aproveitar resíduos pós-colheita e pós-consumo como input

FONTE: ELLEN MACARTHUR FOUNDATION (Adaptado de Cradle to Cradle Protocol, de Braungart e McDonough)

FIGURA 2.3: O "retângulo da recuperação"

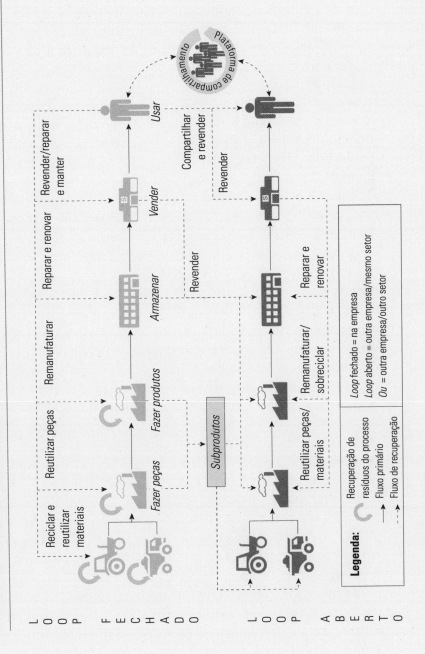

FONTE: © CATHERINE WEETMAN, 2015

Materiais e outros "ingredientes" no mix de produtos

Precisamos de termos coerentes para descrever os produtos acabados, além de todos os estágios do acréscimo de materiais durante o processo de produção. Estas não são definições científicas, nem comerciais, mas ajudam a esclarecer aspectos do design do produto e dos inputs e fluxos circulares:

- **Materiais** são formas "brutas" de nutrientes biológicos ou técnicos, extraídos ou minerados, ou colhidos da natureza, inclusive qualquer processamento para refiná-los ou purificá-los para o uso. Quando combinados com outros materiais, eles se tornam compostos. Exemplos de nutrientes técnicos são ferro, carvão e granito, e de nutrientes biológicos são madeira, peixe ou leite desnatado (que é leite "refinado", com a separação de parte de sua gordura natural).
- **Inputs de processos**, como energia; água; artigos de limpeza; produtos químicos para capacitar, acelerar ou desacelerar o processo de fabricação; embalagem para trânsito, etc. – todos esses itens são usados na cadeia de suprimentos ou no processo de fabricação, mas não se incorporam no produto final.
- **Compostos** consistem de dois ou mais ingredientes, ou elementos, unidos quimicamente, em proporções fixas. Alguns processos adicionais são necessários, talvez envolvendo calor ou água, ou um agente químico para promover a reação. Exemplos são ligas metálicas, como aço ou latão, combustíveis sem fumaça (baseados em carvão), ou uma mistura de sucos de fruta para produzir uma bebida.
- **Componentes** são partes, conjuntos ou subconjuntos, incluídos no produto acabado. Geralmente são removíveis como peça avulsa, e têm identificadores exclusivos na lista de materiais. Os exemplos incluem um molho usado numa receita de "comida pronta", ou para viagem, um motor elétrico usado num aspirador de pó ou uma placa de circuito num computador laptop.
- **Produtos** são o resultado do processo, consistindo de um, vários ou de muitos materiais, componentes e compostos. É o item usado ou consumido pelo usuário final. Precisamos considerar o contexto, p. ex., uma laranja pode ser um produto, em si, ou um material (ingrediente) de outro produto. A diferenciação depende da ocorrência de processamento posterior, e ajuda a

distinguir entre as diferentes partes do processo da cadeia de suprimentos. Depois do processamento da laranja em suco de laranja, ela se torna um produto.

A "cadeia de design e suprimentos"

Esta seção explora os quatro blocos do fluxo central do *framework*: inputs circulares, design do produto, design do processo e fluxos circulares. Focamos primeiro na reconsideração e no aprimoramento dos produtos e processos para adequá-los a um modelo circular, em vez de constituir um negócio de economia circular (como reciclador ou revendedor especializado). Começamos com o design do produto, que influencia muitos outros aspectos.

Design do produto

FIGURA 2.4: *Framework* da economia circular – design do produto

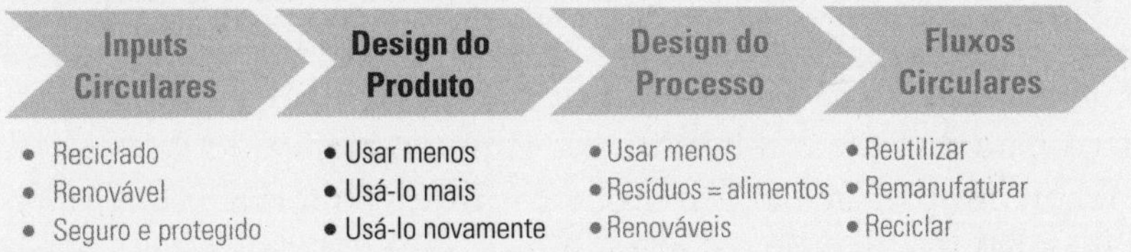

Inputs Circulares	Design do Produto	Design do Processo	Fluxos Circulares
• Reciclado	• Usar menos	• Usar menos	• Reutilizar
• Renovável	• Usá-lo mais	• Resíduos = alimentos	• Remanufaturar
• Seguro e protegido	• Usá-lo novamente	• Renováveis	• Reciclar

FONTE: © CATHERINE WEETMAN

Os resultados circulares são muito influenciados pelo "bom design" do produto, reduzindo os resíduos no fim do uso e em todos os processos de cadeia de fabricação e de suprimentos, e o aprimorando, a fim de transformá-lo de "ruim" em "mais bom". O design do produto limitará ou ampliará a flexibilidade na seleção dos inputs, aumentando ou diminuindo a resiliência e a agilidade da cadeia de suprimentos. A Figura 2.4 resume os objetivos: usar menos; usá-lo mais (o produto e os materiais); e desenhar para usá-lo novamente.

Usar menos

O objetivo é projetar de modo a eliminar os "vazamentos", ou o desperdício de materiais ou inputs, em todos os estágios do processo. Outro termo é eficiência dos recursos,* ou, em termos de Cradle to Cradle, "ecoeficiência". Outra abordagem é reduzir o uso de materiais virgens, substituindo-os por materiais reciclados.

O processo de panificação Chorleywood foi inventado no Reino Unido, em 1962, pela British Bakeries Research Association. Ele usa trigo com menos proteína, combinado com mistura de alta velocidade, e inclui vários outros inputs, com o intuito único de acelerar o processo e reduzir os custos de produção.[4] Aí se incluem mais fermento e aditivos, como enzimas, que reduzem o tempo necessário de preparo da massa, antes do cozimento.

Mais de 80% de todo o pão do Reino Unido hoje é feito usando esse método, e grande parte dos outros 20% usam um processo denominado "desenvolvimento da massa ativada" (*activated dough development* – ADD), que envolve variedade semelhante de aditivos. De acordo com o panificador e ativista Andrew Whitley, "quase todo o nosso pão é produzido dessa maneira, há mais de meio século. É mais alvo e leve, e se mantém fresco durante dias. É feito em grande parte com trigo cultivado no país e é mais barato. Para cada vez mais pessoas, no entanto, também é incomestível". Ele aponta para pesquisas científicas que revelam seu impacto negativo para a saúde pública, que se supõe estar ligado ao acréscimo de fermento para acelerar o processo, provavelmente sem completar o ciclo. Muitas panificações pequenas estão "voltando às origens", usando receitas mais simples e prolongando o sazonamento da massa, produzindo, assim, pães mais puros, com menos ingredientes, de mais fácil aquisição.

Exemplos de nutrientes técnicos incluem iniciativas de redução do peso para embalagens. O Courtauld Commitment, do Reino Unido, oferece muitos exemplos dessas iniciativas, divulgadas no site do WRAP.*[5] O uso de chassis de seção em caixa eu automóveis, reduzindo o peso e aumentando a resistência, e de pedivelas "ocas" na transmissão de bicicletas ajuda a reduzir o input de materiais e a

---

[4] WHITLEY, A. The Shocking Truth About Bread. *The Independent*, 23 ago. 2016. Disponível em: <www.independent.co.uk/life-style/food-and-drink/features/the-shocking-truth-about-bread-413156.html>. Acesso em: 23 fev. 2016.

[5] COURTAULD Commitment 3, Case Studies. WRAP, 2016. Disponível em: <www.wrap.org.uk/content/courtauld-commitment-3-signatory-casestudies>. Acesso em: 23 fev. 2016.

melhorar o desempenho, sem comprometer a resistência. No entanto, vale lembrar o mote de Keith Bontrager, designer de bicicletas: "Fortes, leves, baratas. Leve duas".[6]

Usá-lo mais

Os designers podem prolongar a vida útil de um produto, incluindo materiais mais duráveis, de alta qualidade. O produto deve ser reparável com facilidade, possibilitando a desmontagem e a substituição de componentes para conserto[*] e até atualização. Como o design poderia ajudar a recuperar os componentes, para reutilização, remanufatura ou reciclagem? Haveria maneiras de desenhar o produto para sustentar o compartilhamento, o *pay-per-use*, e outros modelos de negócio que possibilitam o uso mais intenso do produto? Que tipos de atributos possibilitariam sucessivos ciclos de uso?

O carregador de telefone móvel é um exemplo de colaboração dentro de um setor. Até cerca de 2012, cada marca exigia uma tomada de recarga ligeiramente diferente. Ao fazer o *upgrade* para um dispositivo mais avançado, também o carregador era diferente, o que significava a compra de novo carregador e o descarte do velho carregador (ou guardá-lo no fundo de uma gaveta, só para o caso de um dia vir a ser reaproveitado. Em 2009, uma associação de fabricantes anunciou que havia intermediado um acordo com a União Europeia para padronizar um microplug USB a partir de 2012.

A padronização, porém, pode não ser a resposta para todos os desafios – considere as necessidades locais e regionais e a tendência dos consumidores para a customização, ou para a "personalização em massa".

Usá-lo novamente

O foco aqui é na recuperação de recursos do processo e do fim de uso. Seria possível o "design para desmontagem" (*Design for Disassembly* – D4D),[*] de modo que o produto seja separado em nutrientes técnicos

---

[6] The Bike Tube. Disponível em: <http://thebiketube.com/companies/bontrager>. Acesso em: 23 fev. 2016.

e biológicos* para reciclagem em novos inputs? Bom design aqui significa menos trabalho (ou mecanização), risco reduzido de danos e resíduos, e, por fim, maior recuperação de valor. Seria possível incluir atributos para facilitar a recuperação do produto e dos materiais? A rotulagem clara dos componentes e dos materiais, talvez incluindo datações e indicadores de qualidade, pode ajudar a classificação e a recuperação em estágios mais avançados do ciclo de vida, reforçando o modelo de negócio da empresa ou os processos de recuperação transetoriais. Um exemplo são as cadeiras para escritório Steelcase, projetadas para facilitar a desmontagem e a reciclagem (ver Capítulo 9 para mais informações sobre Steelcase).

O bom design do produto pode contribuir para a recuperação de materiais, energia e água que foram usados na produção dos materiais (p. ex., pesticidas, fertilizantes e irrigação na agricultura) e no processo. A visão dos materiais, dos inputs de processo e dos outputs de fim de uso como "nutrientes" pode ajudar a sustentar a economia circular. Voltamos ao design do processo mais adiante, neste capítulo, e vemos exemplos disso em todo o livro.

Alternativamente, é possível projetar um produto para ajudar outros negócios a se tornarem circulares, como máquinas de separar resíduos em fluxos de nutrientes para reutilização pela empresa-alvo ou para a criação de novos subprodutos.

Menos complexidade e menos compostos podem reduzir os custos de produção e melhorar o processo de recuperação, facilitando a separação dos compostos em nutrientes no fim da vida. O design desses compostos e componentes mais simples deve evitar a mistura de nutrientes biológicos e técnicos, ou pelo menos facilitar a sua separação (tempo, energia, complexidade do processo), no fim do uso.

Iniciativas colaborativas também podem ajudar na recuperação. O ASTM International Resin Identification Coding System (RIC) é um conjunto de símbolos de produtos plásticos, que identifica a resina plástica no produto.[7] Foi constituído em 1988, e é amplamente reconhecido por promover o aumento da reciclagem doméstica de plásticos. Os símbolos, abrangendo três setas que formam um triângulo, e numerados de 1 a 7, com um código abreviado para o material

---

[7] SPI. Disponível em: <www.plasticsindustry.org/AboutPlastics/content.cfm?ItemNumber=823&navItemNumber=1125>. Acesso em: 20 fev. 2016.

(p. ex., 05 PP Propileno), são facilmente reconhecíveis, e os esquemas de reciclagem locais em todo o mundo usam os símbolos para esclarecer o que é reciclado no local.

Pensamento sistêmico para o design do produto

A abordagem sistêmica holística é importante, especialmente para evitar a "lei das consequências imprevistas". Desenhar produtos para serem duráveis poderia desestimular a sua substituição por modelos mais eficientes em energia e água, resultante de futuros avanços tecnológicos. O uso de designs modulares pode possibilitar atualizações parciais; portanto, chassis modulares para carros poderiam ser facilmente compatíveis com motores mais eficientes, aproveitando-se o velho motor para remanufatura, conforme os novos padrões, e para reciclagem de componentes inaproveitados. O modelo de negócio pode facilitar essas mudanças, com opções de *leasing* ou de *pay-per-use*, permitindo que a empresa retenha a propriedade e, assim, faça atualizações, antes do ciclo de uso seguinte. Exploramos com mais profundidade esse aspecto no Capítulo 3.

McDonough e Braungart (2002) argumentam que o design para ecoeficiência (ou eficiência dos recursos) "só funciona para tornar o velho sistema destrutivo um pouco menos destrutivo".[8] O design para a ecoeficiência deve visar a:

- Liberar menos resíduos tóxicos no solo, na água, no ar e na atmosfera.
- Produzir menos desses materiais perigosos, a ponto de requerer vigilância constante pelas gerações futuras (p. ex., resíduos atômicos).
- Atender às especificações legislativas para evitar que as pessoas e os sistemas vivos sejam envenenados com rapidez.
- Produzir quantidades menores de resíduos inúteis.
- Reduzir a quantidade de materiais valiosos depositados em buracos por todo o planeta, misturados com outros materiais, tornando sua recuperação muito difícil ou impossível.

---

[8] MCDONOUGH, W.; BRAUNGART, M. *Cradle to Cradle: Remaking the Way We Make Things*. Nova York: North Point Press, 2002. p. 62.

• Almejar a prosperidade com menos atividade.

Nosso design de economia circular deve visar a muito mais do que isso, com o objetivo de ser 100% bom, em vez de apenas fazer "menos mal".

Melhoria contínua

O design do produto evoluirá, com o apoio de novos materiais e de inovações em reciclagem, e à medida que as empresas descobrirem novas maneiras de reter valor incorporado. Os "capacitadores de design", como química verde e biomimética, possibilitam inovações na escolha de materiais e no design do produto. Um exemplo são as pesquisas sobre como a seda de aranha, que é mais forte do que o aço e mais elástica do que a borracha, poderá ser usada ou imitada para fins comerciais. Analisamos esses capacitadores no Capítulo 4.

Inputs circulares

Depois de desenhar o produto, podemos examinar os materiais usados em sua fabricação. A Figura 2.5 resume os objetivos dos inputs circulares: reciclados, renováveis, seguros (para os sistemas humanos e os sistemas vivos) e "protegidos", no sentido de segurança da captação e da acessibilidade. As empresas, os cientistas e os governos estão pesquisando maneiras eficazes de separar os resíduos compostos e misturados, para transformá-los em materiais reutilizáveis, ou "nutrientes", tornando-os inputs materiais.

FIGURA 2.5: *Framework* da economia circular – inputs circulares

FONTE: © CATHERINE WEETMAN

Materiais recuperados ou reciclados

O uso de inputs recuperados e reciclados é objetivo-chave. É possível substituir materiais virgens por equivalentes reciclados, descobrindo maneiras de recuperar seus próprios materiais ou colaborando com empresas capazes de fornecer-lhe subprodutos ou coprodutos de seus próprios processos. Materiais reciclados talvez já estejam disponíveis em fornecedores especializados ou quem sabe você possa trabalhar com um reciclador ou pesquisador para desenvolver novos inputs reciclados.

Toast Ale: inputs reciclados[9]

Em 2015, Tristram Stuart, ativista e especialista em impactos da produção de alimentos, criou a Toast Ale, com o propósito de descobrir usos mais valiosos para pão descartado. Stuart já tinha fundado uma organização filantrópica para o aproveitamento de sobras de alimentos, Feedback, com o objetivo de eliminá-las. O site da Toast Ale salienta que 44% de todo o pão produzido no Reino Unido é jogado fora (inclusive 24 milhões de fatias de pão por domicílio) por ano.

A Toast Ale se inspirou no Brussels Beer Project, que criou a cerveja Babylone.[10] A cerveja Babylone se baseia numa antiga receita babilônica, como maneira de aproveitar o pão que, do contrário, viraria lixo. Os supermercados locais fornecem o lixo de pão, que substitui parte da cevada no processo de fermentação, usando, geralmente, 500 kg de pão para produzir 4.000 litros de cerveja tipo ale.

A equipe da Toast Ale trabalhou com a Hackney Brewery, que usa lúpulo e malte locais, adaptando a receita para otimizar a quantidade de pão na cerveja. A Toast Ale foi lançada no começo de 2016.

---

[9] Toast Ale. Disponível em: <www.toastale.com/>. Acesso em: 3 fev. 2016.
[10] FIVE Companies Using Waste Products in Surprising Ways. *The Guardian*, 1 set. 2015. Disponível em: <www.theguardian.com/sustainable-business/origin-green-ireland-partnerzone/2015/sep/01/five-companies-using-waste-products-in-surprisingways?CMP=new_1194&CMP=>. Acesso em: 3 fev. 2016.

> ### Tênis Adidas Parley Ocean Plastic: inputs reciclados, impressão 3D[11]
>
> Em parceria com a Parley for the Oceans, a Adidas, fabricante de produtos esportivos, projetou um tênis usando poliéster reciclado e conteúdo de brânquias de peixe, tudo recuperado de resíduos plásticos dos mares. A parte superior é feita de plástico oceânico e a sola é produzida por impressão 3D, usando conteúdo de brânquias e outras poliamidas recicladas. O tênis Parley Ocean Plastic já está nas lojas, inclusive no Brasil.
>
> Inovações como esta também ajudam a construir o perfil ambiental da marca. Eric Liedtke, membro do Conselho Executivo do Grupo Adidas, disse: "A sola do tênis Ocean Plastic, feita por impressão 3D, mostra como podemos estabelecer novos padrões industriais se começarmos a questionar a razão do que criamos. Queremos reunir todos os representantes dos setores industriais e desenvolver soluções sustentáveis para os grandes problemas globais".

Renováveis

Será possível desenhar o produto para usar materiais renováveis em vez de materiais finitos? Critério importante é a facilidade de renovação – com que rapidez (dias ou anos) e com que nível de inputs, como fertilizantes? Você se sente seguro de que a escolha de material renovável não indisponibilizará terras até então usadas para o cultivo de alimentos? Selecionar materiais residuais em plantações de alimentos ou fibras seria preferível a plantações destinadas especificamente a produtos não alimentícios.

> ### Calfee Design: inputs renováveis[12]
>
> A Calfee Design, fabricante de quadros de bicicleta de alta qualidade, em São Francisco, produziu, em 2007, seu

---

[11] Adidas Newstream, 8 dez. 2015. Disponível em: <news.adidas.com/US/Latest-News/adidas-and-Parley-for-the-Oceans-Stop-the-Industry-s-Waiting-Game/s/770e492e-544f-4eda-9b8b-f9e2596569b1>. Acesso em: 21 fev. 2016.

[12] HISTORY. *Calfee Design*, [S.d.]. Disponível em: <calfeedesign.com/ history/>. Acesso em: 21 fev. 2016.

primeiro quadro feito de bambu. Craig Calfee, designer e empresário, criou quadros de fibra de carbono para o campeão mundial Greg LeMond, durante 20 anos. A empresa usava materiais de alta qualidade, inclusive fibra de carbono, para produzir seus quadros, e construiu o primeiro quadro de bambu em 1995, ao qual se seguiram dúzias de bicicletas de bambu para empregados e amigos, na década subsequente. O fundador, Craig Calfee, estava na África, em 1984, e percebeu que: 1) havia muito bambu; 2) usavam-se muitas bicicletas, que pareciam escassas; 3) as pessoas precisavam de emprego. E ficou pensando se a população local não poderia fazer suas próprias bicicletas de carga usando bambu. Usou o site da Calfee para sondar o interesse e, em 2006, o povo de Gana estava produzindo suas próprias bicicletas de bambu.

Ao receber *feedback* sobre a qualidade do material e a suavidade do desempenho, a Calfee decidiu produzir e vender os quadros nos Estados Unidos e em outros lugares. Os bambus são tratados para evitar rachaduras e são ajustados e fixados para formar o quadro por meio de encaixes e tiras de cânhamo. As resinas usadas são vegetais.

Seguro e protegido

Até que ponto os inputs materiais dos produtos são seguros para a saúde humana e para os sistemas vivos? Os inputs materiais em si contêm toxinas ou envolvem outros riscos, inclusive na fase de extração e durante a fabricação? Você examinou cada um dos inputs materiais para ter a certeza de que ele não desprenderá toxinas no fim do ciclo de vida? Se não for possível garantir sua recuperação e reciclagem, será que ele, em vez disso, se degradará naturalmente – p. ex., sem emitir gases do efeito estufa[*] perigosos, como metano? Você conseguirá trocar de fornecedor ou até especificar materiais substitutos para reduzir o risco de problemas de falta de oferta no futuro? Talvez seja possível encontrar resíduos biológicos para substituir material técnico, como no caso da colaboração Ford e Heinz, do exemplo abaixo.

> **"Você diz *tomate*; nós dizemos *tom-auto*": Ford e Heinz colaboram em materiais sustentáveis para veículos[13]**
>
> Em junho de 2014 (portanto, não é uma anedota de Primeiro de Abril!), a Ford Motor Company anunciou que seus pesquisadores estavam trabalhando com a H. J. Heinz num projeto para usar fibras de pele de tomate como material bioplástico para veículos; p. ex., em suportes de fiação e em recipientes para armazenamento. O novo material substituiria plásticos petroquímicos. A Ford confirmou que já tinha trabalhado em projetos colaborativos com Coca-Cola, Nike, Procter & Gamble e Heinz, para acelerar o desenvolvimento de bioplásticos baseados inteiramente em materiais de plantas, em várias aplicações, de tecidos a embalagens. A Heinz, por seu turno, estava pesquisando maneiras inovadoras de sobreciclar cascas, talos e sementes de mais de 2 milhões de toneladas de tomates usados por ano para produzir os produtos da Heinz.
>
> A Ford acrescentou que estava aumentando o uso de materiais reciclados, biológicos e não metálicos. Aí se incluem componentes de console reforçados com fibra de celulose, suportes de capota elétricos cheios de casca de arroz, compostos de coco, encostos de cabeça feitos com espuma de soja, e algodão reciclado para carpetes e revestimento de assentos.

Você já considerou a "segurança do recurso" dos materiais? Há riscos geopolíticos ou fatores econômicos que possam restringir os fornecimentos futuros ou aumentar os custos para níveis inacessíveis? Você tem vários fornecedores de materiais-chave, talvez de diferentes continentes? Desastres naturais, como o tsunami do Japão, em 2011, romperam importantes cadeias de suprimentos durante vários meses. Talvez você possa encontrar materiais substitutos e fornecedores alternativos, de modo que, se o material for crítico para os concorrentes ou para outros setores, você tenha mais opções para garantir os seus fornecimentos.

---

[13] THE Ford Motor Company. *Ford Media Centre*, 10 jun. 2014. Disponível em: <media.ford.com/content/fordmedia/fna/us/en/news/2014/06/10/ford-and-heinz-collaborate-on-sustainable-materials-forvehicles.html>. Acesso em: 21 fev. 2016.

Design do processo

Também devemos considerar o processo de fazer o produto. É provável que haja inputs de energia, de água (para limpeza entre lotes, para ajudar a transformar ou processar materiais, e assim por diante), e de vários materiais, que são usados durante o processo, embora não sejam listados no "conteúdo" do produto final. São os geralmente denominados recursos incorporados. A Figura 2.6 mostra os objetivos do design do processo, que, geralmente, são semelhantes aos do design do produto, visando a usar menos (materiais e inputs de processo), a reciclar os inputs de processo para usar novamente (resíduo = alimentos), e a criar seus próprios subprodutos.

O bom design do processo almeja promover a "circularidade" em todos os estágios ao longo da cadeia de suprimentos. O escopo inclui seus métodos de produção *in-house* (na própria empresa), assim como nos processos de *upstream* e de *downstream*, estejam eles sob seu controle ou sejam gerenciados por fornecedores e parceiros. O *upstream* começa com a extração ou colheita dos materiais, e pode ter impactos totais maiores do que os seus processos *in-house*. As avaliações do ciclo de vida podem ajudar a determinar os diferentes impactos em cada estágio, embora possam ser altamente complexas e demoradas. Talvez convenha considerar maneiras mais rápidas e pragmáticas de medir prováveis oportunidades de melhoria.

FIGURA 2.6: *Framework* da economia circular – design do processo

FONTE: © CATHERINE WEETMAN

Usar menos

É possível aplicar os princípios da eficiência dos recursos ao processo em si, procurando inputs não totalmente utilizados ou mudando o processo para eliminar a necessidade de alguns inputs (p. ex., processo de panificação tradicional em vez do processo de panificação Chorleywood)?

Um exemplo é o processamento de cebolas para a produção de anéis de cebola com massa para fritura semipronta, como no caso de refeições para viagem. A automação desse processo, em linha de produção, envolve desafios, necessitando de equipamento especializado para segurar a cebola, remover o talo e a base, retirar a pele tipo papel, e, então, fatiá-la com a espessura necessária. É alto o potencial de geração de resíduos, especialmente se o lote de cebolas apresentar grande variedade de tamanhos. As soluções incluiriam reconfigurar as máquinas para processar cada faixa de tamanho; encontrar usos alternativos para as cebolas que não são adequadas para fatiamento (como sopa de cebola ou base para outras receitas), ou até trabalhar com os agricultores para encontrar variedades de sementes com maior probabilidade de gerar resultados mais uniformes.

Um exemplo diferente de "sistema holístico" de design para usar menos é a **aquaponia**,[*] a cultura de peixes e plantas em sistemas mutuamente benéficos. Os sistemas aquapônicos combinam aquacultura convencional (criação de animais aquáticos convencionais, como peixes, mariscos, crustáceos e moluscos em tanques) com hidroponia (cultivo de plantas em água), em ambiente simbiótico.

Na aquacultura normal, os excrementos dos peixes podem se acumular na água, aumentando a toxidade e comprometendo a saúde dos peixes. Em sistemas aquapônicos, a água do sistema de aquacultura alimenta o sistema hidropônico, no qual as bactérias convertem os excrementos em subprodutos, como nitratos e nitritos. Esses subprodutos fornecem nutrição às plantas, e a água purificada recircula para o sistema de aquacultura.

Resíduos = alimentos

Aqui estamos procurando incorporar a reciclagem de *loop* fechado, visando a recuperar inputs técnicos para reutilização e a extrair o mais alto valor e benefício dos inputs biológicos. Um exemplo é a casca de laranja, produzida como "resíduo" do suco de laranja, processado para venda em garrafas ou em caixas de papelão. Em vez de simplesmente remetê-la para compostagem ou aproveitá-la como fonte de energia, podemos, primeiro, extrair desse refugo vários subprodutos valiosos. A pectina das sementes é agente aglutinante para geleias; a casca pode ser fonte de óleos essenciais de laranja, para venda a fabricantes de produtos cosméticos e farmacêuticos; e as fibras podem tornar-se agente espessante para alimentos processados. Mesmo em menor escala, é possível encontrar usos produtivos para os resíduos – alguns hotéis de luxo usam o resíduo de seus sucos de laranja feitos na hora para produzir a própria marmelada.

Recuperar energia de resíduos é melhor do que descartar resíduos em aterros sanitários ou na condição de efluentes, mas essa solução talvez não seja a mais valiosa e proveitosa – é subciclagem* em vez de sobreciclagem.* Produtos químicos de alto valor podem estar incorporados nos fluxos de resíduos, e o biorrefino* talvez seja uma maneira de extraí-los, mantendo a possibilidade de usar o refugo remanescente para geração de energia e compostagem.

Cidade de Milwaukee: degelo de estradas usando queijo

As empresas de laticínios em Wisconsin, Estados Unidos, doam suas salmouras de resíduos oriundos da produção de queijo às autoridades municipais, que os utilizam para degelar as estradas locais, resultando em economias de dezenas de milhares de dólares por ano. Um benefício adicional é que a temperatura de congelamento da salmoura de queijo é inferior à da salmoura de sal, o que garante sua eficácia em variedade mais ampla de condições climáticas, reduzindo ainda mais o risco de acidentes.[14]

Efluente de cervejaria se transforma em energia e água

O processo de limpeza de uma cervejaria do Reino Unido usava altos volumes de água, e o resíduo resultante continha detritos e bactérias. A cervejaria, numa área com falta d'água, identificou uma oportunidade de negócios para construir sua própria estação de tratamento, processando esse efluente líquido, antes de descartá-lo. O tratamento é feito em dois estágios, um de

---

[14] FIVE Companies Using Waste Products in Surprising Ways. *The Guardian*, 1 set. 2015. Disponível em: <www.theguardian.com/sustainablebusiness/origin-green-ireland-partner-zone/2015/sep/01/five-companies-using -waste-products-in-surprising-ways?CMP=new_1194&CMP=>. Acesso em: 16 set. 2015.

digestão anaeróbica e o seguinte de processamento aeróbico mais convencional. Embora os dois estágios usem microrganismos para remover material do efluente, a fase anaeróbica acrescenta a vantagem de produzir biogás.

A cervejaria reutiliza parte da água em atividades de "não produção", como limpeza. O restante é lançado no rio local, sob controle rigoroso e com o consentimento prévio da Agência Ambiental do Reino Unido. O biogás é basicamente metano, ótimo substituto do gás natural. É comum ver o desperdício do biogás oriundo de estações de tratamento de águas usadas, queimando como uma chama, mas a cervejaria percebeu seus benefícios potenciais e, em vez de queimar o biogás, ela o envia para as caldeiras locais, onde é misturado com gás natural, para queimar como combustível.

O projeto tem sido tão exitoso que o biogás oriundo da estação de tratamento de águas usadas está substituindo cerca de 20% do gás natural usado pela cervejaria, economizando dinheiro e reduzindo o uso de combustíveis fósseis. A geologia local torna o aquífero que fornece água à fábrica suscetível a secagem nos meses de verão, exatamente no pico de consumo de cerveja. A reciclagem da água para limpeza reduziu os riscos de falta d'água, reforçando todo o caso de negócio. O projeto ajuda a cervejaria a atingir suas metas de consumo de água, e, em 2014, a empresa alcançou o nível de melhores práticas no consumo de água, de três partes de água para uma parte de cerveja.

Cereja de café da Pectcof: resíduos = alimentos[15]

O olhar sobre o *upstream* da cadeia de suprimentos de café revela importante questão de desperdício, que surge quando os grãos de café são extraídos da "cereja", o fruto maduro da árvore do café. Para cada quilograma de café torrado consumido, igual quantidade de resíduos é deixada para trás nos países de origem. Esses refugos poluem o ambiente, lixiviando compostos tóxicos para os rios, lagos e solo. A poluição gerada por uma tonelada de café verde é equivalente à poluição provocada pelo

---

[15] Pectcof, 2016. Disponível em: <pectcof.com>. Acesso em: 23 fev. 2016.

lixo doméstico de 2.000 domicílios. A composição química das cerejas praticamente impossibilita a fermentação e a oxidação dos resíduos, em processo de compostagem. A Pectcof consegue transformar esses resíduos usando conceitos de biorrefino associados a química verde e biotecnologia. Os resíduos se transformam em valiosos biocompostos, inclusive ingredientes de alimentos, produtos bioquímicos e biocombustíveis de segunda geração, desintoxicando, em consequência, os fluxos de resíduos.

Renováveis

Devemos preferir inputs renováveis a recursos finitos. Os inputs de processos biológicos poderiam substituir os compostos químicos baseados em materiais finitos e os compostos com efeitos potenciais danosos para saúde dos humanos ou de outros sistemas vivos? Você conseguiria analisar os adjuvantes de processos, os catalisadores, a energia e a água, mirando a criar seus próprios "*loops* fechados" e reter os inputs para reutilização ou substituí-los por recursos mais renováveis? Recuperar gorduras de processos culinários para uso como fontes de energia ou aproveitar sobras de alimentos para a geração de bioenergia são exemplos comuns. A simbiose industrial pode oferecer soluções potenciais de "*loop* aberto", em apoio a esses processos, do que tratamos mais à frente, neste capítulo.

Embora o design do produto determine algumas escolhas de materiais, ainda resta espaço para importantes decisões de captação e abastecimento. Abordamos esses aspectos no Capítulo 11, como parte das implicações do *upstream* da cadeia de suprimentos. Em muitas especificações de materiais, haverá escopo para melhorar ou piorar o impacto ambiental. A escolha de ingredientes orgânicos para a produção de alimentos reduzirá os inputs incorporados, como fertilizantes, produtos químicos artificiais em pesticidas e herbicidas, ou o uso de antibióticos preventivos na gestão e preservação de animais. Os métodos de produção orgânica emitem menos poluentes, evitam o vazamento de fertilizantes e pesticidas, e frequentemente substituem máquinas agrícolas com alto consumo de energia por inputs humanos.

A abordagem sistêmica holística pode proteger contra impactos adversos e contra a "lei de consequências imprevistas". Embora os materiais de base biológica talvez pareçam uma escolha óbvia, a disponibilidade de terra e água é limitada. O cultivo de plantações para produzir biocombustíveis reduz a disponibilidade de terras para a alimentação humana, para pastos e para florestas. A terceira geração de biocombustíveis atenua esse impacto, usando "resíduos" de culturas para alimentação, como palha de trigo.

Fluxos circulares

A seção final de nossa "cadeia de design e suprimentos" examina os fluxos circulares. Além de reconsiderar o design do produto, do processo e dos materiais e inputs, também há a possibilidade de fluxos circulares no fim do processo, como mostra a Figura 2.7. Como priorizar os "*loops* internos", para possibilitar a reutilização do produto, talvez incluindo manutenção em campo para prolongar a vida útil? Será possível recuperar o produto para renovação ou remanufatura? O que pode ser reciclado?

FIGURA 2.7: *Framework* da economia circular – fluxos circulares

Inputs Circulares	Design do Produto	Design do Processo	Fluxos Circulares
• Reciclado	• Usar menos	• Usar menos	• Reutilizar
• Renovável	• Usá-lo mais	• Resíduos = alimentos	• Remanufaturar
• Seguro e protegido	• Usá-lo novamente	• Renováveis	• Reciclar

FONTE: © CATHERINE WEETMAN

Reutilizar

Depois de desenhar e selecionar produtos para a durabilidade, como mantê-los em uso por mais tempo? Você talvez precise de sistemas para fazer a manutenção dos produtos, idealmente no local, para reduzir os custos de logística e minimizar o risco de danos no transporte ou no manuseio. Os usuários podem, eles mesmos, reparar os produtos no local, por conta própria? Os designs modulares estimularão as trocas de partes e subconjuntos, sem a necessidade de ferramentas especiais. Como você ajudará os usuários a diagnosticar o problema e os orientará a resolvê-los com facilidade? Você poderá fornecer instruções para consertos, fáceis de compreender e acompanhar, ou até vídeos disponíveis on-line? Se o reparo for muito complexo ou especializado, exigindo equipamentos para teste e diagnóstico, talvez seja o caso de usar engenheiros de campo para oferecer respostas rápidas. Um último recurso pode ser a remessa do produto para um centro de manutenção e consertos.

O sistema deve encorajar consertos ou atualizações, para os casos de o primeiro usuário optar por fazer o reparo, ou decidir revender o produto para uma oficina/revenda, ou doar o produto por meio de uma rede de reutilização, como Freecycle, situação em que o produto será reparado pelo usuário seguinte. O bom design de produtos de uso contínuo inclui partes fáceis de substituir, de modo que possam retornar rapidamente à situação operacional, reparando-se a parte substituída fora do local. Alguns exemplos são equipamentos médicos, máquinas de produção e caixas eletrônicos de bancos, que são consertados com base em *scripts,* até pelos fornecedores de logística.

Uma alternativa no fim do uso é fornecer uma maneira de os usuários devolverem os produtos para que sejam revendidos, de modo a prolongar sua vida útil. Essa é uma opção comum para carros e motocicletas, com muitos revendedores oferecendo modelos usados, da mesma marca, geralmente com período de garantia limitado.

Remanufaturar

Renovar e remanufaturar são opções para aumentar o valor, talvez para produtos mais técnicos. Pode aplicar-se a todo o produto, ou a um componente, como motores elétricos ou alternadores automotivos. A renovação pode incluir reparos assim como melhorias cosméticas, para melhorar a aparência e a funcionalidade do produto. A remanufatura tem uma definição específica e um British Standard, como veremos no Capítulo 12. O estudo de caso do Rype Office, apresentado no Capítulo 9, é um bom exemplo de um negócio de remanufatura de *loop* aberto.

Reciclar

Ao fim de cada ciclo de uso, como será possível encorajar a recuperação de todos os materiais, para garantir que seu produto não termine num aterro sanitário, num incinerador ou em despejos de poluentes? Haverá condições de oferecer incentivos ou serviços de coleta aos usuários? Um exemplo aqui é a TerraCycle.

TerraCycle[16]

A TerraCycle foi criada nos Estados Unidos, em 2001, e agora opera em mais de 20 países, inclusive no Reino Unido. Ela trabalha com marcas, fabricantes e varejistas importantes de bens de consumo rápido (BCR),* operando programas para recompensar as comunidades pela devolução de refugos, como embalagens. Domicílios, escolas e escritórios podem organizar as embalagens e fazer o *download* de etiquetas de expedição gratuitas para enviar os refugos à TerraCycle, que recompensa o remetente ou instituição filantrópica indicada. No começo de 2016, a TerraCycle havia recebido refugo de 60 milhões de pessoas em todo o mundo, levantando mais de US$ 15 milhões para instituições filantrópicas.

A TerraCycle sobrecicla os resíduos, criando novos produtos, como sacolas, mochilas, cantis, bancos para piqueniques, fertilizantes, produtos de limpeza, pranchetas e outros produtos de escritório. Há até um produto de *loop* fechado, que, segundo a TerraCycle, é a primeira caneta produzida com canetas usadas.

A TerraCycle também trabalha com governos e empresas locais em campanhas de reciclagem pública para fluxos de resíduos específicos, como pontas de cigarro e outros refugos problemáticos.

Pensando em resíduos como nutrientes, inclusive como compostos orgânicos (alimentos para a natureza), talvez haja oportunidades para garantir que refugos como embalagem sejam benignos, e até benéficos, no fim do uso.

Tomorrow Machine: embalagem biodegradável[17]

O estúdio de design sueco Tomorrow Machine é especialista em conceitos para embalagens e alimentos. A visão deles

---

[16] TerraCycle. Disponível em: <www.terracycle.com/en-US/about-terracycle>. Acesso em: 21 fev. 2016.

[17] Tomorrow Machine. Disponível em: <tomorrowmachine.se/>. Acesso em: 22 fev. 2016.

é "construir um mundo melhor por meio de pesquisa, novas tecnologias e material inteligente. Acreditamos em olhar a ciência de um ponto de vista criativo, para moldar as inovações de amanhã".

This Too Shall Pass (Também Isso Passará) é um dos seus projetos. Os designers questionam se "é razoável que uma caixa de leite demore vários anos para se decompor naturalmente, quando o leite em si azeda em uma semana". This Too Shall Pass é uma série de embalagens para alimentos em que o continente e o conteúdo atuam em simbiose, e a embalagem tem a mesma vida curta dos alimentos em seu interior. Três são os conceitos:

- Embalagem para óleos: uma embalagem de açúcar caramelizado, também revestida com cera, projetada para alimentos oleosos. Você a abre como um ovo, para acessar o alimento em seu interior. Depois que o material é quebrado, como casca de ovo, a cera não é mais capaz de proteger o açúcar e a embalagem se derrete quando é molhada.

- Embalagem para batidos: feita de água e gel de ágar, projetada para bebidas com prazo de validade curto, como suco de fruta, cremes e batidos (*smoothies*). Ágar é uma substância gelatinosa, obtida de algas, e descoberta em meados do século XVII, no Japão. Você abre a embalagem puxando o topo, e o pacote envelhece e "murcha" com a mesma rapidez do conteúdo.

- Embalagem para grãos: feita de cera de abelha biodegradável, projetada para produtos secos, como grãos e arroz. Você abre a embalagem descascando-a como uma fruta.

Reciclagem: simbiose industrial

A Ellen MacArthur Foundation define simbiose industrial como "a troca de materiais ou fluxos de resíduos entre empresas, para que os resíduos de uma empresa se tornem matérias-primas de outra empresa".[18]

---

[18] CASE Studies: Kalundborg Symbiosis. *Ellen MacArthur Foundation*, 2015. Disponível em: <www.ellenmacarthurfoundation.org/case_studies/kalundborg-symbiosis>. Acesso em: 23 fev. 2016.

O Programa Nacional de Simbiose Industrial (National Industrial Symbiosis Programme – NISP) foi lançado no Reino Unido em 2003.[19] Desenvolveram-se esquemas-piloto regionais, com o objetivo de criar fluxos sinergéticos, com os subprodutos de uma empresa sendo usado inputs para outra. Demonstraram-se, assim, impactos imediatos na redução dos inputs de recursos virgens, nas emissões de carbono e no lançamento de resíduos em aterros sanitários, e, em 2005, o governo do Reino Unido investiu na ampliação do programa para todo o país. O NISP é uma abordagem facilitada à simbiose industrial, que fornece meios para compartilhar conhecimento e ideias em e entre setores industriais, ajudando as empresas a melhorar a eficiência dos recursos e a converter excessos de materiais, água e energia em benefícios ambientais e monetários.

Em 2007, a empresa gestora do programa começou a expandi-lo para outros países, de início para Brasil, China e México, e, em 2015, para 30 países espalhados pelos cinco continentes, com o apoio do EU Horizon 2020. Um dos projetos, por exemplo, envolve uma produtora de nitrogênio, que gera vapor e dióxido de carbono no nordeste da Inglaterra.[20] Uma empresa de horticultura decidiu compartilhar suas estufas, possibilitando que o vapor circulasse por tubulações para aquecer as estufas, enquanto o dióxido de carbono acelera o crescimento das frutas, verduras e legumes. A inovação foi imitada em projetos semelhantes, no Canadá e nos Estados Unidos.

> ### Arla Foods
>
> A Arla Foods é uma importante produtora de laticínios do Reino Unido, que usa volumes substanciais de água para a limpeza de equipamentos. Um projeto redirecionou a água contaminada para uma usina de biogás nas proximidades, operada pela Severn Trent Water, que produz energia como input para o processo de produção.[21]

---

[19] National Industrial Symbiosis Programme. Disponível em: <www.nispnetwork. com/about-nisp>. Acesso em: 20 fev. 2016.

[20] LAYBOURN, P. Jargon Buster: What Exactly is Industrial Symbiosis. International Synergies Limited. *2degrees Network*, 12 maio 2014. Disponível em: <www.2degreesnetwork.com/groups/2degrees-community/resources/jargon-buster-what--exactly-industrial-symbiosis/>. Acesso em: 21 fev. 2016.

[21] LAYBOURN, P. Jargon Buster: What Exactly is Industrial Symbiosis. International Synergies Limited. *2degrees Network*, 12 maio 2014. Disponível em:

Simbiose de Kalundborg

Simbiose de Kalundborg, primeiro projeto de simbiose industrial no mundo, começou no parque industrial de Kalundborg, na Dinamarca, em 1961, com gestão de água.[22] A região depende de recursos de lençóis freáticos, e quando a Statoil precisou construir uma nova refinaria de gás, a empresa trabalhou com a cidade de Kalundborg na construção de uma tubulação para extrair água superficial do Lago Tisso, inclusive financiando o empreendimento.[23] O projeto seguinte começou em 1972, com a Statoil concordando em fornecer seu excesso de gás para os fornos de secagem de placas de gesso da Gyproc. Em 1973, a usina elétrica de Asnaes (hoje Dong Energy) foi ligada à tubulação de água da Statoil, expandindo o projeto para três parceiros.

As instalações da Asnaes, uma usina elétrica a carvão de 1.500 miliwatt, são hoje o eixo da rede de trocas, mantendo ligações de energia e materiais com a comunidade local e com outras empresas. A Dong Energy vende vapor de seus processos para a Novo Nordisk e para a Statoil, e fornece um subproduto, dióxido de enxofre, para a Gyproc, abastecendo-a com quase todos os inputs para a produção de gesso. Clínquer e cinzas volantes da usina elétrica tornam-se subprodutos para as empresas de construção de estradas e de produção de cimento. O excesso de calor produzido pelas instalações da Asnaes aquece 3.500 casas, mais uma piscicultura nas proximidades. O lodo da piscicultura é usado como subproduto fertilizante.

E há outros benefícios ambientais, como a diminuição da poluição térmica, mediante a reutilização da água aquecida na refrigeração da usina elétrica, antes descartada no fiorde próximo. O gesso fornecido à Gyproc reduz a mineração a céu aberto, associada a degradação e poluição. A escassez de água potável na área é uma questão importante, que demanda vários esquemas de reutilização, muito atenuada pelos 700.000 metros cúbicos

---

<www.2degreesnetwork.com/groups/2degrees-community/resources/jargon-buster-what-exactly-industrial-symbiosis/>. Acesso em: 21 fev. 2016.

[22] Kalundborg Symbiosis. Disponível em: <www.symbiosis.dk/en>. Acesso em: 15 jun. 2015.

[23] The Encyclopaedia of the Earth. Disponível em: <www.eoearth.org/view/article/153991/>. Acesso em: 21 fev. 2016.

de água de refrigeração, bombeada, a cada ano, pela Statoil para a usina da Asnaes.

Outros avanços resultaram de entendimentos entre as empresas sobre novas formas de colaboração, com o propósito de reduzir os custos dos recursos e de circular os resíduos de uma empresa como inputs para outras. O projeto aos poucos se expandiu em escopo e impulsionou os benefícios econômicos, ambientais e culturais, por exemplo, economizando mais de 3 milhões de metros cúbicos de água até 2015.[24] Empresas públicas e privadas compram e vendem ampla variedade de resíduos entre si, em um sistema fechado, com mais de 30 trocas entre a Municipalidade de Kalundborg e oito empresas, como Gyproc (gesso), Novo Nordisk (produtos farmacêuticos), e Statoil (gás). Os fluxos de resíduos incluem vapor, cinzas, gás, calor, lodo e outros.

Esse intercâmbio de recursos e o entrosamento contínuo ajudaram a desenvolver uma cultura colaborativa, com as empresas fomentando a comunicação, a transparência e a cooperação, além de compartilhar pessoal, equipamento e informação.

Esses fatores impulsionam a busca de soluções colaborativas, como um projeto recente para desenvolver energia renovável na área. O empreendimento se tornou modelo de parque ecoindustrial privado, sem planejamento pelo governo.

Repensando

De novo, devemos adotar o pensamento sistêmico holístico, e incluir no escopo também ativos, como instalações e equipamentos. É possível compartilhar instalações para reduzir as pegadas, talvez diminuindo o uso total de energia? De que maneira acessar adjuvantes de máquinas ou processos, talvez como serviço, para estimular o alto desempenho e a melhoria contínua por parte do fornecedor? Algumas empresas de produtos químicos agora fornecem solventes como serviço, recuperando-o para limpeza e reutilização, em ciclos subsequentes. A Philips oferece iluminação *pay-per-lux* para clientes empresariais.

---

[24] CASE Studies: Kalundborg Symbiosis. *Ellen MacArthur Foundation*, 2015. Disponível em: <www.ellenmacarthurfoundation.org/case_studies/kalundborg-symbiosis>. Acesso em: 21 fev. 2016.

Nossa "cadeia de design e suprimentos" é mais complexa do que a tradicional "cadeia de suprimentos linear", estendendo-se da origem dos materiais ao uso pós-consumo, e ampliando-a para incluir parceiros colaborativos potenciais. Olhe para o *upstream* e o *downstream* ao longo da cadeia de suprimentos e trabalhe com seus fornecedores e parceiros para investigar as possíveis melhorias ou *trade-offs*, em que uma mudança numa parte do sistema gera benefícios maiores em outra parte do sistema. A faixa de outputs e inputs circulares, formando *loops* fechados e abertos, já foi mostrada neste livro, na Figura 2.3, ou "retângulo da recuperação".

Do mesmo modo, cuidado com a "lei das consequências imprevistas"! Pense no impacto em outras partes do sistema mais amplo (p. ex., mudança no uso da terra, transporte de longa distância) antes de se comprometer com mudanças. Uma ferramenta como SixSigma 8 Wastes pode ser útil como lente, e consideramos abordagens *multistakeholder* e design sistêmico holístico no Capítulo 14.

Questione suas atuais abordagens e pense em diferentes formas de valor – principalmente *trade-offs* entre energia, empregos e recursos materiais. Tornar a empresa "à prova de futuro", desenvolvendo competências locais (p. ex, para reparos) pode trazer mais benefícios do que simplesmente economizar em custos de transporte internacional.

A escala das mudanças potenciais pode ser sobrepujante, e há o risco de deixar o "perfeito comprometer o bom". Imagine maneiras de priorizar "vitórias rápidas" de curto prazo e iniciar projetos mais complexos, mais duradouros, com maior impacto, reconhecendo que será uma jornada de melhoria contínua. Usar a avaliação de riscos ou um arcabouço como as condições sistêmicas da Natural Step pode ajudar a identificar as melhores áreas de foco, o que examinamos no Capítulo 14.

Resumo

A "cadeia de design e suprimentos" é fundamental para a economia circular, com maiores implicações para a estratégia empresarial e para o sucesso futuro. Ela pode reduzir os custos operacionais; atenuar os riscos dos recursos (custos e garantia de fornecimento); oferecer bens e serviços mais seguros e saudáveis; contribuir para a restauração do ecossistema; e fabricar produtos desejáveis, bem desenhados e duráveis para os clientes.

O sucesso envolve reenquadrar a maneira como vemos o design, adotando o conceito de nutrientes para focar no valor de todos os inputs. Também significa reconsiderar o modelo de negócio. Examinamos essa questão no Capítulo 3. O propósito é gerar novo valor – recuperando o valor perdido ou destruído e descobrindo novas maneiras de agregar valor para os *stakeholders*. Pensamento sistêmico e projetos colaborativos são inerentes à prosperidade no futuro.

Ray Anderson, fundador da Interface, sintetizou o desafio de maneira soberba: "Não extrair nada, não descartar nada, não prejudicar; e fazer bem, fazendo o bem não às custas do planeta, mas sim face à falta de atenção dos concorrentes".[25]

Recursos adicionais

PRODUCT Design. Loughborough University, Reino Unido. *Ecodesign*, 2016. Disponível em: <http://ecodesign.lboro.ac.uk/?section=97>. Acesso em: 30 maio 2016.

SHEDROFF, N. Design for Disassembly. In: _____. *Design is the Problem*. 2010. Disponível em: <http://www.atissuejournal.com/2010/03/31/design-fordisassembly/>. Acesso em: 30 maio 2016.

The Centre for Sustainable Design. Disponível em: < http://cfsd.org.uk/>. Acesso em: 1 jun. 2017.

---

[25] LOVINS, A. B. RMI Trustee Ray C. Anderson. *Rocky Mountain Institute Blog*, 2011. Disponível em: <blog.rmi.org/GiantPassesRMITrusteeRayCAnderson>. Acesso em: 10 mar. 2016.

MODELOS DE NEGÓCIO CIRCULARES

> *O desafio para os negócios é como prosperar enquanto os materiais estão sendo processados em ciclos contínuos (nos quais são alimentos para ciclos biológicos e técnicos), usando principalmente influxos solares, ao mesmo tempo em que os estoques estão sendo restabelecidos e/ou mantidos, a fim de garantir a fartura, desfrutada com elegância.*
>
> KEN WEBSTER, ELLEN MACARTHUR FOUNDATION, 2013[1]

No Capítulo 2, discutimos a "cadeia de design e suprimentos" (ver Figura 3.1), inclusive abordagens para o projeto de produtos e processos, seleção de materiais, e recuperação de produtos, componentes e materiais no fim de uso.

FIGURA 3.1: Esboço do *framework* da economia circular

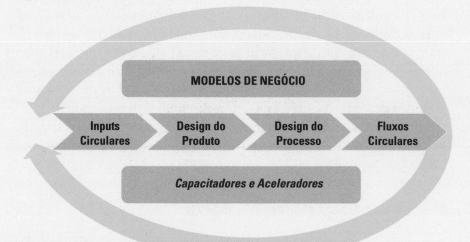

FONTE: © CATHERINE WEETMAN

---

[1] A NEW Dynamic: Effective Business in a Circular Economy. *Ellen MaCarthur Foundation*, cap. 1, p. 17, 2013.

Este capítulo examina modelos de negócio circulares – a maneira como as empresas projetam estruturas e estratégias a fim de promover a mudança para a economia circular. Como essas estruturas facilitam ou dificultam os fluxos? Como elas transformam o panorama operacional e influenciam a estratégia da cadeia de suprimentos? Examinamos aqui os fatores externos e internos:

- Importantes **tendências globais** que oferecem o contexto de mudança para a economia circular.
- Como as empresas estão reconsiderando seus **modelos de negócio e estruturas** comerciais para captar o valor oriundo das abordagens circulares, como novos produtos ou fluxos circulares.
- Alguns **modelos operacionais circulares** "tradicionais" que auferem valor com a recirculação de produtos ou materiais.

Tendências e *drivers* globais

As empresas e os governos estão enfrentando fatores externos cada vez mais complexos, que afetam o sucesso dos negócios, a resiliência da cadeia de suprimentos, o comportamento dos consumidores e as condições econômicas ou políticas. No Capítulo 14, discutimos como usar o modelo PESTLE (político, econômico, social, tecnológico, legal e ambiental [*environmental*]) para analisar os fatores externos que induzem à mudança. Aqui se incluem demografia do cliente, acesso e custo dos recursos, avanços operacionais, avaliação de riscos e pesquisa, destacando novas oportunidades ou desafios de negócios. Algumas descobertas serão específicas da empresa; muitas, porém, afetarão ampla variedade de organizações, permeando todos os setores e bases geográficas. Muitos desses fatores impulsionam a transição para a economia circular.

Demografia global e deslocamento do poder

A expansão contínua das **populações urbanas**, com 50% da população mundial já vivendo em áreas urbanas, aumenta a massa crítica disponível para compartilhamento de ativos e serviços de recuperação. Os modelos de compartilhamento de ativos podem acessar grupos maiores de clientes potenciais, o que aumenta a probabilidade de atrair publicidade e avançar, evitando as partidas lentas que podem prejudicar as iniciativas empreendedoras. Os fluxos de logística adiante e de logística reversa podem ser mais baratos e rápidos em áreas urbanas, com a redução das distâncias e o aumento da densidade das entregas e coletas.

Há **desequilíbrios regionais** no crescimento da população global, com as economias em desenvolvimento (geralmente no Hemisfério Sul) crescendo com mais rapidez do que as economias industrializadas do Hemisfério Norte. À medida que esses mercados emergentes se desenvolvem, tanto como produtores quanto como consumidores, as fontes, fluxos e estoques de riqueza financeira também se deslocam em conformidade. Esses países tendem a apresentar maior proporção de jovens, todos aspirando a conseguir bons empregos e a melhorar o estilo de vida, à semelhança do que veem nos filmes, programas de TV e noticiários.

O **poder político** também está se deslocando, com muitos países desenvolvidos tomando empréstimos e importando recursos de mercados emergentes, o que os torna dependentes dessas relações financeiras e comerciais. Esses fluxos podem envolver minerais de terras raras, carne do Brasil, gás da Rússia, ou talvez alimentos e têxteis oriundos da África – sujeitando os países aos recursos em si ou do baixo custo de captação nessas regiões.

Comportamento do consumidor

Mesmo com o vasto conjunto de produtos semelhantes como opções disponíveis, a demanda por produtos sob medida ou personalizados – "**customização em massa**" – está substituindo o padrão de produção em massa do século XX. Os consumidores estão procurando individualizar seus produtos, ou pelo menos contar com um extenso menu de opções. Essa tendência se aplica, em especial, a carros, computadores, cozinhas e outros produtos associados com a "imagem" nos grupos de pares sociais.

Os consumidores estão se tornando prossumidores, [*] vendendo uns aos outros ou explorando seus *hobbies* como fontes de renda, sob o impulso do movimento *maker* e dos *repair* cafés e clubes. Hoje é possível alugar quartos ociosos pela Airbnb; tornar-se comerciante pela eBay; ou ser uma das *knitting grannies* (vovós tricoteiras), que confeccionam malhas orgânicas de luxo e as vendem pela The North Circular.[2]

O conhecimento e a informação são mais acessíveis. O conceito de propriedade intelectual e a possibilidade de ser proprietário de ideias e patentes, ganhando dinheiro com elas, está sendo substituído pela ideia de código aberto (*open sourcing*).

A psicologia da propriedade também está mudando. Durante décadas, a propaganda encorajou a propriedade de cada vez mais "coisas", tentando criar insatisfação com o que temos agora para nos persuadir de que precisamos de um produto melhor, mais novo ou adicional para viver bem. As empresas podem induzir o desejo por um novo produto estimulando a percepção de que ele melhorará nosso *status* – mas o *status* pode ser mais barato se você alugar o produto, em vez de comprá-lo. Você pode alugar roupas de luxo, talvez através da Rent the Runway,[3] ou uma limusine para um grande evento. Conforme uma escola de pensamento, a propriedade só é válida quando é alta a probabilidade de que o bem valorize.

Oferta e procura

Há evidências de que as pressões sobre os **recursos naturais,** reforçadas pelos desequilíbrios entre oferta e procura, chegaram ao ponto de virada. Essa conclusão é apoiada por relatórios ambientais e índices de risco, tendências de preços geralmente de alta (impulsionadas pelos custos reais ou pela especulação e *hedging*) e volatilidade de preços. As maiores empresas, usando grandes quantidades de materiais, energia e água, estão preocupadas com os custos dos inputs e com o acesso seguro a esses recursos críticos. A ideia de expandir o negócio com o aumento das vendas exige nova perspectiva, focando em usar os recursos com mais eficácia e em recuperar os recursos para reutilização no futuro. Exploramos essas questões nas Partes dois e três.

---

[2] ABOUT us. *The North Circular*, 2016. Disponível em: <www.thenorthcircular.com/about-us>. Acesso em: 12 mar. 2016.

[3] Rent the Runway, 2016. Disponível em: <www.renttherunway.com>. Acesso em: 12 mar. 2016.

Avanços tecnológicos

Os avanços no uso da tecnologia digital e outras, com inovações que, no começo do século XXI, mais pareciam ficção científica, têm sido surpreendentes: Google *glasses*, smartphones, realidade aumentada, computação na nuvem, e assim por diante. Entre tantos produtos, a velocidade de dissipação está aumentando e o ciclo de vida dos produtos está diminuindo. Demorou 75 anos para que o telefone conectasse 50 milhões de pessoas, quase 40 anos para que os primeiros rádios alcançassem esse público, 13 anos para os televisores, mas somente 4 anos para que a internet chegasse a esse número.

A tecnologia de novos materiais, como o grafeno, e novos processos de biorrefino, com a ajuda de designs de química verde e de biomimética, está ajudando a criar novas possibilidades em como fazemos, usamos e reutilizamos as coisas. Software, armazenamento na nuvem, geomapeamento e internet móvel se integram no desenvolvimento de "apps" de alta funcionalidade, ligando as pessoas a recursos (por exemplo, carros para alugar) e a localidades (como estacionamentos para automóveis) próximos. Exploramos esses capacitadores no Capítulo 4.

Risco e incerteza

As empresas e os governos estão enfrentando problemas complexos e desafiadores de risco e incerteza. O Fórum Econômico Mundial publica um relatório anual de riscos globais, e o de 2015 destacou situações como crise da água, propagação de doenças infecciosas, armas de destruição em massa, choque de preços de energia, crises e conflitos geopolíticos, desemprego e subemprego, e catástrofes naturais entre os dez maiores riscos, em termos de probabilidade ou impacto. O relatório desdobra os riscos em cinco categorias, mas muitos deles impactam duas ou várias categorias, como mostro na Figura 3.2.

Os governos estão se movimentando para proteger seus cidadãos contra alguns desses riscos, mudando a legislação ou indiciando por poluição e emissões, tributando o uso de água, proibindo pesticidas tóxicos, e restringindo exportações de mercadorias críticas. Algumas entidades, como a Organização dos Países Exportadores de Petróleo (OPEP), procuram restringir o fornecimento de recursos críticos para proteger os lucros futuros.

FIGURA 3.2: Riscos globais

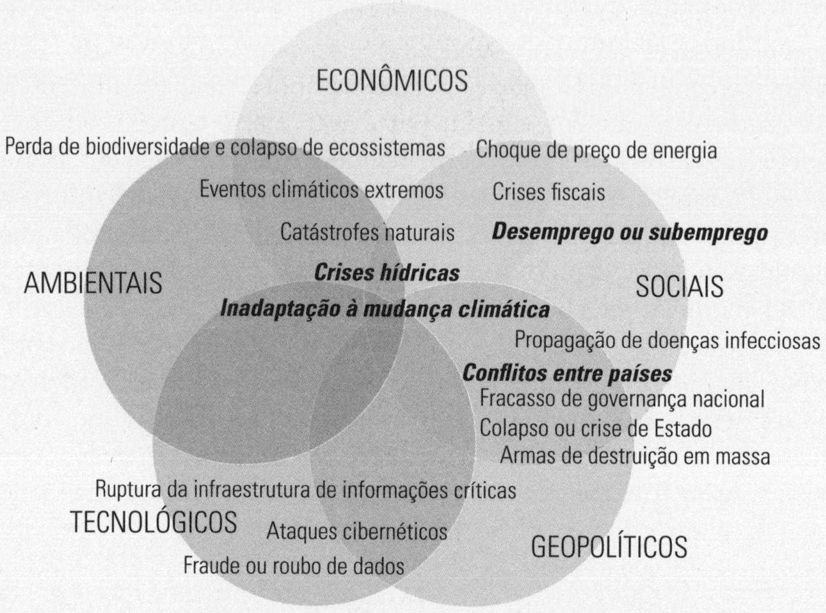

ECONÔMICOS

Perda de biodiversidade e colapso de ecossistemas — Choque de preço de energia

Eventos climáticos extremos — Crises fiscais

Catástrofes naturais — *Desemprego ou subemprego*

Crises hídricas

AMBIENTAIS — *Inadaptação à mudança climática* — SOCIAIS

Propagação de doenças infecciosas

Conflitos entre países

Fracasso de governança nacional

Colapso ou crise de Estado

Armas de destruição em massa

Ruptura da infraestrutura de informações críticas

TECNOLÓGICOS — Ataques cibernéticos

Fraude ou roubo de dados — GEOPOLÍTICOS

Legenda:
Dez mais em termos de probabilidade
Dez mais em termos de impacto
Dez mais em termos de impacto e probabilidade

FONTE: FÓRUM ECONÔMICO MUNDIAL GLOBAL RISKS REPORT, 2015 (Adaptado)[4]

Esses riscos, combinados com as tendências já destacadas, criam altos níveis de incerteza para as organizações. Poderemos garantir os recursos necessários, a custos que nos permitam operar com lucratividade? Nossos fornecedores, parceiros e mercados estarão sujeitos a enfrentar disrupções provocadas por guerras, conflitos comerciais, eventos climáticos extremos ou problemas financeiros? Como poderemos tornar a empresa "à prova de futuro", reduzindo nossa exposição a esses riscos?

---

[4] GLOBAL Risks Report 2015. *World Economic Forum*, 2015. Disponível em: <www3.weforum.org/docs/WEF_Global_Risks_2015_Report15.pdf>. Acesso em: 12 mar. 2016.

Resíduos estruturais

Outro fator que impulsiona diferentes modelos de negócio são os "resíduos estruturais", termo que denota a má utilização de ativos típicos do setor ou do modelo de negócio. Muitos desses "resíduos" existem há décadas, mas estão ficando mais evidentes – e novas tecnologias permitem que os melhoremos de maneira radical. Os exemplos incluem transporte, em que geralmente os carros ficam estacionados até 23 horas por dia; ou o sistema de alimentos, em que um terço de todos os alimentos produzidos é perdido ou refugado nas cadeias de suprimentos ou pelos consumidores e até 70% dos fertilizantes aplicados nos campos não protegem as plantações.[5] As cidades estão auferindo benefícios com a redução dos resíduos estruturais, como o compartilhamento de carros ou a oferta de bicicletas gratuitas, para melhorar a capacidade das estradas e do transporte público, além de reduzir a poluição.

As organizações voltadas para o futuro estão desenvolvendo estratégias para eliminar o risco de seus modelos operacionais e acessar os mercados, para eliminar os resíduos estruturais e melhorar sua vantagem competitiva, e para desenvolver "ecossistemas" de negócios, com a construção de uma rede de parcerias e recursos capaz de sustentar cadeias de valor ágeis e resilientes e de promover a prosperidade no futuro.

Tendências de abastecimento de negócios

Um artigo de Neely (2014), na *Institute for Manufacturing Review,* resume cinco tendências principais, que estariam promovendo o deslocamento para modelos de negócio de serviços[6]:

1. **Soluções** suplementarão **produtos**. Clientes e empresas estão procurando provedores de soluções, em vez de apenas vários produtos avulsos (p. ex., hardware) a serem integrados pelo cliente em um sistema.

---

[5] GROWTH Within: A Circular Economy Vision for a Competitive Europe. *Ellen MacArthur Foundation,* 2015. Disponível em: <www.ellenmacarthurfoundation. org/publications/growth-within-a-circulareconomy-vision-for-a-competitive--europe>. Acesso em: 25 set. 2015.

[6] NEELY, A. Making the Shift to Services. *University of Cambridge Institute for Manufacturing Review*, v. 2, p. 10–11, out. 2014.

2. **Resultados** suplementarão **objetos**. O cliente define o resultado almejado e o contrata com um provedor, que o entregará. Para tanto, pode configurar uma estrutura comercial para garantir que ambas as partes persigam o mesmo resultado, talvez com um esquema de incentivos. Como alternativa, o fornecedor pode oferecer um contrato de serviços integrais, que inclua resultados atraentes para o cliente, como o modelo *power by the hour* (energia por hora) da Rolls-Royce para seus motores de aviação, lançado em 1962. Esse esquema oferece o desempenho e a confiabilidade exigidos pelo cliente, enquanto permite à Rolls-Royce prestar serviços aos motores durante toda a vida, consertando ou substituindo componentes conforme as necessidades e evitando perdas de desempenho ou paralizações. Esse modelo possibilita diferentes abordagens, na medida em que o provedor será bem-sucedido se o serviço for confiável e de alta qualidade. Num modelo de objetos, o provedor até pode ganhar altas margens com a venda de sobressalentes e reparos, enquanto o cliente perde dinheiro com operações disfuncionais.

3. **Relacionamentos** suplementarão **transações**. O movimento para modelos baseados em soluções pode envolver contratos de longo prazo e níveis mais profundos de engajamento com o cliente, antes e durante o contrato, para garantir que ambas as partes compreendem os requisitos e os riscos específicos.

4. **Parceiros de redes** suplementarão **fornecedores**. A complexidade de algumas soluções exige que um provedor principal, ou um parceiro, contrate outros especialistas para entregar a solução completa. Neely dá o exemplo do contrato do Ministério da Defesa do Reino Unido com a BAE Systems para operar a Base Naval de Portsmouth. O contrato inclui reparo e manutenção de navios, infraestrutura da doca física, e programas de apoio à frota, além de serviços de suporte à equipe naval e famílias, como alimentação, instalações de lazer e acomodações. Como muitas dessas atribuições estão fora do escopo de seus serviços básicos, a BAE Systems subcontrata várias outras organizações para fornecer um pacote completo de serviços.

5. **Ecossistemas** suplementarão **elementos** (como empresas). Neely detecta a tendência de as empresas examinarem o "ecossistema" (rede de apoio) ao seu redor, incluindo concorrentes, fornecedores, clientes, capacidades e tendências de mercado, e procurarem influenciá-lo para auferir vantagem duradoura. Um exemplo poderia ser o Uber, que facilita para os motoristas a prestação de serviços, criando, assim, um mercado competitivo e, portanto, pressionando para baixo a

remuneração dos motoristas, o que, por seu turno, possibilita preços mais baixos para os usuários, afastando-os do mercado de táxis tradicionais, na medida em que os atrai para o Uber.

Modelos de negócio e *frameworks*

O modelo de negócio é fundamental no avanço para a "circularidade". O *Business Model Canvas*, concebido por Osterwalder, desdobra o modelo de negócio em nove seções, incluindo segmentos de clientes, proposta de valor, canais, atividades, e assim por diante.[7] Começaremos com modelos comerciais, ou "fluxos de receita" na tela de Osterwalder; como as empresas capturam valor monetário e outros, e desenvolvem relacionamentos com os clientes, evoluindo de transações para relacionamentos, que são mais profundos e mais envolventes. Aí se incluem contratos e serviços de compartilhamento, troca, aluguel e *leasing*, como mostra a Figura 3.3.

FIGURA 3.3: *Framework* da economia circular – modelos de negócio e relacionamentos

FONTE: © CATHERINE WEETMAN

---

[7] OSTERWALDER, A. *Business Model Canvas*. 2018. Disponível em: <www.businessmodelgeneration.com/canvas/bmc>. Acesso em: 6 mar. 2016.

Mais adiante, neste capítulo, tratamos dos "modelos operacionais circulares", usados tradicionalmente pelas empresas que se constituem para auferir valor com a recuperação e a recirculação de resíduos e de produtos no fim da vida. O modelo de negócio dessas empresas depende dos fluxos circulares: recuperação, reciclagem e revenda. Como observa Stahel, "[...] os bens de hoje se transformam nos recursos de amanhã, a preços de ontem".[8]

Modelos comerciais

As empresas podem ter diferentes razões para rever seus modelos comerciais. Algumas talvez queiram explorar oportunidades de criar valor, oriundas da mudança para um design de economia circular, fornecendo produtos mais duráveis e mais seguros, recuperando materiais no fim da vida, e assim por diante. Para outras, o modelo comercial pode ser o ponto de partida para o lançamento de novas oportunidades de criar valor, que, então, criam condições para promover a circularidade.

Os modelos que examinamos já existem, e já são familiares em alguns setores do mercado. Mostramos como eles funcionam e como estimulam ou inibem as economias circulares. Numerosos relatórios analisam as tendências de afastamento da "propriedade" tradicional e dos modelos comerciais transacionais, em que uma empresa faz um produto e o vende ao cliente. Esses "novos" modelos podem ser agrupados como "consumo colaborativo",* "servitização"* ou sistemas produto-serviço (SPS) (*product-service systems* – PSS),* e geralmente focam no desempenho ou "resultados".

Botsman (2010) define consumo colaborativo como "a reinvenção dos comportamentos em mercado tradicionais – aluguel, empréstimo, troca, compartilhamento, escambo, doação – por meio da tecnologia, que ocorrem de maneiras e em escalas impossíveis antes da internet".[9] Para ela, essa tendência está sendo impulsionada por três fatores: "sistemas produto-serviço, estilos de vida colaborativos e mercados de

---

[8] STAHEL, W. R. The Circular Economy. *Nature News, Nature Publishing Group*, 23 mar. 2016. Disponível em: <www.nature.com/news/the-circular-economy-1.19594>. Acesso em: 15 ago. 2016.

[9] BOTSMAN, R. *Evolution of Theories: Collaborative Consumption*. 2010. Disponível em: <rachelbotsman.com/thinking/>. Acesso em: 5 mar. 2016.

redistribuição, que levam as pessoas a pagar para acessar e compartilhar bens e serviços, sem serem proprietárias". Botsman enxerga nisso grandes oportunidades para explorar "capacidade ociosa", extraindo valor perdido – econômico, social ou ambiental – em ativos subutilizados, e destaca a importância da tecnologia na capacitação dessas tendências. Embora algumas abordagens classifiquem o aluguel como modelo de "compartilhamento", tratamos separadamente do aluguel e de outros modelos contratuais (como *leasing*) mais adiante, nesta seção.

Diferentes autores tendem a adotar definições ligeiramente diferentes; portanto, primeiro, vamos definir os modelos usados em todo este livro, antes de nos estendermos para os seus atributos e benefícios:

- Venda: a propriedade de produtos ou ativos se transfere do vendedor para o comprador, por um preço concordado.
- Troca: no fim do primeiro ciclo de uso, a propriedade se transfere entre duas entidades (indivíduos, empresas, instituições filantrópicas, etc.).
- Compartilhamento: produtos, ativos ou serviços, de propriedade de indivíduos ou de organizações não comerciais (p. ex., governos locais) são compartilhados, gratuitamente ou a certo preço.
- Aluguel ou *leasing*: paga-se um preço estipulado para o uso temporário de um produto ou serviço.
- Serviço ou resultados: paga-se uma taxa pelo resultado exigido.

Venda

Este modelo, comum em muitos setores em todo o mundo, envolve uma troca simples de um produto ou serviço por um preço. Pode haver algum "valor agregado", talvez uma garantia, mas, em geral, este modelo favorece a economia linear; extrair, fazer, usar, e, como não há incentivo para fazer alguma coisa no fim do uso, descartar. Os relacionamentos entre o provedor e o usuário talvez não se estendam além da transação.

Troca

Ativos, produtos ou serviços podem ser objetos de doação, troca, escambo ou até venda. Outro termo para isso é "redistribuição".

Quantidade crescente de plataformas* possibilitam troca de serviços, do tipo bancos de tempo, como a Echo, em Londres. As plataformas também podem facilitar o acesso a terras para horticultura e jardinagem, por meio de iniciativas como o movimento Landshare, que conecta detentores de jardins ou de terras subutilizados ou subgerenciados com pretensos jardineiros ou horticultores.

Echo: plataforma de compartilhamento de tempo e competências[10]

A plataforma Echo promove o compartilhamento entre pares, ou *peer-to-peer* (P2P),* de tempo e competências, que começou no leste de Londres, almejando expandir-se para todo o Reino Unido. É uma *community interest company* (CIC), ou "empresa de interesse comunitário", sustentada por fundações filantrópicas e por financiamentos de governos locais. A Echo se descreve como "uma Economia de Horas: um mercado sem o dinheiro. Nossos membros compram e vendem suas competências, serviços e recursos, usando uma moeda denominada Echoes. A taxa de câmbio não poderia ser mais intuitiva: 1 hora = 1 Echo". Entre os usuários se incluem indivíduos e organizações locais de todos os tamanhos, como instituições filantrópicas, conselhos, grupos comunitários e empresas. A Echo visa a liberar o valor de "recursos inativos", como competências e especialidades, tipo planejamento financeiro e marketing, desenvolvimento de websites, pessoal de escritório, desenho para estampagem, cuidado de crianças, apoio doméstico e treinamento. Também ajuda empresas a se ligarem às necessidades locais, como parte de suas iniciativas de responsabilidade social, e instituições filantrópicas a recrutar e a recompensar voluntários.

Outra oferta é Echo++, um "acelerador do crescimento de negócios", voltado para comerciantes autônomos, microempresas e start-ups. Tudo isso compõe um programa em rede, aproximando empresas locais e especialistas, para o compartilhamento de competências.

---

[10] ECHO, 2016. Disponível em: <www.economyofhours.com>. Acesso em: 5 mar. 2016.

No caso de produtos, a troca é um pouco diferente, uma vez que a "propriedade" se transfere para o novo usuário, em termos permanentes ou temporários. Freecycle, Preloved, eBay, Gumtree e Craigslist são exemplos, principalmente para transações P2P. Produtos projetados para serem "emocionalmente duráveis" continuam valiosos por períodos mais longos, propiciando trocas e revendas para "vidas" subsequentes. Alguns materiais têm longevidade intrínseca, como brim em jeans; couro em sapatos, cintos e bolsas; e madeira em móveis.

A troca de serviços é mais tendente a criar oportunidades para relacionamentos duradouros. O potencial para construir relacionamentos depois da troca de produtos ou ativos pode depender do contexto social, e é maior se os participantes estiverem na mesma comunidade local, grupo de *hobby*, etc.

Compartilhamento

Sob a perspectiva do usuário, o compartilhamento de bens traz vários benefícios. Você usa o bem sem ser proprietário. O uso do produto, do ativo ou do serviço pode ser gratuito ou pago, envolver pagamento em dinheiro ou algum tipo de doação, como em alguns modelos *lift-share*, que proíbe cobranças, por questões de seguro. Novamente, várias são as definições de "modelos de compartilhamento", alguns mais focados em acesso, como num *pool* de carros de propriedade de empresas, em vez do verdadeiro compartilhamento de ativos de propriedade dos usuários. Neste livro, compartilhamento significa produtos, itens ou serviços, pertencentes ou oferecidos por entidades não comerciais, como instituições filantrópicas, indivíduos ou cooperativas. "Serviços compartilhados" comerciais, em que o *pool* de ativos pertence a uma empresa, com o objetivo de gerar lucro, incluem-se nos modelos de aluguel ou desempenho. O compartilhamento pode ser:

- Consumidor para consumidor, geralmente denominado *peer-to-peer* (P2P). Alguns exemplos são o compartilhamento de carros, o compartilhamento de carona ou o compartilhamento de ferramentas, como o projeto Walter's Tools, em Lake District, no noroeste da Inglaterra – para classificar, catalogar e renovar um conjunto de ferramentas manuais e criar uma biblioteca de ferramentas de utilidade pública.[11]

- Comunitário, em que um grupo organiza um conjunto compartilhado de ativos ou produtos, ou concorda em compartilhar tempo e competências para um empreendimento ou projeto. Pode ser, por exemplo, a preservação de um edifício público local ou de um clube esportivo, um projeto de conservação, ou um serviço de transporte rural.

- Serviços públicos locais, fornecendo transporte público ou bibliotecas públicas, para emprestar músicas e livros. Também pode incluir bicicletas para percursos na cidade, como serviços compartilhados pagos, tipo "Boris bikes", de Londres, ou "Vélib", de Paris, mas classificamos *pools* de ativos comerciais, tipo BMW DriveNow, como aluguel, em vez de compartilhamento.

Eckhardt e Bardhi, em artigo na *Harvard Business Review*, argumentam que o compartilhamento é gratuito, uma "forma de troca social, que ocorre entre pessoas conhecidas umas das outras, sem fins lucrativos. Quando o 'compartilhamento' é mediado pelo mercado – ou seja, uma empresa atua como intermediária entre consumidores que não se conhecem – não é mais compartilhamento."[12] Eckhardt e Bardhi usam o termo "economia de acesso" para definir modelos de troca, como Zipcar, em que "os consumidores pagam pelo acesso a bens ou serviços alheios, por determinado período de tempo. É uma transação econômica, e os consumidores estão atrás de valor utilitário, não de valor social". Eles observam que os usuários da Zipcar não sentem as "obrigações recíprocas" que surgem quando as pessoas compartilham com familiares, amigos e colegas. A experiência dos usuários com a Zipcar é diferente, ao saberem que outros usaram os carros, vendo esses indivíduos não como compartilhadores confiáveis, mas sim contando com a empresa para policiar o sistema de compartilhamento e para garantir os comportamentos apropriados (p. ex., não deixando o tanque de combustível

---

[11] Walter's Tools Project. Disponível em: <walterstools.wordpress.com/>. Acesso em: 13 mar. 2016.

[12] ECKHARDT, G. M.; BARDHI, F. The Sharing Economy Isn't About Sharing at All. *Harvard Business Review*, 28 jan. 2015. Disponível em: <hbr.org/2015/01/the-sharing-economy-isnt-about-sharing-at-all>. Acesso em: 4 mar. 2016.

vazio). Para os usuários, essa distinção é importante, implicando que os consumidores usam esses serviços de "acesso" para aproveitar os custos baixos e a conveniência, não para desenvolver relacionamentos sociais com a empresa ou com os outros usuários.

Que tipo de coisas devemos compartilhar? O Fórum Econômico Mundial sugere que há "literalmente centenas de maneiras de compartilhar diferentes tipos de ativos: espaço, competências, coisas e tempo".[13] Essa afirmação parece omitir o compartilhamento de serviços de software, etc.; razão pela qual minha classificação preferida é:

- **Espaço:** edifícios e infraestrutura, como rodovias, ferrovias e hidrovias.
- **Coisas:** produtos, materiais e equipamentos.
- **Competências:** conhecimento e experiência.
- **Serviços:** aqui é grande a variedade, tipo gestão de instalações ou serviços de software, como o uso de uma plataforma, em que o provedor oferece algoritmos exclusivos ou específicos, funcionalidade, etc.

O Fórum Econômico Mundial enxerga a economia do compartilhamento "capacitada e dimensionada por plataformas tecnológicas", proporcionando grandes benefícios em termos de:

- **Lucro:** mediante o uso eficiente e resiliente de capital e caixa, oportunidades para relacionamentos duradouros com os clientes e melhoria do *feedback* sobre as necessidades dos clientes.
- **Pessoas:** mediante conexões sociais mais profundas e de custos reduzidos.
- **Planeta:** mediante o uso eficiente e sustentável de recursos e redução da poluição resultante de resíduos.

O compartilhamento se tornou mais popular desde a crise financeira global de 2008. Os anos de recessão subsequentes, as medidas de austeridade, o desemprego e a execução de hipotecas estimularam

---

[13] TOWARDS the Circular Economy: Accelerating the Scale-Up Across Global Supply Chains. *World Economic Forum*, 2014. Disponível em: <www.weforum.org/global-challenges/projects/circular-economy/>. Acesso em: 28 fev. 2016.

o ímpeto e o apetite dos consumidores por muitas das plataformas da "economia do compartilhamento". A Forbes estimou que os empréstimos financeiros P2P alcançariam US$ 5 bilhões até 2013 e previu que a receita de compartilhamento de carros na América do Norte atingiria US$ 3,3 bilhões até 2016.[14] Um quinto das pessoas com menos de 55 anos, no Reino Unido, está compartilhando mais do que compartilhava no ano anterior. A reportagem usou lavadoras de roupa como exemplo, enfatizando os benefícios para os consumidores, em termos de serviços personalizados e econômicos, com a opção de *upgrades* frequentes. O aumento do valor presente líquido para o fabricante pode ser de até 35% em comparação com o modelo de propriedade tradicional. O aluguel pode incluir alguns serviços de valor agregado, contribuindo para a diferenciação num mercado competitivo ou tornando o modelo mais atraente do que a opção de compra.

O aumento da propriedade de smartphones, oferecendo, de repente, acesso à internet móvel aos sem-PC, e a explosão de aplicativos para dispositivos móveis, ou "apps", forneceram meios para o *pool* ou troca de recursos, frequentemente financiados pelo dono da plataforma, que capta recursos a juros baixos ou com receitas de propaganda. Marcas bem conhecidas, como Airbnb, Zipcar e Uber cresceram rapidamente. A Uber começou em 2011, e em 2015 estava avaliado em US$ 62,5 bilhões.[15] Relatórios de 2016 estimam que mais de um milhão de motoristas em 300 cidades ofereciam seus serviços de *minicab*, ou táxi alternativo, que só podem ser solicitados por telefone e não podem aceitar passageiros que lhes acenam nas ruas, através do Uber, que, se usasse um modelo de emprego convencional, seria uma das maiores organizações empregadoras do mundo.[16]

---

[14] GERON, T. Airbnb and the Unstoppable Rise of the Share Economy. *Forbes Magazine*, 23 jan. 2013. Disponível em: <www.forbes.com/sites/tomiogeron/2013/01/23/airbnb-and-the-unstoppablerise-of-the-share-economy/#55c67f56790b>. Acesso em: 29 fev. 2016.

[15] UBER Raises Funding at $ 62.5 Billion Valuation – The Ride-Hailing Company is Said to Seek $ 2.1 Billion in a New Funding Round. *Bloomberg News*, [S.d.]. Disponível em: <http://www.bloomberg.com/news/articles/2015-12-03/uber-raises-funding-at-62-5-valuation>. Acesso em: 3 dez. 2015.

[16] LAZO, L. Uber Turns 5, Reaches 1 Million Drivers and 300 Cities Worldwide: Now What? *The Washington Post*, 4 jun. 2015. Disponível em: <www.washingtonpost.com/news/dr-gridlock/wp/2015/06/04/uberturns-5-reaches-1-million-drivers-and-300-cities-worldwide-now-what/>. Acesso em: 4 mar. 2016.

Os consumidores, especialmente *Millennials*, cada vez mais preferem "acesso" ao invés de **propriedade**. É provável que a redução dos rendimentos e a falta de emprego estável impulsionem essa tendência, e, mesmo que seja temporária, não muito duradoura, é um capacitador muito útil da economia circular. Uma enquete da PwC descobriu que 19% da população adulta dos Estados Unidos tinha "participado de transações de economia de compartilhamento", com 72% vendo-se como consumidores nesse novo contexto nos dois anos seguintes.[17] Os mais empolgados com o conceito eram famílias de renda média, com crianças em casa, ou pessoas na faixa etária de 18 a 24 anos. Perguntou-se aos participantes sobre a importância da propriedade convencional, e 57% concordaram que "o acesso é a nova propriedade", e 43% admitiram que a propriedade convencional "dava a sensação de fardo".

A tecnologia do compartilhamento pode estar "oculta" na maneira como vemos os produtos. Muitos smartphones, dispositivos de navegação por satélite para carros e outros dispositivos usam GPS e computação na nuvem, nos bastidores, e provavelmente nunca pensamos a esse respeito. Transporte público, infraestrutura rodoviária (p. ex, pontes com pedágio), museus, galerias de arte, e assim por diante, são todos serviços compartilhados.

Na economia circular, os modelos de compartilhamento capacitam usos mais produtivos dos bens, que passam a ser explorados intensamente, em vez de raramente. Os exemplos incluem *pools* de carros – um carro europeu típico fica estacionado 23 horas por dia, situação em que não faltam oportunidades para aumentar a utilização do ativo.

Plataforma ShareGrid: aluguel P2P

A ShareGrid, *marketplace* de fotografia e filmagem P2P, começou em Los Angeles, em 2013. Em 2016, tinha mais de 11.000 membros ativos e equipamentos avaliados em US$ 44 milhões. A plataforma verifica os membros e fornece seguro como parte da transação, ajudando a superar preocupações referentes a perdas e danos com equipamentos dispendiosos. As pessoas que oferecem equipamentos podem "conhecer" fotógrafos locais,

---

[17] CONSUMER Intelligence Series: The Sharing Economy. *PwC*, 2015. Disponível em: <www.pwc.com/us/en/industry/entertainment-media/publications/consumer-intelligence-series/sharing-economy.html>. Acesso em: 7 mar. 2016.

pré-selecionados, e aprovar pedidos de aluguel. Os aluguéis são segurados com base em credenciais de identificação, como cartão de crédito, conta bancária e telefone móvel. As resenhas de pares e os perfis públicos de cada membro reforçam a confiança, e os usuários devem oferecer seguro de fiança locatícia, que pode ser contratado no próprio site.

Os modelos de compartilhamento P2P, sobretudo os que usam mídias sociais para reforçar a confiança, provavelmente têm potencial para criar mais **relacionamentos**, a serem desenvolvidos com o tempo.

Há certos **problemas** a considerar. O advento do "consumo colaborativo" e dos modelos de compartilhamento, embora gere benefícios econômicos e capacite os indivíduos a ganhar dinheiro com ativos subutilizados ou a converter tempo ocioso em renda, também suscita várias preocupações, como aspectos legais, seguro, ética e exploração. A sublocação de propriedades através da Airbnb pode ser proibida pelo contrato de locação, por exemplo, e as autoridades tributárias estão de olho nos lucros gerados pela eBay e pelos esquemas de compartilhamento. Os governos estão atentos para esclarecer ou atualizar a regulação e para fechar as lacunas, reconhecendo que essas formas de comércio tendem a se expandir ainda mais.

As características da *gig economy*[*] de alguns dos modelos de serviço também estão causando inquietação. A *gig economy* envolve modelos que desdobram o "emprego" tradicional em tarefas específicas, ou *gigs*, a serem executadas por trabalhadores sem vínculo empregatício, remunerados como autônomos, microempreendedores ou outras formas. Entre os exemplos destacam-se o modelo Uber, que remunera os motoristas por "corrida", em vez de admiti-los como empregados e pagar salário, com as proteções e benefícios da legislação específica. Os receios são de que a nova forma de *gig economy* acarrete as mesmas precariedades dos modelos de trabalho temporário, que comprometem o planejamento de horas de trabalho, a segurança da remuneração regular ou até a oferta de serviços a um ou mais empregador. Negócios mais convencionais, que adotam contratos "zero horas", também são muito criticados; o governo do Reino Unido está impondo níveis de renda mínima crescentes, conforme o custo de vida, baseados numa cesta de bens e serviços mínimos por domicílio. No entanto, esses modelos "sob demanda" operam nos bastidores, aparentemente imunes à regulação. Alguns governos estão combatendo essas práticas. Nos Estados Unidos, o estado de Oregon advertiu que os motoristas do Uber deveriam ser remunerados como empregados, em vez de como prestadores de serviços autônomos, com direito a salário mínimo e a condições de trabalho seguras.

Aluguel ou leasing

Este é um modelo tradicional, envolvendo sistemas que capacitam as pessoas a usar ativos mediante pagamento de um valor combinado, sem ser proprietário do bem. Os exemplos incluem muitos produtos, imóveis e instalações ou infraestrutura, como tubulações ou torres de telecomunicação. Geralmente, envolve só o ativo, não manutenção e outros serviços. Esses serviços adicionais podem ser prestados pelo provedor, que pode vetar no contrato a execução de serviços de manutenção por terceiros, mas cobrados separadamente, com base no "tempo e materiais".

No fim do prazo do aluguel ou *leasing*, os direitos sobre o ativo retornam ao provedor, embora possa haver uma cláusula que permita ao usuário prorrogar o prazo de locação ou comprar o ativo a custo reduzido. Apesar dos benefícios de fluxo de caixa para o usuário, o modelo de aluguel ainda promove os princípios da economia "linear", em detrimento da economia circular. O provedor, porém, de fato tem fortes incentivos para fornecer itens duráveis, confiáveis e de alto desempenho, para manter a continuidade e a renovação da locação, preservando ou melhorando sua reputação no mercado, que pode ser afetada por elogios ou queixas dos usuários.

O aluguel de ferramentas e equipamentos é comum em subsetores *business-to-business*,[*] principalmente nos que envolvem tecnologias complexas, em rápido desenvolvimento e de alto custo. A prática está começando a se expandir para outros setores, como de equipamentos de consumo, computadores, utensílios de jardinagem, ferramentas elétricas, e outras. No começo de 2016, os novos serviços de aluguel mais importantes ofereciam acomodações, compartilhamento de carros, serviços tipo táxi, ou compartilhamento de carona. As plataformas de aluguel geralmente retêm parcela considerável do preço para o usuário (p. ex., Airbnb fica com algo entre 9% e 15%) e recorre a resenhas e avaliações recíprocas para construir credibilidade e confiança. A Uber alega que esse sistema implica que os motoristas com más pontuações recebem menos trabalho e se afastam por iniciativa própria e que os passageiros com mau comportamento terão dificuldade em conseguir uma corrida. A abordagem de "ecossistema", já descrita por Neely, também se aplica aqui, com muitas das plataformas usando o Facebook, para que as pessoas vejam se têm amigos em comum, ou o PayPal, para reduzir a probabilidade de fraude no pagamento.

Kingfisher: serviços de aluguel e reparo DIY

Uma das mais famosas citações em marketing é de Theodore Levitt, professor da Harvard Business School: "As pessoas não querem comprar uma broca de um quarto de polegada; elas querem comprar um furo de um quarto de polegada!" Estudos mostram que a furadeira elétrica típica é usada durante 8 a 11 minutos em toda a sua vida útil. A Kingfisher observa que "muitas pessoas possuem produtos DIY para pequenos trabalhos domésticos, mas raramente os usam, e, mesmo assim, por muito pouco tempo".[18] Quando quebram, ou deixam de ser úteis, é difícil consertá-los ou revendê-los. A Kingfisher percebeu as novas tendências de consumo, envolvendo compartilhamento, empréstimo, doação, troca e escambo, e está procurando se adaptar a esses modelos alternativos. A cadeia de varejo Castorama, da Kingfisher, na Polônia, para reformas no lar, sempre incluiu centros de reparos nas lojas, e, em meados da década de 2000, também introduziu centros de aluguel. As operações de reparo podem testar cortadores de grama e outros produtos com motor a combustão, lâmpadas, furadeiras e serras tico-tico. Nos 16 anos subsequentes, ela expandiu os serviços, para incluir afiamento de motosserras, instalações hidráulicas e outros. Em 2012, ela já acumulava cerca de 140.000 reparos e 4.000 aluguéis de equipamentos. A empresa acredita que esses novos serviços aumentam as visitas às lojas e reforçam os relacionamentos com os clientes. Recentemente, ela ampliou ainda mais os serviços, para oferecer *workshops* práticos de DIY para crianças de 6 a 12 anos, abrangendo decoração, jardinagem e marcenaria.

---

[18] THE BUSINESS Opportunity of Closed Loop Innovation. *Kingfisher plc*, [S.d.]. Disponível em: <www.kingfisher.com/netpositive/files/downloads/kingfisher_closed_loop_innovation.pdf>. Acesso em: 18 fev. 2015.

Stahel destaca alguns modelos de negócio com que estamos familiarizados, que poderiam ser aplicados com facilidade a variedade mais ampla de produtos. No caso de roupas, o aluguel já é comum para uniformes, trajes a rigor e vestidos de casamento; então, por que não alugar outros tipos de roupas? Pesquisas de Marks & Spencer e Accenture sugerem que 60% dos clientes admitiriam *leasing* de produtos e serviços em vez de compras, apontando a ausência de depreciação como o principal benefício.[19]

Girl Meets Dress: serviço de aluguéis para moda

Girl Meets Dress, constituída em 2013, com sede no Reino Unido, aluga mais de 4.000 vestidos diferentes, da "nova estação", com mais de 150 marcas.[20] Ela permite que os clientes peçam e experimentem vários vestidos, devolvendo os que não usarem para reembolso. Os clientes podem comprar on-line ou no *showroom* em Londres, e fechar dois ou sete períodos de aluguel de uma noite. Os serviços agregados incluem orientação de estilista, lavagem a seco gratuita, entrega no dia seguinte, para o Reino Unido ou Europa, e postagem de devolução pré-paga. Há um clube opcional, que cobra mensalidade, para alugar qualquer vestido uma vez por mês.

O aluguel ou *leasing* pode oferecer espaço para **relacionamentos** mais profundos entre o provedor e o usuário, especialmente se o provedor oferecer serviços de assistência, recarga ou outros meios de contato regulares. Isso, porém, depende do desejo do provedor de se envolver com o usuário e buscar oportunidades para reforçar a confiança e a lealdade.

Serviço, desempenho ou resultados

Os modelos comerciais de serviço, desempenho ou resultados ampliam o modelo de aluguel, incluindo o conceito de "compra de

---

[19] FORTUNE Favours the Brave: New Areas for Innovation. Marks & Spencer e *Accenture*, 2013. p. 4. Disponível em: <https://www.accenture.com/_acnmedia/Accenture/Conversion-Assets/DotCom/Documents/Global/PDF/Dualpub_23/Accenture-Fortune-Favours-the-Brave.pdf>. Acesso em: 15 ago. 2016.

[20] Girl Meets Dress. Disponível em: <www.girlmeetsdress.com/>. Acesso em: 4 mar. 2016.

desempenho". Nguyen compara a economia "comprar e consumir", em que o objetivo é vender o produto, com a economia circular, em que a propósito é "alugar para garantir a devolução dos materiais para reutilização".[21]

Em geral, o provedor continua responsável pelo ciclo de vida do produto, depois que os usuários deixam de usá-lo. Isso fornece um incentivo para o design seguro de produtos benignos, que sejam fáceis de desmontar e de reutilizar ou reciclar, evitando o manejo de materiais tóxicos, quando o produto retorna do usuário. O produto pode ser projetado para facilitar a recuperação de elementos dispendiosos ou para evitar a inclusão de materiais não sujeitos a reciclagem:

- **Business-to-Business (B2B).** *Aqui se incluem "serviços compartilhados" num bloco de escritórios com vários ocupantes (manutenção, recepção, refeitório, etc.), transporte de carga multiusuário e depósito, e outros serviços terceirizados, como *call centers*. Em geral, os critérios de desempenho são parte do acordo comercial. Esses modelos também são aplicáveis a organizações do setor público.
- **Business-to-Consumer (B2C).** *Aqui inclui uma ampla variedade de serviços de infraestrutura, como torres de comunicação de telefonia móvel, postos de serviço em autoestradas, recuperação de resíduos domésticos, bibliotecas, etc. Alguns desses exemplos também são aplicáveis a B2B.

Stahel define economia do desempenho como "levar ao extremo os princípios da economia circular, em que não mais se compram bens, mas, simplesmente, serviços".[22] A proposta de valor deve "vender" desempenho em vez de propriedade, garantindo qualidade e valor, preservando valor no "estoque" (isto é, os produtos e materiais que acabam retornando ao provedor).

---

[21] NGUYEN, H.; STUCKTEY, M.; ZILS, M. Remaking the Industrial Economy. *McKinsey Quarterly*, 2014. Disponível em: <http://www.mckinsey.com/business--functions/sustainability-and-resource-productivity/our-insights/remaking-the--industrial-economy>. Acesso em: 15 ago. 2016.

[22] STAHEL, W. The Circular Economy. Entrevista concedida a Daan Elffers. *Making It Magazine*, 28 jun. 2013. Disponível em: <www.makingitmagazine.net>. Acesso em: 4 mar. 2016.

Esse modelo está ganhando popularidade entre as organizações, em muitos setores, com sua capacidade de reforçar os relacionamentos entre provedor e usuário, incluir no pacote serviços de valor agregado para diferenciar a empresa em comparação com os concorrentes, e ter acesso a informações valiosas tanto sobre o produto quanto sobre como o cliente usa o produto. Os esquemas *power by the hour,* da Rolls-Royce, e *pay-per-lux*, da Philips, são exemplos bem conhecidos. Outro mais recente é o da RWE, provedora alemã de serviços públicos, com 24 milhões de clientes espalhados pela Europa. A empresa está evoluindo do conceito de vender energia para o de prestar serviços de energia renovável, integrando e gerenciando renováveis integrados em rede.[23]

Os modelos de negócio circulares procuram manter os materiais e os produtos fluindo em ciclos, e, assim, quer recuperar esses recursos para reutilização. Quando os custos dos recursos são altamente voláteis, com tendência de valorização no longo prazo, faz sentido reter a propriedade dos bens, garantindo acesso aos recursos no futuro. A empresa pode escolher entre manufaturar componentes ou produtos inteiros, de um lado, ou recuperar materiais para reciclá-los em novos recursos, de outro. As alternativas são fazê-lo por conta própria ou terceirizá-lo para um especialista. A propriedade faz sentido para bens que valorizam com o passar do tempo, em vez de depreciar ao longo da vida útil.

Esses modelos têm grande potencial de promover relacionamentos saudáveis, duradouros e mutuamente benéficos entre o provedor e o usuário, embora seja essencial garantir que os critérios de desempenho e os mecanismos comerciais atendam aos objetivos de ambas as partes. Stahel, em palestra no evento Resource, de 2015, enfatizou a necessidade de o fabricante manter relacionamento direto com o usuário, evitando intermediários, como atacadistas. A transferência de conhecimento também pode ser fator poderoso, com o provedor ajudando o usuário a aproveitar o produto ou serviço com mais eficácia (para reduzir custos, obter melhor desempenho, etc.) e o usuário fornecendo *feedback* para ajudar no desenvolvimento do produto.

---

[23] MODEL Behavior: 20 Business Models Innovations for Sustainability. *Sustainability*, fev. 2014. p. 20. Disponível em: <http://www.sustainability.com/library/model-behavior#.V7Uu6KKK2kU>. Acesso em: 15 ago. 2016.

Outras variações

Também devemos mencionar outros modelos, como empreendimentos sociais e comunitários, a serem constituídos como iniciativas sem fins lucrativos ou como cooperativas, usando qualquer um dos modelos de negócio, inclusive "venda". Os exemplos incluem reciclagem de plásticos, como The Plastic Bank, e de pneus.

REDISA: reciclagem de pneus

REDISA (Recycling and Economic Development Initiative of South Africa) é um projeto de reciclagem de pneus, com o apoio do governo. Desde o início, em 2012, subsidiou a coleta e a reciclagem de mais de 125.000 toneladas de pneus usados para novas cadeias de suprimentos, aumentando a taxa de reciclagem de pneus de 4% para 19% em três anos. Quando esta página foi escrita, a iniciativa apoiava 190 pequenas, médias e microempresas, e afirma ter criado 2.505 novos empregos em toda a África do Sul, quase todos favorecendo sul-africanos até então em condições precárias. As comunidades locais também se beneficiaram, recebendo 80% da receita auferida com as taxas pela gestão do lixo. A REDISA hoje trabalha com duas universidades, na exploração de novas tecnologias para tratamento de resíduos de pneus, e está estudando como um sistema de avaliação ambiental poderia estender a vida dos pneus.[24]

Modelos operacionais circulares

Analisamos vários modelos comerciais, cada um com diferentes maneiras de trocar ativos, produtos ou serviços por valor. No Capítulo 2, vimos como as organizações estão introduzindo elementos de economia circular em suas operações: no design do produto, ou usando materiais reciclados, ou descobrindo maneiras de auferir valor com subprodutos, ou recuperando recursos dos clientes no fim do

---

[24] PERELLA, M. South Africa's Circular Economy Could Be a Lifeline for its Mass Unemployed. *The Guardian*, 3 ago. 2015. Disponível em: <www.theguardian.com/sustainable-business/2015/aug/03/south-africa-circulareconomy-unemployment-lifeline>. Acesso em: 13 mar. 2016.

uso. Também há modelos de negócio baseados inteiramente em fluxos circulares, como recuperação de recursos, revenda, remanufatura, reciclagem, e assim por diante. Esses modelos existem há centenas de anos e até podem não estar "sintonizados" com os princípios da economia circular, mas estão criando valor, exitosamente, com os resíduos de outras pessoas. Por isso, desfrutam de condições ideais para lucrar com novos mercados, novas oportunidades ou nova legislação.

Recuperação e reciclagem

Aqui o propósito do negócio é recuperar produtos ou recursos para reprocessá-los (reciclagem, remanufatura, etc.) e/ou revendê-los a especialistas para mais reprocessamento. Uma empresa de reciclagem de resíduos pode especializar-se, digamos, em reciclagem de plásticos, e separar os "contaminantes", como metal e papel, para venda a outros recicladores especializados. A reciclagem, geralmente, tem sido uma atividade lucrativa e, mais recentemente, empresas como Sita e Veolia estão investindo em pesquisa e tecnologia para encontrar novas maneiras de recuperar materiais recicláveis valiosos, existentes em diversos fluxos de resíduos. Em 2013, a Veolia Environmental Services anunciou uma nova estratégia, transformando-se de empresa de gestão e reciclagem de resíduos em empresa de fabricação de produtos para a economia circular, mirando a produção de calorias verdes, em termos de energia e produto.[25] Stahel sugere que toda a indústria de gestão de resíduos avance nessa mesma direção: "o desafio [...] é mudar a perspectiva de suas atividades, do descarte de resíduos de valor zero para a recuperação do mais alto valor, e impelir fluxo acima de sua base de receita na cadeia de preservação de valor".[26]

Revenda e reutilização

Esses negócios se especializam na compra e venda de produtos ou ativos já usados. Revendedoras de carros usados, lojas de móveis

---

[25] EMILTON, S. Veolia to produce for circular economy. *LetsRecycle.com*, 2013. Disponível em: <www.letsrecycle.com/news/latest-news/veolia-to-produce-for-circular-economy/>. Acesso em: 13 mar. 2016.

[26] STAHEL, W. Ahead of the Curve. Entrevista concedida a Maxine Perella, 2015. Disponível em: <www.recyclingwasteworld.co.uk/interviews/ahead-of-the-curve/83796/>. Acesso em: 26 fev. 2016.

antigos, boutiques de moda de alta qualidade, materiais de construção recuperados, e assim por diante, são exemplos de modelos de negócio que existem há décadas e continuam relevantes. O acesso à internet agora os ajuda a alcançar maior público, sem precisar de propaganda em revistas especializadas, nem se limitar a "negócios esparsos".

Uma organização pode oferecer serviços de esvaziamento de escritórios ou de casas, comprando todo o conteúdo do imóvel depois da liquidação da empresa ou da morte do morador. Ela própria pode vender algumas categorias de produtos diretamente aos interessados (p. ex., móveis antigos, utensílios de escritório) e vender outras a revendedores ou recicladores que operam especificamente com esses itens. O negócio escolhe o que processar e o que vender, com base em sua experiência e conhecimento do produto ou do material, nas condições do mercado local, nos volumes dos fluxos e na massa crítica necessária para investir em equipamentos de processamento especializados, na diferença de preço em relação ao novo, e em outros fatores.

Repor e manter

Vários negócios oferecem serviços de apoio a produtos ou a ativos já em uso, geralmente contribuindo para prolongar seu ciclo de vida. Os exemplos incluem empresas de manutenção de máquinas de vendas, que prestam serviços de reposição dos produtos e de solução de problemas, como no caso de bloqueio de produtos, além de empresas de manutenção e de reparos especializados, como conserto de limpadores de para-brisas, reparo de equipamentos elétricos, restauração de sapatos e manutenção de bombas de combustível pelos fornecedores de combustível líquido. Especialistas que calibram e mantêm equipamentos médicos de alto valor, ventiladores industriais e sistemas de extração ou equipamentos de produção podem incluir serviços de compra e reposição de estoques no caso de uma oferta de "serviços integrais".

Remanufatura

Esses negócios oferecem serviços de remanufatura especializados, para restabelecer "pelo menos o desempenho original de um produto usado, com a garantia de ser equivalente ou melhor do que o produto novo".[27] As operações incluem desmontagem, restauração e substituição de materiais e componentes, mais o teste de peças e componentes e do produto em comparação com as especificações do design original, assegurando que o desempenho pós-remanufatura é pelo menos tão bom quanto o desempenho original. Examinamos a remanufatura com mais detalhes mais adiante neste livro, considerando seu crescimento, desafios, oportunidades e impactos na cadeia de suprimentos.

Resumo

A tendência ascendente e a volatilidade crescente dos preços dos recursos estimulam a adoção de diferentes abordagens pelas empresas. Comunidades e governos buscam maneiras de financiar infraestrutura e serviços, idealmente enquanto melhoram a igualdade social. Daí surgem oportunidades para o desenvolvimento de novas formas de financiamento e de novos modelos comerciais. Os consumidores e as empresas estão valorizando o acesso e o desempenho, em lugar da propriedade. Os modelos de propriedade apenas fazem sentido para bens que aumentam de valor, em vez de se depreciarem durante a vida útil. Empreendedores e start-ups (com fins lucrativos ou sociais) estão tirando proveito dessas novas abordagens para melhorar o fluxo de caixa, oferecer maior variedade de serviços ou simplesmente precipitar a disrupção dos modelos existentes, baseados em produtos. A eficácia do uso e a recuperação dos produtos serão mais importantes do que as economias de escala criadas pelo processo de manufatura.

O design de modelos de negócio para uma economia circular exige diferentes perspectivas e abordagens não convencionais. Para tanto, é necessário desafiar os mecanismos comerciais convencionais e reter a propriedade do produto durante todo o seu ciclo de vida (mais longo), assumindo responsabilidade pelo desempenho, descobrindo novas maneiras de criar valor e de aprofundar os relacionamentos com os clientes, pesquisando materiais sustentáveis e adotando novas tecnologias. Também é fundamental reconsiderar os objetivos e a maneira de medir o progresso. Stahel nos encoraja a **focar no "rendimento"**, não no "resíduo", uma vez que "zero não é realmente um objetivo

---

[27] WHAT is Remanufacturing? Centre For Remanufacturing And Reuse, 2016. Disponível em: <www.remanufacturing.org.uk/what-is-remanufacturing.php>. Acesso em: 5 mar. 2016.

motivador" no mundo ocidental. Ele sugere a reversão da abordagem, e passar a falar em 100% de rendimento – "os acionistas esperam que você converta uma tonelada de materiais em uma tonelada de produtos vendáveis; portanto, refira-se ao conceito de rendimento total, sem perdas, ao conversar com gerentes ocidentais, para que todos os interlocutores percebam imediatamente a magnitude do desafio".[28]

Os modelos de negócio concebidos para promover a economia circular têm muitas implicações para as cadeias de suprimentos, como o aumento dos fluxos de consumíveis de manutenção e dos fluxos reversos dos modelos de aluguel e serviços, além da necessidade de acompanhar os ativos e os produtos dos sistemas de compartilhamento, garantindo que estejam acessíveis e prontos para o próximo usuário. Exploraremos essas implicações com mais detalhes na Parte três.

Recursos adicionais

BOTSMAN, R.; ROGERS, R. *What's Mine is Yours: The Rise of Collaborative Consumption*. Disponível em: <http://rachelbotsman.com/The Product-Life Institute>. Acesso em: 5 mar. 2016.

The Product-Life Institute. Disponível em: <http://product-life.org/en/node>. Acesso em: 1 jun. 2016.

THE Sharing Economy: Dictionary of Commonly Used Terms. Disponível em: <http://rachelbotsman.com/work/the-sharing-economydictionary-of-commonly--used-terms/>. Acesso em: 5 mar. 2016.

---

[28] STAHEL, W. *The Circular Economy*. Entrevista concedida a Daan Elffers. *Making It Magazine*, 28 jun. 2013. Disponível em: <www.makingitmagazine.net>. Acesso em: 4 mar. 2016.

CAPACITADORES E ACELERADORES DA ECONOMIA CIRCULAR

Acho que as maiores inovações do século XXI estarão na interseção da biologia e com a tecnologia. Uma nova era está começando.
STEVE JOBS (1955-2011), EX-CEO DA APPLE INC.[1]

Nos capítulos 2 e 3, examinamos as maneiras como as empresas estão incorporando a economia circular em suas operações e modelos de negócio, com estruturas e estratégias comerciais para promover diferentes maneiras de entregar valor aos clientes, fornecedores, *stakeholders* internos e à sociedade mais ampla.

FIGURA 4.1: *Framework* da economia circular – capacitadores e aceleradores

FONTE: © CATHERINE WEETMAN

---

[1] Biomimicry Institute. Disponível em: <biomimicry.org/what-is-biomimicry/#.Vt68euahOkU>. Acesso em: 7 mar. 2016.

Neste capítulo, tratamos dos "capacitadores" internos e dos "aceleradores" externos, que reforçam o apoio às estratégias de economia circular apresentadas na Figura 4.1, examinando:

- Como as organizações estão **"pensando de maneira diferente"** para desenvolver suas estratégias e processos; visando a destravar novas maneiras de criar e captar valor ao longo da cadeia de valor.
- Como os avanços da **tecnologia** podem fornecer outros benefícios, aumentando a eficácia ou ajudando a captar mais valor.
- Finalmente, como os **"aceleradores"**, em grande parte fatores externos, podem influenciar as escolhas ou melhorar a circulação.

Capacitadores: pensando diferente[2]

O design de novos produtos, processos e modelos de negócio e a busca de novas oportunidades de criar valor impõem desafios às empresas tradicionais. Essas empresas enfrentam a ameaça de desalojamento por start-ups "disruptivas", que não estão sujeitas às restrições impostas pela maneira convencional de fazer negócios, pela necessidade de investir em instalações e em processos dispendiosos, nem pela resistência cultural a mudanças. Não importa que você comece promovendo pequenas mudanças incrementais no design do produto, criando subprodutos ou escolhendo materiais diferentes, as implicações gerais (e o caso de negócio) precisam de planejamento cuidadoso. Talvez você esteja almejando inovações em grande escala, com mais potencial para consequências imprevisíveis. Considerando todo o sistema — e todas as suas ligações, atores e *loops* de *feedback* —, é possível evitar armadilhas e criar soluções inovadoras. Nesta seção, examinamos algumas maneiras de "pensar diferente", focando nas alternativas que impulsionam as abordagens de economia circular.

Biomimética[2]

Biomimética é "uma abordagem à inovação, que procura soluções sustentáveis para os desafios humanos, imitando padrões e estratégias da

---

[2] WHAT is Biomimicry. *Biomimicry Institute*, 2015. Disponível em: <biomimicry. org/what-is-biomimicry/#.VsW6dOahOkV>. Acesso em: 18 fev. 2016.

natureza, comprovadas pelo tempo. A biomimética segue a as lições da natureza. "A ideia central é que a natureza já resolveu muitos dos problemas com que estamos lutando hoje. Animais, vegetais e microrganismos são engenheiros rematados. Depois de bilhões de anos de experimentação e desenvolvimento, os perdedores viraram fósseis e os vencedores em derredor são os detentores dos segredos da sobrevivência." Os exemplos incluem o aprendizado de como os mosquitos desenvolvem "uma agulha mais eficaz", como os golfinhos enviam sinais submarinos e como as pradarias impulsionam o crescimento produtivo, resiliente e autoenriquecedor.

O trem-bala japonês foi o trem mais rápido do mundo, mas as mudanças na pressão do ar provocavam "trovoadas" estrondosas nas travessias de túneis, resultando em queixas de residentes num raio de 400 metros. Eiji Nakatsu, engenheiro-chefe do trem, era arguto observador de pássaros e procurou descobrir o que na natureza era capaz de se movimentar com muita rapidez e suavidade. Até que lhe pareceu promissor imitar o bico de um martim-pescador, que respinga muito pouca água ao mergulhar em busca de um peixe. E, assim, resolveu modelar a frente do trem com as mesmas linhas aerodinâmicas, criando um veículo mais silencioso e mais veloz, capaz de avançar 10% mais rápido, consumindo 15% menos energia.

Janine Benyus, cofundador do Instituto de Biomimética (Biomimicry Institute), descreve nove princípios básicos de biomimética, conforme ilustrado na Figura 4.2. O objetivo é desenhar "novas maneiras de viver – bem adaptadas à vida na Terra, ao longo do tempo". A biomimética ajuda a projetar produtos, processos e sistemas autossuficientes e a descobrir ou criar materiais mais sustentáveis.

Química verde

A química verde, ou sustentável, adota os princípios da economia circular, baseados em inputs e processos de baixo carbono, mais limpos, sustentáveis e renováveis; e preconiza produtos e materiais que sejam "nutrientes" no fim do uso – recuperados, reutilizados ou reciclados com segurança, de modo a criar energia ou a se biodegradar como "alimento" para a natureza, com segurança. É uma escola de pensamento relativamente nova, que surgiu na década de 1960, depois da publicação do livro de Rachel Carson, *Silent Spring* (1962) [ed. bras. *Primavera silenciosa,* tradução Cláudia Sant'Anna Martins, Gaia, 2013], e tornou-se disciplina científica formal na década de 1990.

FIGURA 4.2: Nove princípios de biomimética

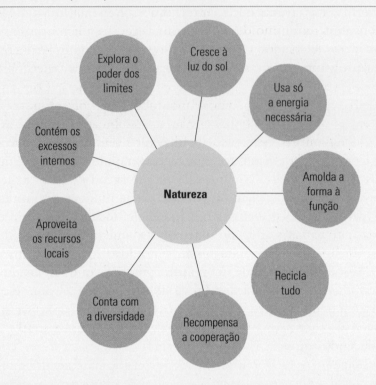

FONTE: BENYUS, J. M. *Biomimicry: Innovation Inspired By Nature.* Nova York: Perennial, 2002

A química verde e a engenharia verde compartilham alguns objetivos. A química verde é filosofia e ciência e visa a descobrir soluções científicas inovadoras para problemas ambientais do mundo real. Reduz ou elimina os impactos negativos dos produtos e processos químicos sobre o ambiente natural e a saúde humana. Esses impactos incluem poluição e riscos, na fonte, oriundos de matérias-primas, solventes, reagentes e produtos. Em contraste com o tratamento de resíduos e a "atenuação" (limpeza) da poluição, a química verde "mantém, desde o começo, os materiais perigosos fora do meio ambiente". Também almeja a versão do químico para o conceito de eficiência dos recursos, ou seja, "economia atômica" ou "eficiência atômica", "para que o produto final preserve ao máximo a composição inicial, desperdiçando poucos ou nenhum átomo".[3]

---

[3] United States Environmental Protection Agency, 2015. Disponível em: <www.epa.gov/greenchemistry/basics-green-chemistry>. Acesso em: 3 mar. 2016.

O "químico verde" pensa de maneira diferente, com a intenção de usar matérias-primas que sejam renováveis e essencialmente seguras, de consumir o mínimo de inputs, com o mínimo de processos, e de garantir que os materiais no fim do uso sejam benignos para a saúde humana e ambiental ou sejam recuperáveis de maneira segura.

Pensamento sistêmico[*4]

O pensamento sistêmico inclui vários métodos e abordagens (característica a que nos referimos como "pluralismo"), que ajudam a resolver problemas, a compreender como os modelos de negócio, lineares e circulares, devem funcionar e a examinar os diferentes fatores que influenciam a eficácia do modelo adotado. É especialmente útil na transição da cadeia de suprimentos linear para uma "rede de nutrientes", circulando os materiais e produtos com o objetivo de reter seu valor intrínseco e sua utilidade.

Em *Thinking in Systems*, Donella Meadows relata como ela usa um brinquedo Slinky para explicar uma ideia central da teoria sistêmica. Para quem não cresceu com um brinquedo Slinky, trata-se de uma longa mola solta, que pode "derramar-se" para a frente e para trás, esticando-se e contraindo-se, entre as suas mãos, descer escadas, ou pular para cima e para baixo (há muitos vídeos de tudo isso no YouTube!). Meadows repousa o Slinky sobre a palma de uma das mãos, virada para cima, enquanto segura a parte superior do brinquedo com a outra mão; então, afasta abruptamente a mão que sustentava o Slinky, deixando que sua parte inferior caia e se estique, até ricochetear de volta, prosseguindo no movimento ioiô, para baixo e para cima, enquanto estiver suspenso pela extremidade superior.

Ela, em seguida, pede a um grupo de alunos para explicar a causa do movimento para baixo e para cima, e eles respondem: "Sua mão; você tirou a mão que sustentava a mola". Ela, então, repete o movimento com a caixa do Slinky, segurando-a exatamente da mesma maneira e afastando a mão inferior, como antes – mas nada acontece. Ela pede aos alunos para pensar de novo sobre o que fez o Slinky descer e subir, concluindo que as mãos que manipulam o Slinky "inibem ou liberam algum comportamento latente na estrutura da mola".

---

[4] MEADOWS, D. Thinking in Systems: A Primer. *The Sustainability Institute*, United States, p. 1–7, 2008.

Isso demonstra uma ideia central da teoria sistêmica – que depois de percebermos o relacionamento entre estrutura e comportamento, podemos começar a compreender como os sistemas funcionam, o que os leva a produzir maus resultados, e como "induzi-los a apresentar melhores padrões de comportamento". Ela define sistema como um "conjunto de elementos – pessoas, células, moléculas ou quaisquer outros – interconectados de maneira a produzir seu próprio padrão de comportamento, com o passar do tempo". Forças externas podem amortecer, constranger, impulsionar ou disparar o sistema, "mas a resposta do sistema a essas forças é uma característica imanente, e essa resposta raramente é simples no mundo real".

Meadows oferece alguns exemplos de conceitos do pensamento sistêmico:

- Os políticos não provocam recessões e "bonanças"; essas oscilações são parte da estrutura da economia de mercado.

- O vírus da gripe não o ataca; você simplesmente cria condições para que ele prolifere em seu organismo.

- Os concorrentes raramente levam uma empresa a perder participação no mercado; as próprias estratégias da empresa geram as perdas, e os concorrentes estão aí para explorar as vantagens.

Ela acredita que a maneira como aprendemos a analisar, racionalizar, procurar relações diretas de causa e efeito, desdobrar problemas para que se tornem menores e mais compreensíveis, e interpretar o mundo ao redor têm a ver com a maneira como vemos os concorrentes, os políticos e os vírus como causas de nossos problemas. Ela contrasta essa abordagem aprendida com a nossa capacidade intrínseca de lidar com os sistemas complexos que manejamos todos os dias, no nosso corpo, nos animais, nas plantas, nas florestas e nas organizações. Temos capacidades intuitivas e compreensão prática de como atuam esses sistemas complexos, integrados, interconectados e autossustentáveis, e como manejá-los.

Meadows entende que vivemos numa época em que o mundo está super-habitado, confuso, interconectado e interdependente como nunca antes, e em rápida transformação como nunca antes. Quanto mais maneiras tivermos para ver o mundo, melhor. Adotar a pensamento sistêmico como "lente" para observar o mundo, e tudo o que existe e atua nele, permite-nos recuperar nossa compreensão intuitiva de sistemas holísticos – tornamo-nos mais capazes de compreender as partes, de ver as interconexões, de fazer perguntas "e se?" sobre possíveis mudanças, "e sendo criativos e corajosos sobre o redesenho sistêmico".

Inovação frugal [5]

Inovação frugal, ou "jugaad", é uma abordagem flexível, de "baixo para cima", ao design. Radjou e Prabhu, escrevendo na *Harvard Business Review*, descrevem inovação frugal como "uma estratégia de crescimento disruptiva, que mira em criar significativamente mais negócios e valor social ao mesmo tempo em que reduz drasticamente o uso de recursos escassos, como energia, capital e tempo". Rejeita designs complexos, intensivos em recursos e onerosos na produção, procurando "desenvolver produtos e serviços significativos, que integrem quatro atributos básicos [...] acessibilidade, simplicidade, qualidade e sustentabilidade. A inovação frugal não consiste apenas em fazer mais com menos, mas em fazer melhor com menos". É uma abordagem normal em regiões com limitação de recursos, em que restrições de dinheiro ou materiais focam o design de maneiras diferentes e resultam em soluções inovadoras.

Radjou e Prabhu citam os CEOs de Unilever, Renault, Pearson e GlaxoSmithKline como exemplos de líderes que estão adotando abordagens de "inovação frugal" em suas empresas. Esses líderes estão descobrindo maneiras diferentes de inovar, criar mais produtos acessíveis, alcançar mais consumidores e promover o crescimento da empresa.

Capacitadores: tecnologia

A matéria-prima chave da Revolução Agrícola foi "terra"; na Revolução Industrial, "ferro"; e na Era Industrial é "dados".[6] Desde 2016, a internet alcança mais de 45% da população mundial, 3,3 bilhões de pessoas.[7] No Capítulo 3, salientamos a necessidade de confiança nos

---

[5] RADJOU, N.; PRABHU, J. 4 CEOs Who Are Making Frugal Innovation Work. *Harvard Business Review*, 28 nov. 2014. Disponível em: <hbr.org/2014/11/4-ceos--who-are-making-frugal-innovation-work>. Acesso em: 3 mar. 2016.

[6] ROSS, A. Autor de Industries of the Future, entrevista concedia à BBC, Radio 4, em *Start the Week*. Disponível em: <www.bbc.co.uk/programmes/b0713zf1>. Acesso em: 22 fev. 2015.

[7] Internet World Stats. Disponível em: <www.internetworldstats.com/emarketing. htm>. Acesso em: 1 mar. 2016.

modelos de compartilhamento e nos aluguéis *peer-to-peer*, e em como algumas plataformas usam as mídias sociais para explorar as conexões sociais existentes. No Capítulo 3 também enfatizamos a disseminação acelerada da tecnologia. Até fins dos anos 2000, a maioria das pessoas não tinha ouvido falar em smartphones, Google *glasses* ou internet das coisas. Amazon, Bitcoin, Uber e muitas outras mudanças provocaram rupturas nos respectivos setores. O CEO da empresa de tecnologia ARM descreveu "[micro] chips de 20 cents com mais poder de computação do que os que levaram o homem à Lua".[8] A tecnologia que nos conecta uns com os outros está se espalhando rapidamente:

- Smartphones conectados à internet, com aplicativos de mapas e de posicionamento por satélite, são cada vez mais comuns, e as redes sociais on-line permitem que as pessoas mantenham relacionamentos em tempo real com amigos e estranhos.

- As plataformas digitais usam mídias sociais para explorar os relacionamentos sociais. Essas conexões cruzam as fronteiras nacionais, com cerca de 900 milhões de pessoas mantendo relacionamentos internacionais e 360 milhões de indivíduos participando de transações internacionais de comércio eletrônico.[9]

- A Apple é a maior empresa do mundo em valor de mercado, depois de aumentar oito vezes desde 2009 e de superar a Exxon em 2012.[10]

- Em 2014, o Facebook reunia a maior rede social do mundo, com cerca de 1,36 bilhão de usuários ativos, embora seu crescimento tenha desacelerado.[11] O Google+ ficava em segundo lugar, com 343 milhões de usuários em 2013. Já em 2012, os

---

[8] RUDDICK, G. Arm's £ 14 bn Secret. *The Guardian*, p. 38, 27 fev. 2016.

[9] DIGITAL Globalization. *McKinsey Global Institute*, 2016. Disponível em: <www.mckinsey.com/business-functions/mckinsey-digital/our-insights/digital-globalization-the-new-era-of-global-flows>. Acesso em: 13 mar. 2016.

[10] GLOBAL Top 100. *PwC*, 31 mar. 2015. Disponível em: <www.pwc.com/gx/en/audit-services/capital-market/publications/assets/document/pwc-global-top--100-march-update.pdf>. Acesso em: 1 mar. 2016.

[11] SOCIAL Networking Market – Global Industry Analysis, Size, Share, Growth, Trends and Forecast 2014–2020. *Transparency Market Research*, [S.d.]. Disponível em: <www.transparencymarketresearch.com/social-networking-market.html>. Acesso em: 1 mar. 2016. 2014–2020 [Online] www.transparencymarketresearch.com/social-networking-market.html

pesquisadores estimavam que os usuários do Facebook trocavam 30 bilhões de peças de conteúdo todos os meses e "curtiam" mais de 34.000 marcas e organizações todos os minutos do dia.

As tecnologias digitais já transformaram alguns setores. Música, fotografia e, cada vez mais, material impresso é armazenado como arquivos digitais, geralmente na "nuvem", em vez de no próprio computador – e até acessado "sob demanda", de sites compartilhados. A **impressão 3D**, inventada na década de 1980, está agora se difundindo, a partir do uso principalmente como ferramenta de prototipagem em setores de nicho – a variedade de materiais disponíveis está se ampliando rapidamente, e consumidores e empresas de todos os tamanhos estão aderindo à impressão 3D de faixa de produtos cada vez mais variável e crescente.

Novos materiais, como grafeno, nanotecnologia, minerais de terras raras e bioplástico, estão sendo inventados ou usados de novas maneiras. Hacking, copiagem, código aberto e educação gratuita, todos esses fatores dificultam a proteção da propriedade intelectual. Os consumidores podem ser "prossumidores": vender no eBay e no Etsy, alugar um quarto no Airbnb, e contrair ou conceder empréstimos pelo Zopa.

Plataformas digitais, tanto para o emprego tradicional quanto para o trabalho autônomo, ajudam os consumidores a se tornar "prossumidores". Também ajudam as pessoas a aprender por meio de "cursos on-line abertos e massivos" (MOOCs),* a encontrar trabalho ou a vender "coisas".

Relatório da Accenture e Oxford Economics estima que as tecnologias digitais podem acrescentar US$ 1,36 trilhão ao PIB das dez maiores economias do mundo até 2020.[12] O documento lista áreas de atividade de diferentes setores e da economia em geral, inclusive mercados digitais, que usam tecnologias digitais para as principais atividades de negócios, para a captação e para o uso mais eficaz de ativos e recursos.

Manufatura aditiva* e impressão 3D

A **manufatura aditiva** cobre ampla variedade de materiais e tecnologias,[13] usando "calor, luz, e aglutinantes sob pressão para

---

[12] DIGITAL Density Index. *Accenture*, [S.d.]. Disponível em: <www.accenture.com/us-en/insight-digital-density-index-guiding-digitaltransformation.aspx?-c=strat_digidens_10000001&n=otc_0315>. Acesso em: 12 mar. 2016.

[13] 3D PRINTING, PROCESSES. In: WIKIPEDIA. 2016. Disponível em: <https://en.wikipedia.org/wiki/3D_printing>. Acesso em: 2 mar. 2016.

construir materiais camada por camada, de acordo com um arquivo de *computer-aided design (CAD)*".[14] O termo "aditiva" enfatiza sua principal diferença em relação às tecnologias de manufatura tradicionais, ou "subtrativas", envolvendo a remoção ou redução de partes do material original, para criar a forma desejada. Uma das tecnologias é **impressão 3D (I3D)**, e este livro usa I3D como abreviação para todos os processos de manufatura aditiva.

As tecnologias de manufatura aditiva incluem extrusão; modelagem por deposição fundida, usada para termoplásticos, borrachas, cerâmicas modeladas e *robocasting*; jateamento de material, similar ao processo das impressoras jato de tinta 2D; *direct ink writing*, usado para cerâmicas, ligas, cimento e compósitos de matriz metálica ou cerâmica. A estereolitografia (SLA) e o processamento digital de luz (DLP) trabalham com fotopolímeros, enquanto vários tipos de tecnologias de sinterização e fusão trabalham com ligas metálicas e gesso. A I3D usa diversos processos para produzir objetos, sob controle de computador, adicionando sucessivas camadas de materiais, por meio de cabeças jateadoras de pó ou tinta. As impressoras 3D são robôs, e variam desde as domésticas, custando menos de US$ 1.000, até as industriais de alta especificação, para os setores de dispositivos aeroespaciais e médicos.

Muitos atributos da I3D podem impulsionar os modelos de economia circular. O uso de estruturas tridimensionais para produzir resistência ou flexibilidade, a natureza do processo em si e a variedade de materiais têm grande potencial para melhorar os modelos circulares. Esta seção abrange todos os aspectos da I3D e examina vários setores e perfis para gerar *insights* sobre os desenvolvimentos em curso. Exploramos os impactos da cadeia de suprimentos na Parte três.

Produção em massa *versus* impressão 3D

Na manufatura tradicional, as linhas de produção são configuradas para alcançar os altos volumes de produção necessários para compensar os custos de planejamento do processo, de elaboração do design e

---

[14] GARMULEWICZ, A. *3D Printing and the Circular Economy*. 14 ago. 2015. Disponível em: <3droots.com/2015/08/14/3d-printing-andthe-circular-economy/>. Acesso em: 3 mar. 2016.

aquisição de máquinas-ferramentas, de ajuste fino do processo para a minimização de refugos, e assim por diante. A maioria dos processos de fabricação de hoje utiliza a abordagem de produção em massa adotada por Henry Ford, no começo do século XX, envolvendo trabalho manual, altos investimentos, inventário centralizado, grandes estoques e transporte de longa distância. Em contraste, a I3D usa pó ou líquido, sem desperdício. Não há ferramentaria, nem montagem, e os custos de configuração são baixos – faça você um objeto ou milhares, os custos de produção por item variam pouco. Os objetos impressos podem ser de quase qualquer forma, e a variedade de materiais está aumentando com rapidez.

Design para I3D

Os designers pensam de maneira diferente para explorar o potencial da I3D, fazendo objetos em um processo único, em vez de desenhar várias partes ou componentes, a serem depois encaixados. O componente I3D é geralmente mais forte e leve que o componente multiparte. A biomimética contribui para o design, aprendendo com a maneira como a natureza usa a estrutura, para fornecer força, flexibilidade, resiliência e leveza.

O design começa com um desenho 3D, por computador, ou com o escaneamento de um objeto existente em 3D, enviando-se o arquivo resultante para a impressora. Essa característica, associada ao uso da internet, permite que a I3D ocorra onde os materiais estão disponíveis, de modo que os objetos sejam criados o mais perto possível do usuário final, e impressos somente quando necessário. A natureza "aditiva" do processo possibilita uso altamente eficiente dos materiais, em forma de pó ou líquido, com muito pouco desperdício.

Escolha de material

A variedade crescente de materiais já inclui metais e ligas metálicas, cerâmicas, compósitos de matriz metálica ou cerâmica, termoplásticos, borracha e fotopolímeros. Novos materiais usando reciclados ou biomateriais, inclusive plásticos e resinas, ajudam a I3D a promover a economia circular. As abordagens de biomimética – usando um material único (como faz a natureza) – cria produtos que são recicláveis no fim do uso.

Principais setores

O McKinsey Global Institute estimou o impacto econômico potencial da I3D em US$ 550 bilhões por ano, até 2015.[15] A I3D está se expandindo entre os setores industriais, criando designs de conceito, capacitando a prototipagem rápida, fazendo o produto acabado e até as máquinas-ferramentas para reduzir os custos e o tempo de configuração dos processos de produção em massa. Os avanços incluem componentes para substituir subconjuntos complexos, como baterias, transistores e LEDs;[16] e já aparecem no horizonte placas de circuito I3D. O setor de construção civil também está fazendo experiências, usando concreto I3D para criar designs estruturais interessantes e extremamente fortes.

O setor aeroespacial está investindo intensamente em I3D, com a Boeing usando impressoras para fazer 200 peças avulsas de dez tipos diferentes de aeronaves.[17] A I3D é ideal para componentes com alto conteúdo de trabalho, talvez de montagem complexa, ou para processos de acabamento secundários, baixos volumes, requisitos de ferramentaria complexos (e, portanto, altos custos de configuração), e alto risco de obsolescência ou desperdício.

> *Modificações de peças de ferramentaria – que antes custariam cerca de £10.000 – hoje podem ser impressas por £10.*
>
> PAUL DOE, Prodrive

A Prodrive, especializada em design de carros esportivos, comprou sua primeira I3D em 2009, e, em 18 meses, avançou da criação de

---

[15] COHEN, D.; SERGEANT, M.; SOMERS, K. 3-D Printing Takes Shape. *McKinsey Quarterly*, jan. 2014. p. 2. Disponível em: <http://www.mckinsey.com/business-functions/operations/our-insights/3-d-printing-takes-shape>. Acesso em: 15 ago. 2016.

[16] COHEN, D.; SERGEANT, M.; SOMERS, K. 3-D Printing Takes Shape. *McKinsey Quarterly*, p. 1, jan. 2014. Disponível em: <http://www.mckinsey.com/business-functions/operations/our-insights/3-d-printing-takes-shape>. Acesso em: 15 ago. 2016.

[17] COHEN, D.; SERGEANT, M.; SOMERS, K. 3-D Printing Takes Shape. *McKinsey Quarterly*, p. 3, jan. 2014. Disponível em: <http://www.mckinsey.com/business-functions/operations/our-insights/3-d-printing-takes-shape>. Acesso em: 15 ago. 2016.

protótipos funcionais para a fabricação de partes de produção.[18] Ela imprime partes que não podem ser feitas por processos de fundição, moldagem ou forjaria, e diz que essas partes custam uma fração do que custavam antes, além de não incorrerem nos custos fixos de ferramentaria e serem feitas sob demanda.

Fabricação aditiva – GE Aviation: Impressão 3D

Em 2016, a GE Aviation imprimirá em 3D bocais de combustível para o motor LEAP do Airbus A320neo, reivindicando pioneirismo mundial na indústria de aviação civil.[19] O motor contém 19 bocais, e precisa resistir a temperaturas de até 1650 °C.[20] Antes, 20 partes separadas eram usinadas juntas para formar as passagens internas do bocal; agora, constrói-se uma única peça, com a superposição de sucessivas camadas de metais em pó, fundidos e amalgamados por um processo direto de fusão de metal a laser. Cada bocal é cinco vezes mais resistente e mais durável em comparação com os produzidos por fresagem, soldagem e outros processos subtrativos. O processo é mais eficiente, reduzindo o número de soldagens e caldeações de 25 para 5.

A GE acredita que, até 2020, adotará a manufatura aditiva em mais de 100.000 partes do LEAP e de outros motores de aviação. A empresa, que relatou receitas acima de US$ 22 bilhões, em 2013, planeja investir US$ 3,5 bilhões em manufatura aditiva até 2020.

Varejistas, como Staples, e *players* de logística, como Amazon, UPS, Royal Mail e Maersk, estão começando a usar I3D. Na Parte três, examinamos com mais detalhes o impacto da I3D na cadeia de suprimentos.

---

[18] HALL, K. How 3D Printing Impacts Manufacturing. *ComputerWeekly.com*, fev. 2013. Disponível em: <www.computerweekly.com/feature/How-3D-printing-impacts-manufacturing>. Acesso em: 29 maio 2015.

[19] KELLNER, T. Fit to Print. *GE Reports*, 23 jun. 2014. Disponível em: <www.gereports.com/post/80701924024/fit-to-print/>. Acesso em: 2 mar. 2016.

[20] ZALESKI, A. GE's Bestselling Jet Engine Makes 3-D Printing a Core Component. Forbes, 5 mar. 2015. Disponível em: <fortune.com/2015/03/05/ge-engine-3d-printing/>. Acesso em: 2 mar. 2016.

Customização em massa e design "sob medida"

Empresas de todos os tamanhos, e também hobistas, estão usando I3D para criar designs de produtos individualizados, numa forma de "customização em massa".

Tecnologia de consumo – Nokia: I3D e personalize

A finlandesa Nokia, fabricante de telefones, divulgou gabaritos, medidas e especificações de materiais e de melhores práticas para capacitar as pessoas a imprimir em 3D a capa do telefone Lumia 820.[21] O Nokia Lumia 820 oferece capas de proteção removíveis, permitindo que os usuários alterem a cor do telefone, adicionem um adaptador para bicicleta, ou instalem recursos como um SIM *card* extra ou carregamento sem fio.[22] O kit I3D permite que os usuários criem suas próprias capas.

O porta-voz da Nokia disse:"A I3D foi outro recurso de que a empresa precisava para reforçar os laços com a vasta comunidade de engenheiros de hardware e software". Ele imaginou um futuro em que a I3D propiciaria telefones "muito mais modulares e customizáveis", com a Nokia vendendo um gabarito de telefone que permitiria às pessoas produzir um dispositivo que atenderia plenamente às suas necessidades específicas, como espaço para uma bateria maior, saídas de som de alto desempenho ou ótimas lentes de câmeras.

Moda

Karl Lagerfeld, da casa Chanel de *fashion design*, criou uma versão I3D do icônico terninho da marca, em 2015; um sapato de salto alto, produzido com uma caneta 3Doodler; e muitos designers estão desenhando todos os estilos de roupa, usando tecnologias I3D. A Nike

---

[21] NOKIA Backs 3D Printing for Mobile Phone Cases. *BBC Technology*, 18 jan. 2013. Disponível em: <www.bbc.co.uk/news/technology-21084430>. Acesso em: 2 mar. 2016.

[22] PC Magazine UK, 18 jan. 2013. Disponível em: <uk.pcmag.com/cases-carrying--gear-products/17963/news/nokia-releases-3d-printingkit-for-lumia-820-cases>. Acesso em: 2 mar. 2016.

e a Adidas investiram em I3D para conceber produtos customizáveis e experimentar a liberdade de design possibilitada pelas abordagens 3D. Em 2013, anunciaram seu uso em prototipagem rápida, reduzindo o prazo de desenvolvimento de novos produtos.[23] A Nike lançou um calçado para futebol americano, o Vapor Laser Talon, com sola de contornos leves, feita por I3D, para melhorar o desempenho, projetada para "oferecer a tração ideal no gramado do campo".[24] Também desenvolveu nova tecnologia de calçados, em 2012, a Flyknit, projetada com materiais e componentes leves, de modo a reduzir o peso, melhorar o ajuste, e praticamente eliminar as costuras.[25] O calçado para corrida Nike Flyknit Racing pesa somente 160 gramas, com o topo e a língua contribuindo com 34 gramas. O processo I3D reduz os tipos de materiais e a necessidade de cortes, diminuindo, em consequência, o desperdício.

Peças sobressalentes

O movimento *repairer* está usando I3D para fazer peças sobressalentes em casa; para consertar qualquer coisa, desde máquinas de lavar até automóveis; Jay Leno, apresentador de televisão americano, tem uma impressora 3D para manter sua coleção de carros antigos. O potencial aqui é enorme; em vez de estocar peças sobressalentes, basta baixar o desenho 3D da internet e descobrir um provedor local para imprimir a peça.

É possível imprimir peças para produtos obsoletos, talvez escaneando as peças existentes e criando o design com base na imagem escaneada. As organizações de serviços *aftermarket* (peças e acessórios para melhoria e conserto) podem imprimir as partes sobressalentes em instalações locais e então expedi-las para pontos de estocagem remotos, a serem escolhidas pelos engenheiros de campo, antes das visitas aos clientes. Isso pode mudar as infraestruturas de logística, dispersando-as

---

[23] HELSEL, S. New Rapid Stamping Ground for Nike & Adidas. *Inside 3D Printing*, 11 jun. 2013. Disponível em: <inside3dprinting.com/new-rapid-stamping-ground-for-nike-adidas/>. Acesso em: 2 mar. 2016.

[24] Nike News, 24 fev. 2013. Disponível em: <news.nike.com/news/nike-debuts-first-ever-football-cleat-built-using-3d-printing-technology>. Acesso em: 2 mar. 2016.

[25] Nike News, 21 fev. 2013. Disponível em: <news.nike.com/news/nike-flyknit>. Acesso em: 2 mar. 2016.

de grandes depósitos centrais para instalações locais, muito menores, com capacidade de manufatura.

O cenário de partes sobressalentes tem enorme potencial também para a indústria, transformando os reparos e operações de manutenção. Haveria menos necessidade de acumular grandes estoques dispendiosos de peças sobressalentes para equipamentos de produção, *just in case*, imprimindo as peças em instalações locais ou num especialista próximo, conforme as necessidades.Voltamos a isso na Parte três.

Consumidores e microempresas

A biomimética e a I3D são complementares. O princípio de biomimética de usar a estrutura para melhorar a função significa materiais em menor quantidade, mais simples e mais naturais; além dos benefícios correlatos de redução de toxinas e resíduos de lenta degradação. Os consumidores também estão usando I3D, como hobistas, ou para se tornarem prossumidores.

RepRap: I3D de código aberto e autorreplicável[26]

A RepRap se descreve como "a primeira máquina de fabricação autorreplicadora, de uso geral". É uma impressora 3D desktop capaz de imprimir objetos plásticos. Muitas das partes da RepRap são de plástico e podem ser impressas por uma impressora RepRap, permitindo que a máquina RepRap crie um kit que capacite qualquer pessoa a montar outras máquinas RepRap – logo, um modelo "autorreplicador". A organização RepRap é um projeto comunitário, que usa um site "wiki", de modo que a comunidade possa editar e criar novas páginas no site. Seu objetivo é fazer máquinas autorreplicadoras gratuitas, para que todos se beneficiem.

Até agora, o projeto focou em I3D, mas encoraja as pessoas a agregar outras tecnologias autorreplicadoras, para torná-las disponíveis e gratuitas. Além da impressora RepRap autoimprimível, uma impressora disponível no comércio, pronta para

---

[26] RepRap. Disponível em: <reprap.org/wiki/RepRap>. Acesso em: 2 mar. 2016.

levar, pode ser adquirida por menos de US$ 1,000, e é capaz de fazer brinquedos, imprimir peças de reposição, ou inventar um produto e lançar um negócio.

Problemas da I3D

Infelizmente, a I3D não é um item perfeito na "caixa de ferramentas" da economia circular, e envolve numerosos problemas a resolver, como direitos de propriedade intelectual e escolha de materiais. O setor de música teve problemas com transgressões de direitos autorais, quando sites de "compartilhamento", como o Napster, decolaram, e surgem problemas semelhantes de infração a direitos autorais e patentes, quando o design de produtos existentes são escaneados e impressos por terceiros.

Os materiais usuais também estão causando preocupações. As listas de materiais típicos já mostraram que a I3D depende de recursos finitos, como metais, plásticos derivados de petróleo e resinas. Há, em geral, compostos de materiais mistos que podem ser extremamente difíceis de separar no fim da vida, além de serem potencialmente tóxicos. E também há preocupações com a saúde, inclusive baseadas em um relatório de Wadhwani (2015), salientando estudos sobre "partículas ultrafinas (UFP) e outras emissões de impressoras 3D desktops", recomendando cuidado em ambientes internos, sem ventilação adequada.[27] Outro estudo diferente, sobre materiais usados, descobriu que fotopolímeros, usados como resinas epóxi, "contêm até 100 vezes mais antimônio (metal pesado tóxico) do que, por exemplo, tereftalato de polietileno", e também constatou que, nos testes, 3% do conteúdo de antimônio vazou dos produtos de amostra durante um período de 20 horas. O relatório salienta avanços encorajadores no uso de materiais reciclados e em termoplásticos imprimíveis em 3D, na base de DNA de lulas e filamentos de algas marinhas.

Garmulewicz nos lembra que os princípios de biomimética também podem ajudar na seleção de materiais, substituindo nanoestruturas de aditivos químicos tóxicos, para "revolucionar o potencial

---

[27] WADHWANI, A. How Sustainable is 3D Printing. *Triple Pundit*, 26 jun. 2015. Disponível em: <www.triplepundit.com/2015/06/sustainable-3d-printing/>. Acesso em: 2 mar. 2016.

de circulação de materiais".[28] Outros materiais em desenvolvimento incluem resina de pinho e celulose.

Conexões I3D na estrutura da economia circular

A I3D ou, mais corretamente, a manufatura aditiva, tem enorme potencial para melhorar a eficiência dos recursos e promover os modelos da economia circular. A I3D pode mudar os tipos e fontes de materiais, possibilitando "fazer sob demanda" em vez de "fazer para estoque", além de reduzir desperdícios, tanto no estágio de fabricação (sendo aditivo, em vez de subtrativo) quanto no estágio de recuperação, por meio do uso de materiais mais simples e mais recicláveis. A Figura 4.3 mostra as conexões entre I3D e outros elementos do *framework* da economia circular, como química verde, biomimética e inovação frugal, código aberto, e outros elementos no processo de manufatura.

A construção do produto ou de componentes a partir de micropartículas de pó ou líquido, à semelhança do processo de "produção" de fibras e polímeros pela natureza, pode revolucionar o processo de manufatura e as possibilidades para o produto final. Materiais mais simples, renováveis, mais seguros e mais naturais são melhores para a saúde (dos humanos e dos sistemas vivos) e para a reciclabilidade no fim do uso. O uso de materiais reciclados como inputs aumenta as possibilidades de *loops* fechados locais. A adoção de estruturas 3D como fontes de força e flexibilidade, a natureza do processo em si, e a variedade de materiais, tudo isso tem grande potencial para melhorar os modelos circulares.

Esses fatores também geram implicações para a cadeia de suprimentos (exploradas com mais detalhes na Parte três):

- Designs customizáveis ou exclusivos podem ser feitos sob encomenda, reduzindo os estoques e o risco de obsolescência.
- A produção de peças de reposição, também sob demanda e em instalações locais, mantém os produtos em uso por mais tempo e possibilita serviços de reparo qualificados, também localmente, para produtos de consumo e para tecnologias industriais.

---

[28] GARMULEWICZ, A. 3D Printed Materials and the Circular Economy, Think-DIF Festival. *Ellen MacArthur Foundation*, [S.d.]. Disponível em: <thinkdif.co/emf-stages/3d-printed-materials-and-the-circular-economy>. Acesso em: 27 out. 2014.

FIGURA 4.3: *Framework* da economia circular – conexões I3D

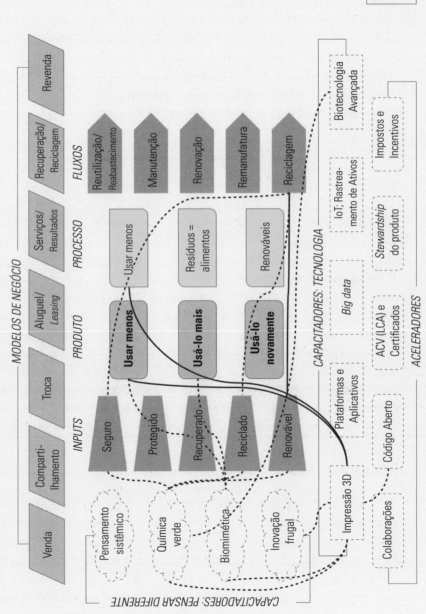

Plataformas digitais e aplicativos

Plataformas de software para interações e trocas entre os participantes, e aplicativos móveis em smartphones, computadores, smartwatches, etc. já estão transformando a maneira como usamos e "consumimos". As tecnologias digitais e as plataformas de compartilhamento significam que, em vez de possuir uma coleção de música, CDs ou DVDs, você "baixe" entretenimento sob demanda, geralmente gratuito. O uso de algoritmos torna as plataformas altamente eficazes na compatibilização de oferta e demanda, e, em geral, o algoritmo ligeiramente melhor "encurrala o mercado" (*corner the market*). O algoritmo do Uber localiza o motorista disponível mais próximo e agrega dados para detectar mudanças na demanda regional, para arregimentar mais motoristas ou para ajustar o preço. O preço mais alto pode desviar a demanda para outras formas de transporte e/ou atrair mais motoristas para o *pool* – você talvez tenha planejado uma noite de folga, mas, se a taxa aumentar o suficiente, é possível que você mude de ideia e decida trabalhar.

A conexão com resultados de localização por GPS e com sites de redes sociais ou de trocas de imagens; a capacidade de ler códigos de barras e *QR Codes* (*quick response*); além de outros recursos inovadores; tudo contribui para ampliar o potencial dessas tecnologias. Se você quiser alugar um carro, é possível detectar com rapidez o disponível mais próximo e depois deixá-lo num estacionamento conveniente no fim do período de aluguel, tornando-o imediatamente disponível para o usuário seguinte. Se você quiser compartilhar uma carona ou um equipamento dispendioso, o link da mídia social o ajuda a reforçar a confiança, por meio de conexões comuns, como Facebook ou LinkedIn. Examinamos a ligação desses recursos com modelos de negócio, como compartilhamento e aluguel, no Capítulo 3. Mesmo com o modelo "venda", é possível fazer a transação com sistemas de pagamento como PayPal ou Bitcoin.

A internet das coisas

A internet das coisas (IoT) ou "ativos inteligentes" (*intelligent assets*) tem potencial para prolongar o tempo de vida de ativos e produtos, reduzir seu consumo em uso e contribuir para a recuperação eficaz no fim do uso. Pesquisa publicada pela Carbon War Room, em 2013, concluiu que a tecnologia está avançando além do uso de máquinas para se conectar com outras pessoas, e agora está conectando as máquinas umas com as outras, coletando e processando informações em escalas sem precedentes.[29] Essa nova conectividade entre dispositivos e infraestrutura física é denominada "internet das coisas" ou "internet industrial", e a tecnologia capacitadora das conexões é conhecida como *machine to machine* (M2M). A IoT tem grande potencial para reduzir o uso de energia e melhorar o tempo e a eficiência dos recursos entre muitos setores. O relatório da pesquisa vê a possibilidade de a IoT aumentar o PIB global em cerca de US\$ 10-15 bilhões, até 2035, e reduzir as emissões de gases do efeito estufa em mais de 9 gigatoneladas (mais de 18% das emissões globais em 2011). Os benefícios são especialmente relevantes para agricultura, energia, transportes e o ambiente construído (*built environment*). O relatório prevê 12.5 bilhões de dispositivos com capacidade M2M em todo o mundo, até 2020. A maioria provavelmente estará na China, que está investindo intensamente na integração de M2M em sua infraestrutura.

A rede de conexões inclui atuadores e sensores de baixo custo, coletando dados, monitorando condições e atividades, tomando decisões e otimizando processos. As organizações podem rastrear o uso de energia minuto a minuto, usar análise de *big data* para prever picos e vales de fornecimento de energia, e ajudar os usuários a reprogramar processos intensivos em energia, quando o fornecimento for mais abundante (e barato). O número de conexões usadas para M2M cresceu 37%, em 2011, para 108 milhões, com a Europa detendo a maior fatia de mercado, e a Ásia–Pacífico apresentando a mais forte taxa de crescimento. Situação dos ativos e produtos, localização, fluxos, propriedade ou custódia, padrões de atividade e muito mais podem ser rastreados, analisados e acionados. Objetos podem ser controlados e configurados a distância, como controles de aquecimento doméstico pelo smartphone, usando os aplicativos Hive ou Tado. O sistema Onstar, da General Motors, permite que os donos de veículos controlem as trancas do carro, pisquem as luzes e toquem a buzina por meio de um aplicativo. A agricultura de precisão pode conectar diferentes fontes de dados, inclusive sensores de solo e drones, para verificar o crescimento e as condições das culturas, em nível de detalhes, dentro de um campo; a iCropTrak fornece ferramentas decisórias móveis para gestão agrícola, "que ajudam agricultores de todos os portes a serem

---

[29] CULLINEN, M. Machine to Machine Technologies. *Carbon War Room*, 2013. Disponível em: <http://carbonwarroom.com/sites/default/files/reports/M2M%20 Technologies%20(Carbon%20War%20Room).pdf>. Acesso em: 15 ago. 2016.

mais eficientes no cultivo de alimentos seguros para as populações crescentes, tornando-os mais lucrativos, ao mesmo tempo em que preserva e maximiza os recursos naturais".[30]

Empresas como General Motors e General Electric (GE) estão usando IoT para conectar seus produtos e oferecer serviços geradores de receita a seus clientes, inclusive segurança, proteção e navegação.[31] A GE lançou sua linha de serviços Predictivity para clientes industriais, em 2012, e gerou receitas de US$ 290 bilhões, em um ano. Conexão e monitoramento de dados são importantes para tornar eficaz e lucrativo o serviço de iluminação *pay-per-lux* da Philips. A Philips conecta as lâmpadas a um serviço de gestão, que o monitora a distância e fornece manutenção, quando necessário.

Problemas

Muitas são as preocupações com os riscos de violação de privacidade e segurança, e com o hackeamento dos sistemas e máquinas dos usuários. Os sistemas de controle de máquinas conectadas em instalações de geração de energia (inclusive nuclear) têm sido motivos de inquietação, depois que hackers invadiram uma grande empresa siderúrgica europeia. Nos Estados Unidos, pesquisadores identificaram 25 vulnerabilidades que os hackers poderiam explorar para derrubar ou controlar servidores em usinas elétricas americanas.

Tecnologia autônoma

Máquinas de tecnologia autônoma atuam sem interferência humana. A IoT possibilita o desenvolvimento de veículos autônomos, como drones e carros autônomos. Essas inovações também exigem "sistema de visão", sensores, atuadores e inteligência artificial. Apesar das notícias sobre quase desastres entre drones e aeronaves comerciais, e sejam comuns as manifestações sobre desemprego de motoristas de táxi pelos veículos autônomos, a tecnologia autônoma tem amplo

---

[30] COGENT 3D. *iCropTrak*, 2015. Disponível em: <www.icroptrak.com/about-us>. Acesso em: 13 mar. 2016.

[31] GUNNARSSON, F. *et al.* The Internet of Things: Are Organizations Ready for a Multi-Trillion Dollar Prize? *CapGemini Consulting*, 2014. Disponível em: <https://www.capgemini.com/resources/internet-of-things>. Acesso em: 15 ago. 2016.

potencial na economia circular. Usando um exemplo de logística, os roteiros de entrega geralmente sofrem restrições associadas às normas sobre duração do trabalho de motoristas e à necessidade de retorno dos motoristas ao local de residência. Os veículos sem motorista fornecem amplo escopo para melhoria substancial na produtividade, aumentando o aproveitamento da capacidade do veículo e diminuindo a milhagem vazia. Os drones podem fazer pequenas entregas sem o uso de estrada, reduzindo o capital necessário para a construção de redes viárias nas áreas em rápida expansão e evitando demoras em roteiros congestionados. Relatório do Fórum Econômico Mundial estimou que a tecnologia de drones poderia reduzir os custos da última etapa da entrega em 25% e as emissões em até 90%.[32]

Problemas

Também aqui há problemas, principalmente em torno de privacidade, segurança e controle da tecnologia. Os drones já se envolveram em quase desastres com aeronaves no Reino Unido. Embora veículos autônomos combinados com "visão de máquina" tenham potencial para melhorar a segurança nas estradas, haverá, sem dúvida, muita publicidade em torno das primeiras colisões, por menores que sejam. Hacking é outra preocupação, com os sistemas de bordo de carros já sendo hackeados, apenas para provar que é possível.

Rastreamento de ativos

Os ativos podem ser rastreados, usando IoT e tecnologia de sensores, ou tecnologias mais simples, como "rótulos inteligentes", identificação por radiofrequência - RFID (Radio-Frequency IDentification), *QR Codes*, e assim por diante. A melhor compreensão de como um produto é usado, que partes são duráveis e não duráveis, e onde esteve oferece *feedback* valioso para melhorar o design e os materiais, e para examinar os benefícios de modelos de reutilização.

---

[32] DIGITAL Transformation of Industries. *World Economic Forum With Accenture*, 2016. Disponível em: <http://reports.weforum.org/digital-transformation-of-industries/wp-content/blogs.dir/94/mp/files/pages/files/digital-enterprise-narrative-final--january-2016.pdf>. Acesso em: 29 maio 2016.

Big data

O termo pode ser confundido com *business intelligence* (inteligência de negócios ou inteligência empresarial). A Wikipedia (em inglês) assim define as diferenças:

- **Business Intelligence** aplica ferramentas de estatística descritiva a dados com alta densidade de informação para medir coisas, detectar tendências, etc.
- **Big data** aplica ferramentas de estatística indutiva e conceitos de identificação de sistema não linear para inferir leis de grandes conjuntos de dados com baixa densidade de informação, de modo a descobrir relacionamentos e dependências, ou prever resultados e comportamentos.[33]

Big data geralmente não "pergunta por quê", e, em vez disso, simplesmente detecta padrões, procurando regressões, relacionamentos não lineares e efeitos causais. Hilbert descreve *big data* como tendo as seguintes características[34]: alto **volume** de dados gerados e armazenados: *big data* não é amostra; apenas observa e rastreia o que acontece. No entanto, a capacidade de análise e processamento do usuário determinará se é *big data* ou se é a mais convencional *business intelligence*. Há ampla **variedade** de tipos e fontes de dados, gerando potencial para *insights* mais profundos ou mais variados. *Big data* usa textos, imagens, áudio e vídeo, e compõe as peças faltantes por meio da fusão de dados. Dados são gerados e processados em alta **velocidade**, e geralmente estão disponíveis em tempo real. Apresentam alto grau de **variabilidade**, com inconsistências, junto com **veracidade** ou variações de qualidade, o que pode afetar a exatidão da análise.

Em contexto de economia circular, *big data* é fonte de informações e possibilita análises sobre uso de energia, utilização de ativos e fluxos de materiais, tudo contribuindo para "desenhos inteligentes",

---

[33] BIG DATA. In: WIKIPEDIA, [S.d.]. Disponível em: <en.wikipedia.org/wiki/Big_data>. Acesso em: 1 mar. 2016.

[34] HILBERT, Martin. Big Data for Development: A Review of Promises and Challenges. *ODI Development Policy Review*, 2014. Disponível em: <en.wikipedia.org/wiki/Big_data>. Acesso em: 1 mar. 2016.

para melhorar a responsividade, otimizar a eficiência e reduzir desperdícios estruturais. Dispositivos conectados – IoT – fornecerão muitos desses dados valiosos.

Computação na nuvem

A computação na nuvem, ou tecnologia de nuvem, entrega serviços de computação sob demanda, usando a internet ou por meio de uma rede. Possibilita acesso a um *pool* compartilhado de recursos de computação, permitindo aos usuários configurar, armazenar e processar dados em centros de dados de terceiros. Quando se alcança a massa crítica, o compartilhamento gera economias de escala. Os centros de dados podem ser localizados em regiões mais frias, reduzindo os custos de energia para os servidores de computação.

Novos materiais

Muitos são os avanços tecnológicos recentes em materiais e nas maneiras de transformá-los. O grafeno, descoberto em 2004, no Reino Unido, é um novo material bidimensional revolucionário, com propriedades extraordinárias. É cerca de 100 vezes mais forte que o equivalente feito com o mais forte dos aços, com a mesma espessura; conduz calor e eletricidade com eficiência; e é quase transparente. A nanotecnologia é outro desenvolvimento transformativo, com enormes benefícios, mas que também suscita preocupações com os riscos para a saúde. A Wikipedia lista ampla variedade de aplicações, como a impregnação de nanopartículas de prata em bandagens, para acelerar a cicatrização; e em têxteis, para torná-los mais frescos e robustos. Os pesquisadores, porém, também aqui levantam problemas, como nanopartículas de prata bacteriostáticas usadas em meias para reduzir o odor do pé, liberadas ao lavar as meias. Uma vez lançadas no fluxo de águas residuais, as nanopartículas de prata podem destruir ecossistemas de bactérias naturais, culturas agrícolas e processos de tratamento de resíduos.

Os processos **bioquímicos e de biorrefino** também estão em rápido desenvolvimento, e talvez estejam mais alinhados com os princípios da economia circular. A Agência Internacional de Energia (AIE) define biorrefino como "processamento sustentável de biomassa* num espectro de:

- Produtos de base biológica: químicos, materiais, alimentos humanos e ração animal.
- Bioenergia: combustíveis, energia e/ou calor.[35]

A AIE tem um projeto de biorrefino, agora na terceira fase, e relata que "embora algumas instalações possam ser chamadas de biorrefinarias, a biorrefinaria ainda é um conceito em formação, a ser plenamente realizado. As biorrefinarias do futuro podem desempenhar importante papel na produção de químicos e materiais que, tradicionalmente, são produzidos na base de petróleo".

Essas e outras tecnologias estão se desenvolvendo em ritmo adequado e se disseminando com rapidez. Empresas de todos os tamanhos, em muitos setores e regiões, estão reavaliando seu potencial competitivo e analisando como realizá-lo com mais eficácia, para ganhos imediatos e duradouros.

Aceleradores

Vimos como fatores **internos** ajudam as empresas a se tornar mais eficientes e competitivas ou a desenvolver produtos, serviços e modelos de negócio. Hoje exploramos uma gama de fatores **externos** que fornecem condições para o progresso de modelos de economia circular. A colaboração entre empresas e fornecedores, entre empresas do mesmo ou de setores diferentes, entre empresas e organizações de pesquisa, ou entre empresas e governos pode abrir novas possibilidades, compartilhar conhecimentos e encontrar maneiras de alinhar visões e objetivos. Abordagens convencionais a informações de natureza ética ou material podem reforçar a confiança e acelerar melhorias entre setores e regiões. Governos e grupos de pressão estão ficando mais conscientes de consequências negativas para os negócios, criando persuasores e dissuasores para infundir mais responsabilidade nas empresas.

Colaboração

Foca-se muito na **colaboração**, com consultorias de gestão e grupos de negócios encorajando parcerias formais e informais entre

---

[35] International Energy Agency, 2016. Disponível em: <www.iea-bioenergy.task-42-biorefineries.com/en/ieabiorefinery/Activities-1.htm>. Acesso em: 1 mar. 2016.

empresas, fornecedores, universidades, governos, cidades, instituições filantrópicas, e assim por diante. As colaborações bem-sucedidas geram benefícios para todos os parceiros e podem incluir valores comuns econômicos, sociais e ambientais. Podem se estender além das fronteiras geográficas e setoriais, e podem ser lideradas por uma empresa ou por uma iniciativa setorial.

Pesquisas indicam que as empresas que colaboram mais nas suas cadeias de suprimentos alcançam aumentos de 15% em sua receita anual.[36] Esses estudos examinam fabricação no exterior, agricultura, mineração, pedreiras e serviços de utilidade pública, identificando duas áreas mais capazes de gerar oportunidades de valor:

- **Colaboração vertical:** otimizando atividades fornecedor-cliente ao longo da cadeia de suprimentos. Aqui se incluem planejamento da demanda e níveis de atendimento, inovação do produto, recirculação e reutilização de resíduos, redução de riscos e aumento da confiança em investimentos futuros.

- **Colaboração horizontal:** integração das atividades de vários fornecedores para melhorar a escala. Aqui se incluem investimentos que beneficiam um grupo de fornecedores, compartilhamento de melhores práticas, compartilhamento de transporte e logística, ou acordos de compras envolvendo um grupo de fornecedores.

No Capítulo 10, verificamos como empresas importantes estão configurando redes de **compartilhamento de conhecimento,** pedindo a seus fornecedores para compartilhar ideias e melhores práticas sobre uma gama de tópicos, inclusive sustentabilidade ambiental.

A colaboração pode envolver intercâmbio de conhecimento ou recursos – "espaço, coisas, competências e serviços" nos modelos de compartilhamento. A colaboração vai além do compartilhamento de recursos, envolvendo também metas e objetivos, e, frequentemente, renunciar a alguma coisa, para conseguir algo melhor – por exemplo, compartilhar alguma informação confidencial com um fornecedor para

---

[36] LAVERY, G. *et al.* The Next Manufacturing Revolution: Non-Labour Resource Productivity and its Potential for UK Manufacturing. 2013. Disponível em: <http://www.nextmanufacturingrevolution.org/wp-content/uploads/2013/09/Next-Manufacturing-Revolution-full-report.pdf>. Acesso em: 15 ago. 2016.

desenvolver um material mais eficaz. Já vimos um exemplo simples, no Capítulo 2, com o padrão setorial do carregador de telefone móvel. Movimentos em curso procuram definir padrões setoriais referentes a ética de fornecedores e consciência ambiental em compras, além da possibilidade de compartilhamento de informações até então confidenciais com os concorrentes, para melhorar as perspectivas setoriais e reduzir riscos futuros. Às vezes, essas colaborações visam a reduzir a necessidade de regulação por meio de autopoliciamento, em vez de controle governamental (e os custos associados à inspeção e intervenção).

Um exemplo é a Bioplastic Feedstock Alliance (BFA), constituída em 2013. Os membros fundadores incluem Coca-Cola, Danone, Ford, Heinz, Nestlé, Nike, Procter & Gamble, Unilever e World Wildlife Fund (WWF). Os membros da BFA "estão todos empenhados em praticar ciência esclarecida e pensamento crítico de modo a orientar a seleção responsável de matérias-primas para plásticos de base biológica [...] e a encorajar um fluxo de materiais mais sustentável, ajudando a criar valor duradouro para as gerações do presente e do futuro".[37] A BFA foca em guiar a seleção e a colheita responsável de matérias-primas – como cana-de-açúcar, milho, junco e *switchgrass* (gramínea nativa da América do Norte – *panicum virgatum*) – usadas para produzir plásticos de materiais agrícolas.

Avaliação do ciclo de vida e certificação

A avaliação do ciclo de vida (ACV) é "uma abordagem *cradle to grave* (do berço ao túmulo), para a avaliação de sistemas industriais, que abrange todos os estágios da vida do produto. Ela oferece uma visão abrangente dos aspectos ambientais do produto ou processo".[38] Examinamos o processo ACV com mais detalhes no Capítulo 11. Muitas empresas que adotaram essa abordagem a consideraram extremamente detalhada, demorada e dispendiosa, geralmente exigindo cooperação e comprometimento de amplo conjunto de fornecedores. Um método é focar nos materiais mais importantes, carbono ou água, como ponto

---

[37] Bioplastic Feedstock Alliance, 2016. Disponível em: <bioplasticfeedstockalliance. org/who-we-are/>. Acesso em: 25 mar. 2016.

[38] LIFECYCLE Assessment Principles and Practices Glossary. *United States Environmental Protection Agency*, 2006. Disponível em: <https://www.epa.gov/sustainability/ glossary-sustainable-manufacturing-terms#L>. Acesso em: 29 maio 2016.

de partida. Algumas empresas estão preferindo trabalhar com grupos setoriais, no intuito de compartilhar informações e desenvolver uma avaliação coletiva mais rica e mais exata.

Exemplos **colaborativos** incluem a ACV[39] do uísque escocês. Ela cobre todos os processos, desde o cultivo do cereal, passando pelas matérias-primas e fabricação, até o transporte do produto embalado para os clientes. Também mede os impactos em termos de "mudança climática, uso da água e uso da terra", além dos "efeitos ambientais para ar, terra e água". A ACV pretende ser uma "ferramenta preferida para avaliar o desempenho ambiental do setor", com a publicação anual de avaliações que permite a "cada empresa avaliar seu desempenho em relação ao setor".

As **certificações** ajudam a definir padrões para ingredientes éticos, ambientais, de bem-estar animal ou de produtos. Elas são muitas, locais e globais, abrangendo todos os setores industriais. Algumas quase competem entre si, cobrando pela avaliação de produtos e empresas, ônus parcialmente compensado pela expectativa de benefícios para a imagem e para o marketing. Rainforest Alliance, Fairtrade, Forest Stewardship Council, Red Tractor e muitas outras ajudam os consumidores e empresas a fazer escolhas esclarecidas sobre suas compras.

Finanças para a economia circular

Os modelos comerciais que apoiam a economia circular têm implicações financeiras para provedores, especialmente em termos de fluxo de caixa. Alugar em vez de vender, ou serviços baseados no desempenho, geram renda regular durante período mais longo, mas acarretam decréscimo inicial na geração de caixa de empresas estabelecidas. Novas empresas podem precisar de níveis mais altos de "pré-financiamento" (capital) para se estabelecerem e se estabilizarem. Talvez surjam novos problemas legais sobre a propriedade do produto, garantias e outros. A DLL Group, subsidiária de Rabobank Group, descreve-se como parceiro financeiro que oferece "soluções financeiras originais e integradas para sustentar o ciclo de vida dos ativos, desde *leasing*, financiamento e fornecedores até remarketing".[40]

---

[39] Scotch Whisky Association, 2008. Disponível em: <www.scotch-whisky.org.uk/media/12908/lifecycleassessment.pdf>. Acesso em: 5 mar. 2016.

[40] DLL Group, 2016. Disponível em: <www.dllgroup.com/gb/en-gb/about-us>. Acesso em: 29 maio 2016.

Um relatório do ING Bank enfatiza o potencial dos bancos para trabalhar com os clientes, focando em como construir modelos circulares que incluam incentivos claros para o usuário final, assim como para o provedor.[41] O documento sugere como reconsiderar casos de negócio referentes ao valor captado com a extensão da vida do produto (em lugar da prática comum de zerar o valor dos ativos ao longo de um período nominal) e como colaborar com provedores de capital próprio e com as plataformas de *crowdfunding* (financiamento colaborativo) para conseguir financiamentos mais flexíveis. Também recomenda que os bancos atuem como *launching customer* (cliente lançador), ao adotar práticas circulares de captação e abastecimento para estimular a demanda por TI, edifícios comerciais e móveis de escritório, energia, e assim por diante.

Stewardship *do produto*

Governos em todo o mundo estão ficando mais conscientes dos impactos adversos e dos custos para terceiros impostos pelos sistemas de produção, pelo uso e pelo fim de uso. Esses impactos, ou "externalidades", * se associam diretamente ao produto ou processo, mas não se incluem na área de responsabilidade do produtor ou usuário. Exemplos bem conhecidos são os efeitos negativos do açúcar para a obesidade, doenças cardíacas, diabetes e problemas odontológicos; das emissões de gases do efeito estufa (GEE) para a mudança climática; dos particulados de diesel para a qualidade do ar e para doenças pulmonares e cardíacas; e muito mais.

Os governos têm diferentes opções para prevenir o impacto ou para recuperar os custos, ao lidar com o problema. A Chatham House, *think tank* do Reino Unido, sugere várias abordagens para a "regulação inteligente" das externalidades[42]:

- Medidas fiscais, tributação e incentivos para precificar as externalidades associadas com o uso de recursos, resíduos e poluição,

---

[41] RETHINKING Finance in a Circular Economy. *ING Economics Department*, maio 2015. p. 5–8. Disponível em: <https://www.ing.com/web/file?uuid=94261282-eed1-40b4-9d98-b333009aeca0&owner=b03bc017-e0db-4b5d--abbf-003b12934429&contentid=34276>. Acesso em: 15 ago. 2016.

[42] PRESTON, F. A Global Redesign? Shaping the Circular Economy. *Chatham House*, 2012. Disponível em: <https://www.chathamhouse.org/sites/files/chathamhouse/public/Research/Energy,%20Environment%20and%20Development/bp0312_preston.pdf. Acesso em: 15 ago. 2016.

e encorajar os proprietários a repor em circulação materiais e ativos.

- Regulações de fim de vida, como as existentes na UE, no Japão e na Coreia do Sul, com o propósito de melhorar as taxas de remanufatura e reutilização.

- Padrões *top runner*, de alta eficiência, que definem paradigmas de desempenho mínimo, que se tornam cada vez mais rigorosos com o passar do tempo. Esse processo encoraja a inovação e exclui do mercado bens ineficientes ou problemáticos.

- Padrões de abastecimento para agências do setor público e departamentos do governo. Essa iniciativa pode criar ou expandir mercados para bens mais sustentáveis.

- Apoio público à inovação, definindo políticas para encorajar investimentos do setor privado.

- Desenvolvimento de arcabouços jurídicos para analisar as implicações legais de iniciativas colaborativas e cooperativas, inclusive defesa da concorrência e proteção de dados.

"*Stewardship* do produto" e "reponsabilidade estendida do produtor" pretendem estimular os produtores a assumir responsabilidade por todo o ciclo de vida do produto, abrangendo produção, uso e fim de uso.

Responsabilidade estendida do produtor (REP) é a imposição de que o fabricante seja responsável pelo produto desde a embalagem até a gestão do fim de uso. *Stewardship* do produto pode ser voluntário ou compulsório, por força de lei, e envolve o fabricante e um grupo mais amplo de *stakeholders*, como fornecedores, varejistas e consumidores.

Exemplos da UE incluem a Waste Electrical and Electronic Equipment (WEEE) Directive, a End of Life Vehicle Directive (ELV), e a Packaging Waste Directive. O Japão, consciente da escassez dos recursos naturais, sancionou a Lei para a Promoção da Utilização Eficiente dos Recursos, com o intuito de minimizar resíduos do produtor e do consumidor. Todo comprador de um veículo novo paga uma taxa de reciclagem no momento da compra, e esse dinheiro é retido até o descarte do veículo no fim da vida. Entre os resultados impressionantes, destacam-se a ida de apenas 5% dos resíduos para aterros sanitários, reciclagem de 98% dos metais e recuperação de

89% dos materiais de REEE.[43] Materiais recuperados são geralmente inputs para a fabricação dos mesmos tipos de produtos, fechando o *loop* e ajudando a proteger o setor de tecnologia contra os custos de matéria-prima.

Resumo

Mais organizações estão vendo os benefícios das abordagens colaborativas, na vertical, envolvendo fornecedores e clientes, e na horizontal, envolvendo concorrentes e grupos de pares setoriais. As empresas estão investindo em informação sobre os materiais utilizados e suas fontes de fornecimento, com o propósito de eliminar o risco e promover futuros designs de produtos. Abordagens legislativas estão entrando em foco, na medida em que governos e ONGs se conscientizam dos custos crescentes e dos impactos adversos das "externalidades". Tudo isso afeta as cadeias de suprimentos, mudando as práticas de captação e abastecimento, focando no controle de produtos, em uso e em fim de uso, e colaborando para compartilhar conhecimentos e instalações com os parceiros em todo o mundo.

As organizações estão mobilizando ampla variedade de "capacitadores" internos para desenvolver seus modelos de negócio, produtos e serviços de economia circular. Aí se incluem maneiras de pensar diferente, como pensamento sistêmico, biomimética e química verde, além de tecnologias que variam de I3D, passando por *big data*, até IoT. A I3D pode revolucionar o design do produto, a escolha do material, o processo de fabricação, a reusabilidade do produto e a descentralização da cadeia de suprimentos, eliminando os elos de estoque e logística. A IoT pode transformar a longevidade e a confiabilidade do produto, reduzindo os custos de manutenção e paralisação e fornecendo informações valiosas ao provedor e ao usuário. Plataformas e aplicativos impulsionam os modelos de compartilhamento e aluguel, com escopo para promover grandes melhorias na eficiência dos recursos e para deslocar as preferências dos consumidores da propriedade para o acesso. Um sistema único poderia mobilizar um conjunto de tecnologias: *big data* para "minerar" informações de IoT ou plataformas IoT para

---

[43] TOWARDS the Circular Economy: Accelerating the Scale-Up Across Global Supply Chains. *World Economic Forum*, p. 26, 2014. Disponível em: <www.weforum.org/global-challenges/projects/circular-economy/>. Acesso em: 28 fev. 2016.

melhorar a utilização de ativos. Esses capacitadores não se limitam a iniciativas de economia circular e podem transformar a eficácia da empresa e da cadeia de suprimentos.

Tecnologia e inovações digitais oferecem potencial extraordinário para promover a economia circular. A velocidade da mudança, porém, está acelerando, e as empresas precisam investir antes dos concorrentes: "Aprendemos isso no mundo da Internet do consumidor: quando é óbvio, é tarde demais. Isso significa que agora é a hora de agir. Você precisa perceber que estamos nos primeiros dois minutos de uma partida de futebol; a metade da partida já é tarde demais", afirma Bill Ruh, CEO da GE Digital, EUA.[44]

Recursos adicionais

Biomimicry Institute. Disponível em: <biomimicry.org/>.

DIGITAL Transformation of Industries. *World Economic Forum with Accenture*, 2016. Disponível em: <http://reports.weforum.org/digital-transformation-of-industries/wp-content/blogs.dir/94/mp/files/pages/files/digital-enterprise-narrative-final-january-2016.pdf>. Acesso em: 29 maio 2016.

MEADOWS, D. H. *Thinking in Systems: A Primer*. Londres: Sustainability Institute, 2008.

---

[44] DIGITAL Transformation of Industries. *World Economic Forum with Accenture*, 2016. p. 14. Disponível em: <http://reports.weforum.org/digital-transformation-of-industries/wp-content/blogs.dir/94/mp/files/pages/files/digital-enterprise-narrative-final-january-2016.pdf>. Acesso em: 29 maio 2016.

PARTE DOIS

COMO AS EMPRESAS ESTÃO ADOTANDO OS MODELOS DE ECONOMIA CIRCULAR?

DRIVERS DE MUDANÇA

> *Qualquer um que acredite que o crescimento exponencial pode durar para sempre num mundo finito é louco ou economista.*
> KENNETH BOULDING, ECONOMISTA, CIENTISTA DE SISTEMAS E FILÓSOFO, DISCURSANDO PERANTE O CONGRESSO DOS ESTADOS UNIDOS, 1973[1]

As organizações estão investigando as oportunidades das abordagens da economia circular. Start-ups e grandes empresas globais estão reconsiderando produtos, processos e modelos de negócio. Que fatores estão induzindo essas tendências? Este capítulo considera:

- A história industrial recente, o comércio mundial e o crescimento demográfico, acarretando:
    - a "**Grande Aceleração**", com enorme variedade de avanços transformando a agricultura e a indústria;
    - o impacto humano sobre a Terra, levando os cientistas a concluir que entramos em nova era geológica, o **Antropoceno**;
    - um **inventário global** dos recursos técnicos, energéticos, hídricos e biológicos;
- problemas de **demanda superior à oferta**;
- e indaga se há outros fatores convencendo as empresas a **reconsiderar e reformular suas estratégias**.

---

[1] BOULDING, Kenneth. Energy Reorganization Act of 1973: Hearings, Ninety-Third Congress, First Session, on H.R. 11510, United States, Congress House, 1973, p. 248. Disponível em: <en.wikiquote.org/wiki/Kenneth_Boulding>. Acesso em: 8 jun. 2015.

Revoluções industriais

Os anos 1700 viram a primeira revolução industrial começar na Inglaterra, centrada em têxteis, ferro e carvão, e transporte de água. Em seguida, vieram a energia a vapor e, mais tarde, o motor de combustão interna e a energia elétrica. Nos últimos anos do século XIX, o telégrafo foi o primeiro meio de comunicação rápida, transoceânica. O economista Jeremy Rifkin observa que, quando novas tecnologias de comunicação convergem com inovações energéticas, ocorrem mudanças econômicas profundas.[2] Ele considera que a internet e as tecnologias de energia renovável estão fornecendo as bases para uma nova "revolução", ao conectarem usinas elétricas locais, em microescala, espalhadas por milhões de construções, numa "rede de energia inteligente, continental e interativa". Os meios de transporte evoluirão para veículos movidos a eletricidade e a hidrogênio, em células de combustível, comprando e vendendo eletricidade verde na rede conectada.

A "revolução verde"

A "revolução verde" agrícola começou depois da Segunda Guerra Mundial; e, desde a década de 1960, o rendimento das culturas quase dobrou, com grande redução da mão de obra e de outros custos. Esse crescimento da produtividade resultou do desenvolvimento de novas variedades de culturas e da quadruplicação do uso de fertilizantes, da duplicação de terras irrigadas e do aumento massivo do uso de pesticidas.[3] A moderna agricultura industrializada, de base química, exige quantidades substanciais de energia fóssil para impulsionar as máquinas agrícolas e para produzir fertilizantes e pesticidas.[4] Na década de 1940, 2,3 calorias (kcal) de combustível fóssil podia fornecer uma caloria de alimentos. Hoje, é preciso nada menos que 10 kcal de combustível para pôr uma kcal de comida no prato, quadruplicando os inputs de energia.

---

[2] RIFKIN, J. *The Third Industrial Revolution: How Lateral Power is Transforming Energy, The Economy, and The World.* Palgrave MacMillan, 2011. Disponível em: <www.thethirdindustrialrevolution.com/>. Acesso em: 15 ago. 2016.

[3] TOWARDS The Circular Economy. *Ellen MacArthur Foundation*, Report 2, p. 22, 2013.

[4] WERTIME, S. F. Energy Use in the US & Global Agri-Food Systems: Implications for Sustainable Agriculture. *The Oildrum*, 2010. Disponível em: <www.theoildrum.com/node/6575>. Acesso em: 26 mar.

A Organização das Nações Unidas para Alimentação e Agricultura (FAO) estima que práticas de gestão de terra insustentáveis significam que um terço dos solos agrícolas do mundo estão degradados.[5]

Comércio mundial

Os primeiros grandes impactos do comércio transoceânico, nos anos 1600, decorreram das trocas de plantas, animais e doenças entre a Europa e os Estados Unidos. O comércio internacional cresceu constantemente, de 8%, em 1913, para mais de 12%, em 1966. Em meados da década de 1990, criou-se a Organização Mundial do Comércio. O comércio global continuou a aumentar, com um mergulho depois da crise financeira global de 2008-9, como mostra a Figura 5.1. O Banco Mundial estima que, em 2013, o comércio global alcançou 30% do PIB mundial.

Uma população em expansão

Na Introdução deste livro, lemos sobre o crescimento da população humana. A Figura 5.2 mostra a tendência exponencial, partindo de, aproximadamente, 4 milhões de pessoas, cerca de 12.000 anos atrás, quando começamos a evoluir de caçadores-coletores para agricultores, passando para 3 bilhões por volta de 1960. Bastaram 40 anos para a duplicação da população humana, que chegou a 6 bilhões no ano 2000. Apesar da queda da fertilidade, a ONU prevê que a população humana chegará a 9,7 bilhões por volta de 2050, mais do que triplicando em menos de um século. Agravando a pressão, nos próximos 20 anos, 3 bilhões de indivíduos saltarão de "sobreviventes" para "consumidores", na medida em que sua renda subir para mais de US$ 5.000 por ano – todos aspirando a consumir à semelhança das populações de economias desenvolvidas – mais carne, mais alimentos processados, mais bens de consumo. A vasta maioria desses novos consumidores estará em regiões da Ásia-Pacífico; e, por isso, países como a China já se preocupam em como fornecerão alimentos para populações cada vez mais afluentes.

---

[5] NOTHING Dirty Here: FAO Kicks Off International Year of Soils 2015. *UN FAO*, 4 dez. 2014. Disponível em: <www.fao.org/news/story/en/item/270812/icode/>. Acesso em: 26 mar. 2016.

FIGURA 5.1: Crescimento do comércio mundial

FONTE: Dados de contas nacionais do Banco Mundial e arquivos de dados de Contas Nacionais da OCDE

FIGURA 5.2: Uma população crescente

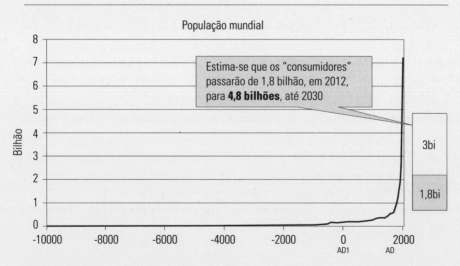

FONTE: US CENSUS INTERNATIONAL. KHARAS, H. *The Emerging Middle Class In Developing Countries*. Centro de Desenvolvimento da OCDE, Working Paper nº 285, jan. 2010; http://www.oecd.org/social/poverty/44457738.pdf

A "Grande Aceleração"

Até os anos 1700, nossos principais recursos eram nutrientes biológicos* – alimentos, fibras, madeira. Com o avanço da era industrial, aumentamos o uso de nutrientes técnicos*: recursos finitos como metais, minerais, produtos químicos, petróleo e outros recursos fósseis. Os sistemas industriais de que dependíamos, desde a primeira revolução industrial, no século XVIII, agora estão solapando a disponibilidade e a segurança dos recursos. O processo de manufatura da maioria dos produtos geralmente parte de alguns materiais e depois vende o produto para o consumidor, que geralmente descarta o produto no fim da vida útil. No fim da vida, os materiais originais de quase todos os produtos são submetidos a processos mistos, de baixo valor, envolvendo reciclagem, incineração e até descarte em aterros sanitários. Podemos encarar essa sequência de "extrair, produzir e descartar" como um sistema "linear", típico de uma economia linear.

Examinamos muitos efeitos colaterais indesejáveis da economia linear. As empresas permitem que poluentes dos processos de manufatura – como efluentes, emissões ou resíduos sólidos – impregnem bacias hidrográficas, solos e atmosfera. Em geral, a limpeza desses poluentes é deixada por conta dos ecossistemas, ou sistemas vivos, como plantas, árvores e outros organismos vivos. Materiais artificiais, ou *novel compounds* (novos compostos), podem ser muito difíceis de processar, levando décadas, ou até séculos, para se decomporem. No processo, produtos químicos e toxinas podem destruir esses sistemas vivos. Os custos dessas externalidades geralmente são obscuros, e podem acabar sendo assumidos pelos consumidores, por outras empresas e até pelos pagadores de impostos – custos dos esgotos domésticos, custos da assistência médica, seguros mais onerosos contra riscos de enchentes, e outras transferências. Os governos estão recorrendo, cada vez mais, à legislação e à tributação para se ressarcir desses custos e forçar as empresas a limpar os processos industriais.

Análise do Centro de Resiliência de Estocolmo, em seu "painel de controle planetário", fornece vários indicadores de tendências socioeconômicas e geográficas, todos apresentando crescimento exponencial.[6] A Figura 5.3 mostra apenas alguns desses indicadores. Todos eles seguem uma tendência ascendente semelhante à da população mundial. Alguns, como

---

6 NEW Planetary Dashboard Shows Increasing Human Impact. *Stockholm Resilience Centre,* 2015. Disponível em: <http://stockholmresilience.org/research/research-news/2015-01-15-new-planetary-dashboard-shows-increasing-human-impact.html>. Acesso em: 27 mar. 2016.

o número de veículos automotores, podem parecer apenas interessantes. Todavia, outros, como espécies em extinção, perdas de florestas tropicais, e exploração de pesqueiros, talvez estejam apontando para a nossa queda. Relatório publicado pelo International Geosphere-Biosphere Programme, em 2004, descreve o "fenômeno da mudança global" devido às atividades e às multidões de pessoas.[7] A "transformação profunda do ambiente da Terra" se acelerou fortemente durante a segunda metade do século XX, à medida que a atividade econômica se expandia por um fator de quase 10 e a população mundial se tornava mais interconectada, em consequência do comércio global e dos fluxos de informação. Gerenciamos quase todas as terras do planeta e domesticamos metade de toda a superfície emersa. Ainda restam muito poucos litorais primitivos e os pesqueiros do mundo, quase todos, estão demasiado explorados ou plenamente explorados. A atmosfera sofreu grandes mudanças no último século, em consequência de gases do efeito estufa, de gases reativos e de partículas de aerosol. O sexto grande evento de extinção está em andamento, afetando todas as outras formas de espécies vivas – e esse é o primeiro desses grandes eventos "causados por outra espécie – *Homo sapiens*". Essas mudanças profundas são agora descritas como a "Grande Aceleração".

FIGURA 5.3: A "Grande Aceleração"

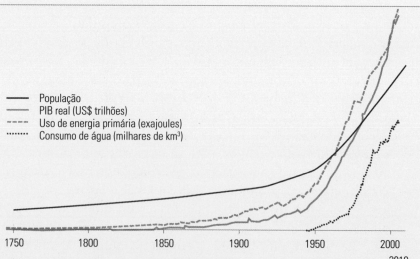

FONTE: CENTRO DE RESILIÊNCIA DE ESTOCOLMO; http://stockholmresilience.org/21/research/research-news/1-15-2015-new-planetary-dashboard-shows-increasing-human-impact.html

---

[7] STEFFEN, W. et al. *Global Change and The Earth System: A Planet Under Pressure*. Berlim: Springer, 2004. p. 6.

Inventário global

É fácil esquecer que a Terra fornece tudo de que precisamos para sobreviver e prosperar. Extraímos nossos "recursos técnicos" (metais, minerais, petróleo, etc.) da crosta terrestre e cultivamos "materiais biológicos" (alimentos, fibras, madeira, etc.) com a ajuda da natureza. Dependemos da natureza para obter ar puro, água potável e solo saudável, e para preservar os sistemas vivos complexos que "limpam" a nossa pegada, ou *footprint*. Assim, se levantarmos os estoques de tudo isso, como esses elementos se situam em relação à demanda presente e futura?

Recursos: técnicos

As previsões de metais e minerais mostram que, mesmo com a baixa taxa média de crescimento anual de 1,8%, a extração dobrará entre 1980 e 2020, com a previsão de extração de minérios quase triplicando.[8]

A mineração de metais, minerais, petróleo e gás está ficando mais dispendiosa, e a geopolítica é uma preocupação crescente; a UE identifica 20 metais e minerais considerados críticos em termos de segurança de fornecimento. A China fornece cerca de 95% dos elementos de terra rara,[*] e está restringindo suas exportações. As tecnologias de energia renovável, baterias, fibras ópticas e produtos de alta tecnologia incluem elementos de terra rara. O British Geological Institute publica um "índice de risco de fornecimento", classificando os elementos de acordo com as reservas, custos ou dificuldade de extração e riscos geopolíticos.[9] A China é a principal fonte de 12 dos 15 primeiros por nível de risco, em que se incluem platina, usada em eletrodos e em conversores catalíticos; estrôncio, usado em óptica; e tório, tido como o combustível nuclear potencialmente mais seguro.

---

[8] TOWARDS the Circular Economy: Economic and Business Rationale for an Accelerated Transition. *Ellen MacArthur Foundation*, p. 15, 2012.

[9] RISK List 2015: An Update to the Supply Risk Index for Elements or Element Groups that are of Economic Value British. *BGS*, 2016. Disponível em: <www.bgs.ac.uk/mineralsuk/statistics/riskList.html>. Acesso em: 25 mar. 2016.

A indústria moderna também usa grande quantidade de *novel compounds* contendo elementos que não podem ser separados no fim da vida do produto ou que consomem muita energia para possibilitar a separação e a reciclagem. Há de 30.000 a 70.000 produtos químicos em uso todos os dias, a maioria dos quais não é testada quanto a seus efeitos para a saúde.

Recursos: energia

O conceito de *peak oil,* ou pico do petróleo – de que a taxa de novas descobertas a cada ano está agora em declínio –, despertava muito interesse por volta de 2010, com muitos analistas acreditando que havíamos alcançado ou ultrapassado o pico. As descobertas anuais de petróleo em todo o mundo alcançaram o pico em 1964, e, desde 1981, o aumento do consumo tem superado as novas descobertas. Por volta de 2007, o mundo usava cerca de quatro barris de petróleo para cada novo barril descoberto.[10]

"Energia líquida" é a relação entre, de um lado, energia necessária para extrair e processar, e, de outro, energia disponível para uso. Os combustíveis fósseis estão ficando cada vez mais difíceis de extrair e refinar; descobrimos e usamos todas as fontes fáceis; portanto, a energia líquida está diminuindo. A obtenção de energia nuclear e de energias renováveis consome energia, e, no caso da energia nuclear, também é necessário manejar os resíduos. Em todo o mundo, são crescentes as pressões para acelerar e transitar para energias renováveis, e deixar os combustíveis fósseis "no solo". Pesquisas da Carbon Tracker Initiative, em 2013, mostram que, para reduzir o risco de as emissões de carbono nos inclinarem para o cenário perigoso de o aquecimento global superar a marca de 2 °C, temos de consumir menos de um terço das reservas de combustível fósseis conhecidas.[11] Precisamos adotar a abordagem de zero carbono na manufatura e na cadeia de suprimentos.

---

[10] WEBSTER, K.; JOHNSON, C. *Sense and Sustainability: Educating for a Circular Economy.* Skipton: TerraPreta, 2008. p. 57.

[11] UNBURNABLE Carbon: Wasted Capital and Stranded Assets. *Carbon Tracker And Grantham Research Institute On Climate Change,* 2013. Disponível em: <http://www.lse.ac.uk/GranthamInstitute/wp-content/uploads/2014/02/PB-unburnable-carbon-2013-wasted-capitalstranded-assets.pdf>. Acesso em: 29 maio 2016.

Recursos: água

A água aparece nos registros de risco de governos, de organizações não governamentais (ONGs)* e de empresas e todo o mundo. A ingestão média diária de água por pessoa é de 2 a 4 litros. No entanto, para produzir a necessidade média de alimentos por pessoa são necessários de 2.000 a 4.000 litros de água. Esses números parecem extremamente altos, até que examinamos as pegadas de água para a dieta ocidental, por exemplo, 2.500 litros para um quilo de arroz, mais de 15.000 litros para um quilo de carne, e até 170 litros para meio litro de cerveja. Em média, precisamos de um litro de água para produzir cada caloria que ingerimos. O Capítulo 6 examina as pegadas de água com mais detalhes.

No último século, o uso de água no mundo aumentou em porcentagem quase duas vezes superior à da expansão da população, e continua crescendo, à medida que aumentam as demandas da agricultura, da indústria e dos domicílios. A escassez de água é hoje problema grave. Os lençóis freáticos em partes da China, Índia, Ásia Ocidental, antiga União Soviética e nos Estados Unidos estão diminuindo. Muitas regiões em todo o globo extraem água para irrigação em volumes superiores aos de reposição, inclusive em 60% das cidades europeias com mais de 100.000 habitantes.

Recursos: biológicos

Em todo o mundo, convertemos quase 30% das florestas, pradarias, pântanos e outros tipos de vegetação em terras agrícolas ou áreas urbanas.[12] Isso afeta os fluxos hídricos e os ciclos biogeoquímicos de carbono, nitrogênio, fósforo e outros elementos importantes, além de ser uma força indutora de grandes reduções na biodiversidade.[13] As florestas são vitais para a regulação climática. Embora, recentemente, as perdas florestais tenham desacelerado, 129 milhões de hectares se perderam entre 1990 e 2015, à medida que se desmatam terras para o cultivo de azeite

---

[12] SUSTAINABLE Consumption Facts and Trends. *WBCSD*, 2008, p. 10. Disponível em: <http://www.wbcsd.org/pages/edocument/edocumentdetails.aspx?id=142>. Acesso em: 15 ago. 2016.

[13] THE Nine Planetary Boundaries: Land Use. *Stockholm Resilience Centre*, 22 jan. 2015. Disponível em: <www.stockholmresilience.org/21/research/research-programmes/planetary-boundaries/planetaryboundaries/about-the-research/the-nine-planetary-boundaries.html>. Acesso em: 26 mar. 2016.

de dendê, de soja (para a alimentação de humanos e gado de corte), e de outras culturas de rendimento ou lucro (*cash crops*).[14]

Os sistemas vivos nos alimentam, nos protegem, nos curam, limpam nossos habitats e fornecem o ar que respiramos. São a "renda" produzida por um ambiente saudável – nosso "capital natural". Eles nos fornecem ar puro e água potável, solos férteis e bacias hidrográficas. Eles também processam nossos resíduos – naturais e industriais – no solo, no ar e na água. A Figura 5.4 realça o impacto humano sobre geosfera, a biosfera e a atmosfera. Estamos sobrecarregando a natureza com produtos químicos que ela não pode manejar, ou não pode processar com a velocidade que exigimos. O Antropoceno também está degradando ou destruindo outras espécies. Como já vimos, a biodiversidade está diminuindo, e estamos provocando a sexta grande extinção de espécies, com os vertebrados desaparecendo a taxas muito mais altas do que as de extinções anteriores.

Bem-vindo ao Antropoceno

A era do Holoceno começou aproximadamente 10.000 anos atrás (cerca de 8.000 a.C.), com o fim da última glaciação. Abrange a expansão da humanidade e a intensificação de seus impactos em todo o mundo, com a transição dos caçadores-coletores para a agricultura, o desenvolvimento das grandes civilizações e, perto do fim desse período, o início da Era Industrial.

Os cientistas analisaram a temperatura da Terra ao longo do tempo, usando dados do núcleo de gelo (*ice-core data*), abrangendo os últimos 800 milênios e mostrando tanto eras glaciais quanto períodos mais quentes do que hoje. Dados dos últimos 100.000 anos revelam que o Holoceno foi incrivelmente estável em comparação com todos os picos e vales anteriores. É o único período na história conhecida com essa extrema estabilidade de temperatura, fornecendo condições perfeitas para o crescimento exponencial da população humana: "Um espaço operacional seguro para a humanidade".[15]

---

[14] RATE of Global Forest Loss Halved. *The Guardian*, 20 set. 2015. Disponível em: <www.theguardian.com/environment/2015/sep/07/rate-of-global-forest-loss-halved-says-un>. Acesso em: 26 mar. 2016.

[15] ROCKSTROM, J. et al. A Safe Operating Space for Humanity. *Nature*, 29 set. 2009. Disponível em: <www.scribd.com/doc/296173520/rockstrom-2009-A-safe-operating-space-for-humanity>. Acesso em: 27 mar. 2016.

FIGURA 5.4: Impactos da cadeia de suprimentos

Matérias-primas → Manufatura → Armazenamento → Venda → Uso
Retornos

Desmatamento e mudança no uso da terra
- Impacto do CO_2 na regulação climática
- Destruição de ecossistemas
- Perda de biodiversidade

Solo
- Degradação do solo exige inputs de petróleo e minerais para substituir nutrientes
- Resíduos químicos incluem nitrogênio e fósforo
- Desertificação de importantes áreas de cultivo (p. ex., Califórnia)

Oceanos e água
- Depleção de fontes de água subterrânea
- Poluição de água potável
- Questões de escassez de água
- Excesso de pesca destrói espécies marinhas
- Acidificação impacta corais e habitats marinhos

Emissões de gases do efeito estufa
- Disrupção climática – secas e enchentes, mudança do padrão climático
- Emissões > acidificação dos oceanos
- Impacto da qualidade do ar sobre a saúde

Recursos, combustíveis fósseis, resíduos
- Depleção de recursos
- Pico do petróleo e problemas de gás
- Impacto da mineração sobre os ecossistemas locais e a água
- Resíduos *versus* segurança alimentar

Os principais cientistas concluem que a **atividade humana**, inclusive nosso sistema econômico global, "é agora o principal indutor de mudança no sistema terrestre – a soma dos processos físicos, químicos, biológicos e humanos em interação constante".[16] Um "painel de controle planetário", com 24 indicadores, monitora a atividade humana ao longo da Era Industrial, de 1750 a 2010, em associação com mudanças subsequentes no sistema terrestre, inclusive níveis de gases do efeito estufa, desmatamento, perda de biodiversidade e acidificação dos oceanos. Esses indicadores da "Grande Aceleração" são fundamentais para a análise da proposta de que ingressamos em nova era, o Antropoceno.

> *Estamos com o pé no acelerador, avançando para o abismo.*
> BAN KI-MOON, Secretário Geral das Nações Unidas,
> discurso na Conferência do Clima Mundial, em 2009[17]

Fronteiras planetárias

Em 2009, um grupo de importantes cientistas do sistema terrestre trabalhou em conjunto no Centro de Resiliência de Estocolmo, para desenvolver o conceito de fronteiras planetárias. Assim, identificaram nove processos naturais, como ciclos de água potável, regulação climática e ciclo de nitrogênio, todos críticos para manter o planeta no estado estável de que precisamos. Sob pressão excessiva da atividade humana, qualquer um desses processos pode ser empurrado para uma mudança abrupta e possivelmente irreversível. Para evitar esse desastre, os cientistas propuseram um conjunto de fronteiras, abaixo de cada uma das zonas de perigo (como o limite de 350 partes por milhão de dióxido de carbono na atmosfera), com o propósito de evitar mudanças climáticas perigosas – com a área dentro das fronteiras definidas como "espaço operacional seguro para a humanidade".

Um relatório atualizado (2015) diz que "quatro das nove fronteiras planetárias já foram transpostas, em consequência da atividade humana: [...] mudança climática, perda de integridade da biosfera, mudança do sistema

---

[16] THE Great Acceleration. *Anthropocene*, 2016. Disponível em: <www.anthropocene. info/great-acceleration.php>. Acesso em: 27 mar. 2016.

[17] Discurso do Secretário Geral Ban Ki-moon na World Climate Conference III, Genebra (Suíça), em 3 set. 2009. *UN News*, [S.d.]. Disponível em: <www.un.org/ apps/news/infocus/sgspeeches/statments_full.asp?statID=568#.V0rQsuSK2kU>. Acesso em: 29 maio 2016.

terrestre, alteração dos ciclos biogeoquímicos (fósforo e nitrogênio)".[18] Duas das fronteiras – mudança climática e integridade da biosfera – são definidas como "fronteiras críticas", e "alterações significativas em qualquer uma dessas fronteiras críticas empurrariam o Sistema Terra para um novo estado".

Demanda superando à oferta

Alimentos, água e energia dependem da biodiversidade e dos ecossistemas, e são fundamentais para a nossa sobrevivência, mas nosso inventário destaca escassez de recursos e de serviços do ecossistema. Há problemas de pobreza e desigualdade a superar. Números de 2015 mostram que quase 1 bilhão de pessoas sofrem de fome; quase 800 milhões (mais de 10% da população global) vivem sem abastecimento de água potável; e 2,7 bilhões dependem de fontes tradicionais de bioenergia, como madeira para aquecimento e preparação de alimentos.

> *1,4 bilhão de pessoas carece de acesso a fornecimento de eletricidade confiável.*
>
> *2,7 bilhões dependem de fontes tradicionais de bioenergia, como madeira para aquecimento e preparação de alimentos.*

Pegada ecológica

A demanda humana sobre a biosfera mais do que dobrou entre 1962 e 2007.[19] Se todo o mundo vivesse como vivemos na UE, precisaríamos de quatro planetas. Um país pode superar sua biocapacidade: extraindo recursos naturais com mais rapidez do que eles se autorregeneram; recorrendo a recursos naturais que se acumularam ao longo do tempo; ou importando produtos (usando a biocapacidade

---

[18] STEFFEN, W. Planetary Boundaries 2.0: New and Improved. *Stockholm Resilience Centre*, 2015. Disponível em: <stockholmresilience.org/21/research/research-news/1-15-2015-planetary-boundaries-2.0---new-and-improved.html>. Acesso em: 27 mar. 2016.

[19] LIVING Planet Report 2014. *WWF*, 2014. Disponível em: <https://www.worldwildlife.org/pages/living-planet-report-2014>. Acesso em: 15 ago. 2016.

de outros países). Também pode usar "bens comuns globais" (*global commons*), lançando emissões de carbono na atmosfera global. Sem dúvida, nem todos os países podem superar sua capacidade!

Volatilidade de custos e tendências de longo prazo

O MGI Commodity Price Index apresenta preços, em termos reais (portanto, sem inflação), para uma cesta de *commodities*.[20] A McKinsey mostra que um século de queda nos preços, à medida que nos tornávamos mais eficientes em mineração e agricultura, foi revertido em apenas uma década. O ponto de inflexão aconteceu depois da crise financeira global de 2008, e desde então a volatilidade de preços continuou a ser grande preocupação para muitos governos e empresas. Segurança do fornecimento é também uma preocupação – se não houver recursos no local, você conseguirá acessá-los? Organizações na China e nos Estados Unidos já estão comprando terras onde os recursos estão situados.

Nosso balanced scorecard

Com base nos impactos sobre a cadeia de suprimentos apresentados na Figura 5.4, poderíamos adotar uma abordagem de *balanced scorecard* para medir nosso impacto. No Capítulo 1, falamos rapidamente sobre a Natural Step, rede global sem fins lucrativos que visa a acelerar a transição para uma sociedade sustentável. A abordagem da Natural Step descreve quatro "condições sistêmicas" para uma sociedade sustentável, em que a natureza não está sujeita a aumentos sistemáticos de[21]:

- "concentrações de substâncias da crosta terrestre" (como metais pesados e carbono de combustíveis fósseis);
- "concentrações de substâncias produzidas pela sociedade" (p. ex., antibióticos, compostos orgânicos voláteis);

---

[20] INTERACTIVE Commodity Price Index. *Mckinsey Global Institute*, 2016. Disponível em: <www.mckinsey.com/business-functions/sustainability-and-resource-productivity/our-insights/resource-revolutiontracking-global-commodity-markets>. Acesso em: 27 mar. 2016.

[21] THE Framework, 4 Basic System Rules. *The Natural Step*, 2016. Disponível em: <www.thenaturalstep.org/our-approach/>. Acesso em: 29 maio 2016.

• "degradação por meios físicos" (inclusive degradação de terras, desmatamento, desertificação e drenagem de fontes hídricas).

A quarta condição tem a ver com pessoas:"e nessa sociedade não há obstáculos estruturais à saúde, influência, competência, imparcialidade e significado das pessoas". A pontuação de nossos sistemas lineares poderia resultar em um *scorecard* como o que apresentamos no Quadro 5.1.

QUADRO 5.1: Condições sistêmicas da Natural Step – *scorecard*

Critérios da Natural Step	Estágio da cadeia de suprimentos				
	Matérias-primas	**Manufatura**	**Logística e vendas**	**Uso**	**Fim da vida**
Materiais escassos extraídos da Terra	⬇	⬈	⬇	⬈	⬆
Produtos químicos artificiais, tóxicos e persistentes	⬈	⬇	⬈	⬈	⬈
Destruição e poluição da natureza	⬈	⬇	⬈	⬈	⬈
Trabalho e/ou condições de uso	⬈	⬈	⬈	⬈	⬈

Legenda:	**Bom**	**Relativamente bom**	**Relativamente ruim**	**Ruim**	**Não sabe**
	Impactos positivos, sem preocupações	Impactos positivos ou neutros, poucas preocupações	Impactos negativos, grandes preocupações generalizadas	Impactos negativos, grandes preocupações generalizadas	Informações insuficientes
	⬆	⬈	⬈	⬇	?

FONTE: *Streamlined Life Cycle Assessment* (Adaptado; baseado em Natural Step System Conditions.) Sustainable Wealth Creation, 2007, com a gentil permissão do Forum for the Future

Repensando e refazendo o design

Depois do acordo de constituição da Organização Mundial do Comércio, em meados da década de 1990, o comércio mundial se expandiu e as empresas deslocaram a produção para regiões onde o custo do trabalho era baixo. Os negócios focavam na produtividade do trabalho, não na produtividade dos recursos. À medida que as classes consumidoras se expandiam e o nosso apetite pelas tecnologias mais recentes aumentava, as empresas e os governos começaram a se dar conta das pressões sobre os principais recursos – que se tornavam menos acessíveis ou eram encontrados em concentrações menores. A "segurança" dos recursos – ou a proteção da capacidade de acessar os recursos – é, cada vez mais, questão fundamental para os governos e para as empresas. Fatores geopolíticos podem ser importantes na avaliação dos riscos totais para a segurança.

Risco para a reputação

O contexto de negócios também está mudando – as organizações estão reconhecendo que os negócios existem como subconjunto de nosso mundo vivo, e da sociedade – não o oposto! O valor da marca e a "licença para operar" devem depender de abordagens responsáveis no uso dos recursos. As organizações estão melhorando suas abordagens em compras, processamento, manufatura e fim de uso do produto, garantindo esse "não fazer mal" às comunidades e aos sistemas vivos. As marcas são poderosas, e podem impulsionar o crescimento das vendas. Os consumidores e as ONGs, porém, estão começando a expor problemas éticos. As informações se difundem com rapidez, destruindo a confiança e a reputação, quase da noite para o dia. A internet e as redes sociais conectam entre si pessoas com ideias semelhantes, oferecendo-lhes acesso rápido e fácil às informações. Campanhas organizadas por ONGs e grupos de consumidores divulgam preocupações ambientais e éticas.

Problemas relacionados com "minerais de conflito"* estão surgindo, suscitando mudanças na legislação e na regulação. A cadeia de suprimentos de ouro da Fairphone, a ser comentada no Capítulo 11, salienta o nexo entre uso da terra, exploração do trabalho, criminalidade e riscos de poluição relacionados com a mineração de metais preciosos.

Redes e conhecimento

A estrutura da sociedade está mudando. No século XVIII, passamos de sociedades rurais para sociedades industriais, mas, no século XXI, somos, cada vez mais, sociedades "em rede", capazes de nos conectar uns com os outros em todo o mundo. Milhões de pessoas compartilham informações e comercializam diretamente com pessoas e empresas em outros países. Podemos ser consumidores, ou prossumidores.

Mais recentemente, os cientistas estão empenhados em compreender melhor sistemas complexos da natureza e se conscientizando do quanto podemos aprender com eles. Biomimética, química verde e ciência dos sistemas terrestres, associadas a descobertas de novos materiais e a avanços tecnológicos fantásticos, podem ajudar a transformar a maneira como fazemos, usamos e reutilizamos as coisas. Conhecimento, novos desenvolvimentos e inovações frugais podem trazer novo surto de prosperidade, capacitando o Antropoceno a ser uma era positiva.

Resumo

O Millennium Ecosystem Assessment – um grupo de 1.300 cientistas e outros especialistas de 95 países, comissionados pelas Nações Unidas – advertiu, em 2005, que o impacto da atividade humana sobre os sistemas naturais da Terra significava que:

> A capacidade dos ecossistemas do planeta de sustentar as futuras gerações não mais pode ser dada como certa. O fornecimento de alimentos, água potável, energia e materiais às populações cada vez maiores está impondo custos crescentes aos sistemas complexos de plantas, animais e processos biológicos que tornam o planeta habitável.[22]

Os historiadores terão dificuldade para compreender por que não reagimos – é hora de pôr este item no topo da agenda. Estamos enfrentando o fim da energia barata, mais a superexploração de recursos finitos e renováveis, os custos crescentes daí resultantes e a disparada da população e do consumo – além do risco significativo

---

[22] LIVING Beyond Our Means: Natural Assets and Human Well-Being. Statemente from the Board. *Millennium Ecosystem Assessment*, 2005. Disponível em: <millenniumassessment.org/en/BoardStatement.html>. Acesso em: 27 mar. 2016.

de degradação dos sistemas vivos. A economia linear, com os produtos e materiais fluindo principalmente em uma direção, é dissipadora de recursos e de oportunidades de criar valor. As cadeias de suprimentos ajustadas ao futuro circularão materiais e produtos, captando materiais renováveis ou reciclados, manejando fluxos de subprodutos e criando *loops* fechados para recuperar recursos valiosos. Precisamos de mudanças fundamentais nos modelos de negócio tradicionais. Os negócios convencionais já não são opção.

> *O verdadeiro ato de descoberta consiste não em descobrir novas terras, mas em ver com novos olhos.*
>
> MARCEL PROUST

Recursos adicionais

PLANETARY Boundaries. *Stockholm Resilience Centre*. Disponível em: <http://stockholmresilience.org/research/planetary-boundaries.html>.

The Natural Step. Disponível em: <http://www.thenaturalstep.org/>.

Welcome to the Anthropocene. Disponível em: <http://www.anthropocene.info/>.

WWF Living Planet reports. Disponível em: <http://wwf.panda.org/about_our_earth/all_publications/living_planet_report/>.

ALIMENTAÇÃO E AGRICULTURA

Não cultivamos tomates apenas porque parece bom... Fazemos isso porque achamos que pode gerar retorno do investimento. É um bom exemplo de como a sustentabilidade pode ser usada para impulsionar os negócios.
DR. MARK CARR, GROUP CHIEF EXECUTIVE, AB SUGAR, 2014[1]

A British Sugar agora gera 25% de sua receita com subprodutos, oriundos dos fluxos de resíduos da produção de açúcar. A empresa vende "solo superficial para paisagismo, agregados para construção, alimentos para animais, produtos químicos para a indústria de cosméticos, tomates especiais, combustíveis de bioetanol, CO_2 liquefeito para refrigerantes, e eletricidade para a rede nacional". A British Sugar é também um dos maiores produtores de tomates do Reino Unido, produzindo cerca de 140 milhões de tomates por ano, em uma estufa de 18 hectares, movida a calor e a gases residuais do processo de produção de açúcar.[2]

Como o setor de alimentos inclui variedade tão ampla de subsetores, resolvi explorar um deles, com um ingrediente aparentemente simples: café. Começamos olhando para o sistema total de alimentos, inclusive uma seleção de avanços de economia circular, e depois passamos para o subsetor de café. Examinaremos:

- Principais fatos e números do setor de alimentos.
- Características e desafios para as cadeias de suprimentos tradicionais.
- Conflitos de demanda e oferta.

---

[1] BRITISH Sugar: the UK's Largest Producer of Sugar ... and Speciality Salad Tomatoes. *Circular Economy Business Forum*, 2014. Disponível em: <www.cebf.co.uk/british-sugar.html>. Acesso em: 25 maio 2016.
[2] TOMATOES. *British Sugar*, 2010. Disponível em: <www.britishsugar.co.uk/Tomatoes.aspx>. Acesso em: 25 maio 2016.

- Desenvolvimentos da economia circular.
- O subsetor de café: visão geral, perfis e estudos de caso para os desenvolvimentos da economia circular.
- Implicações para a cadeia de suprimentos, e resumo.

Visão geral do setor

O Banco Mundial avalia o setor de alimentação e agricultura em cerca de US$ 7,8 trilhões, ou 10% do PIB global.[3] Os gastos com alimentos são muito variáveis, respondendo por cerca de 13% da renda familiar nos Estados Unidos (menos do que é gasto com habitação e transportes), mas consome a maior fatia da renda familiar na Ásia, com 23%.

A agricultura, direta ou indiretamente, emprega cerca de 2 bilhões de pessoas, mais de um quarto da população global,[4] e até 60% dos trabalhadores agrícolas vivem na pobreza.[5] Algumas das maiores empresas globais são produtoras de alimentos e bebidas, entre as quais se incluem nomes bem conhecidos, como Associated British Foods, Coca-Cola, Danone, General Mills, Kellogg's, Mondelez International (ex-Kraft Foods), Nestlé, Pepsico e Unilever. Juntas, essas empresas geram receita de US$ 400 bilhões por ano, e empregam milhões de pessoas em suas cadeias de suprimentos.[6]

A integração vertical na agricultura está aumentando, com grandes empresas fornecendo sementes, pesticidas e produtos farmacêuticos para a pecuária. Monsanto, Syngenta e DuPont controlam mais da metade da oferta de sementes comerciais do mundo. Em 2011, a DuPont era a "segunda maior empresa de sementes do planeta, a sexta maior de produtos químicos e a segunda maior de pesticidas".[7]

---

[3] PLUNKETT'S Food Industry Almanac Market Research. *Plunkett*, 2016. Disponível em: <www.plunkettresearch.com/industries/food-beverage-grocery-market-research/>. Acesso em: 28 mar. 2016.

[4] RANGANATHAN, J. Global Food Challenge Explained in 18 Graphics. *World Resources Institute*, 3 dez. 2013. Disponível em: <www.wri.org/blog/2013/12/global-food-challenge-explained-18-graphics>. Acesso em: 28 mar. 2016.

[5] BEHIND the Brands: Food Justice and the "Big 10" Food and Beverage Companies. Briefing Paper 166. *OXFAM*, 26 fev. 2015. Disponível em: <www.oxfam.org/en/file/bp166-behind-brands-260213-en2pdf>. Acesso em: 25 maio 2016.

[6] BEHIND the Brands: Food Justice and the "Big 10" Food and Beverage Companies. Briefing Paper 166. *OXFAM*, 26 fev. 2015. Disponível em: <www.oxfam.org/en/file/bp166-behind-brands-260213-en2pdf>. Acesso em: 25 maio 2016.

[7] WHO Will Control The Green Economy? *ETC Group*, 2011. Disponível em: <www.etcgroup.org/content/who-will-control-greeneconomy-0>. Acesso em: 25 maio 2016.

A agricultura global exerce forte impacto ambiental, ocupando 37% da massa terrestre do planeta, usando 70% das captações globais de água, em 2010, e produzindo cerca de um quarto das emissões de gases do efeito estufa (GEE), como mostra a Figura 6.1.[8]

FIGURA 6.1: *Footprint* ecológica da agricultura em 2010

FONTE: RANGANATHAN, J. *Global Food Challenge Explained in 18 Graphics*. World Resources Institute, 2013; http://www.wri.org/blog/2013/12/global-food-challenge-explained-18-graphics

A agricultura produz mais do que o suficiente para alimentar todos no planeta; quase 800 milhões de pessoas, no entanto, vão para a cama todas as noites com fome,[9] e um terço dos alimentos é desperdiçado. A saúde relacionada com dieta é um grande problema, tanto que mais de 1,9 bilhão de adultos estão com sobrepeso, dos quais 600 milhões são obesos.[10] Entre as doenças relacionadas com dieta estão diabetes, cárie dentária e gengivite. Uma safra global recorde, em 2014, produziu 2,5 bilhões de toneladas de grãos, mas apenas 43% foram usados para alimentar pessoas. O restante supriu a produção industrial, produziu biocombustíveis, alimentou os rebanhos ou foi desperdiçado.[11] Há grandes desafios pela frente. O World Resources Institute estima que a produção agrícola global terá de aumentar em 70%, de 9.500 trilhões de calorias, em 2009, para 16.000 trilhões de

---

[8] RANGANATHAN, J. Global Food Challenge Explained in 18 Graphics. *World Resources Institute*, 3 dez. 2013. Disponível em: <www.wri.org/blog/2013/12/global-food-challenge-explained-18-graphics>. Acesso em: 28 mar. 2016.

[9] THE State of Food Insecurity in the World 2015. *FAO*, [S.d.]. Disponível em: <www.fao.org/hunger/key-messages/en/>. Acesso em: 15 ago. 2016.

[10] OBESITY and Overweight: Fact Sheet n° 311. *World Health Organization*, 2015.

[11] HOMEPAGE. *Global Agriculture*, 2016. Disponível em: <globalagriculture.org/>. Acesso em: 28 mar. 2016.

calorias, até 2050.[12] Aí se incluem cultivos para o consumo humano direto, ração para animais, sementes, biocombustíveis e uso industrial.

As empresas globais de alimentos têm ampla variedade de preocupações, com a "matriz de materialidade" da Nestlé listando segurança alimentar, mudança climática, manejo da água, qualidade dos alimentos, direitos humanos, ética de negócios, e outras importantes áreas de interesse.[13] Algumas ONGs estão fazendo campanhas por melhorias: a Oxfam publica seu *scorecard* Behind the Brands, para as dez principais marcas globais de alimentos e bebidas, abrangendo vários indicadores de sustentabilidade e estimulando os consumidores a tomar iniciativas. O Quadro 6.1 esboça críticas à cadeia de suprimentos de alimentos, usando as condições sistêmicas da Natural Step para uma "avaliação básica".[14]

Cadeia de suprimentos tradicional: problemas e desafios

No Capítulo 5, vimos como a "revolução verde" agrícola aumentou o rendimento das safras, ajudando a reduzir a fome e a desnutrição e criando oportunidades para os produtores de alimentos em todo o mundo. Apesar disso, há quem argumente que o nosso sistema de fornecimento de alimentos é o menos eficiente de todos os tempos. É outro sistema linear: extrair, produzir, descartar... e poluir.

Recursos: técnicos

A agricultura moderna depende de inputs artificiais de materiais finitos, como fertilizantes a base de petróleo, mais nitrogênio e fósforo (com a preocupação de que ambos também estão se aproximando do pico de fornecimento), e de alguns "potenciadores" artificiais, como pesticidas, herbicidas, etc. O uso de insumos químicos na agricultura está aumentando, à medida que as abordagens da agricultura industrial substituem os métodos dos pequenos proprietários.

---

[12] RANGANATHAN, J. Global Food Challenge Explained in 18 Graphics. *World Resources Institute*, 3 dez. 2013. Disponível em: <www.wri.org/blog/2013/12/global-food-challenge-explained-18-graphics>. Acesso em: 28 mar. 2016.

[13] NESTLÉ in Society – Creating Shared Value and Meeting Our Commitments, 2014. *Nestlé*, p. 16, 2014. Disponível em: <http://www.nestle.com/asset-library/Documents/Library/Documents/Corporate_Social_Responsibility/Nestle-in-Society-Summary-Report-2014-EN.pdf>. Acesso em: 15 ago. 2016.

[14] The Natural Step, 2016. Disponível em: <www.thenaturalstep.org/our-approach/>. Acesso em: 26 maio 2016.

QUADRO 6.1: Condições sistêmicas da Natural Step – problemas da cadeia de suprimentos de alimentos

Condição sistêmica	Estágio da cadeia de suprimentos				
	Matérias-primas	**Manufatura**	**Logística e vendas**	**Uso**	**Fim da vida**
Materiais escassos extraídos da terra	Fertilizantes a base de petróleo, fosfatos, pesticidas químicos, irrigação	Energia de combustíveis fósseis, uso da água	Uso de energia e embalagens plásticas	Energia e água	Uso de energia para o transporte e processamento de resíduos
Produtos químicos artificiais tóxicos e persistentes	Inputs agrícolas pesticidas, etc., toxinas, poluição do solo, água e ar	Inputs de processamento, números E (aditivos para alimentos), produtos químicos, produtos químicos para limpeza	Particulados de, p. ex., diesel, muitos problemas com frete aéreo e marítimo, e refrigeração		Emissões de GEE, como metano oriundo da decomposição de sobras de alimentos em aterros sanitários
Destruição e poluição da natureza	Pesticidas, escoamento agrícola, bem-estar animal	Preocupações com efluentes e poluição do ar	Poluição oriunda do frete marítimo e rodoviário	Efluentes de produtos químicos para limpeza	Aterros sanitários ou incineração, poluição e toxinas oriundas de embalagens e aditivos químicos para alimentos
Trabalho e/ou condições de uso	Trabalho infantil, segurança do trabalho, escravidão, poluição afetando comunidades, condições e preços justos para os produtores	Trabalho infantil, segurança do trabalho, escravidão, poluição afetando comunidades	Condições de trabalho e remuneração, congestionamentos de trânsito	Aditivos químicos, açúcar, sal, etc.	

FONTE: *Streamlined Life Cycle Assessment* (Adaptado; baseado em Condições Sistêmicas da Natural Step.) Sustainable Wealth Creation, 2007, com a gentil permissão do Forum for the Future

Os agricultores podem usar vários "potenciadores" artificiais, geralmente compostos sintéticos, como fertilizantes, inseticidas, pesticidas, fungicidas e herbicidas. Esses produtos deixam resíduos na colheita (que, então, ingerimos) e no solo, ao se dispersarem, entram nos mananciais de água potável e agravam os níveis de poluição do ar — afetando a saúde das plantas, aves, peixes e animais em geral. No Capítulo 5, observamos que há de 30.000 a 70.000 produtos químicos em uso todos os dias, a maioria dos quais não é testada quanto a seus efeitos sobre a saúde.

Recursos: energia

Em contraposição aos benefícios da moderna agricultura industrializada, sobressai a forte dependência em relação à energia fóssil necessária para movimentar equipamentos agrícolas e máquinas de produção de fertilizantes e pesticidas.

FIGURA 6.2: Emissões de GEE pelo sistema alimentar

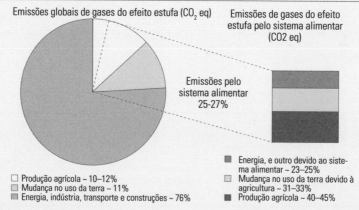

FONTE: Oxfam (2014) Standing on the sidelines [Online] https://www.oxfam.org/en/research/standing-sidelines; crédito dos dados a IPCC (2013); Vermeulen et al (2012); FAOStat

Já vimos que a agricultura sozinha contribui com 13% das emissões de GEE, usando 10 calorias de combustível fóssil para pôr uma caloria de alimentos no prato. Esse número exclui o transporte de produtos agrícolas e as emissões dos processadores de alimentos. As análises mostram que a produção e a cadeia de suprimentos de alimentos respondem por cerca de 30% do consumo total de energia global,[15] e por cerca de um quarto das emissões globais de GEE, como mostra a Figura 6.2.

---

[15] THE Food, Water and Energy Nexus. *UN Water*, 2014. Disponível em: <www.unwater.org/topics/water-food-and-energy-nexus/en/>. Acesso em: 28 mar. 2016.

A Oxfam se queixa de que as "dez grandes" empresas de alimentos e bebidas são "emissores significativos de GEE em suas operações globais. Se juntas fossem um único país, essas dez empresas famosas seriam o 25° país mais poluidor do mundo".[16]

Recursos: água

O uso global de água aumentou a mais do que o dobro da taxa de crescimento da população, no último século, e continua crescendo para atender às demandas crescentes da agricultura, da indústria e dos usuários domésticos.

FIGURA 6.3: Uso global de água

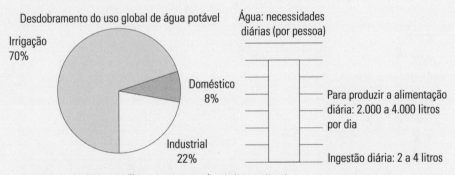

FONTE: UN WATER; http://www.unwater.org/statistics_use.html

A Figura 6.3 mostra o desdobramento do uso de água global, com a irrigação para cultivos (fibras, tabaco, biocombustíveis, etc., assim como alimentos) em 70%. Nossa ingestão diária média de água é de 2 a 4 litros, mas, para atender às necessidades diárias de alimentos por pessoa, são necessários de 2.000 a 4.000 litros. A pegada hídrica do Reino Unido é mais alta do que a média, em torno de 4.800 litros diários por pessoa (com apenas 150 no domicílio), e quase dois terços disso estão incorporados em bens importados – grande parte em alimentos.[17]

---

[16] STANDING ON the Sidelines: Why Food and Beverage Companies Must Do More to Tackle Climate Change, Oxfam Briefing Paper 186. *OXFAM*, 2014. Disponível em: <www.oxfam.org/sites/www.oxfam.org/files/file_attachments/bp186-standing-sidelines-big10-climate-emissions-200514-en_0_0.pdf>. Acesso em: 26 maio 2016.

[17] CHAPAGAIN, A. K.; ORR, S. *UK Water Footprint: The Impact of the UK's Food and Fibre Consumption on Global Water Resources*. Godalming (RU): WWF-UK, 2008. v. 1.

As pegadas hídricas de vários produtos alimentícios, apresentadas na Figura 6.4, ressaltam os impactos da pecuária no uso da água (devido em grande parte à irrigação das plantações para a produção de rações, como soja e milho).

A escassez de água é agora questão premente, com 1.7 bilhão de pessoas vivendo em países com estresse hídrico, em 2015. As Nações Unidas receiam que, em 2025, dois terços da população mundial estejam em situação semelhante.[18] Grandes empresas enfrentaram problemas de produção e ações judiciais envolvendo água nos últimos anos, como Nestlé e Anheuser-Busch, nos Estados Unidos, e Coca-Cola, na Índia e nos Estados Unidos.

FIGURA 6.4: *Footprint* hídrico de alimentos

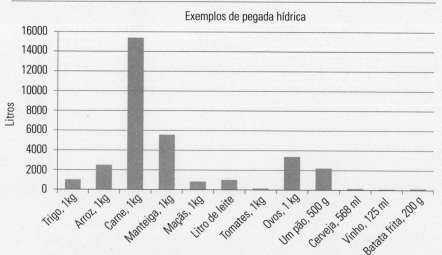

O **"nexo água-energia-alimentos"** está preocupando empresas, governos e ONGs.[19] Crises hídricas, choques de preços de energia e crises alimentares, todos esses fatores foram classificados como "acima da média" quanto à probabilidade e ao impacto, no Panorama de Riscos Globais do Fórum Econômico Mundial de 2015. Os três recursos são interligados: água é importante input para a agricultura, e ao longo de toda a cadeia de suprimentos agroalimentar. Usamos energia para produzir e distribuir

---

[18] WATER and Sustainable Development. *UN Water*, 8 set. 2015. Disponível em: <www.un.org/waterforlifedecade/water_and_sustainable_development.shtml>. Acesso em: 2 abr. 2016.

[19] WATER, Food and Energy Nexus. *FAO*, 2014. Disponível em: <www.unwater.org/topics/water-food-and-energy-nexus/en/>. Acesso em: 27 mar. 2016.

água e alimentos, para bombear fontes de água subterrânea e de água superficial, movimentar tratores e máquinas de irrigação, e processar e transportar produtos agrícolas. A geração de energia consome aproximadamente 8% das captações de água global, o que chega a 45% nos países industrializados. Uma abordagem sistêmica holística é indispensável para avaliar as perspectivas desses três elementos, e surgem complexidades ainda maiores em outros setores essenciais que dependem de água e de energia.

Recursos: biológicos

A maneira como usamos as terras agrícolas é interessante – o cultivo de safras para a alimentação humana, hoje, requer apenas 4% do solo disponível no planeta, enquanto as safras para a alimentação de bois, carneiros, porcos e frangos respondem por 30% - sete vezes mais. A Figura 6.5, adaptada de um infográfico da consultoria BestFootForward, ilustra a "pegada" de quatro tipos de alimentos comuns no Reino Unido, e novamente o principal responsável é a carne.

FIGURA 6.5: Pegada da cadeia de suprimentos do setor alimentício no Reino Unido

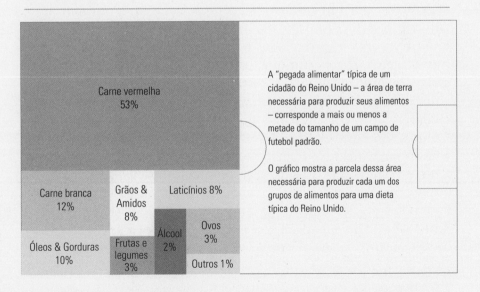

FONTE: BESTFOOTFORWARD, 2011; http://anthesisgroup.com/how-much-land-does-it-take-to-feed-the-uk/. A pegada da BestFootForward baseia-se em dados do Reino Unido, que mostram a quantidade em quilogramas de grupos de alimentos usados por pessoa, por ano, extraídos da Food and Agriculture Organization das Nações Unidas.

Em capítulos anteriores, vimos previsões da crescente população de consumidores, que deve chegar a 9.7 bilhões de pessoas até 2050, com grande parte desse aumento na Ásia e na África. À medida que as pessoas nas economias em desenvolvimento aumentam seu poder aquisitivo, elas tendem a comer mais carne, mais laticínios e mais alimentos processados, adotando dietas "ocidentais". As previsões do World Resource Institute, na Figura 6.6, mostra o aumento do consumo de calorias animais (carne e laticínios), de 94%, na Índia; 46%, na China; 37%, no Oriente Médio e na África; e 29%, na África Subsaariana.[20]

Terras agrícolas e pastos ocupam mais ou menos metade das terras globais, não cobertas por gelo, água ou deserto. A expansão contínua das terras agrícolas e dos pastos é a principal fonte de degradação dos ecossistemas e da perda de biodiversidade. A conversão de florestas, savanas e turfeiras em terras agrícolas responde por cerca de 11% das emissões de GEE. As terras agrícolas e os pastos se expandiram em mais ou menos 500 milhões de hectares, entre 1962 e 2006, equivalente mais ou menos a 60% da área dos Estados Unidos.[21]

A FAO (2014) estima que "um terço de todos os solos são degradados, por força de erosão, compactação, impermeabilização, salinização, depleção de matérias orgânicas e nutrientes, poluição, e outros processos provocados por práticas de gestão agrícolas insustentáveis.[22] E advertiu que, "caso não se adotem novas abordagens, a quantidade global de terras aráveis e produtivas, por pessoa, equivalerá, até 2050, a apenas um quarto do nível de 1960". Solos saudáveis são essenciais para a nossa sobrevivência, fornecendo alimentos, combustível, fibras e produtos médicos. O solo sustenta os ecossistemas, inclusive o ciclo do carbono, armazenando e filtrando água, e melhorando a resiliência a inundações e secas. A depleção

---

[20] RANGANATHAN, J. Global Food Challenge Explained in 18 Graphics. *World Resources Institute*, 3 dez. 2013. Disponível em: <www.wri.org/blog/2013/12/global-food-challenge-explained-18-graphics>. Acesso em: 28 mar. 2016.

[21] SEARCHINGER, T. et al. Creating a Sustainable Food Future: Interim Findings. *World Resources Institute*, dez. 2013. Disponível em: <www.wri.org/publication/creating-sustainable-food-future-interim-findings>. Acesso em: 2 abr. 2016.

[22] NOTHING Dirty Here: FAO Kicks Off International Year of Soils, 2015. *UN FAO*, 4 dez. 2014. Disponível em: <www.fao.org/news/story/en/item/270812/icode/>. Acesso em: 26 mar. 2016.

de nutrientes também é uma preocupação, com indicações de deficiências em macro e micronutrientes. Os agricultores pagam por produtos químicos e fertilizantes, para compensar a perda de serviços ecológicos até então prestados gratuitamente pelo solo. Alternativas como agricultura orgânica e organismos geneticamente modificados (OGM) ainda dependem de alguns inputs, e de arar ou lavrar o solo, o que também contribui para a degradação.

FIGURA 6.6 Consumo mundial de carne e laticínios

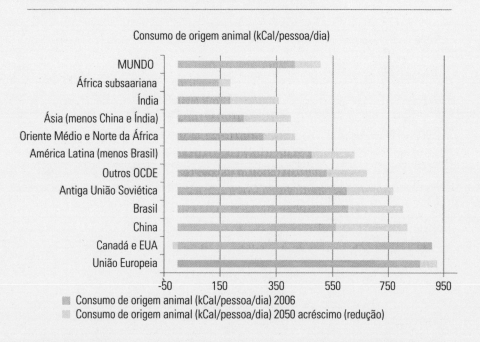

FONTE: RANGANATHAN, J. *Global Food Challenge Explained in 18 Graphics*. World Resources Institute, 2013; http://www.wri.org/blog/2013/12/global-food-challenge-explained-18-graphics

Outros problemas incluem **bem-estar e doença animal,** com exemplos recentes incluindo MRSA em bois e porcos, BSE e E.coli.

Comércio mundial

O crescimento do comércio mundial de produtos agrícolas e pecuários tem sido constante (ver Figura 6.7). Todavia, essas trocas de produtos agrícolas, pecuários e outros nutrientes biológicos aumentam o risco de propagação de pestes, de doenças e de espécies invasivas em todo o mundo, ameaçando a saúde de humanos e de outras espécies vivas. A FAO lista a gripe aviária; gafanhotos e outras infestações de insetos; doenças em trigo, mandioca, milho e banana; e patógenos e micotoxinas de origem alimentar como "exemplos de ameaças à cadeia alimentar humana, que podem afetar a saúde humana, a segurança alimentar, os meios de subsistência, as economias nacionais e os mercados globais".[23]

FIGURA 6.7: Exportações globais de produtos agropecuários

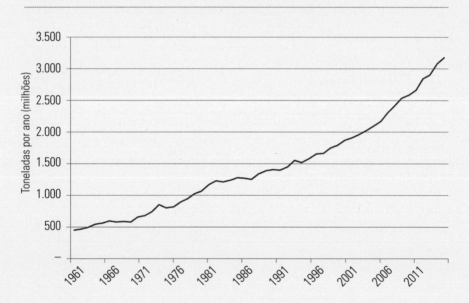

FONTE: FAOStat

Demanda *versus* oferta

Apesar das melhoras recentes, a **fome** é ainda questão crítica. Já observamos que 800 milhões de pessoas são subnutridas, cerca de 11% da população mundial, mas chegando a 20% na África.[24] A Oxfam calcula que "as calorias necessárias para esses 13% da

---

[23] FOOD Chain Crisis. FAO, 2016. Disponível em: <www.fao.org/food-chain-crisis/en/>. Acesso em: 27 maio 2016.
[24] STATISTICAL Pocket Book. FAO, 2015. Disponível em: <http://www.fao.org/3/a-i4691e.pdf>. Acesso em: 15 ago. 2016.

população mundial equivalem a apenas 3% da oferta global de alimentos",[25] correspondendo a aproximadamente um décimo do desperdício de alimentos nas cadeias de suprimentos mundiais. Amplo estudo liderado por cientistas do Imperial College London descobriu que 10% dos homens e 14% das mulheres em todo o mundo são obesos.[26] A população mundial ficou 1,5 quilo mais pesada, por pessoa, a cada década, desde 1975.

Nas economias desenvolvidas, as **doenças relacionadas com dieta** estão se tornando questão séria. Nos Estados Unidos, 12% dos nova-iorquinos têm diabetes Tipo II, gerando despesas relacionadas com tratamento médico da ordem de US$ 400.000 por pessoa. Números publicados em 2009 estimam que, no Reino Unido, doenças relacionadas com dieta custam só ao National Health Service (NHS) £ 6 bilhões por ano, sem considerar outros custos sociais e trabalhistas. As campanhas para redução do açúcar estão ganhando força, reconhecendo que o açúcar é viciante e causa imensos danos à saúde, além de provocar e agravar doenças cardíacas e acelerar cáries dentárias. Indivíduos com sobrepeso estão mais sujeitos a doenças cardiovasculares, osteoartrite e várias formas de câncer.

Esses são exemplos de **externalidades**[*] que são financiadas pela sociedade, envolvendo custos crescentes para a saúde pública e para seguros-saúde individuais e empresariais, na forma de perda de dias de trabalho, e assim por diante.

A **acessibilidade** de alimentos é problema em muitas regiões, e, em 2014, os preços mundiais dos alimentos atingiram o nível mais alto desde os anos 1900;[27] esse aumento de preço dos alimentos foi importante

---

[25] RAWORTH, K. The Doughnut Can Help Rio+20 See Sustainable Development in The Round. *The Guardian*, 16 jun. 2012. Disponível em: <https://www.theguardian.com/global-development/poverty-matters/2012/jun/16/doughnut-rio20-sustainabledevelopment>. Acesso em: 15 ago. 2016.

[26] TRENDS in Adult Body-Mass Index in 200 Countries from 1975 to 2014: A Pooled Analysis of 1698 Population-Based Measurement Studies with 19.2 Million Participants. *The Lancet*, v. 387, p. 1377–96, 2 abr. 2016. Disponível em: <www.thelancet.com/journals/lancet/article/PIIS0140-6736(16)30054-X/abstract>. Acesso em: 2 abr. 2016.

[27] FOOD and Nutrition in Numbers. *FAO*, 2014. Disponível em: <https://www.google.com/url?q=http://www.fao.org/3/a-i4175e.pdf&sa=U&ved=0ahUKEwiLjorAisrOAhWLOxQKHZyABPsQFggEMAA&client=internal-uds-cse&usg=AFQjCNE6KIGWCSPyXIIGC4KQMslVMOaoGA>. Acesso em: 15 ago. 2016.

indutor dos tumultos da Primavera Árabe e de guerras civis, em 2010 e 2011. Os anos recentes foram difíceis para a colheita de várias safras, em muitas áreas, em consequência de secas, chuvas intensas e problemas de polinização.

A **segurança alimentar** abrange disponibilidade (quantidade e qualidade) e acesso. Para muitos países, isso envolve desnutrição, fome, pobreza, e até guerras civis e migrações. Para o Reino Unido, é mais uma questão de desequilíbrios de comércio. O Reino Unido produz somente cerca de três quartos de seu consumo de alimentos, importando o restante,[28] o que, de fato, significa "externalizar" sua pegada hídrica, uso de energia e emissões de GEE. O WRAP informa que oito dos dez principais países exportadores de alimentos para o Reino Unido são propensos a secas. Países e empresas preocupados com a segurança alimentar estão adquirindo produtores de alimentos e terras, visando a garantir seus fornecimentos futuros. A Shuanghui International, empresa chinesa produtora de carne, comprou a Smithfield Foods, nos Estados Unidos, maior processadora de carne de porco do mundo, por cerca de US$ 5 bilhões, em 2013. A Oxfam calcula que as terras adquiridas entre 2000 e 2010 poderiam alimentar 1 bilhão de pessoas, e que boa parte dessa capacidade fica ociosa, enquanto os especuladores torcem por aumentos nos preços, ou é usada para o cultivo de produtos agrícolas, geralmente biocombustíveis para exportação.[29]

Há resíduos estruturais em todo o percurso da cadeia de suprimentos. Na agricultura, apenas 5% dos fertilizantes aplicados fornecem nutrição a humanos, e até 70% dos fertilizantes não são utilizados nas plantações, provocando, isto sim, poluição da água, eutrofização* e liberação de emissões de GEE.[30]

---

[28] FOOD and Rural Affairs Committee, Food Security: Second Report of Session 2014–15. *House of Commons Environment*, [S.d.]. Disponível em: <www.publications.parliament.uk/pa/cm201415/cmselect/cmenvfru/243/243.pdf >. Acesso em: 1 abr. 2016.

[29] OUR Land, Our Lives. Briefing Note, p. 2. *OXFAM*, out. 2012. Disponível em: <http://www.oxfam.org/sites/www.oxfam.org/files/bn-land-lives-freeze-041012-en_1.pdf>. Acesso em: 15 ago. 2016.

[30] SUN, McKinsey. Growth Within: A Circular Economy Vision for a Competitive Europe. p. 19. *Ellen MacArthur Foundation*, jun 2015. Disponível em: <https://www.ellenmacarthurfoundation.org/publications/growth-within-a-circular-economy-vision-for-a-competitive-europe>. Acesso em: 15 ago. 2016.

Em todo o mundo, cerca de um terço da produção total de alimentos é perdida a cada ano, entre o campo e o garfo. A Figura 6.8 mostra os níveis, em quilogramas por pessoa, por ano, para cada região. Nas economias em desenvolvimento, boa parte se perde no campo e na cadeia de suprimentos, enquanto nas economias desenvolvidas, as maiores perdas ocorrem no varejo e no consumo. No Reino Unido, quase a metade do total de alimentos descartados, cerca de 7 milhões de toneladas, vem das casas. Uma família típica do Reino Unido joga fora cerca de £ 700 de alimentos por ano,[31] e poderíamos ter comido mais da metade disso. Além das sobras de alimentos, também desperdiçamos toda a água, energia, fertilizantes e outros inputs neles incorporados. Fabricantes e varejistas estão engajados com os consumidores no esforço para reduzir os níveis de dissipação no varejo e no consumo, e a FAO tem uma caixa de ferramentas com propostas de iniciativas em cada estágio da cadeia de suprimentos.

FIGURA 6.8: Desperdício global de alimentos por região

FONTE: FAO, 2012, *Factsheet Food Wastage*; www.fao.org/docrep/018/i3347e/i3347e.pdf

---

[31] FOOD Waste Statistics. *Love Food Hate Waste*, 2016. Disponível em: <www.lovefoodhatewaste.com/node/2472>. Acesso em: 2 abr. 2016.

Voltando ao crescimento da população e ao aumento da demanda por alimentos, que examinamos no começo do capítulo, o World Resources Institute (WRI) estima que a produção agrícola global precisará aumentar em 70%, de 9.500 trilhões de calorias, em 2009, para 16.000 trilhões de calorias, até 2050.[32] Aí se incluem cultivos para o consumo humano direto, ração para animais, sementes, biocombustíveis e matérias-primas industriais. Reduzir o desperdício de alimentos fechará o hiato apenas parcialmente. O WRI estima que diminuir para a metade as sobras de alimentos resultaria em ganho de 1.400 trilhões de calorias. A redistribuição também poderia ajudar, assim como a diminuição do excesso de consumo em algumas regiões. A competição pelo uso da terra é outro desafio, com alguns governos planejando produzir mais biocombustíveis para transporte. A produção de biocombustíveis para atender a 10% da demanda de combustíveis para transporte, até 2050, absorveria cerca de um terço das safras agrícolas globais, mas geraria somente 2% da energia global e aumentaria o hiato de alimentos em cerca de 100%. O WRI calcula que a "eliminação do uso de biocombustíveis baseados em safras agrícolas reduziria o hiato de alimentos em cerca de 14%".

Para melhorar a segurança e a proteção dos alimentos, cadeias de suprimentos mais curtas e mais transparentes podem aumentar a confiança e possibilitar reações mais eficazes aos problemas emergentes. Fraudes alimentares existem há séculos, e perduram em muitos produtos. Como exemplo, o Reino Unido consegue consumir 1.800 toneladas de mel de Manuka, de apenas 1.500 toneladas produzidas anualmente na Nova Zelândia.[33] Depois do escândalo da carne de cavalo, em 2013, muitos consumidores do Reino Unido passaram a comprar carne do açougueiro local.

Podemos ver na Figura 6.9 a vasta gama de impactos nos sistemas vivos, muitos dos quais estão interconectados. É difícil perceber de que maneira mais industrialização e mais concentração

---

[32] RANGANATHAN, J. Global Food Challenge Explained in 18 Graphics. *World Resources Institute*, 3 dez. 2013. Disponível em: <www.wri.org/blog/2013/12/global-food-challenge-explained-18-graphics>. Acesso em: 28 mar. 2016.

[33] FIRN, D. From Honey to Milk, How Fraud Enters the Food Supply Chain. *The Review, Financial Times*, , 10 mar. 2016.

podem fornecer a resposta. "Novas tecnologias", como modificação genética, podem significar mais integração vertical, com poucas grandes empresas globais controlando toda a cadeia de suprimentos e impondo aos agricultores sementes cada vez mais complexas e dispendiosas.

A Figura 6.10 destaca os problemas conflitantes relacionados com alimentação e agricultura, à medida que agricultores, produtores, governos e ONGs desenvolvem planos para reduzir a fome, proteger e regenerar nossos sistemas vivos e melhorar nossos sistemas de fornecimento de alimentos para atender às necessidades da população crescente.

Desenvolvimentos da economia circular

Empresas globais e start-ups de alimentos estão inovando em toda extensão da cadeia de suprimentos, descobrindo maneiras de extrair valor de resíduos, em *loops* fechados e entre setores. A estrutura da economia circular, na Figura 6.11, nos lembra da ampla variedade de oportunidades para o setor de alimentos, sobretudo para o design de inputs, produtos e processos circulares. Veremos exemplos disso em toda esta seção.

Inputs circulares: reciclados, renováveis, seguros e protegidos

Até a **agricultura orgânica** é bastante intensiva em energia, arando, lavrando, semeando e irrigando para plantar, cultivar e colher as safras anuais. As alternativas, com interesse crescente em todo o mundo, são permacultura e sistemas agroflorestais – afastando-se da monocultura e projetando "jardins florestais" para produzir alimentos, fibras e madeira, de maneira autossustentável, com base em projetos que procurem fornecer água e nutrientes, sem mão de obra e sem combustíveis fósseis. A compreensão mais profunda da complexidade do solo, das funções das micorrizas (associações fúngicas entre raízes de plantas e fungos benéficos, que efetivamente estendem a área das raízes dos sistemas vegetais) e dos danos causados pela compactação e lavoura está propiciando diferentes abordagens. Os agricultores estão aprendendo métodos de manejo holístico e de "plantio direto", para otimizar o rendimento, o trabalho e os inputs.

FIGURA 6.9: Impactos da cadeia de suprimentos

Matérias-primas → Manufatura → Armazenamento → Venda → Uso
↺ Retornos

Emissões de gases do efeito estufa
- Disrupção climática – secas e enchentes, mudança do padrão climático
- Emissões > acidificação dos oceanos
- Impacto da qualidade do ar sobre a saúde

Recursos, combustíveis fósseis, resíduos
- Depleção de recursos
- Pico do petróleo e problemas de gás
- Impacto da mineração sobre os ecossistemas locais e a água
- Resíduos *versus* segurança alimentar

Desmatamento e mudança no uso da terra
- Impacto do CO_2 na regulação climática
- Destruição de ecossistemas
- Perda de biodiversidade

Solo
- Degradação do solo exige inputs de petróleo e minerais para substituir nutrientes
- Resíduos químicos incluem nitrogênio e fósforo
- Desertificação de importantes áreas de cultivo (p. ex., Califórnia)

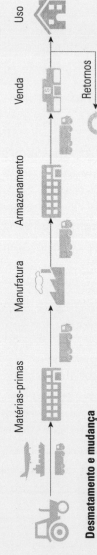
Oceanos e água
- Depleção de fontes de água subterrânea
- Poluição de água potável
- Questões de escassez de água
- Excesso de pesca destrói espécies marinhas
- Acidificação impacta corais e habitats marinhos

FIGURA 6.10: Alimentos – problemas conflitantes

FIGURA 6.11: *Framework* da economia circular

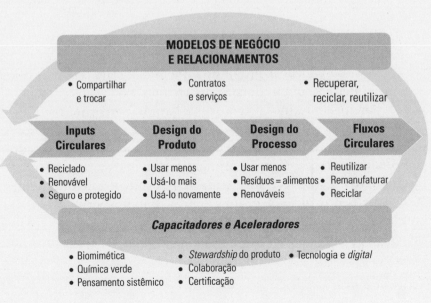

FONTE: © CATHERINE WEETMAN

Princípio importante da economia circular é zero resíduos: os produtos no fim de uso devem tornar-se compostos orgânicos (isto é, alimento para a natureza), ou estar disponíveis para reutilização. Quanto a alimentos, pensar no nível molecular pode ajudar a identificar maneiras de recuperar valor. Que elementos químicos úteis podem ser extraídos do fluxo de resíduos para se tornarem subprodutos valiosos? Os resíduos remanescentes podem ser convertidos em energia, compostos orgânicos, e assim por diante.

As empresas estão criando produtos com ingredientes reciclados de outros processos. A Snact, start-up do Reino Unido, produz *snacks* de frutas com refugos de produção, rejeitados por serem grandes demais, pequenos demais, feios, ou simplesmente abundantes demais. A Rubies in the Rubble aproveita refugos para fazer *chutney* (molho picante), com ingredientes que "passam no teste do sabor, mas não no concurso de beleza".[34] Embora todos os ingredientes de alimentos pareçam ser renováveis, carnes e laticínios exercem mais pressão sobre os recursos do que os produtos agrícolas. Em São Francisco, a start-up Hampton Creek pretende revolucionar a indústria de alimentos, substituindo ovos por plantas, como ingredientes, a começar com a maionese "sem ovos" (nos Estados Unidos, a maionese deve conter ovos), feita com peras amarelas e biscoitos.[35] Entre os acionistas estão Bill Gates e os fundadores da PayPal e do Facebook.

Design do produto: usar menos, usá-lo mais, usá-lo novamente

A ideia de conceber produtos alimentícios para serem "usados com mais intensidade" ou "durante mais tempo" pode parecer estranha; pensar, porém, em termos de conseguir **"mais com menos"** talvez seja mais objetivo. Por exemplo, sugerir receitas aos consumidores, usando refugos de legumes e verduras geralmente desperdiçados, como talos de couve-flor, ou fermentar alimentos para aumentar a **longevidade** e fornecer ao mesmo tempo novos micronutrientes. Pão de fermento, picles, iogurte e outros produtos fermentados são outros exemplos simples. Promover a longevidade é garantir que os alimentos se mantenham frescos e retenham nutrientes, talvez inovando

---

[34] Rubies in the Rubble. Disponível em: <www.rubiesintherubble.com/>. Acesso em: 1 abr. 2016.

[35] NEATE, R. Crazy Recipe for Success: Egg-Free Egg. *The Guardian*, 21 mar. 2015.

na embalagem ou simplesmente ajudando os consumidores a armazenar melhor os alimentos. As compras pela internet de alimentos congelados podem ser entregues em embalagens de base biológica, como o WoolCool: lã de ovelha, com revestimento biodegradável, para acondicionamento de alimentos e medicamentos.

Design do processo: use menos, resíduos = alimentos, renováveis e energia renovável

Diferentes métodos de agricultura estão em desenvolvimento. A Foodchain, nos Estados Unidos, é um exemplo de aquaponia em recinto fechado (ver Capítulo 2), que afirma consumir menos de 10% da água necessária na agricultura convencional. A agricultura subterrânea usa iluminação LED para plantar alimentos nas cidades, em recintos fechados. A Zero Carbon Food cultiva ervas, legumes e verduras em túneis ferroviários abandonados, nos subterrâneos de Londres, usando ambientes herméticos assepsiados, sistemas de irrigação hidropônica e captação de energia em fornecedores verdes.[36] A empresa vende toda a produção no anel rodoviário M25, que circunda a Grande Londres, para maximizar o frescor.

As empresas estão reconsiderando os métodos de produção, para recuperar valor dos ingredientes e dos inputs dos processos. Exemplos de uso em cascata, em especial para ingredientes alimentares, incluem a casca de laranja, já mencionada neste livro. O departamento de Química Verde da University of York constituiu a Orange Peel Exploitation Company, projeto de pesquisa envolvendo outras universidades do Brasil e da Espanha.[37] As empresas de laticínios Arla Foods Ingredients e Danone criaram novos produtos proteicos usando soro de leite do processo de fabricação de iogurtes. Um estudo estimou que os resíduos e subprodutos de peixe, cerveja e uísque poderiam reforçar a economia escocesa com até £ 800 milhões.[38] A geração de energia com base em resíduos torna-se

---

[36] Zero Carbon Food Ltd, 2016. Disponível em: <www.zerocarbonfood.co.uk/about-us/>. Acesso em: 1 abr. 2016.

[37] University of York, 2011. Disponível em: <www.york.ac.uk/news-and-events/news/2011/research/waste-orange/>. Acesso em: 27 maio 2016.

[38] SECTOR Study on Beer, Whisky and Fish. *Zero Waste Scotland*, 2016. Zero Waste Scotland, 2016. Disponível em: <www.zerowastescotland.org.uk/Beer-WhiskyFish#sthash.ogn3kOCw.dpuf>. Acesso em: 2 abr. 2016.

cada vez mais eficaz, à medida que se desenvolve a tecnologia, e muitas empresas, como McDonalds, reciclam óleo de cozinha para produzir combustível.

No varejo, **"usar menos"** pode focar em reduzir desperdícios ou até em eliminar embalagens. Original Unverpackt, "o primeiro supermercado zero resíduos" da Alemanha, estoca todas as mercadorias a granel, possibilitando que os clientes comprem a quantidade exata de que precisam, usando os próprios recipientes. Se esquecerem um recipiente, basta tomar emprestados recipientes multiuso ou usar sacos de papel reciclado.

Em 2013, o programa de televisão da BBC *Hugh's War on Waste* estudou os desperdícios entre o campo e o garfo, fazendo campanha por mudanças sistêmicas. Ao reexaminarem os padrões de classificação de frutas e vegetais, pesquisadores descobriram que pequenas mudanças nos tamanhos de, digamos, batatas tipo A possibilitavam reduções significativas nas rejeições de lotes, e os consumidores não percebiam nenhum comprometimento na qualidade.

Ciclos circulares: reutilizar, repor, reciclar

A tributação de aterros sanitários no Reino Unido, altamente progressivo para estimular melhorias contínuas, promove abordagens "resíduos zero para aterros sanitários". A publicidade contrária ao desperdício de alimentos salienta problemas de desigualdade e pobreza, e os aspectos éticos de descartar grandes quantidades de alimentos ainda comestíveis, enquanto muitas pessoas fazem filas diante de bancos de alimentos ou sofrem de fome e desnutrição crônicas. A **reutilização** de alimentos e bebidas é mais difícil! No entanto, para evitar desperdícios, a cadeia de suprimentos deve ser bastante ágil para redirecionar os produtos, antes do vencimento do prazo de validade, destinando-os, por exemplo, a bancos de alimentos ou a restaurantes populares.

Organizações como FareShare e Company Shop objetivam recuperar alimentos enquanto são comestíveis e nutritivos, direcionando-os a bancos de alimentos ou à venda a preços mais baixos. A Company Shop, fundada na década de 1970, informa que é "o maior redistribuidor de produtos excedentes do Reino Unido", usando uma rede de *staff shops* (lojas para funcionários), *click and collect* e independentes, para evitar mais de 30.000 toneladas de sobras de alimentos por ano.[39] A Sugarich usa sobras de alimentos processados, como cereais matinais, além de resíduos de fabricação ou itens de estoque fora de código, na produção rações para animais, rastreáveis do cultivo ao fornecimento.

Capacitadores

A química verde ajuda a criar novos subprodutos, para a produção de alimentos – como no caso do exemplo anterior de suco de laranja – ou de inputs para cosméticos e fármacos. AgriDust é matéria-prima orgânica para impressão 3D, consistindo em cerca de dois terços de sobras de alimentos, além de um aglutinante de fécula de batata.[40] O material pode substituir plásticos em produtos de vida curta, como embalagens ou vasos para plantas.

A internet e plataformas de troca possibilitam notificações rápidas de recursos disponíveis, com a SpoilerAlert, por exemplo, nos Estados Unidos, permitindo a empresas de alimentos de agricultores anunciar os recursos disponíveis, para venda ou doação. A Food Assembly, no Reino Unido, atua como "mercado virtual de agricultores", possibilitando aos consumidores comprar de pequenos produtores, e coleta nas localidades, semanalmente, pedidos agregados.

Aceleradores: colaborações e certificações

As organizações certificadoras controlam padrões orgânicos e biodinâmicos, padrões de bem-estar animal e padrões éticos. Há grupos de especialistas, como Sustainable Restaurant Association, Ethnical Tea Partnership, e muitos outros. Iniciativas colaborativas do setor, com o propósito de melhorar a sustentabilidade, incluem o Courtauld Commitment, agora na terceira fase. Os 2025 signatários se comprometem a "produzir mais com menos", melhorar o valor e reduzir perdas.

O Capítulo 2 descreveu a iniciativa do National Industrial Symbiosis Project (NISP), no Reino Unido, interligando empresas para transformar

---

[39] Company Shop Ltd, 2016. Disponível em: <www.companyshop.ltd.uk/>. Acesso em: 1 abr. 2016.

[40] TILL, J. Biodegradable Planters and Bowls with AgriDust. *Packaging Insider*, 8 abr. 2015. Disponível em: <thepackaginginsider.com/biodegradable-planters-bowlsa-gridust/#s0SRTej5DUFyCh3o.99>. Acesso em: 2 abr. 2016.

o lixo em um fluxo de recursos. Exemplos de simbiose alimentar incluem resíduos de pastelaria da Apetito, encaminhados para a planta de digestão anaeróbica da Andigestion a fim de gerar eletricidade.[41]

Modelos de negócio circulares

Também estão surgindo negócios baseados inteiramente em fluxos circulares. Nos Estados Unidos, a Imperfect compra produtos disformes (rejeitados pelos varejistas), diretamente dos agricultores, e os vende com desconto de 30% a 50% para os assinantes. A FoPo produz pó alimentar a partir de frutas que estão próximas do fim da validade, ou apenas feias, como ingrediente alimentar para bolos e sorvetes, preservando os nutrientes, o aroma e os sabores.

A Horizon Proteins está desenvolvendo processos para recuperar e reutilizar proteínas e energia de subprodutos de fermentação e destilaria, para uso como alimentos sustentáveis e nutritivos na criação de salmão.

A EnviroFlight, nos Estados Unidos, usa sobras de cervejarias, de produção de etanol e de alimentos pré-consumo como matéria-prima para larvas de mosca soldado-negro, que então ingerem e bioconvertem o material, transformando-o em alimento com muita proteína e pouca gordura para espécies de peixes onívoros, e também benéfico para aves e suínos.

No Reino Unido, Brocklesby, Olleco e ReFood estão gerando energia e outros subprodutos na base de sobras, como gorduras.

Subsetor cafeeiro

O café é hoje a segunda mercadoria mais comercializada no mundo, depois do petróleo.[42] A produção global de café cresceu 50%, entre 1990 e 2015, embora tenha diminuído ligeiramente, entre 2012 e 2015, de 8,9 para 8,6 toneladas.[43]

---

[41] WRAP, 2010. Disponível em: <www.wrap.org.uk/content/information-sheet--apetito-waste-prevention-boosts-business-efficiency>. Acesso em: 31 mar. 2016.

[42] GREEN Beans: 5 Sustainable Coffee Innovations. *edie.net*, 22 fev. 2016. Disponível em: <www.edie.net/library/Green-beans-5-sustainable-coffee-innovations/6689>. Acesso em: 11 mar. 2016.

[43] THE Current State of the Global Coffee Trade. *International Coffee Organization*, 29 fev. 2016. Disponível em: <www.ico.org/monthly_coffee_trade_stats.asp>. Acesso em: 11 mar. 2016.

O consumo gira em torno de 1,6 bilhão de xícaras de café por dia, em todo o mundo, com os Estados Unidos bebendo cerca de 400 milhões de xícaras por dia.[44] Os países escandinavos lideram a lista de consumo per capita, com os Estados Unidos na 22ª posição. No Reino Unido, o número de lojas de café, dominadas por cadeias como Costa Coffee, Starbucks e Pret A Manger, quadruplicou, entre 2001 e 2011.[45] O consumo de café orgânico e Fairtrade (certificação de comércio justo e solidário) aumentou, com as marcas Fairtrade respondendo por cerca de 10% do café consumido nos Estados Unidos.

Cadeia de suprimentos tradicional: problemas e desafios

A cadeia de suprimentos de café é complexa, com cerca de 100 milhões de pessoas envolvidas no cultivo em todo o mundo; 70% dos produtores são pequenos agricultores, que, em países do terceiro mundo, recebem apenas 10% do preço final no varejo.[46] Há preocupações éticas de que "a produção de café esteja ligada à escravidão e ao trabalho infantil, e muitos dos grãos que você compra são cultivados em países que sub-regulam o uso de produtos químicos e pesticidas".[47]

Em resposta à crescente demanda mundial, os métodos de cultivo e produção mudaram. Tradicionalmente, o café era plantado sob uma abóbada sombreada de árvores frondosas. Essa abordagem agroflorestal previne a erosão do solo superficial, elimina a necessidade de produtos químicos e fornece ecossistemas propícios de habitats e diversidade. Na década de 1970, os agricultores foram encorajados a substituir seus velhos métodos "ineficientes" por novos sistemas mais intensivos, cultivando o café em plantações ensolaradas, com o preparo do solo e a aplicação de fertilizantes. Tudo isso, além do crescimento da demanda, significa que

---

[44] GREEN Beans: 5 Sustainable Coffee Innovations. *edie.net*, 22 fev. 2016. Disponível em: <www.edie.net/library/Green-beans-5-sustainable-coffee-innovations/6689>. Acesso em: 11 mar. 2016.

[45] BLACKSELL, G. How Green is Your Coffee? *The Guardian*, 4 out. 2011. Disponível em: <www.theguardian.com/environment/2011/oct/04/green-coffee>. Acesso em: 11 mar. 2016.

[46] BLACKSELL, G. How Green is Your Coffee? *The Guardian*, 4 out. 2011. Disponível em: <www.theguardian.com/environment/2011/oct/04/green-coffee>. Acesso em: 11 mar. 2016.

[47] WORLD Coffee Consumption Statistics. *The World Counts*, 2016. Disponível em: <ww.theworldcounts.com/counters/world_food_consumption_statistics/world_coffee_consumption_statistics>. Acesso em: 11 mar. 2016.

só na América Central, 2,5 milhões de acres de floresta foram devastados para o cultivo do café.[48] Na Colômbia, América Central, Caribe e México, mais de 40% da área cafeeira foi convertida para o plantio de "café de sol", com a conversão de mais 25%, até 2016.

Carbono e água ao longo da cadeia de suprimentos

O café deixa uma pegada hídrica significativa, precisando em média de 140 litros de água para render uma xícara.[49] Muito dessa água é usado no cultivo (irrigação de plantações ao sol) e nos primeiros estágios da produção. O desenvolvimento de processos de moagem úmida, à medida que o cultivo mudava para plantações ao sol, acarretou consumo e desperdício significativos de água, "frequentemente 10.000 m^3 por tonelada de café verde [...] a carga de poluição nas águas residuais da moagem úmida do café pode ser de 30 a 40 vezes maior que a encontrada no esgoto urbano".[50]

O fim do processo produz borra de café. Um grama de café gera 0,91 grama de resíduos,[51] produzindo cerca de 8 milhões de toneladas de borra de café por ano. Se despejada em aterro sanitário, uma tonelada de resíduos de café pode produzir cerca de 14 toneladas de CO_2.[52]

Desenvolvimentos da economia circular

A cadeia de valor do café pode melhorar os fluxos de inputs circulares, ao retornar às abordagens agroflorestais usadas para as plantações

---

[48] WORLD Coffee Consumption Statistics. *The World Counts*, 2016. Disponível em: <ww.theworldcounts.com/counters/world_food_consumption_statistics/world_coffee_consumption_statistics>. Acesso em: 11 mar. 2016.

[49] CHAPAGAIN, A. K.; HOEKSTRA A.Y. The Water Footprint of Coffee and Tea Consumption in the Netherlands. *Ecological Economics*, v. 64, p. 109–18, 2007.

[50] KUBOTA, L. *The Use of Water in Processing: Treatment, Conservation, and Impacts on Quality.* 8 jul. 2013. Disponível em: <www.scaa.org/chronicle/2013/07/08/the-use-of-water-in-processing-treatmentconservation-and-impacts-on-quality/>. Acesso em: 31 mar. 2016.

[51] DUGMORE, T. The Business of Food Waste. *Centre for European Policy Studies*, 2014. Disponível em: <www.ceps.eu/sites/default/files/u153872/Tom%20Dugmore%20%20The%20Business%20of%20Food%20Waste.pdf>. Acesso em: 1 abr. 2016.

[52] GREEN Beans: 5 Sustainable Coffee Innovations. *edie.net*, 22 fev. 2016. Disponível em: <www.edie.net/library/Green-beans-5-sustainable-coffee-innovations/6689>. Acesso em: 11 mar. 2016.

à sombra, reduzindo, assim, a dependência de inputs artificiais e otimizando o rendimento, com o compartilhamento de melhores práticas e minimização das perdas. Quanto às embalagens, materiais de base biológica estão sendo desenvolvidos para produção de cápsulas de máquinas de café e de copos para viagem.

Exemplos de melhoria no **design do processo** tendem a focar no *upstream* da cadeia de suprimentos, com eficiência dos recursos e recuperação de valor em *loop* fechado. Processos de moagem úmida separam o grão (semente) e cereja (a parte externa do fruto) de café. Vimos que esse processo usa muita água, que, em grande parte, se torna água residual, contendo altos níveis de gases do efeito estufa. O Capítulo 2 mostrou como a Pectcof cria valor com os resíduos de cereja de café, gerando uma gama de subprodutos e desintoxicando o fluxo de resíduos. O projeto Energy from Coffee Wastewater, na América Central, está instalando biodigestores em fazendas de café, para converter águas residuais em biogás, que pode, então, mover as máquinas e fornos para a secagem do grão de café.[53]

A Nestlé estima que os agricultores, em geral, usam 60% a mais de água do que a necessária para a irrigação durante a estação seca. Embora a *big ag*, ou grande agricultura, esteja investindo em drones, *big data* e outras tecnologias, para aumentar a eficiência dos recursos e o rendimento das plantações, os pequenos agricultores podem se beneficiar de soluções mais simples. A Nestlé lançou um programa no Vietnã, fornecendo ferramentas de baixo custo e de fácil uso para os agricultores. Alguns exemplos são fincar no solo garrafas invertidas para verificar os níveis de condensação da terra e usar latas vazias, calibradas com facilidade, para medir os níveis de chuva.[54]

Pesquisadores que observam os fitonutrientes nos cafezais, hoje em extinção, por força da pecuária de confinamento e do processamento industrial, estão desenvolvendo novos alimentos. A Coffeeberry® produz ingredientes patenteados, com base em cafés especiais, cuidadosamente selecionados, para fabricar pós, grânulos e extratos ricos

---

[53] GREEN Beans: 5 Sustainable Coffee Innovations. *edie.net*, 22 fev. 2016. Disponível em: <www.edie.net/library/Green-beans-5-sustainable-coffee-innovations/6689>. Acesso em: 11 mar. 2016.

[54] GREEN Beans: 5 Sustainable Coffee Innovations. *edie.net*, 22 fev. 2016. Disponível em: <www.edie.net/library/Green-beans-5-sustainable-coffee-innovations/6689>. Acesso em: 11 mar. 2016.

em nutrientes. Um ex-engenheiro da Starbucks montou a CF Global para moer a cereja do café, produzindo um ingrediente nutritivo para produtos de panificação. A KonaRed, no Havaí, usa cerejas de café locais para fazer sucos ricos em antioxidantes, e, nos Estados Unidos, a Replere infunde cerejas de café como um ingrediente cru para produtos de cuidados com a pele.

ESTUDO DE CASO Greencup – reciclagem de *loop* aberto, transetorial[55]

Jeremy Knight fundou a Greencup, em 2004, objetivando criar um produto Fairtrade que também seja saboroso. Knight logo constatou que estava ficando "obcecado pelas perdas de café" e, preocupado com a quantidade de borra de café lançada por ano em aterros sanitários, resolveu encontrar uma maneira de reci-clá-la (Quadro 6.2). Um projeto conjunto com o Imperial College London criou um fertilizante para o solo, usando uma mistura de 2 a 3 % de grãos de café, sem adição de produtos químicos. Os grãos de café são orgânicos e ricos em nutrientes, inclusive potássio, magnésio e nitrogênio, imediatamente disponíveis, com parte do nitrogênio sendo liberado lentamente, ao longo do tempo. A melhoria da estrutura do solo ajuda a reter a água, estimulando a atividade de insetos e micróbios, e, ao mesmo tempo, afastando as lesmas. Uma camada de 10 milímetros de fertilizante sobre o solo cria uma barreira eficaz contra lesmas. A Greencup agora fornece a escritórios, lojas de varejo, negócios de lazer e restaurantes em todo o Reino Unido, e acredita que a compra do café Greencup reforça as "credenciais verdes" de seus clientes, uma vez que suas emissões de carbono são um terço menores, em comparação com as do café dos concorren-tes. A Greencup presta "serviço completo" aos clientes, forne-cendo máquinas de café, treinamento, grãos de café orgânico Fairtrade, e coleta de borra de café.

---

[55] CHECK Out the Surprising Products Being Made From Coffee Grounds. *Good News Network*, [S.d.]. Disponível em: <www.goodnewsnetwork.org/surprising--products-made-from-coffee-grounds/>. Acesso em: 11 mar. 2016.

Em 2003, o designer Adam Fairweather, diretor de inovação da Greencup, começou a procurar uma maneira de criar novos materiais com base em borra de café. Fairweather descobriu que somente 18 a 22% dos grãos de café chegam como bebida à xícara, e quis extrair mais valor de matérias-primas tão dispendiosas. Fairweather fundou uma organização sem fins lucrativos, de design industrial e manufatura, chamada Re-worked, e formou parceira com a Smile Plastics. Essas empresas trabalham juntas, com o propósito de criar produtos com valor agregado, socialmente envolventes, a partir de resíduos de café. Em 2010, o Google, um dos clientes da Greencup, estava trabalhando em um modelo de manufatura circular. Ele se associara à Smile Plastics para reciclar seus resíduos de café, em móveis projetados pela Re-worked, usando um material feito com mais de 60% de borra de café. Uma colaboração entre a Re-Worked e a SamRemo, empresa italiana de máquinas de café, criou um *loop* muito produtivo. Os painéis de revestimento da máquina de café SamRemo Verde são feitos de material produzido com 70% de borra de café, além de outros componentes naturais. Os botões acionadores de vapor e os dispositivos *portafilter* são fabricados com material reciclado de paletes de madeira.[56] Fairweather diz que, desde o lançamento, em 2013, 300 a 400 máquinas têm sido vendidas por ano, em todo o mundo, e estão sendo instaladas em Wyevale Garden Centres, cadeia com 118 centros de jardinagem, na Inglaterra e no País de Gales. A Wyevale, cliente da Greencup, é o principal varejista de alguns dos produtos de café reciclado produzidos por essa parceria.

Outra colaboração, com a joalheria Rosalie McMillan, com certificação Fairtrade, resultou na coleção Java Ore,[57] que combina outro material feito com borra de café, Çurface, com ouro e prata esterlina, para criar ampla variedade de joias. O Çurface é misturado com óleos, num processo de produção especializado, resultando em material exclusivo, "com

---

[56] VERDE TCS. *SanRemo UK*, 2016. Disponível em: <www.sanremouk.com>. Acesso em: 11 mar. 2016.

[57] MCMILLAN, R. Disponível em: <www.rosaliemcmillan.com/collection/>. Acesso em: 11 mar. 2016.

excelente qualidade e textura superficial, além de admirável resistência e durabilidade, e propriedades semelhantes à da madeira de lei".

Cadeia de suprimentos e processos circulares

A Greencup constituiu parceria de **captação** exclusiva com uma das maiores torrefadoras de café, de propriedade familiar, nos países nórdicos.[58] Löfbergs é um dos maiores compradores de café Fairtrade do mundo, reunindo-se com os agricultores para escolher os "melhores grãos éticos", de lugares como Colômbia, Etiópia e Guatemala, com a meta de alcançar 100% de café certificado até 2020.

Logística

A Greencup oferece aos novos clientes, em cada loja, uma máquina de fazer café, certa quantidade de grãos, um contêiner para armazenar a borra, além de xícaras recicláveis. A Frota Greencup de veículos próprios coleta os contêineres com borra na loja, ao fazer a entrega seguinte, deixando outro contêiner limpo no lugar. No retorno à base, os veículos descarregam os contêineres com borra, que lá se acumula, antes do despacho para o fabricante de fertilizantes. Os contêineres para resíduos são lavados, antes de serem deixados novamente nas lojas. Os consumidores podem comprar sacos de fertilizantes em intermediários, como Nottcutts Garden Centres, Wyevale Garden Centres e outros centros de jardinagem independentes em todo o Reino Unido.

Fechando o *loop*

A Greencup e uma empresa parceira operam instalações especializadas em compostagem e conversão de biomassa, produzindo biochar e outras matérias-primas, além de misturar e ensacar o fertilizante. O conceito original, incomum em 2008,

---

[58] ABOUT us. *A. B. Anders Lofberg*, 2016. Disponível em: <en.lofbergs.se/about--us/>. Acesso em: 14 mar. 2016.

era estabelecer uma parceria de circuito fechado com empresas interessadas em ajudar a "redefinir o uso de borra de café".[59]

Desafios e complexidades

A Greencup opera vários fluxos circulares de numerosas instalações, em todo o Reino Unido, ajustando os modelos de coleta às necessidades dos clientes. Ela distribui borra de café entre os diferentes usuários finais, conforme as necessidades e as áreas geográficas dos clientes. Se quisermos otimizar a cadeia de suprimentos, nossas considerações devem incluir capacidades e *trade-offs* entre transporte e custo de manuseio:

- O design da cadeia de suprimentos deve levar em conta a acumulação da borra de café: é melhor acumulá-la no centro de logística da Greencup, retendo os contêineres vazios para lavagem e recirculação? Ou é preferível que, ao retornarem das lojas com os contêineres cheios, os veículos se dirijam diretamente à usina de processamento de fertilizante, e lá os esvaziem, empilhando os contêineres vazios no veículo, antes de voltarem à Greencup, para a subsequente lavagem dos contêineres?

- Como as borras de café, destinadas a outros processadores (materiais para joalheria, por exemplo) são acumuladas de maneira conveniente para o processamento subsequente?

- Os contêineres de resíduos precisam ser robustos e adequados para manuseio e uso pelo cliente, exigindo pouco espaço na cozinha ou restaurante, laváveis com facilidade e, tanto quanto possível, empilháveis nos veículos. Haveria como encaixá-los um dentro do outro, para economizar espaço? Eles poderiam acomodar em seu interior pacotes de café na viagem de entrega, melhorando o aproveitamento do veículo?

- As xícaras de café recicláveis estão sendo recicladas de maneira adequada ou sendo descartadas em fluxos de resíduos mistos, destinados a aterros sanitários? A Greencup poderia oferecer serviço de coleta e recuperar valor dessas xícaras?

---

[59] FAIRWEATHER, A. E-mails para C. Weetman, 2 abr. 2016.

QUADRO 6.2: *Framework* da economia circular – Greencup

Greencup	*Setor*: Café		*Canal*: B2B (fora de casa)		*Região*: Reino Unido, Londres		*Loop aberto/fechado*: Loop aberto; transetorial	
Modelo de negócio	Propriedade	Compartilha-mento	Troca	Aluguel/ *Leasing*	Serviço	Recuperar	Reciclar	Revender
Inputs circulares	Reciclado	Recuperado	Renovável	Seguro	Protegido			
Design do produto	Usar menos	Usá-lo mais	Usá-lo novamente					
Design do processo	Usar menos	Resíduos = alimentos	Renováveis					
Fluxos circulares	Reutilizar	Manter	Renovar	Remanufa-turar	Reciclar			
Capacitadores	Biomimética	Química verde	Pensamento sistêmico	I3D	Rastreamen-to de ativos	Internet das coisas	Plataforma e aplicativos	Biotec
Aceleradores	Colaboração	Código aberto	Certificação	*Stewardship* do produto	Avaliação do ciclo de vida	Impostos/ incentivos		

Borra de café: criando valor para outros setores

Outras empresas estão usando **química verde** para criar valor com base em borra de café, inclusive gerando *loops* mais valiosos para têxteis. Em 2009, a Singtex Industrial Company, em Taiwan, estava desenvolvendo um material semelhante a viscose, a partir de borra de café. O tecido é macio, flexível, arejado e leve, e pode ter uma camada externa impermeável, resistente a água, ideal para roupas esportivas.[60] Já a Virus produz roupas esportivas usando tecidos de desempenho, feitos de fios infundidos com Coffee Charcoal™. A C2Renew criou um filamento de arame para impressoras 3D, Wound Up, usando um composto de borra de café reciclada, para a fabricação de diversos produtos, inclusive xícaras.

GRO Holland: cultivando cogumelos em borra de café

A GRO Holland usa borra de café oriunda de cadeias de restaurantes como base para o cultivo de cogumelos. Nenhuma outra matéria-prima nova é necessária para a produção, o que proporciona um *loop* fechado de nutrientes para os restaurantes.[61] A fonte de inspiração do projeto foi a Ten Foundation, que ensina órfãos do Zimbabwe a cultivar seus próprios alimentos em sobras de materiais orgânicos.[62] A GRO (Green Recycled Organics) constituiu uma parceria de *loop* fechado com duas cadeias de serviços de alimentação, e hoje pode produzir 2.000 quilos de cogumelos–ostra por semana. Também a logística é em *loop* fechado, com os veículos entregando os cogumelos e voltando com novos lotes de borra de café.

---

[60] O'CONNELL, S. Clothes Made From Coffee Satisfy Eco-Friendly Fitness Fans. *The Guardian*, 27 jul. 2009. Disponível em: <www.theguardian.com/lifeandstyle/2009/jul/27/clothes-coffee>. Acesso em: 1 abr. 2016.

[61] GRO Holland. Disponível em: <www.rabobank.com/en/about-rabobank/in-society/sustainability/circular-economy-challenge/tomatenvel-in-autodashboard.html>. Acesso em: 11 mar. 2016.

[62] NEWS. *Food Valley Update*, 4 jan. 2016. Disponível em: <www.foodvalleyupdate.com/news/from-coffee-grounds-tovegetarian-oyster-mushroom-snack/>. Acesso em: 31 mar. 2016.

Espresso Mushroom Company: kits para o cultivo de cogumelo

Em 2011, a Espresso Mushroom Company foi constituída no Reino Unido, e agora fornece a restaurantes e a hortifrútis, no local e on-line. Também vende "Kitchen Gardens", kits para o cultivo de cogumelo, que usam borra de café produzida por 100 expressos, e sementes de cogumelos, cultivados durante um mês antes da entrega. Os clientes regam por algumas semanas e, em seguida, colhem cerca de 350 gramas de cogumelos.[63]

Java-Log®: energia de resíduos

A Java-Log® Firelog, contendo cerca de 65% de borra de café, pode "queimar com mais brilho e gerar mais calor do que toras de serragem, produzindo 88% a menos de monóxido de carbono do que lenha".[64] A revista *Time* (2003) a nomeou uma das melhores invenções do ano, observando que ela acendia com mais rapidez e produzia melhores chamas do que Duraflame, gerando maior densidade de calor do que a madeira legítima.[65]

Bio-bean®: energia de resíduos

O criador da bio-bean®, Arthur Kay, também observou que o café é altamente calorífico, com mais energia incorporada do que a madeira, e contém óleo para várias aplicações. No consumo fora de casa, a borra de café é fácil de controlar, sendo transferida

---

[63] DONOVAN, L. Word of Mouth. *The Telegraph*, 26 set. 2013. Disponível em: <www.telegraph.co.uk/foodanddrink/10333559/Word-ofmouth-The-Espresso-Mushroom-Company.html>. Acesso em: 1 abr. 2016.

[64] RIORDAN, T. Patents: A Fireplace Log Made of Recycled Coffee Grounds Burns Brighter and Hotter Than Sawdust Logs. *The New York Times*, 13 out. 2003. Disponível em: <www.nytimes.com/2003/10/13/business/patents-fireplace-log-made-recycled-coffee-grounds-burns-brighterhotter-than.html>. Acesso em: 31 mar. 2016.

[65] BEST Inventions of 2003: Java Log. *Time Magazine*, 2003. Disponível em: <http://content.time.com/time/specials/packages/article/0,28804,1935038_1935085_1936006,00.html>. Acesso em: 15 ago. 2016.

diretamente da máquina de café para um contêiner.[66] A bio-bean®
produz briquetes e paletes de biomassa, e está explorando a produção de bioquímicos e de biodiesel. Planeja reciclar cerca de 50.000
toneladas de borra de café por ano. Ela trabalha com empresas de
manejo de resíduos para coletar e transportar a borra de café para a
sua fábrica. Kay estima que os clientes podem reduzir os custos de
descarte de resíduos e de consumo de combustíveis em 50 a 70%,
e diz que a bio-bean® já foi contratada ou está em negociações
com "todas as grandes empresas de café do Reino Unido".

Cientistas na Coreia do Sul descobriram que grãos de café têm
potencial para **armazenamento de energia e absorção* de metano,** gás do efeito estufa nocivo, com potencial de aquecimento global
34 vezes superior ao do dióxido de carbono.[67] Eles estão esperançosos
de que grãos de café usados podem tornar-se fonte de energia limpa
para carros. A tecnologia de fermentação da Menicon converte borra
de café das lojas Starbucks, em Tóquio, em ração para vacas leiteiras.

Aceleradores que usam tecnologias **colaborativas** incluem Fairtrade, Rainforest Alliance e outras iniciativas empresariais. A Nestlé
lançou, em 2009, seu projeto Ecolaboration, objetivando melhorar
a sustentabilidade de seu sistema de cápsulas de café Nespresso.[68] O
propósito é aumentar a captação de café em fontes sustentáveis e certificadas pela Rainforest Alliance, triplicar a capacidade de reciclagem
de cápsulas usadas para 75%, e reduzir em 20% a pegada de carbono
de uma xícara de Nespresso. A Nestlé estimula os empregados a sugerir ideias para o projeto, por meio da iniciativa MyEcolaboration.

Implicações para a cadeia de suprimentos

Na cadeia de suprimentos de café, vemos que os fluxos circulares, abrangendo cultivo, produção e usuário final, já estão introduzindo
subprodutos em muitos setores diferentes, como mostra a Figura 6.12.

---

[66] GREEN Beans: 5 Sustainable Coffee Innovations. *edie.net*, 22 fev. 2016. Disponível em: <www.edie.net/library/Green-beans-5-sustainable-coffee-innova-
tions/6689>. Acesso em: 11 mar. 2016.

[67] GREEN Beans: 5 Sustainable Coffee Innovations. *edie.net*, 22 fev. 2016. Disponível em: <www.edie.net/library/Green-beans-5-sustainable-coffee-innova-
tions/6689>. Acesso em: 11 mar. 2016.

[68] NESTLÉ. *Nespresso*, [S.d.]. Disponível em: <www.nespresso.com/ecolaboration/
gb/en/article/7/1736/about-ecolaboration-trade.html >. Acesso em: 31 mar. 2016.

FIGURA 6.12: Cadeia de suprimentos de café na economia circular

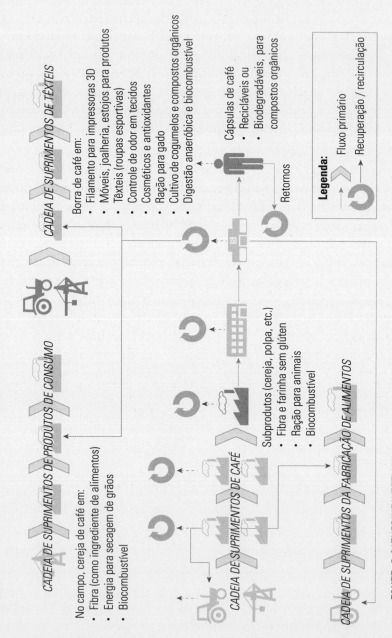

FONTE: © CATHERINE WEETMAN

Os *loops* abertos, para outras empresas de alimentos ou para setores mais amplos, envolverão desafios de previsão de oferta e demanda, logística para novos formatos de produtos, e possíveis problemas oriundos de volumes irregulares e imprevisíveis. Os *loops* fechados de recuperação de energia e água das fazendas e das fábricas envolvem desafios logísticos mais simples.

Podemos ver que os subprodutos e os *loops* de recuperação exigem novos fluxos de cadeia de suprimentos, diferentes materiais e localidades, volumes potencialmente flutuantes, e outras complicações. A descoberta de novos canais de venda para subprodutos pode ser desafiadora, principalmente nos primeiros estágios, quando os volumes podem ser erráticos e o histórico de produção é insuficiente para ajudar nas previsões de fornecimento. Como identificar o canal para os clientes mais valiosos e confiáveis? É provável que seus resíduos tenham mais potencial para a produção de fármacos e cosméticos do que para a geração de energia. Você conseguirá descobrir maneiras de garantir a carga dos contêineres em ambas as direções, usando seu próprio meio de transporte para coletar suprimentos no *loop* de retorno ou formando parceria com o cliente?

Resumo

Os sistemas atuais acarretam enormes desafios. O processamento de alimentos, com o objetivo de serem convenientes, saborosos e nutritivos para o consumidor, além de gerarem lucro para a empresa, frequentemente conflita com as abordagens eficientes em recursos para a agricultura, produção e varejo, e geralmente não é ecoeficiente. Em todos os estágios, água, energia, ingredientes agregados (naturais ou sintéticos) e inputs aumentam nossas demandas por recursos finitos, quase sempre sem melhorar a nutrição e a saúde humanas. As cadeias de suprimentos sustentáveis parecem conflitar com os modelos de negócio de muitas empresas.

É como diz Ulrike Sapiro, diretor de sustentabilidade da Coca-Cola Western Europe (2016): "Construir a economia circular exigirá grandes mudanças na maneira como fazemos as coisas [...] [que] talvez nos despertem sensação de desconforto e sejam recebidas com resistência, mas acho que podemos, e temos de conseguir".[69]

---

[69] SAPIRO, U. The Circular Economy: What Does it Mean to Coca-Cola's Director of Sustainability? *Coca-Cola*, 18 mar. 2016. Disponível em: <www.coca-cola.co.uk/

Recursos adicionais

BEHIND The Brands Campaign. *Oxfam International*, [S.d.]. Disponível em: <https://www.oxfam.org/en/campaigns/behind-brands>. Acesso em: 1 jun. 2016.

Food and Agriculture Organization of the United Nations — Status of the World's Soil Resources. ["Documento de referência sobre a situação dos recursos globais do solo, com cuidadosa avaliação regional das mudanças do solo. Descreve e classifica as dez principais ameaças ao solo que põem em risco funções, bens e serviços do ecossistema, em âmbito global e em cada região, separadamente." Inclui descrições de "pressões diretas e indiretas sobre os solos e sugere formas e meios de combater a degradação do solo em todos os níveis".] Disponível para download em: <http://www.fao.org/publications/en/>.

United Nations Water, Food and Energy Nexus. Disponível em: <www.unwater.org/topics/water-food-and-energy-nexus/en/ >. Acesso em: 27 mar. 2016.

Water Footprint Network. Disponível em: <http://waterfootprint.org/en/>. Acesso em: 27 mar. 2016.

---

blog/the-circular-economy-what-does-it-mean-tococa-colas-director-of-sustainability>. Acesso em: 27 maio 2016.

MODA E TÊXTEIS

Seja parte da solução, em vez de parte do problema, e você conseguirá dormir à noite.
YVON CHOUINARD, PATAGONIA, 2015[1]

A indústria da moda pertence, geralmente, à economia linear", com muitos modelos de negócio dependendo do aumento do consumo (e, portanto, do descarte). Este capítulo tratará de roupas e tecidos, considerando:

- História recente e tendências globais.
- Problemas e desafios da cadeia de suprimentos da moda tradicional, examinando fluxos e recursos.
- Desenvolvimentos da economia circular, inclusive uma vasta gama de "perfis" de empresas.
- Resumo e implicações para a cadeia de suprimentos.

Tendências globais

Até cerca de meados do século XIX, as roupas eram "feitas sob medida", quase sempre por alfaiates e costureiras locais, com muitas peças precisando de ajustes. Durante as guerras mundiais, as fábricas foram reconfiguradas para fazer uniformes e outros trajes. As máquinas de costura e a revolução industrial aos poucos mudaram a natureza das roupas, possibilitando a produção em massa e a padronização dos tamanhos, em lugar de roupas feitas sob medida, em casa, ou por alfaiates e costureiras. Na década de 1980, acordos

---

[1] CHOUINARD, Y. Entrevista no YouTube. 2010. Disponível em: <www.youtube.com/watch?v=O3TwULu-Wjw>. Acesso em: 28 mar. 2016.

da Organização Mundial do Comércio eliminaram cotas e tarifas que haviam sido estabelecidas na segunda metade do século XX pelos países desenvolvidos, para proteger seus próprios produtos industrializados, à medida que a China desenvolvia suas habilidades e infraestrutura, embora os salários de seus trabalhadores ainda fossem baixos.[2] A produção de roupas se espalhou pelo mundo, à medida que as marcas e os varejistas descobriam novos países produtores, de baixo custo, que os ajudavam a competir com base no preço e na velocidade dos lançamentos.

A *fast fashion* surgiu na década de 1990, quando os fabricantes desenvolveram métodos de "resposta rápida", para acelerar o longo processo de converter os modelos de passarela em lotes de cada estilo, prontos para serem estocados em lojas de varejo. De acordo com Burgen,[3] a varejista Zara (da Inditex) "pode produzir e distribuir um novo modelo em uma semana, e ela lança 12.000 novos modelos por ano". Os críticos dizem que a *fast fashion* já se tornou *throwaway fashion*, ou moda descartável, com roupas relativamente baratas, sendo vendidas para serem usadas em poucas ocasiões, antes de serem descartadas para dar lugar a novos itens.

As estimativas variam quanto ao valor econômico da indústria de roupas global, abrangendo vestuário, calçados, têxteis e artigos de luxo, com as avaliações para vestuário variando de US$ 1 trilhão, em 2000,[4] a US$ 1,7 trilhão, em 2012.[5] Cerca de 80 bilhões de peças são produzidas por ano, em todo o mundo, o que equivale à média

---

[2] ALLWOOD, J. M.; LAURSEN, S. E.; RODRIGUEZ, C. M.; BOCKEN, N. M. P. Well Dressed? The Present and Future Sustainability of Clothing and Textiles in the United Kingdom. *Institute for Manufacturing: University of Cambridge, 2006.* Disponível em: <www.ifm.eng.cam.ac.uk/resources/sustainability/well-dressed/>. Acesso em: 16 mar. 2016.

[3] BURGEN, S. Fashion Chain Zara Helps Inditex Lift First Quarter Profits by 30%. *The Guardian*, 7 ago. 20112. Disponível em: <www.theguardian.com/business/2012/aug/17/zara-inditex-profits>. Acesso em: 21 mar. 2016.

[4] ALLWOOD, M. et al. IfM Well-Dressed: The Present and Future Sustainability of Clothing and Textiles in the United Kingdom. *University of Cambridge*, 2006. Disponível em: <www.ifm.eng.cam.ac.uk/resources/sustainability/well-dressed/>. Acesso em: 16 mar. 2016.

[5] STOTZ, L.; KANE, L. Facts on the Global Garment Industry. *Clean Clothes Campaign*, fev. 2015. Disponível em: <www.cleanclothes.org/resources/publications/factsheets/general-factsheetgarment-industry-february-2015.pdf>. Acesso em: 22 mar. 2016.

de um pouco mais de 11 peças por pessoa,[6] embora o consumo nos Estados Unidos seja de mais ou menos 50 peças por pessoa.[7]

Roupas e têxteis representam cerca de 7% do total das exportações mundiais, e o mercado está crescendo a taxas em torno de 2,5% ao ano. Cerca de um terço das vendas ocorre nos Estados Unidos; um terço, na Europa Ocidental; e um quarto, na Ásia. Entre os grandes atores se destacam H&M, Zara (subsidiária da Inditex), Adidas, Nike, Gap, Levi Strauss, LVMH e TJX. As vendas são efetuadas através de lojas de varejo, catálogos e on-line, com os canais on-line se expandindo rapidamente.

Cadeia de suprimentos tradicional: problemas e desafios

As matérias-primas têxteis normalmente são classificadas como naturais (plantas ou animais) ou artificiais (sintéticas ou celulósicas regeneradas). Essas fibras são trançadas em fios, que podem ser tricotados ou entrelaçadas em tecidos, na fabricação de têxteis:

- As fibras naturais de plantas e animais abrangem angorá, caxemira, lã, algodão, linho, cânhamo, sisal e seda.
- As fibras sintéticas ou artificiais de fontes celulósicas, como árvores e outras plantas, incluem viscose, TENCEL® e modal.
- As fibras sintéticas ou artificiais, de subprodutos de petróleo, são, entre outras, poliéster, poliamida (nylon) e acrílico.

Observando as pegadas e os métodos de produção, vale notar que "natural" nem sempre significa "bom"; assim como "artificial" nem sempre significa "ruim". Uma referência ambiental para fibras, usada por algumas marcas líderes, classifica as fibras com base na emissão de GEE, na toxicidade humana, na ecotoxicidade, além de no uso de energia, água e terra.[8] Ela adota cinco classificações, incluindo lã reciclada, algodão reciclado, cânhamo e linho orgânico, além de

---

[6] DIRTY Laundry 2: Hung Out to Dry, Unravelling the Toxic Trail from Pipes to Products. *Greenpeace International*, 2011. Disponível em: <www.greenpeace.org/international/en/publications/reports/Dirty-Laundry-2>. Acesso em: 15 mar. 2016.

[7] Statistica, 2016. Disponível em: <www.statista.com/topics/965/apparel-market-inthe-us/>. Acesso em: 28 mar. 2016.

[8] ENVIRONMENTAL Benchmark for Fibres. *Made-By*, 2016. Disponível em: <www.made-by.org/consultancy/tools/environmental/>. Acesso em: 24 maio 2016.

poliéster ou nylon reciclados por meios mecânicos na Classe A; e, em comparação, algodão convencional, viscose de bambu e algodão na Classe E. Usos de têxteis abrangem roupas da moda ou uniformes de trabalho, estofados, roupas de cama, mesa e banho, tapetes, e assim por diante. Os principais avanços em fibras sintéticas incluem:

- A primeira fibra comercial sintética usando celulose de fibras naturais, produzida na França, em 1892.[9]

- Outras celuloses e acetatos subsequentes, até que um cientista da DuPont descobriu o nylon, "a primeira fibra realmente feita pelo homem", na década de 1930.

- Desenvolvimento do poliéster, em meados do século XX.

- Popularização das fibras artificiais, feitas com produtos químicos sintéticos, na base de petróleo.

- As fibras sintéticas, como poliéster, nylon e acrílico, conquistam o mercado, respondendo por bem mais da metade do volume de produção de têxteis, e a quantidade de poliéster aumentou por um fator de oito entre 1979 e 2014.

- O algodão corresponde a cerca de 85% de todas as fibras naturais usadas em todo o mundo.

A Figura 7.1 mostra o crescimento da produção de fibra e a contribuição dos três principais tipos de fibras.

As estimativas de geração de emprego também variam muito, com a Fashion United calculando 75 milhões de empregos em todo o mundo.[10] Supõe-se que cerca de três quartos dos trabalhadores em confecções são mulheres. Gereffi descreve as cadeias de suprimentos da moda como "induzidas pelo comprador", com grandes varejistas e fabricantes de marcas "desempenhando papel fundamental na criação de redes de produção descentralizadas, em vários países exportadores,

---

[9] CARMICHAEL, A. Man-Made Fibers Continue to Grow. *Textile World*, 2014. Disponível em: <www.textileworld.com/textile-world/fiber-world/2015/02/man-made-fibers-continue-to-grow/>. Acesso em: 21 mar. 2016.

[10] STOTZ, L.; KANE, L. Facts on the Global Garment Industry. *Clean Clothes Campaign*, fev. 2015. Disponível em: <www.cleanclothes.org/resources/publications/factsheets/generalfactsheet-garment-industry-february-2015.pdf>. Acesso em: 22 mar. 2016.

geralmente localizados no terceiro mundo".[11] Os varejistas e as marcas não fabricam os produtos; em vez disso, fornecem especificações para redes hierarquizadas de fornecedores, que, então, fazem as roupas sob encomenda. Ele compara essa prática com cadeias de *commodities*, "induzidas pelo produtor", nas quais grandes fabricantes coordenam suas redes de produção e se envolvem intensamente no design, produção e comercialização do produto final. Cadeias induzidas pelo produtor são típicas em setores intensivos em capital e tecnologia, como aeronaves, automóveis, computadores e outros.

FIGURA 7.1: Produção de fibras têxteis por tipo de fibra

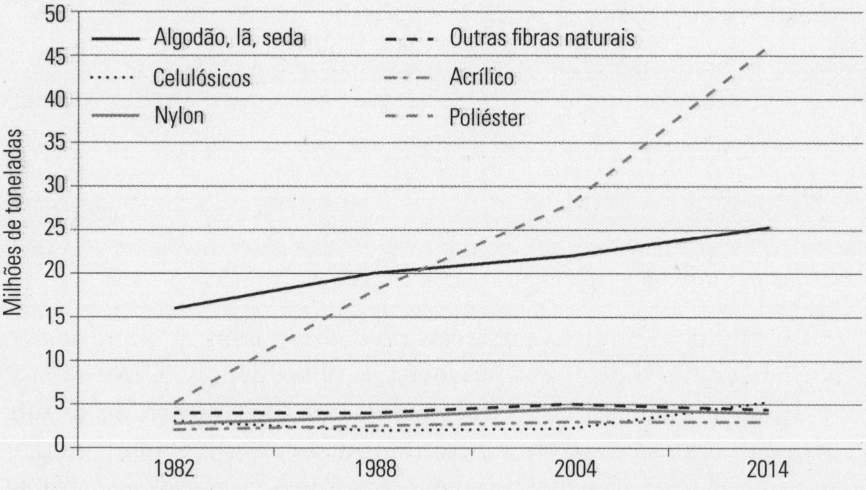

FONTE: Fiber Source, Fiber World, The Fiber Year, Textiles Intelligence, Textile Basics

A natureza fragmentada da cadeia de suprimentos, ilustrada na Figura 7.2, significa que os fornecedores e os fabricantes exercem pouca influência, e, portanto, competem efetivamente com outros países para produzir os produtos mais baratos, no menor prazo possível, com a qualidade adequada. Os grandes varejistas e as marcas de moda globais decidem o que produzir, onde, e a que preço.

---

[11] GEREFFI, G. A Commodity Chains Framework for Analyzing Global Industries. *Duke University*, USA, 1999. Disponível em: <www.ids.ac.uk/ids/global/pdfs/gereffi.pdf>. Acesso em: 24 maio 2016.

FIGURA 7.2: Cadeia de suprimentos da moda

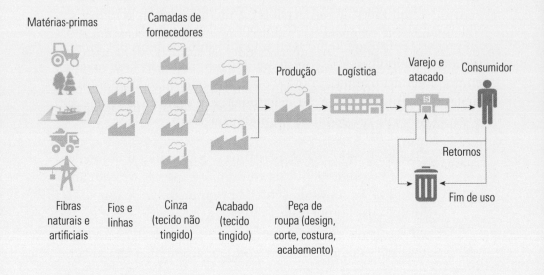

FONTE: © CATHERINE WEETMAN

Fluxos primários

A Figura 7.2 mostra processos típicos na cadeia de suprimentos da moda, começando com a produção de fibras; depois, o fio e a linha; em seguida, a fabricação, o tingimento e o acabamento do tecido; e, por fim, a produção. Uma peça de roupa consiste geralmente em várias partes componentes, muitas vezes com vários *body fabrics*: uma camada exterior, revestimentos, bem como adornos, entretelas e tecidos adicionais. Outros componentes incluem a linha para costurar as peças, além de fixadores, como botões, zíperes ou batoques. Todos os componentes podem ser feitos de materiais naturais ou artificiais, e de combinações de ambos. Especializações locais no processo de fabricação significam que os componentes para uma peça de roupa não raro vêm de muitos continentes. Além disso, os varejistas ou as marcas podem adquirir a mesma peça em mais de uma localidade, garantindo flexibilidade para responder às flutuações de vendas, com a maior diversidade de fornecedores e localidades. Embalagens, como cabides, tíquetes para informação sobre preço/tamanho/marca e embalagem são adicionados durante a produção da peça ou mais perto do ponto de venda.

Fluxos reversos e resíduos

Os consumidores em economias desenvolvidas compram mais roupas por ano, induzidos pelo marketing de *fast fashion* e pela redução dos preços. Uma enquete no Reino Unido sobre hábitos de compra de moda para mulheres descobriu que a maioria não sabia por quanto tempo pretendia manter as novas compras, e que, quando peças mais baratas ficavam manchadas ou defeituosas, elas eram mais propensas a descartá-las, em vez de limpá-las ou repará-las[12]:

- No Reino Unido, o WRAP estima o consumo por domicílio em £ 1.700 por ano.[13] Cada consumidor gasta £ 625 por ano com roupas, acumulando cerca de 28 quilogramas de roupa – o quádruplo das compras de 1980.[14]
- Em 2011, isso significava compras em torno de 1,72 milhões de toneladas de novas roupas, com quase a mesma quantidade de descarte.
- O WRAP também estima em £ 4.000 o valor médio do conteúdo de um guarda-roupa em um domicílio do Reino Unido e destaca pesquisas segundo as quais 30% desse conteúdo não têm sido usados há pelo menos um ano.
- O WRAP estima que 350.000 toneladas de roupas usadas, no valor aproximado de £ 140 milhões, vão anualmente para aterros sanitários no Reino Unido, equivalente a algo em torno de 5 quilogramas por pessoa.[15]

---

[12] SIEGLE, L. Why Fast Fashion is Slow Death for the Planet. *The Observer*, 8 maio 2011. Disponível em: <www.theguardian.com/lifeandstyle/2011/may/08/fast--fashion-death-for-planet>. Acesso em: 16 mar. 2016.

[13] VALUING Our Clothes: The True Cost of How We Design, Use and Dispose of Clothing in the UK. *WRAP*, 2012. Disponível em: <www.wrap.org.uk/sites/files/wrap/VoC%20FINAL%20online%202012%2007%2011.pdf>. Acesso em: 16 mar. 2016.

[14] SIEGLE, L. Why Fast Fashion is Slow Death for the Planet. *The Observer*, 8 maio 2011. Disponível em: <www.theguardian.com/lifeandstyle/2011/may/08/fast--fashion-death-for-planet>. Acesso em: 16 mar. 2016.

[15] VALUING Our Clothes: The True Cost of How We Design, Use and Dispose of Clothing in the UK. *WRAP*, 2012. Disponível em: <www.wrap.org.uk/sites/files/wrap/VoC%20FINAL%20online%202012%2007%2011.pdf>. Acesso em: 16 mar. 2016.

- Os cidadãos americanos, em média, descartam mais de 30 quilogramas de roupas e têxteis por ano.[16] Os Estados Unidos geram 11,5 bilhões de quilogramas de resíduos de tecidos pós-consumo, com a reciclagem de apenas 15%, e o restante indo para aterros sanitários.

Além das roupas descartadas depois do uso pelo consumidor, há também a questão de produtos não vendidos e de devoluções de clientes, principalmente de vendas on-line. Devoluções de 30% para varejistas de moda on-line são comuns, com os clientes geralmente escolhendo mais de um tamanho ou cor e, então, devolvendo os itens desnecessários. Com a *fast fashion*, o tempo necessário para devolução, recebimento e processamento pode significar a perda da oportunidade para reestocar e vender o item. Muitas dessas roupas, além daquelas coletadas por "bancos de roupas" em centros de reciclagem de resíduos domésticos, estacionamentos de supermercados, ou doadas para caridade, são vendidas, gerando renda por meio de rotas de revenda a consumidores de roupas e têxteis usados, como roupas de segunda mão, no Reino Unido, ou de venda a comerciantes de têxteis para exportação. O WRAP estima que mais de 70% de todas as roupas usadas no Reino Unido são exportadas, "juntando-se a um comércio global de segunda mão, em que bilhões de peças de roupas velhas são compradas e vendidas por ano em todo o mundo".

Recursos: técnicos

O algodão, respondendo por mais de 25% das fibras usadas em têxteis, é a mais importante *commodity* agrícola não alimentar em todo o mundo, e é "especialmente vulnerável a pestes, se não forem adotadas metodologias de proteção".[17] Na Índia, as plantações de algodão recebem mais da metade do total de pesticida usado por ano, embora ocupe apenas 5% das terras agrícolas. Dificilmente qualquer produção global é orgânica, e até mesmo o algodão geneticamente modificado (GM) requer o uso de pesticidas. A Better Cotton Initiative explica que "uma grande categoria de plantas de algodão GM tem um gene implantado que cria

---

[16] Council for Textile Recycling, 2016. Disponível em: <weardonaterecycle.org/>. Acesso em: 21 mar. 2016.

[17] Q&A. *Better Cotton Initiative*, [S.d.]. Disponível em: <bettercotton.org/about-bci/qa/>. Acesso em: 28 mar. 2016.

Bacillus thuringiensis (Bt), toxina encontrada na natureza, que fornece proteção "congênita" contra certos tipos de insetos". A Environmental Justice Foundation (EJF) produziu um relatório com a Pesticide Action Network destacando os impactos dos produtos químicos usados nas plantações de algodão em todo o mundo[18]:

- O algodão responde por 16% (no valor de US$ 2 bilhões) dos lançamentos de inseticida no mundo, mais do que qualquer outro tipo de cultivo. Cerca de 40% desse total é tóxico o suficiente para ser classificado pela Organização Mundial da Saúde como perigoso para a saúde humana.
- 1 a 3% dos trabalhadores agrícolas em todo o mundo sofrem de envenenamento agudo por pesticidas, com pelo menos 1 milhão por ano necessitando de tratamento hospitalar. A EJF cita pesquisas conjuntas da Organização das Nações Unidas para Alimentação e Agricultura (FAO), Programa das Nações Unidas para o Meio Ambiente (PNUMA) e Organização Mundial da Saúde (OMS), e estima que 25 a 77 milhões de trabalhadores agrícolas são afetados.
- O envenenamento por pesticidas pode provocar sintomas agudos, incluindo vômitos, tremores, convulsões e até a morte. A exposição duradoura pode causar efeitos crônicos, incluindo dificuldade de concentração e memória, depressão severa e confusão.
- O aldicarbe é altamente tóxico para os seres humanos, bastando uma gota absorvida pela pele para matar um adulto. O aldicarbe é comum na agricultura de algodão, tendo sido usado em 26 países, em 2003, com quase 1 milhão de quilogramas aplicados ao algodão cultivado nos Estados Unidos.

O uso de **fertilizantes** também é objeto de preocupação, em razão do uso de petróleo e de outros recursos finitos, além do impacto do excesso de nutrientes no solo e de seu "escoamento" para cursos d'água próximos. Poluentes no escoamento, como nitrogênio e fósforo de fertilizantes artificiais, provocam eutrofização e aumento da toxidade da água. Esses efeitos prejudicam as populações de animais terrestres

---

[18] THE Deadly Chemicals in Cotton, Environmental Justice Foundation in collaboration with Pesticide Action Network UK. *EJF*, 2007. Disponível em: <https:// ejfoundation.org/>. Acesso em: 28 mar. 2016.

e de peixes, assim como a saúde humana, em consequência da contaminação da água potável e da água para irrigação. A eutrofização é o efeito da adição de nutrientes naturais ou artificiais à água em sistemas aquáticos, associada a grandes oscilações nas concentrações de oxigênio dissolvido e florescências frequentes de algas. Os fertilizantes industriais contribuem para a emissão de GEE, usando 1,5% do consumo anual de energia no mundo e liberando grandes quantidades de dióxido de carbono.[19] Os nitratos são "transformados em óxido nitroso ("gás do riso"), gás do efeito estufa, que é 300 vezes mais destrutivo que o CO_2 em termos de aquecimento global".

Manufatura – produtos químicos, efluentes

Mais de 8.000 produtos químicos sintéticos são usados globalmente na produção de têxteis, e estima-se que de 17 a 20% da poluição hídrica provocada pela indústria resulta de processos de tingimento e tratamento.[20] O Greenpeace, a ONG ambiental, testou várias roupas para verificar a toxidade de produtos químicos e tinturas.[21] Para isso, comprou mais de 140 peças de vestuário, de 20 marcas de moda globais, em 29 países de todo o mundo, todas de varejistas autorizados. A análise mostrou altos níveis de ftalatos tóxicos em quatro peças de roupa e revelou aminas carcinogênicas, resultantes do uso de corantes azoicos, em duas peças. NPEs (nonilfenol etoxilados) foram encontrados em 89 peças de roupa, quase dois terços das submetidas a teste, em proporção semelhante à de uma investigação anterior, em 2011. O estudo descobriu níveis de NPE superiores a 1.000 partes por milhão em 12 amostras, em comparação com duas das amostras, na investigação anterior. Os NPEs "decompõem-se no meio ambiente em nonilfenol (NP), um dos exemplos mais notórios de produtos químicos persistentes, bioacumuláveis e tóxicos (PBTs).

---

[19] THE Risks of Cotton Farming. *Organic Cotton*, 2016. Disponível em: <https://www.organiccotton.org/oc/Cotton-general/Impact-of-cotton/Risk-of-cotton--farming.php>. Acesso em: 22 mar. 2016.

[20] RAVASIO, P. How Can We Stop Water Becoming a Fashion Victim? *The Guardian*, 7 mar. 2012. Disponível em: <www.theguardian.com/sustainable-business/water-scarcity-fashion-industry>. Acesso em: 16 mar. 2016.

[21] TOXIC Threads: The Big Fashion Stitch-Up. *Greenpeace*, 2012. Disponível em: <www.greenpeace.org/international/big-fashion-stitch-up/>. Acesso em: 16 mar. 2016.

Amplamente reconhecidos pela extrema toxicidade aquática para peixes e animais selvagens, os NPEs e NP também podem ameaçar a saúde de fetos em formação e de crianças pequenas".[22] Embora tenham sido eliminados de detergentes para lavagem de roupas, os NPEs ainda estão presentes em muitos outros produtos de consumo, como tintas, limpadores de ralos e removedores de manchas. O Greenpeace estimula as grandes marcas de moda a desenvolver soluções globais para eliminar o uso de substâncias perigosas ao longo da cadeia de suprimentos.

Tecidos sintéticos também podem envolver níveis de risco significativos para o meio ambiente e para saúde humana. O poliéster, feito a partir de petróleo bruto, está ligado a efeitos carcinogênicos e de desequilíbrio endócrino.[23] Como é altamente inflamável, geralmente é tratado com retardantes de chamas, que expõem trabalhadores, consumidores e sistemas vivos a mais toxinas. Marcas importantes, como GAP, H&M e Adidas, agora estão colaborando para desenvolver processos com zero descargas de produtos químicos perigosos, objetivando "ampla implementação de química sustentável e de melhores práticas na indústria de têxteis e calçados, para proteger os consumidores, os trabalhadores e o meio ambiente".[24]

Recursos: energia

A produção de 60 bilhões de quilogramas de tecidos usa cerca de 1.000 bilhões de kWh de eletricidade.[25] Análises da "pegada de carbono" ou emissões de GEE dos produtos de moda geralmente concluem que as emissões de GEE "durante o uso" representam a parcela mais significativa do todo. O exemplo da Figura 7.3 mostra que 37% das emissões ocorrem "durante o uso", contra 44% durante os processos de fabricação.

---

[22] NPEs. *Safer Chemicals, Healthy Families*, 2016. Disponível em: <saferchemicals.org/chemicals/npes-nonylphenol-ethoxylates/>. Acesso em: 16 mar. 2016.

[23] POLYESTER and Our Health. *O Ecotextiles*, out. 2011. Disponível em: <oecotextiles.wordpress.com/2011/10/13/polyesterand-our-health/>. Acesso em: 24 maio 2016.

[24] ZERO Discharge of Hazardous Chemicals. *ZDHC*, 2015. Disponível em: <www.roadmaptozero.com/>. Acesso em: 24 maio 2016.

[25] ZAFFALON, V. Climate Change, Carbon Mitigation and Textiles. *Textile World*, 2008. Disponível em: <oecotextiles.wordpress.com/2011/01/19/estimating-the--carbon-footprint-of-a-fabric/>. Acesso em: 28 mar. 2016.

FIGURA 7.3: Exemplo de emissões de GEE no ciclo de vida do jeans

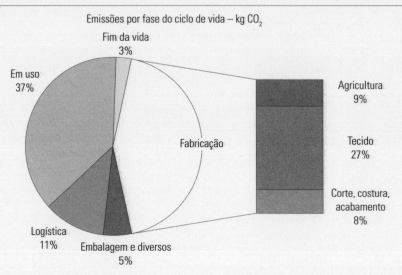

FONTE: LEVI STRAUSS & Co., 2015, 501® *Jeans Impact*; http://levistrauss.com/sustainability/planet/lifecycle-assessment

Recursos: água

Os 60 bilhões de quilogramas de tecidos no exemplo acima também usam 6 a 9 trilhões de litros de água.[26] As plantações de algodão tendem a ser muito irrigadas, afetando a disponibilidade de água para outras necessidades agrícolas e para demandas domésticas e industriais. A análise da pegada hídrica da cadeia de suprimentos da C&A, por país fornecedor, revelou ampla variação.[27] A Índia apresentou o mais alto uso, com mais de 9.000 metros cúbicos por tonelada de semente de algodão; Sudão, Tanzânia e Vietnã ficaram todos acima de 7.000 metros cúbicos; destacando-se China, Síria e Grécia com as mais baixas pegadas, todos com menos de 2.500 metros cúbicos por tonelada de semente de algodão. A média global foi de 4.000 metros cúbicos de água. As bacias hidrográficas, entretanto, em algumas das principais regiões de fornecimento, sofriam estresse hídrico durante vários meses por ano. O relatório destacou as principais

---

[26] RUPP, J. Ecology and Economy in Textile Finishing. *Textile World*, nov./dez. 2008. Disponível em: <oecotextiles.wordpress.com/2011/01/19/estimating-the-carbon-footprint-of-a-fabric/>. Acesso em: 28 mar. 2016.

[27] FRANKE, N.; MATHEWS, R. C&A's Water Footprint Strategy: Cotton Clothing Supply Chain. *Water Footprint Network e C&A Foundation*, ago. 2013. Disponível em: <http://waterfootprint.org/media/downloads/CA_Strategy_Final_Report_Formatted_06.08.2013.pdf>. Acesso em: 21 mar. 2016.

bacias hidrográficas afetadas pela escassez de água e analisou a parcela da pegada de água azul da C&A atribuída a cada bacia. (Nota:"água azul" é o consumo de fontes de águas superficiais e subterrâneas. A escassez de água azul ocorre quando a pegada de água azul excede a disponibilidade de água azul.) O relatório encontrou quatro bacias hidrográficas de alta prioridade (todas com mais de seis meses de escassez moderada a alta por ano), afetando seis países de origem, mostrados na Tabela 7.1.

TABELA 7.1: *Footprint* hídrico *versus* escassez de água

Bacia	Países fornecedores da C&A	Parcela da pegada hídrica azul da cadeia de suprimentos da C&A localizada na bacia	Meses por ano com a bacia sob escassez moderada a alta
Indo	China, Índia, Paquistão	39,4%	12
Tigre/Eufrates	Síria, Turquia	5,3%	6
Murray	Austrália	4,4%	8
Krishna	Índia	2,4%	9

NOTA: PH (pegada hídrica) Azul (Pegada de água azul): "água azul" é o consumo de fontes de águas subterrâneas e superficiais.

FONTE: FRANKE, N.; MATHEWS, R. *C&A's Water Footprint Strategy: Cotton Clothing Supply Chain.* Water Footprint Network e C&A Foundation, p. 40–42, ago. 2013; http://waterfootprint.org/media/downloads/CA_Strategy_Final_Report_Formatted_06.08.20 3.pdf

Esse tipo de relatório pode ser extremamente útil para enfatizar áreas a serem melhoradas, como trabalhar com agricultores para encontrar maneiras de reutilizar água, reduzir o consumo de água por meio de irrigação mais específica, considerar as diferentes estações de plantio e variedades de sementes, e assim por diante. O relatório sugere melhorar a tecnologia de produção, como "substituir a irrigação por aspersão pela irrigação por gotejamento; substituir a agricultura convencional pela agricultura orgânica". Também recomenda evitar o escoamento de produtos químicos e tóxicos (substâncias que acabam drenadas para mananciais de águas subterrâneas e superficiais), preservando a limpeza da água azul. E ainda é possível ajudar a eliminar o risco de futuras estratégias de captação, contribuindo para priorizar as fontes locais.

A água desviada do Mar do Aral pela União Soviética na década de 1950, principalmente para a irrigação de plantações de algodão, ainda é usada para apoiar as principais indústrias de algodão no Uzbequistão.

O mar está secando e a indústria pesqueira local, que já empregou cerca de 60.000 pessoas, já não existe. Hoskins informa que a "a exposição do fundo do lago liberou sais e pesticidas na atmosfera, envenenando as terras agrícolas e os habitantes locais. Poeira carcinogênica é soprada pelo vento para as aldeias próximas, provocando câncer de garganta e doenças respiratórias".[28] A NASA anunciou que o fundo do Mar do Aral havia secado, divulgando gravações de vídeo intervaladas, que mostram a diferença entre 2000 e 2014, como se vê na Figura 7.4. A linha preta esmaecida em cada fotografia representa a costa em 1960.

Bodey observa que a China "deixa de produzir até US$ 36 bilhões por ano devido à escassez de água", perdendo cerca de 10% do PIB por causa de problemas relacionados à poluição, e pode "começar a exigir padrões mais altos das fábricas têxteis".[29]

A Figura 7.5 mostra os impactos ambientais do ciclo de vida de uma calça jeans, com impacto hídrico total superior a 3.700 litros de água. A Levi Strauss & Co já tem um programa, Water<Less®, para seus jeans, com várias inovações que a ajudaram a economizar mais de um bilhão de litros de água até 2015, de modo que sua pegada hídrica seja provavelmente a "líder setorial", com muitos produtos e fabricantes usando níveis muito mais altos de água. Um número típico para um quilograma de algodão é 20.000 litros. Uma camiseta de algodão geralmente consome entre 2.700 e 4.300 litros, embora a Soil Association informe que uma camiseta de algodão orgânico use 90% a menos de água potável. Sapatos de couro geralmente requerem cerca de 8.000 litros; também aqui a variação é enorme, dependendo do clima local e de os animais serem criados para a produção de leite ou carne, em vez de basicamente para a produção de couro. Ravasio relata que "14,4 por cento da pegada hídrica total de um varejista de roupas decorre da manufatura", em comparação com 54% do jeans.[30]

---

[28] HOSKINS, T. Cotton Production Linked to Images of the Dried Up Aral Sea Basin. *The Guardian*, 2014. Disponível em: <www.theguardian.com/sustainable--business/sustainable-fashion-blog/2014/oct/01/cotton-production-linked-to--images-of-the-dried-up-aral-sea-basin>. Acesso em: 21 mar. 2016.

[29] BODEY, A. Water Sustainability is Becoming Fashionable. *2degrees e Best Foot Forward*, 9 ago. 2012. Disponível em: <www.2degreesnetwork.com/groups/2de-grees-community/resources/water-sustainability-becoming-fashionable/>. Acesso em: 21 mar. 2016.

[30] RAVASIO, P. How Can We Stop Water Becoming a Fashion Victim? *The Guardian*, 7 mar. 2012. Disponível em: <www.theguardian.com/sustainable-business/water-scarcity-fashion-industry>. Acesso em: 16 mar. 2016.

FIGURA 7.4: O encolhimento do Mar do Aral

Mar do Aral – 2014

Mar do Aral – 2000

— Contorno aproximado do litoral, 1960

FONTE: EARTH OBSERVATORY (NASA)

FIGURA 7.5: Análise da pegada do jeans

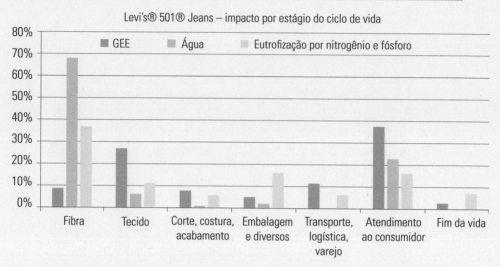

FONTE: LEVI STRAUSS & Co., *The Lifecycle of a Jean*, 2015; http://levistrauss.com/sustainability/planet/lifecycle-assessment/

Recursos: biológicos

A quantidade de **terra usada** para cultivar algodão tem variado na faixa de 30 a 35 milhões de hectares nas últimas décadas, à medida que a melhoria do rendimento das safras aumenta o volume produzido. Grande, porém, tem sido a pressão sobre o uso da terra decorrente da necessidade de cultivar mais alimentos e de regenerar as florestas, além dos problemas de degradação das terras agrícolas, que vimos no Capítulo 6. O Millennium Ecosystem Assessment prevê que a demanda por alimentos crescerá a taxas de 70 a 80%, entre 2005 e 2055.[31] Os solos também são importantes escoadouros de carbono, e sua degradação reduz seriamente sua capacidade de armazenar carbono, e, portanto, de absorver carbono. Um terço dos solos agrícolas do mundo é classificado como degradado,[32] e o Joint Research Centre da UE relatou

---

[31] MILLENNIUM Ecosystem Assessment. Ecosystems and Human Well-Being: Opportunities and Challenges for Business and Industry. *World Resources Institute*, Washington, D.C., 2005.

[32] HEALTHY Soils Are the Foundation of Food Production United Nations Food and Agriculture Organization. *FAO*, 2015. Disponível em: <www.fao.org/news/

que a biodiversidade do solo está sob ameaça em 56% do território da UE.[33] O relatório "salientou a insustentável exploração dos solos como principal fator por trás dos problemas da Europa, e mostrou que o solo está mais ameaçado em países – como o Reino Unido – que têm procurado bloquear medidas mais eficazes de proteção dos solos". Os custos globais estimados da degradação da terra chegam a US$ 40 bilhões por ano,[34] sem incluir custos ocultos, como aumento do uso de fertilizantes, destruição da biodiversidade e perda de panoramas sem igual. Outras consequências incluem menor produtividade da terra, danos ao ecossistema e uma gama de problemas socioeconômicos, como riscos para a segurança alimentar e migrações.

Balanced scorecard

Podemos resumir os problemas de sustentabilidade usando os critérios da Natural Step que vimos nos Capítulos 5 e 6. O Quadro 7.1 mostra um *scorecard* simples, com o tipo de avaliação que qualquer marca ou fábrica de moda poderia usar como ponto de partida para rastrear suas melhorias em sustentabilidade a longo prazo.

Existem problemas abrangentes ao longo da cadeia de suprimentos, tanto para materiais naturais quanto para materiais artificiais, envolvendo o uso de materiais escassos, problemas de segurança de produtos químicos (para a saúde humana e para os sistemas vivos) e danos aos ecossistemas em todas as fases. As condições de trabalho geralmente são ruins, talvez inseguras, com jornadas longas e remuneração insatisfatória, além do uso de trabalho forçado e de mão de obra infantil. Mesmo durante o uso, pode haver problemas de segurança envolvendo toxinas nos tecidos e nas tinturas. A indústria da moda está enfrentando pressões para mudar suas práticas, desde a escolha de materiais até a redução do "consumo", passando por economia de energia, *fashion miles* (entrega ecológica da moda) e melhoria das condições de trabalho nos campos e nas fábricas.

---

story/en/item/284152/icode/>. Acesso em: 22 mar. 2016.

[33] FAO: Soil Degradation Reaching Critical Point. *Farming Online*, 23 abr. 2015. Disponível em: <www.farming.co.uk/news/article/11232>. Acesso em: 22 mar. 2016.

[34] LAND Degradation Assessment. United Nations Food and Agriculture Organization. *FAO*, 2016. Disponível em: <www.fao.org/nr/land/degradation/en/>. Acesso em: 22 mar. 2016.

QUADRO 7.1: Problemas setoriais – moda

Critérios da Natural Step	Estágio da cadeia de suprimentos				
	Matérias-primas	**Manufatura**	**Logística e vendas**	**Uso**	**Fim da vida**
Materiais escassos extraídos da Terra	⬇	↗	⬇	↘	⬆
Produtos químicos artificiais, tóxicos e persistentes	↗	⬇	↘	↘	↘
Destruição e poluição da natureza	↗	⬇	↘	↗	⬇
Trabalho e/ou condições de uso	↘	↘	↗	↘	⬇

Legenda:	**Bom**	**Relativamente bom**	**Relativamente ruim**	**Ruim**	**Não sabe**
	Impactos positivos, sem preocupações	Impactos positivos ou neutros, poucas preocupações	Impactos negativos, grandes preocupações generalizadas	Impactos negativos, grandes preocupações generalizadas	Informações insuficientes
	⬆	↗	↘	⬇	?

FONTE: *Streamlined Life Cycle Assessment* (Adaptado; baseado em Natural Step System Conditions.) Sustainable Wealth Creation, 2007, com a gentil permissão do Forum for the Future

2.700 litros de água para produzir uma camiseta.

A moda é a segunda indústria mais poluente depois do petróleo.

11,1 milhões de toneladas de têxteis por ano nos aterros sanitários dos Estados Unidos.

> £ 30 bilhões de roupas fora de uso nos guarda-roupas do Reino Unido.
> FÓRUM ECONÔMICO MUNDIAL, 2016;[35] WRAP, 2012[36]

Desenvolvimentos da economia circular

Muitos são os exemplos de inovações circulares em todo o setor de alimentos, inclusive muitos materiais novos e reciclados.

Inputs circulares

O Capítulo 2 introduziu o conceito de "cadeia de design e suprimentos", constituindo o fluxo central da estrutura da economia circular. A Figura 7.6 nos lembra das opções de "input circular": materiais reciclados; substituição de materiais finitos por inputs renováveis; garantia de que os materiais são seguros para os seres humanos e para os sistemas vivos; seleção de materiais que propiciem segurança de fornecimento no futuro. Muitos são os problemas de sustentabilidade sérios referentes a fibras naturais e sintéticas. É grande o escopo para desenvolver fibras recicladas oriundas de têxteis sintéticos, ou para descobrir maneiras de reciclar resíduos biológicos em fibras para desenvolver novas formas de inputs renováveis. A química verde está ajudando a desenvolver fibras a partir de algas.

FIGURA 7.6: *Framework* da economia circular – inputs circulares

FONTE: © CATHERINE WEETMAN

---

[35] SUSTAINABLE Consumption and the Fourth Industrial Revolution. *WEF*, 2016. Disponível em: <www.weforum.org/agenda/2016/06/sustainable-consumption-and-the-fourth-industrial-revolution/>. Acesso em: 2 jun. 2016.

[36] WRAP Reveals the UK's £ 30 Billion Unused Wardrobe. *WRAP*, 2012. Disponível em: <www.wrap.org.uk/content/wrapreveals-uks-%C2%A330-billion-unused-wardrobe>. Acesso em: 2 jun. 2016.

Fibras recicladas

A reciclagem de fibras de tecidos no fim do uso apresenta desafios semelhantes aos da reciclagem de papel e papelão, com as fibras ficando mais curtas em cada ciclo e, portanto, inadequadas para reutilização no mesmo tipo de tecido. Muitas vezes, os têxteis são reciclados, talvez em enchimento para revestimentos exteriores, ou para estofados, materiais isolantes, etc. A química verde e as inovações tecnológicas visam a encontrar soluções para esses problemas e a desenvolver outras fibras regeneradas, derivadas de polímeros.

O polietileno tereftalato reciclado (poliéster), ou rPET, é fabricado a partir de garrafas plásticas descartadas, no fim do uso. A Teijin Fibers, sediada no Japão, desenvolveu, em 2002, seus processos de reciclagem em *loop* fechado, Eco Circle, para refinar o poliéster antigo em matéria-prima reciclada, equivalente ao material novo (feito de petróleo).[37] A Teijin alega que a tecnologia reduz o consumo de energia e as emissões de CO_2 em comparação com a fabricação de novo poliéster, e agora tem 150 empresas participantes em todo o mundo.

Outras organizações estão reciclando materiais diferentes para produzir fios e têxteis, como mostram muitos exemplos na indústria de alimentos.

Tidal Vision, United States: inputs reciclados, química verde

A Tidal Vision, no Alasca, está criando produtos "visíveis e vestíveis", feitos a partir de subprodutos da pesca sustentável, a fim de criar mais valor para a pesca.[38] Ela inventou dois métodos, em processo de patenteação, para transformar subprodutos oceânicos em couros aquáticos e em Chitoskin™, com aplicações em têxteis, bens de consumo e outras indústrias. A Chitoskin™ usa "quitosana" de caranguejos do Alasca, colhidos de forma sustentável, que naturalmente inibe

---

[37] CLOSED-LOOP Recycling System: Eco Circle. *Teijin Fibers*, 2016. Disponível em: <http://www.teijin.co.in/solutions/ecocircle/>. Acesso em: 24 maio 2016.

[38] Tidal Vision, 2015. Disponível em: <tidalvisionusa.com/>. Acesso em: 22 mar. 2016.

o crescimento de bactérias e elimina o odor.[39] A Tidal Vision diz que seu "método, em processo de patenteação", para extrair quitina e quitosana das cascas de caranguejo, não usa substâncias químicas ameaçadoras ao meio ambiente, como o ácido clorídrico ou o hidróxido de sódio – uma revolução na indústria.

O Capítulo 2 examinou alguns subprodutos da fabricação de suco de laranja, e, recentemente, foi constituída uma start-up com o objetivo de transformar produtos cítricos em matéria-prima para a produção de fios. A empresa vê grande potencial para criar valor em têxteis a partir desses refugos, estimando que os fabricantes de suco de laranja geram, por ano, nada menos que 25 milhões de toneladas de refugos, incluindo cascas e sementes. Existem outras fontes de fibras oriundas de subprodutos alimentares, algumas das quais estão em uso há séculos.

Inputs renováveis

Embora as fibras de algodão, lã, linho e outras fontes vegetais ou animais sejam renováveis, a pressão sobre o uso da terra e os impactos ambientais da produção prejudicam sua adequação a um processo verdadeiramente sustentável. A lã pode ser um subproduto da produção de carne de ovelha; ao longo dos séculos, no entanto, criaram-se raças específicas de ovelhas, como merino, para fornecer fibras de lã adequadas ao vestuário, produzindo, assim, grandes quantidades de lã em vez de carne. As fibras naturais também podem ter fontes minerais, como o amianto – que não atende aos nossos critérios "seguros" para uma fibra têxtil!

A Figura 7.7 mostra uma hierarquia de prioridades para biomateriais, usando fluxos de refugos industriais ou agrícolas, seguidos por refugos pós-consumo, depois observando culturas que podem crescer em solos pobres, ou talvez em florestas sustentáveis (colhendo algumas folhas, casca de cortiça, etc.), sem deslocar as culturas alimentares.

---

[39] PRESS Kit. *Tidal Vision*, 2015. Disponível em: <tidalvisionusa.com/press_kit/>. Acesso em: 22 mar. 2016.

FIGURA 7.7: Prioridades de biomateriais

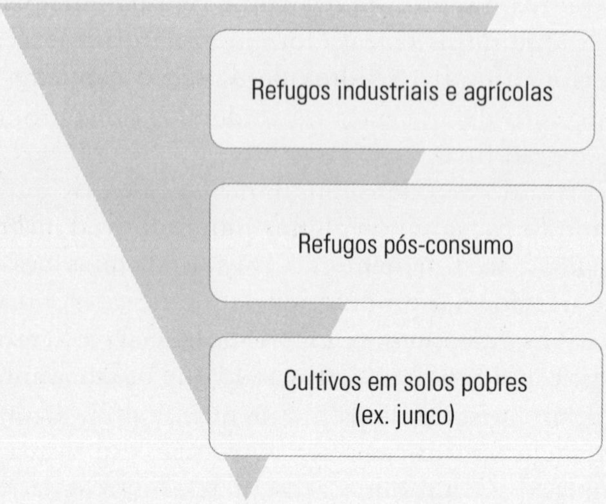

Refugos industriais e agrícolas

Refugos pós-consumo

Cultivos em solos pobres
(ex. junco)

TENCEL® é uma fibra de liocel extraída da madeira cultivada em plantações florestais sustentáveis. O fabricante, Lenzing, usa um processo premiado, de *loop* fechado, para reciclar quase 100% dos solventes usados no processo de fiação, descrevendo a produção de fibras como "extremamente amigável ao meio ambiente". Uma análise do ciclo de vida destacou uma série de benefícios ambientais em comparação com o algodão, por exemplo, usando de 10 a 20 vezes menos água. A Lenzing alega que os têxteis TENCEL® são "mais absorventes do que o algodão, mais macios do que a seda, e mais frios do que o linho".[40]

Ananas Anam – tecido Piñatex™: inputs renováveis

Uma tradicional empresa têxtil filipina usa folhas de abacaxi para fazer a fibras. Os usos incluem roupas formais e outras aplicações que exigem tecidos leves, duros e transparentes, fáceis de cuidar, e que parecem semelhantes aos

---

[40] Lenzing AG, 2016. Disponível em: <www.lenzingfibers.com/en/tencel/tencelr/>. Acesso em: 22 maio 2016.

de linho. As fibras têm cerca de 60 centímetros de comprimento, semelhantes às de seda, e retêm bem os corantes. Os processos são intensivos em mão de obra, começando com a extração da fibra, depois lavando e secando ao ar livre. O próximo estágio é o enceramento, para ajudar a desembaraçar, seguido de amarração e atadura em fios prontos para tecer o tecido final.

A fabricação de couro tem muitos problemas, e o processo usa muita energia e produtos químicos, criando fumaça e efluentes. A Dra. Carmen Hijosa, que trabalhou em design e fabricação de artigos de couro em vários países, estava pesquisando o desenvolvimento de produtos de fibras naturais. Nas Filipinas, ela percebeu que poderia criar um têxtil não tecido usando fibras de folhas de abacaxi como uma alternativa ao couro. O Piñatex™ "é resistente, arejado, macio, leve, flexível e pode ser facilmente impresso, costurado e cortado".[41]

Um têxtil "não tecido" é "produzido pela formação de uma rede de fibras unidas por processos mecânicos, térmicos e químicos, mas sem ser tecido (sem ser composto de urdidura e trama)", simplificando o processo de fabricação. A matéria-prima Piñatex é um refugo da cultura de abacaxi, não necessitando de mais inputs de água, fertilizantes ou pesticidas. O desenvolvimento prossegue, com o objetivo de criar uma gama de espessuras, de acabamentos e de adequação a diferentes aplicações, como bolsas, sapatos, interiores e assentos para carros e aeronaves. Em comparação com o couro, o processo quase não gera refugos e, no fim do uso, o têxtil pode ser reciclado em geotêxteis.[42]

A Figura 7.8 ilustra os fluxos no processo de fabricação de Pinãtex (incluído com a generosa permissão de Dra. Carmen Hijosa, da Ananas Anam.

---

[41] Ananas Anam, 2016. Disponível em: <www.ananas-anam.com/pinatex/>. Acesso em: 22 mar. 2016.

[42] HIJOSA, C. Designing a Business Fibre by Fibre. *Disruptive Innovation Festival*, 5 nov. 2015.

FIGURA 7.8: Ciclo de vida intencional da Piñatex™

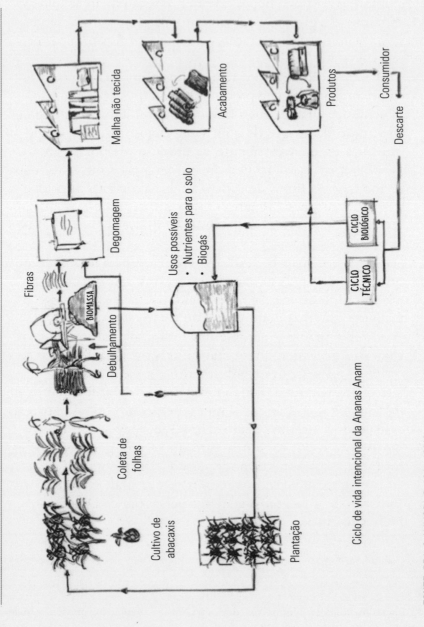

FONTE: DRA. C. HIJOSA ©, 19 jun. 2013

> **Elvis & Kresse, Londres: inputs sobreciclados[43]**
>
> As brigadas de incêndio em todo o Reino Unido (e na Europa) usam mangueiras de incêndio feitas de um material multicamada, projetadas para resistir ao desgaste por 25 anos, e serem então descartadas antes que possam falhar. A dupla de designers Elvis & Kresse ficou impressionada com a mangueira em si, de cor vermelha intensa, feita de material durável, flexível e resistente. À custa da separação das camadas, eles perceberam que a mangueira tinha "estirpe" e uma ótima história: salvar vidas.
>
> Eles queriam ir mais longe do que dar à velha mangueira uma nova vida "útil"; pretendiam, isto sim, transformá-la em algo prático e desejável, "alguma coisa de que você gostaria, mesmo que não fosse reciclado, mesmo sem a ética". O propósito é criar designs clássicos e atemporais, com alta qualidade artesanal, para garantir que os novos produtos durem tanto quanto os materiais recuperados. Os produtos, incluindo cintos, carteiras e bolsas, apresentam revestimentos de materiais sobreciclados, como seda de paraquedas ou toalhas de mesa de casamento.[44]

Novos desenvolvimentos em fibras naturais incluem bambu, cânhamo e outras fibras de "entrecasca" (fibras vegetais coletadas do floema, ou pele externa de certas plantas, como rami, cânhamo ou urtiga). A Camira, uma empresa têxtil do Reino Unido, usa urtigas e cânhamo na fabricação de têxteis para estofados, serviços de saúde, transportes e setores domésticos. A empresa destaca as propriedades intrínsecas de retardante de chamas de sua gama de fibras de lã e de entrecasca, incluindo também linho e juta reciclada de sacas de café. Não há necessidade de "nenhum tratamento químico para atender aos requisitos contratuais e domésticos de inflamabilidade".[45]

---

[43] Elvis & Kresse, 2016. Disponível em: <elvisandkresse.com/innovation/>. Acesso em: 22 mar. 2016.

[44] THE Fire-Hose Accessory Collection. *Provenance*, 2016. Disponível em: <www.provenance.org/stories/elvis-kresse-the-fire-hose-accessory-collection>. Acesso em: 22 mar. 2016.

[45] Camira, 2016. Disponível em: <www.camirafabrics.com/sustainability/Cut-from-a-different-cloth>. Acesso em: 24 jun. 2016.

Embora o bambu seja rapidamente renovável e exija poucos pesticidas agrícolas, existem algumas preocupações de sustentabilidade. As classificações de fibra Made-By,[46] já mencionadas, mostram a fibra de bambu Monocell® com processo de liocel na classe B,[47] enquanto a viscose de bambu é classificada na classe D. O método de produção de rayon de viscose envolve muitos produtos químicos e é altamente intensivo em energia, comparado ao algodão. Um artigo que expõe uma fraude de "bambu orgânico" destaca o solvente mais comum na produção de rayon de viscose, o dissulfeto de carbono, altamente tóxico e dispersante, com altos níveis de liberação na atmosfera quando usada.[48]

Comparando-se os impactos ambientais de várias fibras naturais e sintéticas, como acrílico, celulose, nylon, poliéster, seda e viscose, constata-se[49]:

- As fibras sintéticas usam muita energia, mas deixam pegadas hídricas e terrestres menores.
- O algodão é a que mais consome água.
- A lã é a que deixa maior pegada terrestre e gera mais águas residuais.
- As fibras de entrecasca naturais e as celulósicas regenerativas oferecem bom equilíbrio entre energia, água, uso da terra e emissões.

---

[46] ENVIRONMENTAL Benchmark for Fibres. *Made-By*, 2016. Disponível em: <www.made-by.org/consultancy/tools/environmental/>. Acesso em: 24 maio 2016.

[47] Monocel, 2016. Disponível em: <monocel.com/this-is-monocel/>. Acesso em: 24 maio 2016.

[48] VOS, M. No Such Thing as Organic Bamboo Clothing: Chinese Company Leads Apparent Global Market Fraud. *Epoch Times*, 2014. Disponível em: <www.theepochtimes.com/n3/427295-no-such-thing-as-organicbamboo-clothing-chinese-company-leads-apparent-global-market-fraud/>. Acesso em: 24 maio 2016.

[49] TURLEY, D. B. *et al. The Role and Business Case for Existing and Emerging Fibres in Sustainable Clothing*. Relatório Final para o Department for Environment, Food and Rural Affairs (Defra). Londres: Defra, 2009.

Design do produto

FIGURA 7.9: *Framework* da economia circular – design do produto

FONTE: © CATHERINE WEETMAN

Usá-lo mais (intensamente ou por mais tempo)

Desenhar moda para vidas subsequentes depois do primeiro uso conflita com os objetivos da *fast fashion*, que objetiva convencer os consumidores a comprar reiteradamente novos itens, durante todo o ano. Em 2014, desenvolveu-se um Protocolo de Longevidade de Roupas como parte do Plano de Ação de Roupas Sustentáveis do WRAP.[50] O objetivo é ajudar a indústria a criar roupas duradouras, salientando os benefícios para os negócios, como menos devoluções, maior lealdade dos clientes e melhorias ambientais. O documento oferece diretrizes de boas práticas, com um *checklist* a ser verificado durante todo o processo de desenvolvimento do produto, como solidez da cor e desfazimento da costura.

Os **designs modulares** pretendem superar esse conflito, com um produto básico durável e de alta qualidade, que o usuário pode personalizar, alterando sua "aparência" ou funcionalidade. Um exemplo bem conhecido é o sapato "Ze o Ze", da designer industrial israelense Daniela Bekerman. O calçado em si é simples e plano, e os usuários podem comprar componentes facilmente trocáveis, incluindo diferentes tamanhos de salto, para convertê-lo de sapato de festa em sapato rústico, mudar as cores, e assim por diante.

No caso de roupas, os designs modulares possibilitam peças mais duradouras para crianças. A Nula Kids faz estilos ajustáveis, compatíveis

---

[50] CLOTHING Longevity Protocol. *WRAP*, 2014. Disponível em: <www.wrap.org.uk/content/clothing-longevity-protocol-1>. Acesso em: 24 maio 2016.

com ampla variedade de formas corporais, permitindo três a quatro ajustes sucessivos e reduzindo o risco de devoluções de compras on-line. Misturas de tecidos de algodão orgânico e de cânhamo são robustas e sustentáveis.[51] As roupas incorporam uma gama de características de design bem testadas, como cintura ajustável e botoeira elástica, ou um vestido encompridado com peças adicionais ocultas.

Usá-lo novamente

O design de roupas e calçados facilmente desmontáveis pode facilitar a recuperação de materiais no fim do uso, para remanufatura em novas peças ou reciclagem em novos materiais. A Puma lançou sua coleção InCycle, em 2013,[52] com trajes, sapatos e acessórios biodegradáveis (camisas e tênis) ou recicláveis (jaqueta de trilha e mochila). Os produtos recicláveis usam materiais homogêneos, que evitam misturas ou compostos, para possibilitar a separação mais fácil no fim da vida. A Puma vê benefícios na redução da energia, da poluição do ar e do uso da terra, em comparação com o uso de matérias-primas virgens. A Puma quer usar seu programa Bring me Back com a empresa de reciclagem I:CO, para educar e estimular os consumidores no sentido de devolver itens para reciclagem.[53]

O relatório Environmental Profit and Loss (EP&L),* da Puma, revela que 57% de seus impactos ambientais se relacionam com a produção de matérias-primas, como algodão, couro e borracha. A análise se estende por toda a cadeia de valor, abrangendo matéria-prima, produção, uso e fim da vida. Ela foca nos impactos sobre os recursos naturais, inclusive água, uso da terra, emissões de GEE, resíduos e poluição do ar. A linha InCycle, da Puma, "usa polímeros biodegradáveis, poliéster reciclado e algodão orgânico para eliminar

---

[51] BUCZYNSKI, B. Organic, Vintage-Inspired Kids Clothing that Fits for 3 Years. *Ecosalon*, 7 maio 2013. Disponível em: <ecosalon.com/organic-vintage-inspired--kids-clothing-that-fits-for-3-years/>. Acesso em: 2 mar. 2016.

[52] KING, B. New Puma Line Closes the Loop on Shoes, Shirts and Bags. *Sustainable Brands*, 9 out. 2012. Disponível em: <www.sustainablebrands.com/news_and_views/articles/new-puma-linecloses-loop-shoes-shirts-and-bags>. Acesso em: 23 mar. 2016.

[53] NEWSROOM. *Puma*, 17 abr. 2012. Disponível em: <about.puma.com/en/newsroom/corporate-news/2012/april/puma-launches-productrecycling-program-in-puma-stores-in-germany>. Acesso em: 17 abr. 2016.

pesticidas, fertilizantes químicos e outros produtos químicos perigosos".[54] A Puma calcula que os resíduos gerados durante a produção e no fim da vida por seus tênis de camurça convencionais são quase dois terços mais baixos; e os tênis biodegradáveis podem ir para instalações de compostagem industrial.

Rohner – tecidos Climatex Lifecycle: resíduos = alimentos[55]

O tecido biodegradável Climatex Lifecycle, produzido pela empresa suíça Rohner, é muito usado na fabricação de móveis para escritório. A história começou em 1991, quando a DesignTex, divisão têxtil da empresa de móveis comerciais Steelcase, começou um projeto para desenvolver mais "tecidos com responsabilidade ambiental", envolvendo, então, o McDonough Braungart Design Institute (MBDC). A primeira proposta da DesignTex combinaria algodão com PET (polietileno tereftalato) de garrafas de bebida recicladas. No entanto, os tecidos de estofamento se desgastam durante o uso, envolvendo o risco de inalação de produtos químicos inerentes ao PET, incluindo possíveis carcinogênicos. No fim de uso, o PET não é compostável, ou seja, reciclável em nutrientes naturais, e o algodão não é reciclável para uso industrial.

A equipe, então, decidiu mirar em produto mais benigno e compostável, um "tecido descartável com segurança". Depois de contatar 60 fabricantes de tinturas, a Ciba-Geigy decidiu participar do projeto, na esperança de se beneficiar com a eliminação de produtos químicos potencialmente perigosos de seus próprios produtos. Apenas 16 produtos químicos seguros foram escolhidos, do total de aproximadamente 8.000, usados no processamento de tecidos. Os materiais incluíam lã de ovelha caipira e rami sem pesticidas (uma fibra de entrecasca da família das urtigas e uma

---

[54] KING, B. New Puma Line Closes the Loop on Shoes, Shirts and Bags. *Sustainable Brands*, 9 out. 2012. Disponível em: <www.sustainablebrands.com/news_and_views/articles/new-puma-linecloses-loop-shoes-shirts-and-bags>. Acesso em: 23 mar. 2016.

[55] ROHNER Textiles: Cradle-to-Cradle Innovation and Sustainability. *Investor Environmental Health Network*, 2016. Case Studies. Disponível em: <www.iehn.org/publications.case.rohner.php>. Acesso em: 23 mar. 2016.

das culturas de fibras mais antigas, em uso há cerca de 6.000 anos). Depois que o Climatex Lifecycle entrou em produção, os reguladores testaram o efluente do processo de fabricação do novo tecido e ficaram "surpresos ao perceber que a água que saía da fábrica era tão limpa ou mais limpa do que a água proveniente das fontes de abastecimento de água potável da cidade".

Os benefícios financeiros são significativos. Aparas de tecido não precisam ser incineradas ou exportadas para descarte, reduzindo os altos custos de disposição de resíduos. Os refugos produziam um material tipo feltro, completamente natural, vendido aos agricultores e jardineiros locais, para *mulching* (manta ou cobertor) de solo. Não foi necessário filtrar corantes ou produtos químicos no processo, diminuiu-se a administração regulatória e reduziu-se o estoque de produtos químicos perigosos. Em 2001, a DesignTex, a Rohner e a MBDC concordaram em permitir que toda a indústria têxtil utilizasse o processo de fabricação Climatex para criar tecidos seguros e completamente biodegradáveis.

Usá-lo novamente – tecidos e roupas *Cradle to Cradle Certified*™

O site do Cradle to Cradle Products Innovation Institute apresenta uma lista de várias empresas que produzem roupas e uniformes com certificação *Cradle to Cradle*.[56] Alguns desses produtos usam reworx®, uma mistura de fibras celulósicas sustentáveis, baseadas em madeira, com fibra sintética infinito®, um polímero sintético, biodegradável. Depois do uso e de 50 ciclos de limpeza, os têxteis são coletados para compostagem industrial, transformando-se com segurança em húmus.

Design do processo

As melhorias circulares no design do processo (apresentadas na Figura 7.10) pretendem "usar menos" inputs de produção, como energia, água e produtos químicos; e garantir que todo o "resíduo é alimento", removendo, para tanto, as toxinas de efluentes e de emissões

---

[56] Cradle to Cradle. Disponível em: <www.c2ccertified.org/products/registry/search&category=apparel_shoes_accessories/>. Acesso em: 2 mar. 2016.

para a atmosfera e recuperando outros recursos "técnicos" ou sintéticos. O uso de energia renovável, de água reciclada dos processos de produção e de inputs renováveis de processos são soluções altamente relevantes para a fabricação de roupas.

FIGURA 7.10: *Framework* da economia circular – design do processo

FONTE: © CATHERINE WEETMAN

Usar menos

O tecido natural Climatex Lifestyle, já discutido neste capítulo, é um exemplo de usar menos na cadeia de suprimentos. Ele reduz os inputs agrícolas (fertilizantes, pesticidas e água), elimina fibras baseadas em petróleo, usa menos inputs químicos, e os que usa são mais benignos.

A Levi Strauss & Co, reconhecendo que a água é essencial para o seu negócio, desenvolveu o programa Water<Less™, a ser observado na fabricação de seus jeans, a fim de "dissociar crescimento do negócio e necessidades de água", mudando sua abordagem nas decisões sobre design.[57] Entre os exemplos, destacam-se remover a água do processo *stone washing* (lavagem com pedra) ou combinar vários processos de *wet-cycle* (ciclo úmido), com economias de até 96% para alguns estilos". A Levi faz cerca de 25% de seus produtos usando técnicas Water<Less™, e quer melhorar esse resultado para 80% até 2020.

O desenvolvimento da **tecnologia digital** está possibilitando a "impressão" de cores mais precisas no tecido, sem a necessidade de imergir todo o pano em tinturas, usando 95% a menos de água e 75% a menos de energia.[58] Cadeias de suprimentos estendidas para a maioria

---

[57] PRODUCTS. *Levi Strauss & Co.*, 2016. Disponível em: <www.levistrauss.com/sustainability/products/#waterless>. Acesso em: 23 mar. 2016.

[58] BREYER, M. 10 Awesome Inventions Changing the Future of Fashion. *Treehugger*, 4 set. 2012. Disponível em: <www.treehugger.com/sustainable-fashion/10-awesome-innovations-changing-future-fashion.html>. Acesso em: 23 mar. 2016.

das marcas de moda transferem em grande parte a responsabilidade por melhorias na eficiência da produção para cada fabricante, geralmente pequenas empresas que lutam para financiar investimentos em novas máquinas e métodos inovadores.

Os refugos do processo de fabricação podem criar novos produtos na categoria **"resíduos = alimentos"**. No processo de corte, os moldes para os diversos componentes da roupa, em vários tamanhos, são posicionados sobre camadas do tecido, em longas mesas de corte. As sobras entre as diferentes peças variam em tamanho, de acordo com a dificuldade de percorrer o contorno das saliências e reentrâncias da mistura de formas e tamanhos. Essas sobras são refugos do processo, e as empresas estão procurando maneiras lucrativas de reutilizá-las, para recuperar o valor perdido.

O processo de produção de roupas pode desperdiçar até 15% do tecido. Um finalista do Global Change Award está desenvolvendo um banco de dados para rastrear os refugos de material e torná-los disponíveis para serem usados por outras empresas.[59] Em 2015, a Speedo anunciou uma colaboração com a italiana Aquafil, especialista em materiais, para desenvolver uma nova linha de produtos, Power-FLEX Eco, feitos com excedentes de materiais,[60] incluindo refugos e retalhos de nylon dos processos de fabricação da Speedo. O material passa pelo tratamento ECONYL® da Aquafil e é despolimerizado e repolimerizado, sem perda de qualidade.

Looptworks: sobreciclagem

A Looptworks faz produtos esportivos e de lazer atraentes, de materiais reciclados, como *cases* para laptops, a partir de trajes de mergulho de neoprene, em fim de uso. O objetivo da Looptworks era desenhar um conjunto de produtos, Loopt Classics, mirando na durabilidade e priorizando a função sobre a estética, com

---

[59] PETERS, A. 5 New Solutions for the Fashion Industry's Sustainability Problem. *Fast Company & Inc.*, 2 jan. 2012. Disponível em: <www.fastcoexist.com/3055925/5-new-solutions-for-the-fashion-industryssustainability-problem>. Acesso em: 23 mar. 2016.

[60] ILES, J. Speedo Develop High Performance Range from Surplus Material. *Circulate News*, ago. 2015. Disponível em: <circulatenews.org/2015/08/speedo-develop--high-performance-range-fromsurplus-material/>. Acesso em: 23 mar. 2016.

design limpo e atemporal.[61] O couro excedente, proveniente da fabricação de roupas sob medida para motociclismo, é perfeito para atender a esses critérios, e é sobreciclado em bolsas, sacolas e carteiras. Cada uma dessas bolsas economiza entre 900 e 28.000 litros de água, em comparação com o consumido por produtos equivalentes, feitos de couro. A Looptworks recorre a outros "fluxos pré-consumo", como retalhos de "corte e costura", fins de rolos, sobras sazonais, têxteis danificados e roupas acabadas. Sua Northwest Collection de bolsas usa excedentes de poliéster e couro adquiridos em depósitos no sul da China.

Fluxos circulares

FIGURA 7.11: *Framework* da economia circular – fluxos circulares

FONTE: © CATHERINE WEETMAN

A Figura 7.11 nos lembra das principais opções de recuperação, ou fluxos circulares. O uso de **materiais reciclados** como inputs pode incluir *loops* fechados, com a recuperação de roupas para reciclagem em novos materiais ou para sobreciclagem dos tecidos em novos estilos. A Patagonia ajuda os consumidores a encontrar rotas de reutilização de seus produtos de atividades ao ar livre e de estilo de vida, colaborando com a plataforma de intercâmbio Yerdle, para a troca de produtos, e operando um programa de *trade-in*, em que recebe suas roupas usadas como parte do pagamento de produtos novos, com a sua loja de varejo Portland atuando como canal de vendas. Reconhecendo que "nada

---

[61] LOOPTWORKS and Langlitz Partner Up. *Looptworks*, 8 out. 2015. Disponível em: <www.looptworks.com/blogs/looptworks-blog/69478915-looptworks-and-langlitz-partner-up>. Acesso em: 23 mar. 2016.

dura para sempre", ela oferece opções de reciclagem fáceis, quando os produtos alcançam o fim da vida útil e já não podem ser reparados. Os clientes são encorajados a levar o produto para a loja de varejo local da Patagonia ou postá-lo diretamente para a Patagonia. A empresa reciclou 82 toneladas de roupas entre 2005 e 2015.[62]

As empresas, os designers e os inovadores de tecnologia estão percebendo que a reciclagem tem potencial para recuperar o valor dos inputs "incorporados" nos produtos acabados. A Figura 7.12 compara a energia incorporada em amplo espectro de materiais têxteis, do linho, na ponta mais baixa da escala, até o nylon, que exige 25 vezes mais energia.

FIGURA 7.12: Energia incorporada em fibras têxteis

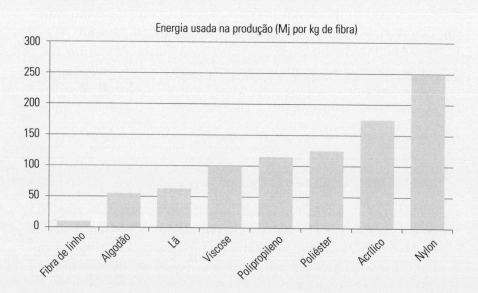

FONTE: SUMMERSCALES, J., *Fabric and Your Carbon Footprint*, 2006; oecotextiles.wordpress.com/2013/10/03/fabric-and-your-carbon-footprint

Uma start-up do Global Change Awards desenvolveu novos processos tecnológicos para dissolver velhas roupas de algodão e transformá-las em um material tipo algodão, que pode, então, ser trefilado

---

[62] WORN Wear. *Patagonia*, 2016. Disponível em: <www.patagonia.com/us/reuse--recycle>. Acesso em: 23 mar. 2016.

em novas fibras.[63] Outra descobriu uma maneira de reciclar poliéster, agora a matéria-prima mais comum na confecção de roupas, difícil de reciclar, sem perda de qualidade. Um novo tipo de micróbio é capaz de ingerir o velho tecido, decompondo os polímeros em matéria-prima que pode ser vendida a fabricantes de poliéster. O processo também funciona com tecidos de materiais mistos, como algodão e poliéster (polialgodão), e é mais barato do que usar novos materiais.

Modelos de negócio – acesso em vez de propriedade

O Capítulo 3 destacou vários modelos de negócio de moda, para troca, compartilhamento e aluguel de roupas a serem usadas novamente, com mais intensidade ou durante mais tempo. Rent the Runway, nos Estados Unidos, e Girl Meets Dress, no Reino Unido, alugam com sucesso vários tipos de roupas, permitindo que os consumidores atendam às suas necessidades de moda, sem investir num aparato de trajes, fadados ao descarte. A Clotho começou promovendo um intercâmbio de roupas entre amigos, para reciclar peças indesejadas, com a subsequente "escolha de algumas das peças legais, vintage e retrô, como forma de reutilizar roupas incríveis do passado".[64]

ThredUp: plataforma de troca de roupas

A ThredUp se denomina "a maior loja de consignação e de brechó on-line".[65] Seu objetivo é oferecer às pessoas a "maneira mais fácil de esvaziar seus armários". O estoque, incluindo 25.000 marcas e 500.000 itens de vestuário, vem de clientes que "limpam seus armários e enchem sacolas ThredUp", com roupas lavadas e em bom estado para serem revendidas. A ThredUp

---

[63] PETERS, A. 5 New Solutions for the Fashion Industry's Sustainability Problem. *Fast Company & Inc.*, 2 jan. 2016. Disponível em: <www.fastcoexist.com/3055925/5-new-solutions-for-the-fashion-industryssustainability-problem>. Acesso em: 23 mar. 2016.

[64] Clotho. Disponível em: <www.clotholondon.co.uk/>. Acesso em: 24 mar. 2016.

[65] CASEY, M. Is the Fast Fashion Industry Ready to Change its Wasteful Ways? *CBS News*, 27 nov. 2015. Disponível em: <www.cbsnews.com/news/is-the-fast--fashion-industry-ready-to-changeits-wasteful-ways/>. Acesso em: 24 mar. 2016.

compara a tendência de reutilização de roupas com o mercado de carros usados, agora visto como venda certificada de carros e eletrônicos de segunda mão, em que algumas marcas aceitam itens no fim do uso, para reforma e revenda.

Capacitadores e aceleradores

Que abordagens capacitadoras são relevantes em moda? Vimos exemplos de química verde e de desenvolvimentos tecnológicos que ajudam a inovar processos, design de produtos e escolha de materiais. Abordagens de biomimética também estão criando novos materiais. A seda de aranha é mais resistente do que kevlar e mais flexível do que nylon. A Spiber, no Japão, está produzindo Qmonos, uma seda de aranha sintética, incorporando o DNA de seda de aranha em micróbios, que, então, produzem uma proteína. A impressão 3D está desbravando novas aplicações em moda, com a Nike imprimindo em 3D calçados para corrida e solas para chuteiras, e um designer industrial imitando favos de mel para criar solas de sapato flexíveis, tecidas em 3D.

FIGURA 7.13: *Framework* da economia circular – capacitadores e aceleradores

FONTE: © CATHERINE WEETMAN

Lyf Shoes: fechando o *loop* em produtos sob medida

A start-up Lyf Shoes se descreve como "a revolução do sapateiro digital".[66] Ela pretende "integrar opções de moda ilimitadas, ajustes personalizados e produtos sustentáveis, bons para as pessoas e para o planeta". A Lyf monta os calçados sob demanda, reduzindo o estoque e eliminando desperdícios por excesso de estoque (ou desperdício de oportunidades em consequência de perda de vendas, decorrentes de falta de estoque). A Lyf oferece aos clientes um programa de recompra e aplica seu processo de "manufatura simétrica", desmontando o produto e enviando os componentes de volta ao fabricante OEM,* para criar "o primeiro calçado de *loop* fechado do mundo". A Lyf usa dispositivos de captura digital, embutidos no salto, para rastrear a biomecânica e desenvolver perfis pessoais que ajudam a identificar as necessidades dos usuários, a refinar ainda mais o produto e a desenvolver relacionamentos mais duradouros com os clientes.

Os clientes podem escolher entre uma gama de impressões artísticas, ou até apresentar seu próprio trabalho para ser impresso, sendo pagos quando outro cliente escolhe a mesma impressão. Os sapatos são produzidos na própria oficina de montagem da Lyf, evitando aderentes tóxicos e o uso de fornos de alta temperatura, e todos os materiais são recicláveis.

Aceleradores

Iniciativas de designers famosos e de ONGs, como a campanha Detox, do Greenpeace, estão ajudando a galvanizar a indústria para a "moda sustentável lenta". **Iniciativas colaborativas** do setor incluem a Better Cotton Iniciative (BCI), uma organização global sem fins lucrativos que atua através de um grupo de organizações *multistakeholder*, com ampla diversidade de partes interessadas. A BCI está empenhada em definir "como seria uma alternativa melhor e mais sustentável para cultivar algodão" e constituir um Better Cotton

---

[66] LYF Story. *LYF Shoes*, 2016. Disponível em: <lyfshoes.com/lyf-story/>. Acesso em: 24 mar. 2016.

Standard System (Sistema de Normas para Melhor Algodão),[67] abrangendo sustentabilidade ambiental, social e econômica. O sistema pretende "compartilhar boas práticas e encorajar a escalada da ação coletiva para estabelecer o Better Cotton (Melhor Algodão) como *commodity* convencional sustentável", com o objetivo de que 1 milhão de agricultores produzam mais de 2.5 milhões de toneladas de Better Cotton até 2015.

A Sustainable Apparel Coalition descreve-se como "a principal aliança da indústria têxtil de vestuário, calçado e têxteis para a produção sustentável".[68] Seu foco é construir o Higg Index, ferramenta de mensuração padronizada para ajudar os participantes do setor a compreender os impactos ambientais, sociais e trabalhistas decorrentes de fazer e vender seus produtos e serviços, em toda a extensão da cadeia de suprimentos.

O Fashion Positive, lançado em 2014 pelo Cradle to Cradle Products Innovation Institute, é um "movimento de agentes de mudança da indústria". Ele apoia e promove o desenvolvimento de produtos e materiais *Cradle to Cradle Certified™*, visando a aumentar a transparência e a oferecer empréstimos baratos, para acelerar a inovação e desenvolver *loops* fechados.

A Marks & Spencer e a Oxfam colaboram para incentivar os clientes a dispor de roupas indesejadas (de qualquer fabricante) em uma caixa Shwop Drop, em lojas. A Oxfan trata de revendê-las, doá-las no exterior ou reciclar as fibras, e a receita é usada para reduzir a pobreza.

Resumo e implicações da cadeia de suprimentos

Podemos ver que as atividades de captação e abastecimento já estão enfatizando a transparência e a ética, com o propósito de limpar materiais e processos. Projetistas de moda e tecnologia estão inovando em designs de materiais, de processos e de produtos. Há oportunidades de usar o *big data* para melhorar o produto ou para encontrar e compartilhar recursos. As empresas estão embarcando em iniciativas de cadeia de suprimentos para recuperar o valor de refugos. Governos, ONGs e empresas estão encorajando

---

[67] Better Cotton Initiative. Disponível em: <bettercotton.org/about-better-cotton/better-cotton-standard-system/>. Acesso em: 24 mar. 2016.

[68] Apparel Coalition. Disponível em: <http://apparelcoalition.org/the-coalition>. Acesso em: 15 ago. 2016.

os consumidores a consertar, reutilizar e revender, embora essas necessidades sejam muito mais amplas do que mensagens bem-intencionadas, se o propósito realmente for fechar o *loop* de modas e têxteis.

> *Elimine o conceito de refugo do nosso vocabulário e, em vez disso, pense em todos os materiais como nutrientes potenciais para futuros produtos.*
>
> LEWIS PERKINS; VPS; Cradle to Cradle
> Products Innovation Institute

Lewis Perkins, vice-presidente sênior do Cradle to Cradle Products Innovation Institute, em São Francisco, assim resumiu o desafio da moda: "Precisamos projetar produtos que possam retornar com segurança à biosfera, no sentido de serem compostáveis, isto é, transformarem-se com segurança em nutrientes técnicos, como polímeros, metais e poliéster, recicláveis em novos produtos."[69] Ele prosseguiu para explicar a "necessidade de eliminar o conceito de refugo do nosso vocabulário e, em vez disso, pensar em todos os materiais como nutrientes potenciais para futuros produtos. Essa é a direção que precisamos tomar como planeta para sustentar mais de 10 bilhões de pessoas".

Hannah Jones, vice-presidente da Nike Inc., escreveu sobre desafios futuros e inovações sistêmicas em um artigo para o Fórum Econômico Mundial, em 2014: "Na Nike [...] não podemos esperar para ver o que as incertezas trarão; precisamos, isto sim, criar as condições de mercado para o crescimento. Construímos nosso negócio desacoplando crescimento e recursos, que estão ficando cada vez mais escassos. Essa não é a nossa estratégia de sustentabilidade, é parte integrante de nossa estratégia de negócios".[70]

---

[69] KATIE. *Designers Make Moves Towards Sustainable Fashions*. 2012. Disponível em: <http://blog.shawcontractgroup.com/tag/stella-mccartney/>. Acesso em: 24 mar. 2016.

[70] JONES, H. How Can Companies Leave a Lighter Footprint? *World Economic Forum*, 24 jan. 2014. Disponível em: <www.weforum.org/agenda/2014/01/can-companies-leave-lighter-footprint-world/>. Acesso em: 29 maio 2016.

Recursos adicionais

ALLWOOD, J. M. *et al*. Well Dressed? The Present and Future Sustainability of Clothing and Textiles in the United Kingdom. *Institute for Manufacturing: University of Cambridge*, 2006. Disponível em: <www.ifm.eng.cam.ac.uk/resources/sustainability/well-dressed/>. Acesso em: 16 mar. 2016.

Centre for Sustainable Fashion. Disponível em: <http://sustainable-fashion.com/>. Acesso em: 1 jun. 2016.

TOXICS reports. *Greenpeace International*, [S.d]. Disponível em: <http://www.greenpeace.org/international/en/publications/Campaign-reports/Toxics-reports/>. Acesso em: 1 jun. 2016.

VALUING Our Clothes: The True Cost of How We Design, Use and Dispose of Clothing in the UK. *WRAP*, 2012. Disponível em: <www.wrap.org.uk/sites/files/wrap/VoC%20FINAL%20online%202012%2007%2011.pdf>. Acesso em: 16 mar. 2016.

MATERIAIS ELÉTRICOS E ELETRÔNICOS DE CONSUMO

Neste capítulo, examinamos os desafios e os desenvolvimentos da economia circular deste setor em rápido crescimento, que inclui algumas das maiores empresas do mundo. Começando com um resumo, analisamos:

- Problemas e desafios da **cadeia de suprimentos tradicional**, incluindo recursos de metal e plástico e problemas éticos e sociais.
- Materiais críticos com maiores desequilíbrios de **demanda e oferta**, cujos modelos de negócio dependem de descarte e geram lixo eletrônico.*
- **Desenvolvimentos da economia circular**, abrangendo a "cadeia de design e suprimentos", tecnologias capacitadoras, colaboração e modelos de negócio circulares.
- Concluímos com um estudo de caso, apresentando a Environcom.

Em 2013, as vendas globais de equipamentos elétricos e eletrônicos de consumo (EEE) foram superiores a US$ 1 trilhão. As vendas de varejo anuais no Reino Unido, de aproximadamente 180 milhões de itens EEE, chegam a £ 21 bilhões,[1] cerca de £ 800 por domicílio.

O desenvolvimento de novos produtos se acelera, com tecnologias digitais, tablets, smartphones, TVs 3D e outras inovações. Cada nova onda tecnológica se espalha com mais rapidez. Dispositivos melhores e mais baratos abreviam o ciclo de vida dos produtos, resultando em obsolescência cada vez mais rápida. A cada ano, produtos eletrônicos de consumo e aparelhos eletrodomésticos, com inputs no valor total de

---

[1] ESAP – Generating Value for Business Through Sustainability. *WRAP*, 2014. Disponível em: <www.wrap.org.uk/sites/files/wrap/esap-summary-2014.pdf>. Acesso em: 2 fev. 2016.

US$ 390 bilhões, chegam ao fim da vida.[2] A demanda por "dispositivos mais verdes e mais duradouros" está aumentando.[3] As principais marcas eliminaram certos produtos químicos perigosos, embora "muitas grandes empresas estejam ficando para trás". Os modelos de negócio dependem de descarte; no entanto, a maioria dos produtos compõe-se de materiais finitos, muitos dos quais são considerados "críticos" pela UE.

As tendências de personalização e customização em massa estão começando a afetar os avanços. No Capítulo 4, lemos sobre as instruções de código aberto da Nokia para permitir aos consumidores imprimir em 3D capas de telefone personalizadas. O projeto Phonebloks, com o objetivo de criar um design de telefone móvel modular, customizável e de código aberto, usou mídias sociais e uma campanha de conscientização, Thunderclap, com quase um milhão de "curtidas", disparada mundo afora, via Facebook e Twitter.[4] O projeto foi assumido pela Motorola (na época, do Google). Na primavera de 2016, o escopo do projeto havia sido reduzido, e a data de lançamento tinha sido adiada, suscitando críticas do criador original do conceito de Phonebloks.[5] O Fairphone, empreendimento social com sede em Amsterdã, usa um desenho modular para permitir aos usuários substituir componentes em casa, mas, em 2016, as opções de personalização incluíam somente um conjunto de capas.

Cadeia de suprimentos tradicional: problemas e desafios

À semelhança do setor de moda, as grandes marcas "exteriorizaram" e terceirizaram a manufatura para economias de baixo custo, depois que os acordos da Organização Mundial do Comércio (OMC) reduziram as tarifas e as barreiras de importação, em meados da década de 1990. Os mapas típicos da cadeia de suprimentos referentes a três componentes eletrônicos comuns vendidos na União Europeia mostram que a mineração e a maioria dos processos de fabricação ocorrem fora da União Europeia (ver Figura 8.1).

---

[2] PROJECT MainStream – Status Update, preparado com a Ellen MacArthur Foundation e McKinsey. *WEF*, 2015. Disponível em: <www3.weforum.org/docs/WEF_Project_Mainstream_Status_2015.pdf>. Acesso em: 30 maio 2016.

[3] COBBING, M.; DOWDALL, T. Green Gadgets: Designing the Future, Executive Summary. *Greenpeace International*, 2014. Disponível em: <www.greenpeace.org/international/en/campaigns/detox/electronics/Guide-to-Greener-Electronics/Green-Gadgets/>. Acesso em: 24 abr. 2016.

[4] Phonebloks, 2013. Disponível em: <phonebloks.com/journey>. Acesso em: 30 maio 2016.

[5] Dave Hakkens, 2016. Disponível em: <davehakkens.nl/news/re-think-project-ara/>. Acesso em: 30 maio 2016.

FIGURA 8.1: Mapa da cadeia de suprimentos para produtos eletrônicos

FONTE: EC, 2014, *Report on Critical Raw Materials for the EU: Critical Raw Materials Profiles*

Dhekne e Chittal (2011) destacam os desafios de cadeia de suprimentos para o setor, inclusive[6]:

- **Colaboração e terceirização:** com fabricantes de componentes e de equipamentos terceirizando operações não essenciais, à medida que a fabricação se torna comoditizada, e promovendo a "integração vertical" de competências essenciais, como design e inovação. Exemplificando, a Lenovo aumentou a terceirização de seus notebooks, de menos de 10% para mais de 50%.

- **Gestão do risco:** cadeias de suprimentos globais estendidas são mais vulneráveis a riscos de disrupção decorrentes de extremos climáticos, terrorismo e geopolítica.

- **Planejamento:** variabilidade da demanda, mudanças no produto e promoções no varejo apresentam desafios cada vez mais complexos e tornam difícil a previsão da demanda.

---

[6] DHEKNE, R.; CHITTAL, S. S. Supply Chain Strategy for the Consumer Electronics Industry. *WIPRO*, maio 2011. Disponível em: <www.wipro.com/documents/insights/the-future-of-supply-chain-strategy-forconsumer- electronics.pdf>. Acesso em: 24 abr. 2016.

- **Logística reversa:** o crescimento do lixo eletrônico e a complexidade da legislação estão obrigando os fabricantes de equipamentos a gerenciar os retornos.

- **Sustentabilidade:** os consumidores estão exigindo produtos com menos materiais perigosos e menor pegada de embalagem, esperando que o descarte seguro do produto seja incluído no contrato de vendas.

Outros problemas incluem a durabilidade do produto, com o WRAP descobrindo que um terço das máquinas de lavar e das geladeiras e um quarto dos aspiradores de pó não correspondem à expectativa média dos consumidores quanto à durabilidade.[7] O WRAP constatou que cerca de dois terços dos consumidores aceitariam de bom grado diferentes modelos de negócio que oferecessem programas de consertos, reutilização e *trade-in* (receber o produto usado como parte do pagamento do produto novo), desde que conduzidos pelas organizações certas.

Designs complexos, usando numerosos materiais diferentes, criam dificuldades para a cadeia de suprimentos e complicam a reciclagem e a remanufatura. Um smartphone usa cerca de 40 metais diferentes, além de vários tipos de plásticos.

Recursos: técnicos

Elementos de terras raras (REE), incluindo neodímio, tântalo e lantânio, são materiais essenciais para produtos como smartphones.[8] O lantânio em LCDs destaca as cores brilhantes, e os ímãs de neodímio acentuam o desempenho dos autofalantes e das unidades de vibração. Os smartphones usaram 42% da produção global de tântalo em 2010. A reciclagem desses elementos é extremamente difícil.

Os telefones móveis contêm elementos de terras raras, além de outros materiais valiosos, como ouro e prata. Em 2012, a Ellen MacArthur Foundation estimou que os 160 milhões de telefones móveis descartados e não recolhidos representam perdas materiais de US$ 500 milhões, com

---

[7] ESAP – Generating Value for Business Through Sustainability. *WRAP*, 2014. Disponível em: <www.wrap.org.uk/sites/files/wrap/esap-summary-2014.pdf>. Acesso em: 2 fev. 2016.

[8] SOFRONIOU, D. The Footprint of a Smartphone – How Far Can One Trace It? *World Resources Forum*, 13 nov. 2013. Disponível em: <projourno.org/2013/11/the-co2-footprint-of-a-smartphone-how--can-onetrace-it/>. Acesso em: 24 abr. 2016.

pouca reutilização ou remanufatura de componentes.[9] Os mercados secundários (para dispositivos usados) estão crescendo, mas, por volta de 2012, correspondiam a apenas 6% do mercado primário. Um estudo da Yokohama Metal Co, do Japão, destacou o rendimento em ouro gerado por uma tonelada de telefones móveis descartados, equivalente a 150 gramas, em comparação com apenas 5 gramas produzidas por uma tonelada de minério de uma mina de ouro média.[10] A mesma tonelada de telefones móveis descartados também contém outros metais, inclusive cerca de 100 quilogramas de cobre e 3 quilogramas de prata.

Um relatório do United States Geological Survey (2006) examina o valor potencial da recuperação de metais preciosos e industriais em telefones móveis.[11] A atualização desses números com valores mais recentes resulta em valor potencial de US$ 1,93 por telefone, embora as quantidades de metal no telefone talvez tenham mudado.

Os EEE também contêm vários plásticos na base de petróleo, complicando ainda mais a desmontagem e a reutilização depois do uso.[12] Como mostra a Tabela 8.1, muitos produtos usam vários tipos diferentes de plástico, que talvez sejam extremamente difíceis de separar no fim do uso. Muitas vezes, o processo de reciclagem dilacera o conteúdo de plástico, resultando em material reciclado misto, de baixo valor, adequado apenas para subciclagem.

Recursos: energia

O crescimento das vendas globais de EEE, com o aumento dos itens por domicílio ou negócio e a substituição mais frequente dos produtos, acarreta mais demanda de energia para a fabricação e para o uso de dispositivos. A tendência de exportar a produção para o Leste Asiático, onde o

---

[9] TOWARDS the Circular Economy: Economic and Business Rationale for an Accelerated Transition. *Ellen MacArthur Foundation*, 2012. Disponível em: <https://www.ellenmacarthurfoundation.org/publications/towards-a-circular-economy--business-rationale-for-an-accelerated-transition>. Acesso em: 15 ago. 2016.

[10] YOSHIKAWA, M. Urban Miners Look for Precious Metals in Cell Phones. *Reuters*, 2008. Disponível em: <www.reuters.com/article/us-japan-metals-recycling-idUST13528020080427>. Acesso em: 24 abr. 2016.

[11] RECYCLED Cell Phones. *USGS*, 2006. Disponível em: <pubs.usgs.gov/fs/2006/3097/fs2006-3097.pdf>. Acesso em: 2 fev. 2016.

[12] GOOSEY, M. The Materials Content of WEEE – Plastics. *ieMRC*, 2013. Disponível em: <www.lboro.ac.uk/microsites/research/iemrc/Events%20write%20up/Events%20write%20up/MTGIeMRCBrussels170413.pdf>. Acesso em: 2 fev. 2016.

"carvão ainda é a maior fonte de energia e a principal causa de mudança climática",[13] significa que as emissões industriais continuam a aumentar.

Recursos: água

As pegadas hídricas de EEE são fortes, com um smartphone consumindo mais de 1.000 litros,[14] e um microchip de 2 gramas exigindo 32 litros.[15] A maior fatia desse total se concentra na mineração, "provavelmente o segundo maior usuário industrial de água", depois da geração de energia, que consume de 7 a 9 bilhões de metros cúbicos de água por ano.[16] Os impactos ambientais e sociais incluem superexploração de minérios e efluentes tóxicos de rejeitos que contaminam rios e lagos. A mineração está competindo cada vez mais com as comunidades locais e com os agricultores pelo acesso aos mananciais. Um projeto de mineração de cobre no Peru foi paralisado, depois de protestos contra a poluição de recursos hídricos, apesar dos planos para a importação de água do mar dessalinizada para a mina. Três pessoas morreram em tumultos correlatos em 2011.

As inundações são um risco sério, com a construção de represas para armazenar os efluentes. Em 2016, uma represa se rompeu numa mina de ferro operada pela Samarco (empreendimento conjunto da BHP Billiton com a Vale), "deflagrando uma enxurrada de água residual que submergiu a cidade histórica de Mariana, no estado de Minas Gerais, e poluiu um trecho de 650 quilômetros do Rio Doce"; 17 pessoas morreram.[17] A BHP Billiton concordou em pagar US$ 2,3 bilhões de dólares de indenização, mas em maio de 2016 os procuradores brasileiros entraram com uma ação judicial reivindicando US$ 43 bilhões.

---

[13] COBBING, M.; DOWDALL, T. Green Gadgets: Designing the Future, Executive Summary. *Greenpeace International*, 2014. Disponível em: <www.greenpeace.org/international/en/campaigns/detox/electronics/Guide-to-Greener-Electronics/Green-Gadgets/ 226-256>. Acesso em: 24 abr. 2016.

[14] MCCARTHY, E. *The Surprising Water Footprints of 15 Common Things*. [S.d.]. Disponível em: <mentalfloss.com/article/59480/surprising-water-footprints-15-common-things>. Acesso em: 24 abr. 2016.

[15] ZYGMUNT, J. *Hidden Waters: A Waterwise Briefing*. 2007. Disponível em: <http://waterfootprint.org/media/downloads/Zygmunt_2007_1.pdf>. Acesso em: 24 abr. 2016.

[16] GASSON, C. Don't Waste a Drop: Water Use in Mining. *Mining Magazine*, out. 2011. Disponível em: <www.globalwaterintel.com/dont-waste-drop-water-mining/>. Acesso em: 24 abr. 2016.

[17] YEOMANS, J. BHP Billiton's Disaster-Hit Mine Samarco to Reopen by End of Year. *The Telegraph*, 11 mar. 2016. Disponível em: <www.telegraph.co.uk/business/2016/03/11/bhp-billitons-disaster-hit-minesamarco-to-reopen-by-end-of-year/>. Acesso em: 24 abr. 2016.

QUADRO 8.1: Plásticos em REEE (Resíduos de Equipamentos Elétricos e Eletrônicos)

Código de identificação do plástico	01 PET	02 PE-HD	03 PVC	04 PE-LD	05 PP	06 PS	07 O
Tipo de polímero plástico	Tereftalato de polietileno (PET, PETE)	Polietileno de alta densidade (HDPE)	Cloreto de polivinilo (PVC)	Polietileno de baixa densidade (LDPE)	Polipropileno (PP)	Poliestireno (PS)	Outro
Grandes eletrodomésticos	■	■	■			■	■
Pequenos eletrodomésticos		■	■		■	■	■
Equipamentos de processamento de dados	■	■	■		■	■	■
Linha marrom	■		■				■
Equipamentos de telecom							■
Equipamentos elétricos							■
Equipamentos para escritório	■	■	■		■	■	■
Equipamentos médicos	■		■				■
Cabos	■	■					

OUTROS incluem policarbonato, ABS, PA (poliamida), PU (poliuretano), epoxy, termofixos.

FONTE: GOOSEY, M., *The Materials Content of WEEE – Plastics* ieMRC, 2013; http://www.lboro.ac.uk/microsites/research/iemrc/Events%20write%20up/Events%20 write%20up/ MTGIeMRCBrussel s170413.pdf

Recursos: biológicos

O impacto do uso da terra, da mina em si, e do "armazenamento" de águas residuais ou de rejeitos sólidos reduz a disponibilidade de terra para agricultura e destrói a biodiversidade. Os efluentes ainda rompem os ecossistemas locais, infiltrando toxinas no solo, na água e no ar.

Problemas sociais e éticos

Além do uso da água e da poluição, a mineração provoca desmatamento e degradação da terra. A indústria eletrônica é a principal usuária de **minerais de conflito**, acarretando importantes problemas para as cadeias de suprimentos. Esse é o caso da mineração "informal" na República Democrática do Congo (RDC), e em outros lugares, onde pequenos grupos de pessoas abrem clareiras, escavam e extraem com facilidade os minerais acessíveis. A receita pode financiar guerras civis, com impactos sociais terríveis. A legislação americana (Dodd-Frank Act) e as Diretrizes de Due Dilligence da OCDE consideram "minerais de conflito", na RDC, estanho, tântalo, tungstênio e ouro.[18]

As questões éticas relacionadas com salário justo, condições de trabalho e trabalho infantil puseram as marcas globais sob os holofotes da mídia no começo de 2010. Há, também, problemas de segurança para produção e reciclagem, sobretudo de toxinas, como mercúrio, além de chumbo e cádmio (usado em baterias). Esses poluentes são transportados em áreas locais e através de regiões, criando problemas para o descarte seguro em muitos países que carecem de instalações de manejo adequadas.[19]

Demanda *versus* oferta

Os EEEs de consumo seguem modelos de economia linear, estimando-se a produção de lixo eletrônico entre 41 milhões[20] e 50 milhões

---

[18] GUIDANCE: Conflict Minerals. Foreign and Commonwealth Office, 2013. Disponível em: <https://www.gov.uk/guidance/conflict-minerals>. Acesso em: 24 abr. 2016.

[19] LEAD and Cadmium. *UNEP*, 2016. Disponível em: <www.unep.org/chemicalsandwaste/LeadandCadmium/PbandCdBatteries/tabid/6175/Default.aspx>. Acesso em: 24 abr. 2016.

[20] BALDÉ, C. P.; WANG, F.; KUEHR, R.; HUISMAN, J. *The Global E-Waste Monitor – 2014.* Bonn (Alemanha): United Nations University, IAS – SCYCLE,

de toneladas em 2012.[21] A vida útil do produto, para eletrônicos de consumo e eletrodomésticos, está encurtando.[22] Os fatores indutores incluem desenvolvimentos e avanços da tecnologia, obsolescência planejada e "preferências do consumidor", sob influência provável do marketing.

A Comissão Europeia avaliou ampla gama de **matérias-primas críticas**, com base na importância econômica para vários setores industriais, além do risco de fornecimento (como estabilidade política, disponibilidade, violência, e outros fatores). A avaliação de 2013 cobriu 54 materiais, dos quais 20 foram considerados críticos.[23] As fontes primárias de todos os 20 estão fora da UE, com a China como maior produtor, junto com os Estados Unidos (para berílio), Brasil (nióbio) e África do Sul, na condição de principais fontes.

No grupo de "metais especiais", 12 dos 20 são usados em EEEs,[24] e prevê-se que a demanda de todos, exceto berílio e germânio, crescerá a mais de 4.5% por ano. Nesse grupo, 5 dos 12 fornecem pelo menos um quinto de seu volume para equipamentos eletrônicos e elétricos, industriais e de consumo:

- Berílio: em equipamentos elétricos, eletrodomésticos, produtos eletrônicos e TI.
- Gálio: circuitos integrados, LEDs, baterias, ímãs e tecnologias solares.
- Germânio: fibras óticas, aparelhos ópticos infravermelhos, peças de equipamentos elétricos e solares.

2015. Disponível em <i.unu.edu/media/ias.unu.edu-en/news/7916/Global-E--waste-Monitor-2014-small.pdf>. Acesso em: 2 fev. 2016.

[21] PROJECT MainStream – Status Update, preparado com a Ellen MacArthur Foundation e McKinsey. *WEF*, 2015. Disponível em: <www3.weforum.org/docs/WEF_Project_Mainstream_Status_2015.pdf>. Acesso em: 2 fev. 2016.

[22] GROWTH Within: A Circular Economy Vision for a Competitive Europe, Ellen MacArthur Foundation com SUN e McKinsey. *IEMF*, 2015. Disponível em: <www.ellenmacarthurfoundation.org/publications/growth-within-a-circular-economy-vision-for-a-competitive-europe>. Acesso em: 24 abr. 2016.

[23] CRITICAL Raw Materials. *EC*, 2014. Disponível em: <ec.europa.eu/growth/sectors/raw-materials/specific-interest/critical/index_en.htm>. Acesso em: 22 abr. 2016.

[24] ANNEXES to the Report on Critical Raw Materials for the EU. *EC*, 2014. p. 20. Disponível em: <ec.europa.eu/growth/sectors/raw-materials/specific-interest/critical/index_en.htm>. Acesso em: 22 abr. 2016.

- Índio: monitores de tela plana, soldas, fotovoltaicos, materiais para interfaces térmicas, baterias, compostos semicondutores e LEDs.
- Elementos de terras raras (pesados): iluminação, telas, ímãs e cerâmicas em eletrônicos.

Apesar da demanda crescente e da oferta limitada, grande parte do lixo eletrônico não é reciclada. Mais adiante, neste capítulo, vemos exemplos de governos e de organizações que estão implementando esquemas para melhorar essa situação, e examinamos suscintamente outros problemas decorrentes do lixo em si. Da mesma maneira como a captação e a fabricação de EEEs usam uma cadeia de suprimentos estendida, complexa e global, o lixo eletrônico também percorre longas distâncias. As cadeias de suprimentos reversas geralmente são informais, com a ONU informando que "parte do lixo eletrônico do mundo percorre grandes distâncias, para os países em desenvolvimento".[25] Nesses países, a extração de materiais usa "técnicas brutas e ineficientes", "impondo perigos para trabalhadores mal protegidos e para o ambiente natural local". Exemplos de catástrofes ambientais incluem as de Guiyu, na China, e Agbogbloshie, em Gana.

Thomas Graedel, importante ecologista, em um relatório para o Programa das Nações Unidas para o Meio Ambiente (PNUMA), de 2011, observa que o uso de metal aumenta à medida que nossas economias crescem, com as sociedades construindo estoques de metal em casa, "como barras de aço, cabos de cobre para comunicações, trilhos ferroviários ou joalherias".[26] Nossos estoques pessoais em metais, na forma de bicicletas, carros, computadores, telefones, geladeiras, televisores, e assim por diante, estão aumentando. Graedel enxerga a reciclagem como meio para reduzir nossa demanda por metais e para promover o crescimento econômico, com a "mineração urbana" como importante gerador de matérias-primas secundárias. Por exemplo, o "maior parque de reciclagem municipal da China é capaz de recuperar 1 milhão de

---

[25] BALDÉ, C. P.; WANG, F.; KUEHR, R.; HUISMAN, J. The Global E-Waste Monitor – 2014. *United Nations University, IAS – SCYCLE*, Bonn, Alemanha, 2015. Disponível em: <i.unu.edu/media/ias.unu.edu-en/news/7916/Global-E--waste-Monitor-2014-small.pdf>. Acesso em: 2 fev. 2016.

[26] GRAEDEL, T. E. *et al.* Assessing Mineral Resources in Society: Metal Stocks and Recycling Rates. *UNEP International Resource Panel*, 2011. Disponível em: <www.unep.org/resourcepanel/publications/recyclingratesofmetals/tabid/56073/default.aspx>. Acesso em: 23 abr. 2016.

toneladas de cobre por ano", mais de duas vezes a capacidade da maior mina de cobre da China. Depósitos de metais e aterros sanitários podem ser reciclados pela mineração urbana*. Em 2011, o estoque global de cobre estava estimado em 225 milhões de toneladas. Stahel destaca os estoques hibernantes, como em cabos submarinos obsoletos ou em produtos fora de uso, ainda não reciclados. Os estoques de EEE estão hibernando em domicílios, nos telefones móveis em fundos de gavetas, e assim por diante. O relatório examina as taxas de reciclagem de 60 metais, inclusive os 37 metais especiais, muito usados em novas tecnologias, como células solares, baterias modernas, em usinas elétricas e em turbinas eólicas. A Figura 8.2 resume suas taxas de reciclagem, com a maioria (32 de 37) deles com taxas próximas a zero.

FIGURA 8.2: Taxas de reciclagem globais

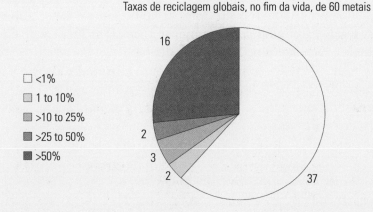

FONTE: GRAEDEL, T. E. *et al. Assessing Mineral ReSources in Society: Metal Stocks and Recycling Rates.* UNEP International ReSource Panel, 2011; http://www.unep.org/reSourcepanel/publications/recyclingratesofmetals/tabid/56073/default.aspx

Stahel (2016) nos lembra que o "objetivo final é reciclar átomos".[27] Seus exemplos incluem a Umicore, com sede em Bruxelas, que extrai ouro e cobre de lixo eletrônico, e a Batrec, empresa suíça, que remove

---

[27] STAHEL, W. R. Circular Economy. *Nature*, v. 531, p. 435, 24 mar. 2016.

zinco e manganês de baterias. Stahel adverte que os processos intensivos em energia que só recuperam parte dos metais precisam de novas tecnologias para des-polimerizar, des-ligar, des-laminar, des-vulcanizar e des-revestir os materiais".

O primeiro relatório Global E-waste Monitor, da United Nations University (UNU),[28] publicou estimativas dos volumes de resíduos mundiais de produtos EEE. Os números, ilustrados na Figura 8.3, mostram níveis crescentes, tanto no total quanto por pessoa.

Os volumes de lixo eletrônico por pessoa estão crescendo, refletindo a taxa de lançamento de novos produtos e as tendências de redução de custos. Os volumes de lixo eletrônico por região são muito diferentes, como mostra a Figura 8.4, ao apresentar os níveis por pessoa em cada região, assim como os agregados regionais.

FIGURA 8.3: Quantidades de lixo eletrônico global

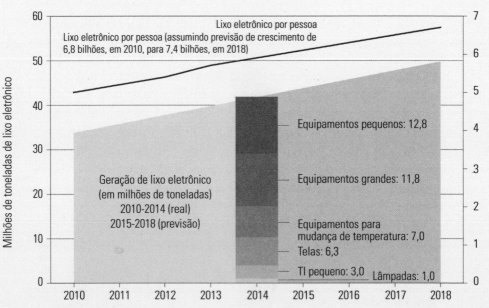

FONTE: BALDÉ, C. P.; WANG, F.; KUEHR, R.; HUISMAN, J. *The Global E-Waste Monitor* – 2014. Bonn (Alemanha): United Nations University, IAS – SCYCLE, 2015

---

[28] BALDÉ, C. P.; WANG, F.; KUEHR, R.; HUISMAN, J. The Global E-Waste Monitor – 2014. *United Nations University, IAS – SCYCLE*, Bonn, Alemanha, 2015. Disponível em <i.unu.edu/media/ias.unu.edu-en/news/7916/Global-E--waste-Monitor-2014-small.pdf>. Acesso em: 2 fev. 2016.

FIGURA 8.4: Lixo eletrônico por região

Totais regionais, milhões de tons, 2014

Lixo eletrônico: kg por pessoa, por região, 2014

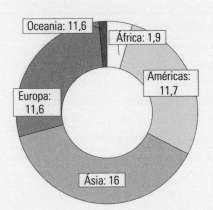
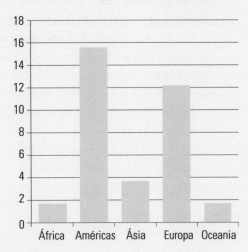

FONTE: BALDÉ, C. P.; WANG, F.; KUEHR, R.; HUISMAN, J. *The Global E-Waste Monitor – 2014*. Bonn (Alemanha): United Nations University, IAS – SCYCLE, 2015

O site **EU environment and waste** diz que os resíduos de equipamentos elétricos e eletrônicos (REEE) "são um dos fluxos de resíduos em mais rápido crescimento na União Europeia, com cerca de 9 milhões de toneladas geradas em 2005".[29] Entre os principais problemas está a complexidade dos materiais e componentes. As vendas anuais de varejo no Reino Unido, de aproximadamente 180 milhões de produtos EEE, contêm 1,4 milhão de toneladas de material e acarretam quantidade semelhante de descarte por ano.[30] A circulação de EEE é baixa. No Reino Unido, embora a legislação sobre REEE esteja em vigor desde 2006, cerca de 38% do lixo eletrônico vão para aterros sanitários,[31] com 55% reciclados por ano. Só 7% são reutilizados,

---

[29] WASTE Electrical and Electronic Equipment. *European Union, Environment*, [S.d.]. Disponível em: <ec.europa.eu/environment/waste/weee/index_en.htm>. Acesso em: 5 jan. 2016.

[30] ESAP – Generating Value for Business Through Sustainability. *WRAP*, 2014. Disponível em: <www.wrap.org.uk/sites/files/wrap/esap-summary-2014.pdf>. Acesso em: 2 fev. 2016.

[31] SWITCHED on to Value. *WRAP*, 2012. Disponível em: <www.wrap.org.uk/sites/files/wrap/Switched%20on%20to%20Value%2012%202014.pdf>. Acesso em: 3 fev. 2016.

"apesar do fato de boa parte ainda estar funcionando ou ser reparável".[32] Equipamentos de computação e TI podem ser descartados em aterros sanitários; reciclados para a recuperação de materiais valiosos, como ouro e alguns plásticos; ou revendidos/doados como aparelhos ativos.

As rotas de **reciclagem** para domicílios e empresas em geral limitam as opções de reutilização e recuperação: lançar um televisor num monte com outros EEEs provavelmente o danificará, e os produtos não são protegidos contra novos danos durante o transporte. O lixo eletrônico se mistura com outros fluxos de resíduos. No caso de pequenos equipamentos, como telefones móveis, lâmpadas, escovas de dentes elétricas, brinquedos eletrônicos e elétricos, etc., perdem-se as oportunidades de recuperação. A estimativa é de 1 a 2 quilogramas por residente na UE, resultando em 0,7 milhão de toneladas por ano nos 28 estados membros da UE. Outra questão é o comércio de lixo eletrônico, legal ou ilegal, dentro e fora das fronteiras de cada país.

As novas tecnologias eletrônicas geralmente usam recursos escassos e caros, como elementos de terras raras e metais preciosos, absorvendo "cerca de 10% da produção mundial de ouro". O valor intrínseco dos materiais incorporados no lixo eletrônico é estimado em £ 48 bilhões, em todo o mundo, com o predomínio de ouro, cobre e plásticos.

O lixo eletrônico geralmente é perigoso, podendo causar sérios problemas para o meio ambiente e para a saúde humana. A poluição tóxica é fonte de grande preocupação, com os números anuais incluindo 2,2 milhões de toneladas de cristais de chumbo, 0,3 milhão de toneladas de baterias e 4 kilotons de substâncias destruidoras de ozônio, clorofluorcarbonos (CFCs), além de muitos outros. Com menos de um sexto do lixo eletrônico documentado e tratado conforme os mais altos padrões, é provável que os restantes 84% gerem emissões atmosféricas nocivas e poluam o ar, o solo e a água.

Os produtos perigosos incluem espuma de pentano, usada para o isolamento de geladeiras. Os componentes da sucata eletrônica, como tubos de raios catódicos (CRTs), podem conter substâncias contaminantes, como chumbo, cádmio, berílio ou retardantes de chamas bromados. Outros contaminantes perigosos são amônia, arsênico, asbestos, mercúrio e diferentes retardantes de chamas.

---

[32] ESAP – Generating Value for Business Through Sustainability. *WRAP*, 2014. Disponível em: <www.wrap.org.uk/sites/files/wrap/esap-summary-2014.pdf>. Acesso em: 2 fev. 2016.

Legislação sobre resíduos

O Global E-Waste Monitor, da UNU, já mencionado neste capítulo, salienta que poucos países adotam o *stewardship* de produtos ou seguem a legislação sobre retorno.[33] Índia e China têm legislação sobre resíduos, que se aplica a cerca de 4 bilhões de pessoas. A existência da lei, em si, não significa sua aplicação eficaz, a gestão pode ser insuficiente ou inadequada, e talvez os sistemas não sejam bastante eficientes ou robustos para lidar com o lixo eletrônico. A maioria dos sistemas da legislação sobre retornos não abrange todas as categorias de lixo eletrônico, conforme os critérios do relatório da UNU. As leis podem abranger apenas um tipo de aparelho, e a quantidade de lixo eletrônico coletado talvez seja baixa. No todo, os programas e esquemas nacionais sobre retorno relataram tratamento de 6,5 milhões de toneladas de lixo eletrônico, cerca de 15,5% do lixo eletrônico gerado em todo o mundo em 2014.

A legislação da União Europeia visa a melhorar a gestão ambiental do REEE, contribui para a economia circular e aumenta a eficiência dos recursos, ao melhorar a coleta, o tratamento e a reciclagem. A legislação correlata sobre resíduos abrange baterias; restrições sobre o uso de certas substâncias perigosas em equipamentos elétricos e eletrônicos (RoHS Directive); e embalagem. A regulação da UE cobre requisitos de ecodesign para produtos que usam energia (EuP), a Energy Labelling Directive (Diretrizes sobre a Rotulagem de Energia), e normas sobre registro, avaliação, autorização e restrições referentes a produtos químicos (REACH). Observe que a implementação das diretrizes da UE pode não ser uniforme em todos os países, como a possibilidade de cada país escolher diferentes métodos para recuperação e financiamento de REEE.

REEE inclui a maioria dos produtos que tem tomada ou precisa de bateria. As regulações descrevem dez categorias amplas de REEE:

- Grandes aparelhos eletrodomésticos.
- Pequenos aparelhos eletrodomésticos.
- Equipamentos de TI e telecomunicações.

---

[33] BALDÉ, C. P.; WANG, F.; KUEHR, R.; HUISMAN, J. The Global E-Waste Monitor – 2014. *United Nations University, IAS – SCYCLE*, Bonn, Alemanha, 2015. Disponível em <i.unu.edu/media/ias.unu.edu-en/news/7916/Global-E--waste-Monitor-2014-small.pdf>. Acesso em: 2 fev. 2016.

- Equipamentos de consumo, p. ex., rádios, TVs, etc.
- Equipamentos de iluminação.
- Ferramentas elétricas e eletrônicas.
- Brinquedos, equipamentos de lazer e esportes.
- Dispositivos médicos.
- Equipamentos de monitoramento e controle, p. ex., detectores de fumaça.
- Dispensadores automáticos, p. ex., dispensadores de bebidas quentes.

Em janeiro de 2019, o escopo da regulação será ampliado para incluir outras categorias de EEE.

Desenvolvimentos da economia circular

Cenários de melhorias modestas mostram que reutilização, remanufatura e reciclagem podem recuperar US$ 52 bilhões por ano,[34] como destaca a Figura 8.5. Reutilização e redistribuição oferecem potencial para US$ 38 bilhões, que equivalem a quase 10% do total anual de US$ 390 bilhões no fim da vida, observado no início deste capítulo.

FIGURA 8.5: Oportunidades de criação de valor na economia circular

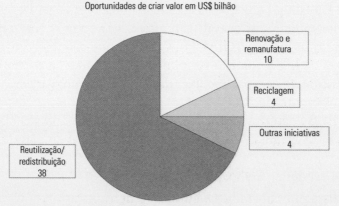

FONTE: WEF, 2015, Project MainStream – Status Update, preparado com Ellen MacArthur Foundation e McKinsey

---

[34] PROJECT MainStream – Status Update, preparado com a Ellen MacArthur Foundation e McKinsey. *WEF*, 2015. Disponível em: <www3.weforum.org/docs/WEF_Project_Mainstream_Status_2015.pdf>. Acesso em: 15 ago. 2016.

Os produtos eletrônicos de consumo oferecem amplas oportunidades para promover inovações circulares. A Figura 8.6 nos lembra de áreas a explorar, variando desde inputs circulares até novas maneiras de pensar sobre design de produtos e processos, recuperação de materiais valiosos para reutilização e, evidentemente, a busca de oportunidades e modelos de negócio disruptivos.

FIGURA 8.6: *Framework* da economia circular

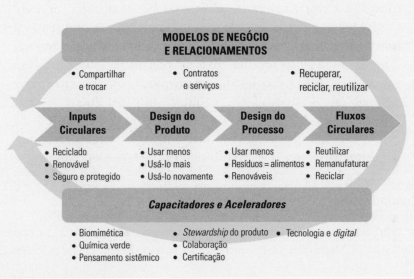

FONTE: © CATHERINE WEETMAN

Inputs circulares: reciclado, renovável, seguro e protegido

Grandes empresas estão reconsiderando inputs materiais, vendo os benefícios de proteger os recursos-chave, melhorando a percepção da marca e reduzindo os riscos da cadeia de suprimentos. O foco em inputs "seguros" é importante – eliminando a poluição e as toxinas ao longo da cadeia de suprimentos e melhorando as condições para os processadores, as comunidades, os usuários, os recicladores e, é claro, para os sistemas vivos.

> **Dell: inputs reciclados e renováveis, processos de *loop* fechado**
>
> A Dell desenvolveu iniciativas circulares para produtos e embalagens. Uma cadeia de suprimentos de *loop* fechado para

plásticos reciclados começou em 2014.[35] Ao fim de 2015, já tinha reciclado quase 2 milhões de quilogramas de plástico em gabinetes para novos produtos, como monitores de tela plana e alguns desktops OptiPlex. Trabalhando com um parceiro especializado, a Dell também recupera materiais originários de fibra de carbono. Excessos de aparas de fibra de carbono e de processos de produção criam material adequado para inclusão em novos produtos da Dell. Isso afasta do aterro sanitário a fibra de carbono, reduzindo em 11% a pegada de carbono do produto, quando comparada com a resultante do uso de material virgem.*

A Dell e a parceira YFY se associaram numa iniciativa de usar palha de trigo como input. Antes, os agricultores chineses queimavam a palha residual ou a devolviam ao solo. Agora, em vez disso, a palha é coletada e processada, usando enzimas e gerando fibras adequadas à produção de papel. Além de criar trabalho e renda adicionais para os agricultores, a Dell estima que o uso desse produto residual em lugar de árvores exige, aproximadamente, 40% menos energia e 90% menos água.[36]

Inputs circulares: seguro e protegido

Muitas empresas estão preocupadas com a segurança do fornecimento de materiais essenciais e com o uso de materiais perigosos.

Intel: computadores sem conflito

A Intel conseguiu certificação de não usar materiais oriundos de áreas de conflito na produção de microchips em 2014, atestando que suas compras não financiaram, por vias diretas ou indiretas, grupos armados na região do Congo.[37] A Intel

---

[35] WARK, C. Dell Is At It Again, With Use of Industry-First Recycled Carbon Fiber. *2degrees Network*, 5 out. 2015. Disponível em: <www.2degreesnetwork. com/groups/2degrees-community/resources/dell-at-it-again-with-use-industry- -first-recycled-carbon-fiber/>. Acesso em: 6 fev. 2016.

[36] MATTISON, D. *The Circular Economy*. Entrevista concedida a Oliver Campbell, da Dell, em 26 jun. 2015. Disponível em: <community.kinaxis.com/people/dustin- mattison1974/blog/2015/06/25/the-circular-economy>. Acesso em: 6 fev. 2016.

[37] WILL Intel's Conflict-Free Computers Engage the Millennial Consumer? *Innova- tion Forum*, [S.d.]. Disponível em: <innovation-forum.co.uk/analysis.php?s=wil-

assumiu o compromisso de que seu portfólio de produtos mais amplo, abrangendo cartões de memória e outros chipsets, estaria desvinculado de conflito até 2016. O programa audita e certifica produtores de metais preciosos, atestando que não "compram de fontes duvidosas". A Intel publicou os resultados de uma enquete, segundo a qual 70% dos *Millennials* evitariam comprar de empresas que exercem impacto negativo sobre a sociedade. Apenas 35% dos respondentes já tinham ouvido falar de minerais de conflito, mas a Intel constatou que, depois de se informarem sobre a questão, a maioria era favorável às empresas que procuravam rejeitar fornecimentos duvidosos.

Design do produto: usar menos, usá-lo mais, usá-lo novamente

Os produtos deste setor têm grande potencial de redesign, para aumentar a durabilidade, facilitar consertos e tornar mais eficaz a desmontagem no fim do uso, para remanufatura e reciclagem. Até agora, poucas empresas já adotaram essas práticas, criando oportunidades para "disruptores" criarem produtos que sejam atraentes para os consumidores e que tenham condições de romper o ciclo "extrair, produzir, descartar". Um exemplo do Capítulo 13 é o Fairphone 2, um telefone modular reparável.

No Capítulo 4, lemos sobre o desenvolvimento de componentes produzidos por **impressão 3D** (I3D), em substituição a subconjuntos complexos. Na área de tecnologia, os avanços em I3D incluem baterias, transistores e LEDs[38] com placas de circuito I3D já no horizonte. Tudo isso tem potencial para simplificar tanto a manufatura quanto a recuperação, eliminando materiais mistos em componentes difíceis de desmontar.

Pesquisas do WRAP, em 2012, descobriram que os consumidores tendem a "avaliar a vida útil dos produtos com base na duração da garantia do fabricante", contribuindo para o caso de negócio de design de **produtos mais duradouros, que poderiam ser mais onerosos**.[39] Mais de 80% dos consumidores disseram que estariam

---

l-intels-conflict-free-computers-engage-the-millennial-consumer>. Acesso em: 2 fev. 2016.

[38] COHEN D.; SERGEANT, M.; SOMERS, K. *McKinsey Quarterly*, p. 1, jan. 2014.

[39] SWITCHED on to Value. *WRAP*, 2012. Disponível em: <www.wrap.org.uk/sites/files/wrap/Switched%20on%20to%20Value%2012%202014.pdf>. Acesso em:

dispostos a pagar mais por uma lavadora de roupa com garantia mais longa".

O Electrical and Electronic Equipment Sustainability Action Plan (ESAP),[40] lançado em 2014, com o apoio do WRAP, pretende "revolucionar como projetamos, fabricamos, vendemos, consertamos e reutilizamos produtos elétricos e eletrônicos", gerando colaboração duradoura em todo o setor. O WRAP se refere aos atuais níveis de reutilização no Reino Unido como causa de "importante destruição ambiental e perda de oportunidades de negócios".

O primeiro foco do ESAP inclui produtos com os mais altos impactos sobre os recursos, como televisores, laptops, aspiradores de ar, equipamentos de refrigeração e lavadoras de roupa. As ações incluem:

- Melhorar a durabilidade do produto, por meio do design e de informações aos clientes.
- Reduzir a devolução de produtos.
- Investigar como o comportamento dos consumidores afeta a durabilidade e a facilidade de conserto dos produtos, influenciando mudanças de comportamento.
- Gerar mais valor com a reciclagem e a reutilização.
- Implementar modelos de negócio resilientes, eficientes no uso de recursos e lucrativos.

Design do processo: usar menos, resíduos = alimentos, renováveis e energia renovável

A embalagem de produtos EEE geralmente ocorre nas instalações de montagem final, ainda longe do mercado varejista. Isso pode ampliar em muito o trabalho de armazenamento e transporte de cada produto, aumentando os custos de logística de longa distância. A embalagem e, talvez, a montagem mais perto do mercado final possibilitam postergação, personalização e economias resultantes da maior densidade de carga do transporte a granel.

---

3 fev. 2016.

[40] ESAP – Generating Value for Business Through Sustainability. *WRAP*, 2014. Disponível em: <www.wrap.org.uk/sites/files/wrap/esap-summary-2014.pdf>. Acesso em: 2 fev. 2016.

Fluxos circulares: reutilização, remanufatura e reciclagem

O mercado de revenda de dispositivos usados está crescendo com rapidez, esperando-se que as estimativas de vendas de smartphones usados aumentem de 53 milhões em 2012, para 257 milhões em 2018. Os números mostram que os modelos usados canibalizaram 3% das vendas totais de smartphones em 2012, proporção que deverá aumentar para 8% até 2018. O iPhone da Apple foi o dispositivo mais popular, alcançando preços mais altos do que as marcas que usam o sistema operacional Android.[41]

> *Numa enquete na UE, 50% dos respondentes afirmaram que nos 12 meses anteriores tinham "optado por não consertar um produto defeituoso porque os custos eram muito altos".*

É crescente a demanda por reutilização e conserto de produtos, mas os fabricantes geralmente não projetam os produtos ou seus componentes para facilitar o trabalho dos consumidores e dos consertadores. Respondendo a uma enquete da UE, 50% das pessoas afirmaram que, no ano anterior, tinham optado por não reparar um produto defeituoso porque os custos eram muito altos, e 92% opinaram que os fabricantes deveriam indicar a vida útil dos produtos.[42] Frequentemente, o conserto necessário envolve um componente simples, e os mesmos tipos de componentes apresentam defeitos em diferentes marcas do mesmo produto, como bombas e rolamentos de tambores em lavadoras, ou telas e baterias em smartphones, tablets e laptops.

As empresas estão desenvolvendo maneiras eficazes de recuperar os próprios produtos. Os modelos de negócio de serviços ou aluguel oferecem oportunidades fáceis, uma vez que o produto é devolvido no fim do contrato. A Ricoh, com os seus processos de renovação

---

[41] GUGLIELMO, C. Used Smartphone Market "Poised to Explode". *Forbes*, 7 ago. 2013. Disponível em: <www.forbes.com/sites/connieguglielmo/2013/08/07/used-smartphone-market-poised-to-explodeapple-iphone-holding-up-better--than-samsung-galaxy/#1948ccb4ccd9>. Acesso em: 14 maio 2016.

[42] THE European Environmental Bureau. *Make Resources Count*, 12 maio 2016. Disponível em: <makeresourcescount.eu/policy-in-action/repairableproducts--that-last/>. Acesso em: 12 maio 2016.

de produtos Comet Circle™ e Greenline, é um bom exemplo de "fechamento do *loop*".[43] A Honda anunciou, em 2013, que tinha desenvolvido seus próprios processos para a reciclagem de baterias recarregáveis de carros, ajudando a garantir fornecimentos de novos materiais para novas baterias.

Telefonica UK – O2 Recycle: fluxos de recuperação circulares

A Telefonica UK Ltd lançou o O2 Recycle em 2009, e, em 2015, disse que "reaproveita nove de cada dez dispositivos, para reduzir seu impacto ambiental".[44] O O2 oferece pagamentos em dinheiro por vários produtos eletrônicos, de diferentes marcas, inclusive telefones móveis, tablets, tocadores MP3, consoles portáteis, câmeras digitais e dispositivos de navegação por satélite. No começo de 2015, ela havia manejado 1,4 milhão de dispositivos, afastando dos aterros sanitários 142 toneladas de resíduos e pagando 100 milhões de libras britânicas.[45] A operação, com o apoio da Redeem, aceita dispositivos em funcionamento, defeituosos e quebrados, que são avaliados de acordo com perguntas feitas no site.[46] Os consumidores usam o serviço on-line ou procuram um consultor nas lojas O2, para garantir que o processo de eliminação dos dados seja executado com segurança e para providenciar a retribuição. As opções incluem oferecer o velho telefone para pagamento parcial ou total de um telefone novo.[47]

---

[43] TOWARDS the Circular Economy: Economic and Business Rationale for an Accelerated Transition. p. 29. *Ellen MacArthur Foundation*, 2012. Disponível em: <https://www.ellenmacarthurfoundation.org/publications/towards-a-circular-economy-business-rationale-for-anaccelerated-transition>. Acesso em: 15 ago. 2016.

[44] O2 Creates Phone from Grass to Highlight E-Waste Issues. *edie.net*, 23 mar. 2015. Disponível em: <www.edie.net/news/5/O2-create-phone-of-grass-to-highlight--e-waste-recycling/>. Acesso em: 7 fev. 2016.

[45] O2 "Streets Ahead of Competitors" on E-Waste Recycling. *edie.net*, 19 fev. 2015. Disponível em: <www.edie.net/news/5/O2--streets-ahead-of-competitors--on--e-waste/>. Acesso em: 6 fev. 2016.

[46] 02. Disponível em: <www.o2recycle.co.uk>. Acesso em: 6 fev. 2016.

[47] MEDIA. *Redeem Limited*, 10 fev. 2015. Disponível em: <www.redeemgroup.com/press-releases/2015/11/23/redeemrenews-contract-with-telefnica-uk-for-o2-recycle-the-largest-mobile-networkoperator-recycling-scheme-in-europe>. Acesso em: 2 fev. 2016.

A Redeem oferece serviços de reciclagem e recomercialização para telefones móveis em três canais: direto ao consumidor (via marca Envirofone), *business-to-business*, e soluções *white label*.[48]

Apple: programa de reutilização e reciclagem

A Apple oferece "programas de devolução", trabalhando com parceiros especialistas em toda a Europa. Os clientes podem avaliar on-line o seu equipamento, para obter desconto na compra de novo dispositivo Apple ou receber o valor em dinheiro. Opções de remessa pré-paga ajudam a devolver o dispositivo para processamento.[49] Em 2010, a meta da Apple era coletar 70% do peso total dos produtos vendidos nos sete anos anteriores, e alcançou consistentemente 85%".[50]

Unipart e Sky: conserto e reciclagem

Em 2009, a Sky estendeu seu contrato de logística com a Unipart Technology Logistics (UTL), para incluir conserto e reciclagem de produtos.[51] A UTL opera a logística e as atividades de distribuição da Sky, no Reino Unido, apoiando ininterruptamente as atividades de 5.000 engenheiros de campo em todo o país. As operações de logística reversa incluem "reciclagem em campo", possibilitando que todos os decodificadores sejam testados, filtrados e depois consertados ou recuperados, para reutilização ou desmontagem para reciclagem. O diagnóstico envolve um programa de testes automáticos, que verifica mais

---

[48] MEDIA. *Redeem Limited*, 6 fev. 2015. Disponível em: <www.redeemgroup. com/press-releases/2016/1/6/redeem-and-telefnica-ukpartnership-wins-major-award-for-o2-recycle>. Acesso em: 6 jan. 2016.

[49] REUSE and Recycling Program. *Apple*, 2016. Disponível em: www.apple.com/ uk/recycling/computer/>. Acesso em: 2 fev. 2016.

[50] ENVIRONMENTAL Responsibility. *Apple*, 2016. Disponível em: <www.apple. com/uk/environment/finite-resources/>. Acesso em: 6 fev. 2016.

[51] SKY and Unipart Create State-Of-The-Art Repair Process. *Unipart*, 10 nov. 2009. Disponível em: <www.unipart.com/UserFiles/File/UTLSkySTBContract.pdf>. Acesso em: 22 abr. 2016.

de 140 pontos em 30 minutos. Os recursos Technical Evaluation Suite e Failure Mode and Effect Analysis (FMEA) da UTL proporcionam benefícios importantes. O nível de unidades *no fault found,* ou defeito não encontrado, foi reduzido à metade, com a identificação de muito mais defeitos durante os testes, e assim consertados, antes de retornarem ao estoque, prontos para os clientes. O conhecimento assim adquirido permitiu que a Sky e a UTL melhorassem o design do produto, oferecendo decodificadores mais confiáveis e mais fáceis de manter.[52] A operação adota a "política zero lixo para aterros". Em 2011, 98% do material recolhido em campo eram reciclados.

Capacitadores: Tecnologia

No Capítulo 4, vimos que a Nokia permitia que os usuários imprimissem em 3D capas personalizadas para seus telefones. A I3D tem imenso potencial para promover a "personalização em massa". **Mobile apps e plataformas** podem conectar consumidores com ideias afins, para compartilhar designs ou conhecer e consertar produtos.

iFixit: plataforma de compartilhamento de conhecimento[53]

Em 2003, a iFixit começou a ajudar os usuários a consertar vários equipamentos, como telefones móveis, computadores, e outros dispositivos de comunicação e computação, além de eletrodomésticos. A iFixit "é um site wiki, que ensina as pessoas a consertar quase tudo. Hoje, tem experiência de dez anos em treinamento e suporte para milhares de negócios de consertos em todo o mundo, com aproximadamente 5 milhões de usuários por mês. Qualquer pessoa pode criar manual de conserto para qualquer dispositivo voltado para o consumidor, ou editar os

---

[52] MABE, M. *Case Study: Sky Intelligent Repair, Unipart Logistics.* 2014. Disponível em: <unipartlogistics.com/insights/unipart_casestudy/sky-intelligent-repair/>. Acesso em: 24 abr. 2016.

[53] WRAP Resources Limited Conference. *WRAP,* 2014. Disponível em: <www.wrap.org.uk/content/wraps-resources-limited-conference>. iFixit Kyle Wies Video. Disponível em: <youtu.be/Q-fFx3QtlCU?list=UUcKVP2iloKVUHE3M-gLaAoog>. Acesso em: 2 fev. 2016.

manuais existentes, para melhorá-los".[54] A iFixit fornece kits de ferramentas e peças sobressalentes, além de oferecer apoio a lojas de conserto independentes, prestando informações técnicas e serviços especializados em cadeia de suprimentos.

A iFixit publica boletins para produtos populares, como smartphones e computadores, salientando a facilidade de conserto. Com base em informações dos usuários, a iFixit analisa a durabilidade do produto, inclusive causas comuns de falhas (em decorrência do uso ou desgaste normal, de disfunções, ou de danos acidentais). Sobre smartphones, ela diz que 10% quebram no primeiro ano e 24% podem quebrar em menos de dois anos. Geralmente, são a tela, alto-falantes, botões, vibrador, etc. As principais causas de danos são quedas (76%) e líquidos (20%).

O governo do Reino Unido está encorajando a reciclagem e reutilização de pequenos aparelhos elétricos, por meio do site RecycleNow.[55] As orientações para os consumidores incluem instruções para a remoção de dados pessoais dos dispositivos, antes de passá-los adiante ou reciclá-los. As sugestões incluem:

- Instituições filantrópicas e organizações de reutilização, com um link para um site de localização de recicladores.
- Fontes on-line, incluindo Freecycle e Freegle, eBay, Gumtree e Preloved.
- Amigos, familiares e eventos locais, como feiras de carros e acessórios usados e de compra e venda de utensílios.
- Lojas de reutilização de rua, além de alguns varejistas de energia elétrica para telefones móveis e tablets.

No caso de itens quebrados, os consumidores são direcionados para buscar on-line orientações para conserto, sugerindo-se como fontes de informação gratuitas, no Reino Unido: www.espares.co.uk e www.ifixit.com.

---

[54] ABOUT us. *IFIXIT*, 2016. Disponível em: <www.ifixit.com/Info>. Acesso em: 4 fev. 2016.

[55] RECYCLE Now. *WRAP*, 2016. Disponível em: <http://www.recyclenow.com/what-to-do-with/electrical-items>. Acesso em: 24 abr. 2016.

Capacitadores: colaboração

O Restart Project é um empreendimento social, com o objetivo de reduzir o lixo eletrônico, por meio de, por exemplo, *repair parties*, ou festas de reparo, em Londres.[56] A iniciativa ajuda as pessoas a "aprender a consertar seus próprios aparelhos eletrônicos, em eventos comunitários e em ambientes de trabalho", além de dar palestras sobre consertos e resiliência.

Repair Café: compartilhamento de conhecimento

A organização sem fins lucrativos Repair Café cresceu a partir de uma ideia, em 2007, para mais de 1.000 cafés, em 24 países, em 2016, tendo consertado mais de 200.000 itens em 2015.[57] O conceito reconhece que, em economias desenvolvidas, frequentemente descartamos itens com quase nada de errado neles, por termos esquecido ou não termos aprendido habilidades simples de reparo. Ainda há gente por aí com conhecimento e habilidades, mas, em geral, essas qualidades são menosprezadas e subutilizadas. Os *repair* cafés visam a induzir indivíduos com esses atributos a transmiti-los a terceiros, para que os produtos sejam mais duráveis, em vez de serem descartados seminovos. Os cafés também são locais de encontro, promovendo atividades sociais, assim como funções práticas e discentes. A organização fornece ferramentas e materiais, possibilitando o conserto de roupas, móveis, aparelhos elétricos, brinquedos, bicicletas e de outros itens, com a ajuda de especialistas voluntários.

Modelos de negócio: reciclagem

Várias das atuais empresas de reciclagem estão desenvolvendo novos processos, no intuito de extrair maior variedade de materiais e criar mais valor. Em 2011, a Umicore, com a empresa francesa Solvay,

---

[56] DU CANN, C. Food Waste Cafes and Urban Orchards: Five Ways People are Building a New Economy. *The Guardian*, set. 2015. Disponível em: <www.theguardian.com/sustainable-business/2015/sep/17/economygrassroots-projects-local-social-austerity?CMP=new_1194&CMP=>. Acesso em: 18 set. 2016.

[57] Repair Café. Disponível em: <repaircafe.org/>. Acesso em: 14 maio 2016.

passou a reciclar metais de baterias híbridas recarregáveis.[58] Daí resultam materiais valiosos, com cerca de um grama de elementos de terra rara numa bateria AAA.

Viridor: reciclagem

O site Viridor, de reciclagem de REEE, no nordeste da Inglaterra, maneja cerca de 500.000 geladeiras por ano, com o objetivo de recuperar metais e plásticos.[59] Processos automáticos incluem degaseificação, com a remoção de gases e óleos do compressor. Uma máquina, então, tritura a frigideira em pequenos fragmentos, para separação e reciclagem dos materiais.

A gestão do influxo variável de produtos é desafiadora. Por exemplo, os volumes de geladeiras nas três semanas depois do Natal são 150% superiores à média, à medida que os consumidores substituem os velhos itens pelos novos modelos. Os volumes de televisores aumentaram quatro vezes depois da Copa do Mundo. A Viridor gerencia esses picos, passando a operar em regime de 24 horas por dia.

ESTUDO DE CASO — Environcom – reciclar, renovar, revender

A Environcom, fundada em 2003, é agora o maior especialista independente em reutilização e reciclagem de resíduos de equipamentos elétricos e eletrônicos (REEE). A Estratégia original, focada em "mineração" de REEE, em busca de componentes especiais, evoluiu para a reutilização a partir de 2011. Até 2015, a Environcom renovou mais de 17% do fluxo de entrada de produtos para reutilização. Mais de 100.000 toneladas são processadas nos quatro locais, equivalendo a mais de 5 milhões de itens elétricos e eletrônicos,

---

[58] JONES, N. A Scarcity of Rare Metals is Hindering Green Technologies. *Environment 360*, 2013. Disponível em: <e360.yale.edu/feature/a_scarcity_of_rare_metals_is_hindering_green_technologies/2711>. Acesso em: 23 abr. 2016.

[59] WHERE Do Your Waste Electrical Items Go? *Broadcasting House BBC, RADIO 4*, 2016. Disponível em: <www.bbc.co.uk/programmes/p03f2c8q>. Acesso em: 10 jan. 2016.

domésticos e comerciais, por ano.[60] A Tabela 8.1 mostra a capacidade dos principais fluxos de produtos por local.
Os produtos incluem:

- Grandes eletrodomésticos ("linha branca"), como geladeiras.
- Pequenos eletrodomésticos, como aspiradores de pó.
- Televisores, do tipo CRT (*cathode ray tube*) e de tela plana.
- Equipamentos de TI, como PCs, monitores, laptops e periféricos.

Cadeia de suprimentos e processos circulares

A Figura 8.7 mostra os processos típicos.

- Resíduos de várias fontes chegam aos locais, às vezes com uma mistura de linha branca, pequenos eletrodomésticos e televisores no mesmo veículo.
- Inspeções determinam se os produtos são adequados para renovação e/ou conserto. Do contrário, são reciclados para recuperar produtos químicos, peças sobressalentes e materiais. Todos os produtos de refrigeração são processados para remover substâncias químicas e gases nocivos, nos termos da legislação REEE da UE.
- Quatro instalações de processamento específicas separam metais, plásticos e espuma para recuperação e coletam com segurança materiais não recicláveis para descarte. Duas instalações processam produtos de refrigeração, com equipamentos para extrair produtos químicos perigosos, operando em um ambiente fechado de nitrogênio, para excluir o risco de incêndio.
- Os CRTs são desmontados manualmente, para a posterior coleta das peças. Os televisores de tela plana são inspecionados visualmente, testados e consertados para venda ou ▶

---

[60] BUSINESS & Education Minister Nick Boles MP Launches Enterprise Scheme with Grantham Recycler. *Environcom*, 2014. Disponível em: <www.environcom.co.uk/page.php?article=846&name=NIck+Boles+Visit+to+Environcom>. Acesso em: 4 jan. 2016.

QUADRO 8.2: *Framework* da economia circular – Environcom

	Setor: equipamentos elétricos e eletrônicos de consumo		*Canais*: B2B e B2C		*Região*: Grã-Bretanha	*Loop* aberto/fechado: *loop* aberto, mesmo setor		
Modelo de Negócio	Propriedade	Comparti-lhamento	Troca	Aluguel/ *leasing*	Serviço	Recupera	Reciclar	Revender
Inputs Circulares	Reciclado	Recuperado	Renovável	Seguro	Protegido			
Design do Produto	Usar menos	Usá-lo mais	Usá-lo novamente					
Design do Processo	Usar menos	Resíduos – alimentos	Renováveis					
Fluxos Circulares	Reutilizar	Manter	Renovar	Remanufa-turar	Reciclar			
Capacitadores	Biomimética	Química Verde	Pensamento sistêmico	I3D	Rastreamen-to de ativos	Internet das coisas	Plataforma e aplicativos	Biotec
Aceleradores	Colaboração	Código aberto	Certificação	*Stewardship* do produto	Avaliação do ciclo de vida	Impostos/ incentivos		

TABELA 8.1: Fluxos de produtos Environcom

Local	Pegada (m²)	Capacidade (por ano)			
		Geladeiras	Pequenos EEE	Itens reutilizados	TVs
Grantham, East Midlands	45.000	750.000	20 toneladas	40.000	300.000
Edmonton, North London	4.800			32.000	
Stourbridge, West Midlands	9.000	350.000	20 toneladas		150.000
Mold, North Waled	3.800				400.000 mais 20,000 toneladas de vidro de TV

FIGURA 8.7: Environcom – processo típico

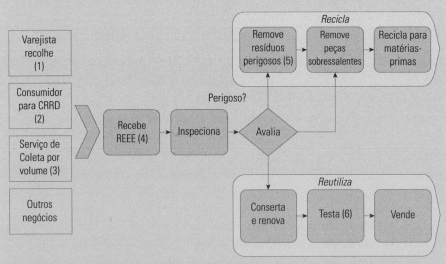

Legenda:
(1) Por exemplo, da coleta gratuita de produtos no fim da vida, durante uma entrega domiciliar ou levado de volta à loja.
(2) Centros de reciclagem de resíduos domésticos, operados na Inglaterra e no País de Gales, por conselhos locais.
(3) Serviço de coleta por volume – podem ser operados por conselhos locais, ou instituições filantrópicas. Grandes itens elétricos e móveis podem ser coletados gratuitamente.
(4) Fluxos de produtos mistos são recebidos e classificados.
(5) Por exemplo, de geladeiras, extraídos automaticamente, em ambientes controlados, com instalações exclusivas.
(6) Limpeza final, testes abrangentes, inclusive mediante testes de aparelhos portáteis (PAT).

enviados para reciclagem. O maquinário complexo divide os itens em componentes, embora também seja necessária alguma classificação manual. Cerca de 83% dos produtos, cujo conserto é antieconômico, são reciclados para recuperar materiais de alto valor, incluindo aço, alumínio, cobre, plásticos, vidro e placas de circuito.

- Todos os itens para revenda são limpos e testados exaustivamente, inclusive mediante PAT (testes de aparelhos portáteis), quando necessário.

- As rotas de revenda são rigorosamente controladas e se limitam a pontos de venda no Reino Unido ou na UE. A Environcom vende para outros negócios de revenda e possui uma empresa de revenda, em *joint venture*, a Entrad, na Romênia. Somente produtos renovados e totalmente operacionais são exportados. A Environcom opera seus próprios canais de comércio eletrônico, como a NewLife Appliances (www.newlifeappliances.co.uk), e vende através do eBay e da Amazon.

- A embalagem de produtos recebidos e de outros suprimentos (por exemplo, peças de reposição) é cuidadosamente removida para reutilização nas entregas. O poliestireno expandido (EPS), inadequado para reutilização, é comprimido em blocos densos para reciclagem.

Desafios

1. **Sazonalidade e previsão.** Como já vimos no exemplo da Viridor, o descarte de itens elétricos está sujeito a picos importantes, sazonais ou induzidos pelo marketing, resultando em níveis mais altos de retorno de produtos, assim como em duplicação e em até quintuplicação dos volumes semanais.

2. **Rastreamento de produtos.** A Environcom usa códigos de barras para rastrear todos os itens avulsos recebidos, não importa que o destino seja reciclagem ou reutilização. Esse código de barras identifica cada item por fabricante, modelo, ou remetente, e o produto é rastreado durante todo o percurso, ao longo dos sites da Environcom. A Environcom desenvolveu um sistema interno sob medida, que lhe permite fotografar cada objeto, com especificação, idade estimada e preço de

varejo recomendado para o original (RRP – *recommended retail price*). O sistema atualiza, automaticamente, as informações da loja on-line da Environcom, e já está em uso na loja on-line da NewLife Appliances. Para clientes comerciais, o produto é classificado em três categorias de valor, com base em preço de venda, fabricante, idade, e condições físicas.

3. **Gestão de estoques.** A ampla variedade do fluxo de entrada de produtos, abrangendo diferentes marcas, modelos e datas de fabricação, pode criar uma longa lista de especificações de componentes. A previsão de condições prováveis, potencial para renovação e peças a serem requisitadas é um trabalho complexo. O conhecimento e a experiência da Environcom significam que ela pode utilizar peças "genéricas", como placas de unidade de controle eletrônico (*electronic control unit* – ECU), motores elétricos e vedações para diferentes modelos. Numerosos fabricantes de diversos aparelhos podem especificar esses componentes genéricos no produto, permitindo o acesso pela Environcom em um nível bastante consistente de suprimentos oriundos da entrada de produtos em fim de uso.

4. **Logística de entrada.** Os produtos entrantes provêm de toda a Grã-Bretanha, mas, em alguns casos, a disponibilidade de instalações de reciclagem locais é fundamental para a recuperação de valor. O grande volume cúbico e o transporte de longa distância podem inviabilizar o valor recuperável. Se os produtos não resistirem bem ao transporte (produtos em fim de uso nem sempre são embalados da maneira mais adequada), os danos decorrentes da extensão do percurso e da variedade de modais podem reduzir significativamente a proporção de itens recuperáveis para revenda. A Environcom trabalha em estreita conexão com transportadoras e instalações locais para minimizar os danos no produto e ampliar as economias de escala e a recuperação de valor para todos os participantes.

5. **Logística de saída.** A Environcom vende produtos de cada instalação de processamento, e os clientes comerciais fornecem suas próprias embalagens de trânsito. As remessas de embalagem para exportação usam papelão reciclado e EPS, reutilizando folhas e blocos de EPS de produtos ou peças entrantes. As vendas diretas aos consumidores (por meio dos canais on-line)

são entregues diretamente na casa do cliente, com um serviço exclusivo de entrega em domicílio, com dois entregadores, incluindo a montagem do produto, quando apropriado.

6. **Oferta de exportação.** É a venda de itens específicos em vez de produtos classificados. Em 2016, o sistema permitia que os clientes de exportação selecionassem produtos com base no nível de qualidade (Ouro, Prata e Bronze), em vez de escolher itens de produtos individuais. A Environcom desenvolveu e está implementando um sistema que precifica cada item, de acordo com a condição, marca e original RRP, etc.

Resumo e implicações para a cadeia de suprimentos

Já tratamos, neste capítulo, dos desafios da cadeia de suprimentos com que se defronta o setor, como colaboração e terceirização, gestão do risco, planejamento, logística reversa e sustentabilidade. Cadeias de suprimentos complexas e estendidas são mais vulneráveis a riscos de disrupção, e o encurtamento do ciclo de vida dos produtos agrava os desafios de planejamento, previsão e gestão de estoques. Os modelos de negócio dependem de expansão dos mercados para compensar a redução dos preços e das margens dos produtos. Os níveis de resíduos estão aumentando, agravados pelos ciclos de vida mais curtos, pelos sistemas de recuperação ineficazes e pela falta de incentivos para a instalação de fluxos circulares. Externalidades ocorrem ao longo de toda a cadeia de suprimentos, desde problemas ambientais e sociais na mineração, passando pelo uso de produtos químicos perigosos e de metais pesados na produção (e poluição), até os fluxos reversos antiéticos e inseguros e os processos de reciclagem ineficazes. Os riscos para a transparência e a reputação estão induzindo as marcas a "profissionalizar" suas cadeias de suprimentos garantindo que todos os atores estejam atuando conforme os padrões éticos e as normas legais.

Os prazos de desenvolvimento de produtos e de atendimento de pedidos tendem a acelerar-se, em vez de desacelerar-se. A relocalização das operações de montagem, seja na empresa, seja terceirizada, pode melhorar a resiliência e a responsividade da cadeia de suprimentos, ao mesmo tempo em que promove a recuperação e a reutilização dos produtos. O design do produto para possibilitar maior eficácia na desmontagem e na reciclagem pode reduzir o custo de recuperação de materiais e componentes, reforçando o caso de negócio por mais praticidade na recuperação, com instalações mais próximas dos mercados locais. Para equipamentos maiores e mais caros, a internet das coisas, os sensores e os dados sobre desempenho fornecem *feedback* sobre a durabilidade e o desempenho dos componentes. Em itens menores, dispositivos e "apps" de rastreamento podem ser usados para facilitar a comunicação com os usuários e oferecer trocas e descontos por devoluções.

Os custos das matérias-primas tendem a continuar aumentando (descobrimos e usamos todas as fontes fáceis), encorajando inovações para recuperar e reutilizar recursos cada vez mais valiosos. Os consumidores, almejando desempenho e acesso, em vez da propriedade de produtos que logo estarão obsoletos, preferirão contratos de serviços, resultados e aluguel. Essas tendências tornam promissores produtos mais duráveis, modulares, personalizáveis com facilidade e reparáveis com rapidez, para revenda em outros mercados, gerando novos ciclos de uso. Tratamos de consertos, renovações e remanufatura com mais detalhes na Parte três, ao abordarmos a cadeia de suprimentos. Novas tendências para códigos abertos, personalização, "movimento maker", e consertos *do it yourself* empurrarão as marcas para ofertas de produtos mais modulares, duráveis e reparáveis. É como disse Gavin Patterson, CEO da BT Plc: "Como CEO, você precisa estar na ponte, olhando para o horizonte, em busca de sinais de alguma coisa que já está acontecendo, na tentativa de se antecipar, antes que a ameaça iminente se converta em perigo imediato".[61]

Recursos adicionais

BALDÉ, C. P.; WANG, F.; KUEHR, R.; HUISMAN, J. The Global E-Waste Monitor – 2014. Bonn (Alemanha): *United Nations University, IAS – SCYCLE*, 2015. Disponível em: <i.unu.edu/media/ias.unu.edu-en/news/7916/Global-E-waste-Monitor-2014-small.pdf>. Acesso em: 3 fev. 2016.

CRITICAL Raw Materials. *EC*, 2014. Disponível em: <ec.europa.eu/growth/sectors/raw-materials/specific-interest/critical/index_en.htm>. Acesso em: 22 abr. 2016.

ESAP – Generating Value for Business Through Sustainability. *WRAP*, 2014. Disponível em: <www.wrap.org.uk/sites/files/wrap/esapsummary-2014.pdf>. Acesso em: 3 fev. 2016.

---

[61] THORNHILL, J. The Path to Enlightenment and Profit Starts Inside the Office. *The Financial Times*, 2 fev. 2016.

MANUFATURA INDUSTRIAL

> *Você pode ignorar completamente todos os conceitos de economia circular, mas, se um dos seus concorrentes os adotar e for bem-sucedido, você então terá resolvido todos os seus problemas, pois a sua empresa desaparecerá.*
> PROFESSOR WALTER STAHEL[1]

Os capítulos anteriores desta seção focaram nos produtos B2C mais comuns, nos setores de alimentos, modas e eletrônicos de consumo. A economia circular também está progredindo para ampla variedade de outros setores "industriais": automotivo, produtos químicos, equipamentos médicos, fármacos e muitos outros. Tratamos aqui de uns poucos exemplos B2B, com um mergulho profundo em móveis para escritório. Embora esses produtos sejam menos complexos do que, digamos, máquinas industriais, as empresas enfrentam problemas decorrentes da variedade de materiais, das cadeias de suprimentos mais longas, das dificuldades para recuperar recursos, e assim por diante.

Este capítulo aborda os "grandes títulos" referentes aos setores industriais mais amplos:

- Desafios da cadeia de suprimentos tradicional.
- Demanda *versus* oferta.
- Desenvolvimentos da economia circular.

Passamos, então, para o exame em profundidade do subsetor móveis para escritório, abrangendo antecedentes, desafios da cadeia

---

[1] STAHEL, W. J. The Circular Economy. Entrevista concedida a Daan Elffers. *Making It Magazine*, 28 jun. 2013. Disponível em: <www.makingitmagazine.net>. Acesso em: 15 ago. 2016.

de suprimentos tradicional e desenvolvimentos da economia circular, concluindo com um estudo de caso da Rype Office.

Cadeia de suprimentos tradicional: problemas e desafios

À medida que aumentam os fluxos de comércio mundiais e mais países desenvolvem capacidades de fabricação, as pegadas ambientais dos produtos industrializados se expandem. A indústria consome mais de um terço dos combustíveis fósseis globais, emitindo 29% do total de GEEs.[2]

Os desafios para o setor industrial são conhecidos:

* **Custos de recursos** voláteis e crescentes, e preocupações com a segurança do fornecimento.

* Pressões de governos e investidores para "limpar" as **externalidades**, inclusive poluição e resíduos (emissões, efluentes e outros refugos); para usar **menos energia** e recursos; e para cessar a **degradação de sistemas vivos** (solo, água, desmatamento, perda de diversidade).

* Estender as **cadeias de suprimentos complexas**, envolvendo mais atores e reduzindo sua vulnerabilidade à disrupção por eventos geopolíticos e climáticos.

* **Fraude** e **qualidade** (às vezes interligadas) são preocupações frequentes.

* Problemas **sociais** e **éticos**, inclusive "escravidão moderna", condições de segurança do trabalho, pagamento de "salário mínimo", redução dos impactos operacionais sobre as comunidades circundantes e outros.

* Cadeias de suprimentos mais longas dificultam a "proteção da propriedade intelectual".

* Os clientes comerciais querem soluções "conjuntas", em vez de "alinhavar" entre si produtos e serviços complexos.

* Em todo o mundo, as pegadas industriais geram cadeias de suprimentos complexas, para peças sobressalentes e itens de

---

[2] UPDATED Information on the World's Greenhouse Gas Emissions. *Ecofys*, 2013. Disponível em: <www.ecofys.com/en/news/updatedinformation-on-the-worlds--greenhouse-gas-emissions>. Acesso em: 27 abr. 2016.

consumo, em **manutenção, reparos** e **operações** (MRO), criando dificuldades para a gestão de estoques e da obsolescência.

- **O uso da água** é outra fonte de preocupação, com o reconhecimento de que a "exteriorização" da fabricação também exterioriza a pegada do produto, geralmente para regiões com escassez de água e com fatores de risco. O Capítulo 8 enfatizou preocupações sobre mineração de água e impacto poluente.

Os líderes empresariais estão monitorando riscos cada vez mais complexos, como os relatados pelo Fórum Econômico Mundial, que vimos no Capítulo 3, ilustrado na Figura 9.1.

Demanda *versus* oferta

O crescimento demográfico, o aumento do consumo e a urbanização acelerada exigem mais infraestrutura: habitação, estradas, hospitais, escolas, e assim por diante. À medida que as economias em desenvolvimento ampliam as indústrias manufatureiras, as pessoas se deslocam das comunidades rurais para os centros urbanos. A ONU relata que, desde 2014, 54% da população global vivem em áreas urbanas, e prevê que essa proporção alcance 66% até 2050.[3] O relatório considera o aumento da quantidade de megacidades, com pelo menos 10 milhões de habitantes. Em 1990, havia dez megacidades em todo o mundo, que chegaram a 29 em 2015; e devem chegar a 41 até 2030. Daí resultam mais pressões sobre o uso da terra e a necessidade de construção de mais moradias e infraestrutura, como água corrente e saneamento básico, ferrovias e rodovias, fornecimento de energia e outros serviços. Organizações como Building Research Establishment (BRE), instituição filantrópica do Reino Unido que foca no ambiente construído, fornece códigos (como BREEAM) e metodologias para ajudar a criar edifícios, casas e comunidades sustentáveis. O US Green Building Council (USGBC) desenvolveu o Leadership in Energy and Environmental Design (LEED), com projetos em todo o mundo, que podem receber uma de quatro avaliações LEED, na medida em que usam os recursos com eficiência, consomem menos água e energia, e emitem menos GEE.

---

[3] WORLD'S Population Increasingly Urban With More Than Half Living in Urban Areas. *United Nations*, 10 jul. 2014. Disponível em: < www.un.org/en/development/desa/news/population/world-urbanizationprospects-2014.html>. Acesso em: 31 maio 2016.

FIGURA 9.1: Riscos globais

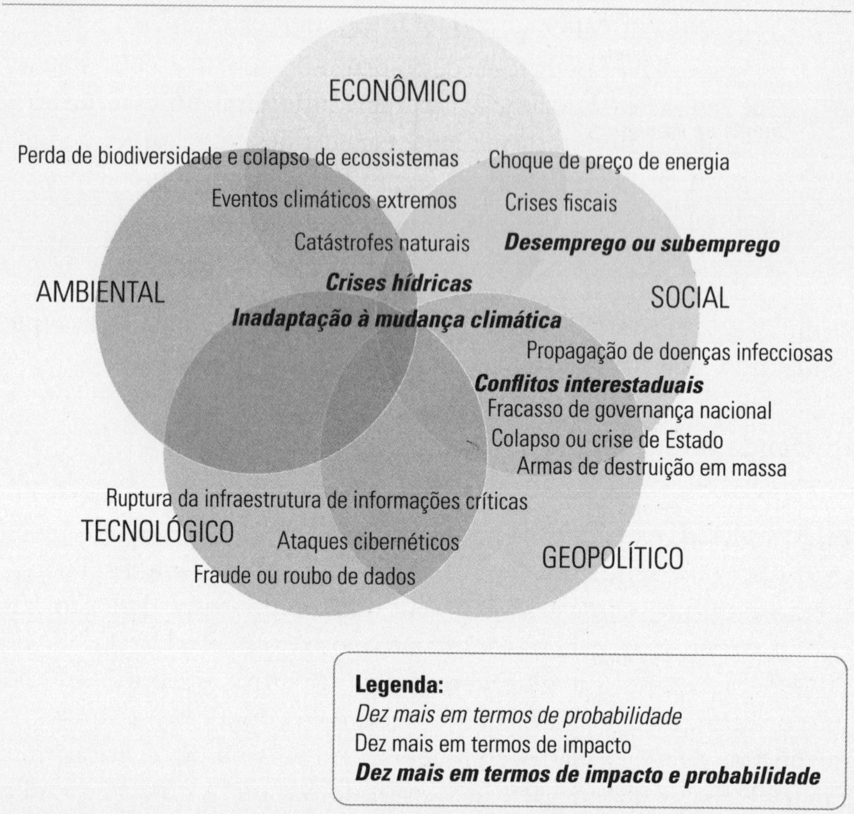

ECONÔMICO

Perda de biodiversidade e colapso de ecossistemas — Choque de preço de energia

Eventos climáticos extremos — Crises fiscais

Catástrofes naturais — *Desemprego ou subemprego*

AMBIENTAL — *Crises hídricas*

Inadaptação à mudança climática — SOCIAL

Propagação de doenças infecciosas

Conflitos interestaduais

Fracasso de governança nacional

Colapso ou crise de Estado

Armas de destruição em massa

Ruptura da infraestrutura de informações críticas

TECNOLÓGICO — Ataques cibernéticos

Fraude ou roubo de dados — GEOPOLÍTICO

> **Legenda:**
> *Dez mais em termos de probabilidade*
> Dez mais em termos de impacto
> **Dez mais em termos de impacto e probabilidade**

FONTE: FÓRUM ECONÔMICO MUNDIAL GLOBAL, *Risks Report 2015* (Adaptado)

Analisamos vários problemas de demanda e oferta no Capítulo 5, como também diversos relatórios que tratam da eficiência dos recursos e destacam as principais áreas de atenção e de riscos para a indústria. A dependência em relação a materiais críticos é importante fonte de preocupação. O Quadro 9.1 mostra os principais materiais por setores industriais do Reino Unido, enfatizados num relatório para o UK Department for Environment and Rural Affairs (Defra) [Departamento do Reino Unido para Assuntos Ambientais e Rurais] e o Department for Business, Innovation and Skills (BIS) [Departamento para Negócios, Inovação e Competências], em 2012.[4]

---

[4] RESOURCE Security Action Plan: Making the Most of Valuable Materials. p. 21, 30. *BIS Defra*, 2012. Disponível em: <www.gov.uk/government/uploads/system/uploads/attachment_data/file/69511/pb13719-resource-security-action-plan.pdf>. Acesso em: 15 ago. 2016.

QUADRO 9.1: Exemplos de recursos-chave específicos de setores

Materiais	Taxas de reciclagem % (1, 2)	Automotivo	Produtos químicos	Construção	Cosméticos	Eletrônicos e hardware de TI	Mecânicos, elétricos e engenharia de processos
Azeite de dendê					■		
Madeira							
Agregados (para concreto)							
Antimônio	■		■				
Cimento				■			
Óxido crômico		■				■	■
Crômio	■	■				■	■
Cobalto	■	■				■	■
Cobre	■					■	■
Espato	■		■				
Gálio	■	■				■	■
Vidro				■			
Índio	■					■	■
Ferro	■			■			
Chumbo	■			■			
Lítio	■					■	■
Magnésio	■	■				■	■
Areias minerais				■			
Molibdênio	■		■			■	■
Níquel	■					■	■
Nióbio	■					■	■
Fosfatos	■		■			■	■
Fósforo							
Metais do grupo da platina	■	■				■	■
Terras raras	■	■				■	■
Rênio	■	■				■	■
Carboneto de silício							
Aço				■			
Tântalo	■					■	■
Estanho	■		■			■	■
Tungstênio	■	■				■	■
Fósforo amarelo			■				

Legenda: Negrito = Listado como material crítico pela UE (atualizado em 2013)

NOTA: O silício é considerado material crítico pela UE

TAXAS de reciclagem: ▮ <20% | ▮ <40%, >=20% | ▮ <60%, >=40% | ▮ <80%, >=60% | ▮ >=80%

[1] BIS Defra, 2012, Resource Security Action Plan: Making the Most of Valuable Materials. p. 21, 30

[2] A "taxa de inputs de reciclagem em fim de vida" mede a proporção de metais e produtos de metal que são produzidos a partir de sucata de produtos no fim da vida útil e outros resíduos de baixa qualidade de sucata de produtos no fim da vida útil em todo o mundo.

FONTE: Relatório de 2014 sobre matérias-primas críticas para a UE; http://ec.europa.eu/growth/sectors/raw-materials/specific-interest/critical_en

O crescimento da demanda por produtos de consumo acarreta crescimento da demanda por produtos de apoio à fabricação: máquinas, embalagens e materiais. Em todo este livro, vemos evidências de que tais necessidades dependem de recursos finitos: essa constatação enfatiza o valor das oportunidades de usar menos e, acima de tudo, de promover a circulação desses recursos.

Desenvolvimentos da economia circular

No Capítulo 3, vimos algumas tendências evolutivas das compras empresariais, como a busca crescente por compra de soluções em lugar de compra de produtos e a abordagem de relacionamentos em vez do foco em transações. Os mercados B2B são altamente propícios a modelos de negócio baseados em resultados e desempenho, em vez de em aquisição e propriedade.

Exemplos bem conhecidos de abordagens circulares nos setores industriais incluem o modelo de desempenho *power by the hour*, da Rolls-Royce, para motores aeroespaciais, que remonta a 1962;[5] as soluções de iluminação *pay-per-lux*, da Philips; e muitas atividades de remanufatura, inclusive envolvendo marcas de alta visibilidade, como Caterpillar e Renault. Algumas empresas, como a Interface Global, foram mais adiante, com a Mission Zero, iniciada em 1994, pelo fundador Ray Anderson.[6] A Mission Zero pretende "eliminar qualquer impacto negativo que a nossa empresa possa estar exercendo sobre o meio ambiente, até 2020". A "jornada para zero" se desdobra em sete etapas:

1. Zero resíduos.
2. Emissões benignas.
3. Energia renovável.
4. Fechamento do *loop*.
5. Transporte eficiente em recursos.
6. Conexão de sensibilidade.
7. Redesenho do comércio.

---

[5] Rolls-Royce PLC, 2012. Disponível em: <http://www.rolls-royce.com/media/press-releases/yr-2012/121030-the-hour.aspx>. Acesso em: 1 jun. 2016.

[6] Interface Global, 2016. Disponível em: <www.interfaceglobal.com/careers/mission_zero.html>. Acesso em: 1 jun. 2016.

Antes de avançarmos para o exame de móveis para escritório, selecionamos alguns outros exemplos de desenvolvimentos circulares entre os setores industriais, adotando a estrutura da Figura 9.2 como arcabouço.

FIGURA 9.2: *Framework* da economia circular

FONTE: © CATHERINE WEETMAN

Metais têm grande potencial para reciclagem, para a criação de inputs circulares e para melhorar a segurança dos recursos. A World Steel Organization descreve o aço como um "material permanente, que pode ser reciclado sucessivas vezes, sem perder as suas propriedades".[7] Tendemos a pensar em metais como materiais permanentes; e há muitas oportunidades para transformar nossa abordagem ao design do produto, à recuperação e à promoção de **fluxos circulares** seguros e de alta qualidade. A reciclagem já oferece benefícios significativos, com uma tonelada de aço economizando 1.400 quilogramas de minério de ferro, 120 gramas de cal e 70% de energia, além de criar empregos locais.

Allwood diz que "o aço em si é pouco procurado. Geralmente está incorporado em produtos acabados".[8] Os números mostram que

---

[7] STEEL – The Permanent Material in the Circular Economy. p. 3. *World Steel Association*, 2016. Disponível em: <http://circulareconomy-worldsteel.org/>. Acesso em: 15 ago. 2016.

[8] ALLWOOD, J. A Bright Future for Steel. *University of Cambridge*, 2016. Disponível em: <www.cam.ac.uk/system/files/a_bright_future_for_uk_steel_2.pdf>. Acesso em: 15 ago. 2016.

o Reino Unido, em 2007, exportou 2/3 da sucata resultante da produção de aço e dos descartes reciclados. O aço, misturado com outros materiais, é difícil de reciclar. Embalagens usam estanho para revestir latas de aço, e motores e cabos misturam cobre e aço. Daí decorre que o aço é subciclado, por exemplo, quando o aço de carros reciclados se transforma em barras de reforço. Allwood calcula que, em âmbito global, "todo o aumento da demanda de aço no futuro pode ser atendido por reciclagem", com o aço destinado a reciclagem "triplicando nos próximos 30 a 40 anos".

O **design para desmontagem** e reutilização gera oportunidades para a criação de valor em grandes projetos de construção. Uma nova ponte em Ohio usou vigas recuperadas da estrutura anterior, enquanto no Reino Unido toda uma estrutura de aço de 3.270 toneladas foi transferida de um hangar de dirigível da época de guerra e retrofitada em instalação de teste do Building Research Establishment.[9]

FIGURA 9.3: Subprodutos do aço

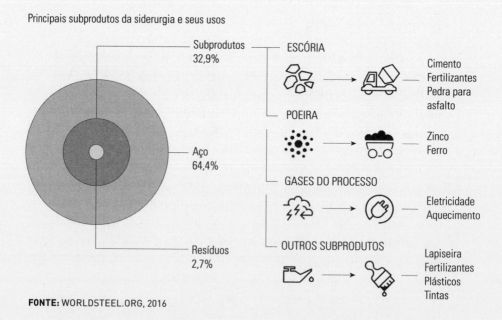

FONTE: WORLDSTEEL.ORG, 2016

---

[9] EXAMPLES of Reuse. *Sustainable In Steel*, 2016. Disponível em: <www.sustainableinsteel.eu/p/539/examples_of_reuse.html>. Acesso em: 27 abr. 2016.

Quanto ao **design do processo,** o planejamento mais minucioso pode reduzir os inputs de recursos. Há oportunidades para encontrar usos de alto valor para materiais de sucata, recuperados para reutilização interna ou vendidos como subproduto, com exemplos para o aço apresentados na Figura 9.3. No Capítulo 2, falamos do projeto Simbiose de Kalundborg: a troca de subprodutos e resíduos por energia entre empresas industriais, e mencionamos o Programa Nacional de Simbiose Industrial (National Industrial Symbiosis Programme – NISP), com o objetivo de "acoplar" fluxos de resíduos de uma organização com a necessidade de recursos de outra organização.

Allwood vê novas abordagens para recuperação de materiais e para fluxos circulares, incluindo corte e manuseio robótico e novas tecnologias de triagem.[10] Caterpillar, GKN, Siemens Healthcare e milhares de outras empresas estão remanufaturando produtos para uso próprio ou de terceiros (ver Capítulo 12). A Veolia está desenvolvendo novas formas de extrair materiais para reutilização de alto valor, com estudos de caso cobrindo permacultura, inovação frugal e energia renovável em sua webpage #LivingCircular.[11]

Quanto aos **modelos de negócio**, a substituição da propriedade pelo desempenho pode aplicar-se amplamente entre setores de manufatura industrial e construção. Algumas empresas de produtos químicos vendem o uso de solventes, não a propriedade dos produtos em si. O Capítulo 3 examinou as tendências emergentes na área de abastecimento empresarial, inclusive a preferência por soluções integrais, em vez de conjuntos de produtos e serviços, a serem adquiridos e integrados pela própria empresa. Stahel cita como exemplo o Viaduto de Millau, na França, em que a proposta contratual atribui os custos de manutenção ao construtor.[12] Essa condição levou o licitante vencedor a projetar uma estrutura de construção rápida, com custos mínimos de responsabilidade e manutenção, ao longo dos 75 anos de vida útil. Relacionamentos mais próximos com o usuário final podem melhorar o design e os resultados para todos os participantes.

---

[10] ALLWOOD, J. A Bright Future for Steel. *University of Cambridge*, 2016. Disponível em: <www.cam.ac.uk/system/files/a_bright_future_for_uk_steel_2.pdf>. Acesso em: 15 ago. 2016.

[11] Veolia, 2016. Disponível em: <livingcircular.veolia.com/em>. Acesso em: 29 abr. 2016.

[12] STAHEL, W. R. Circular Economy. *Nature*, v. 531, p. 438, 24 mar. 2016.

Quanto à **tecnologia,** IoT, sensores e *big data* podem rastrear o uso e as condições dos produtos, suportando modelos de serviços, e vimos exemplos de inovações I3D no Capítulo 4.

Móveis impressos com 100% de materiais reciclados

O estudante holandês Dirk Vander Kooij estava desenhando móveis para o seu projeto de graduação.[13] Inspirado por uma antiga impressora 3D, ele reprogramou um robô industrial de produção chinesa para imprimir móveis em 3D, usando materiais reciclados de velhas geladeiras. O robô produz móveis numa linha contínua de centenas de metros, o que significa fazer uma cadeira em apenas três horas, "40 vezes mais rápido do que a tradicional impressão 3D". Em 2014, o designer premiado já havia expandido a variedade de móveis e materiais, tudo 100% reciclado de velhos brinquedos de plástico, videoteipes e descartes de equipamentos de computação, entre outros plásticos e resíduos sintéticos.[14]

O **pensamento sistêmico** levou um conselho do Reino Unido a criar uma "aldeia pop-up", oferecendo moradia social econômica para famílias que vivem em acomodações temporárias; permitindo que o conselho use terras *brownfield*, ou campos marrons, de velhas instalações industriais, enquanto projetos de longo prazo estão sendo finalizados.[15] Os apartamentos, projetados por arquitetos, evoluíram do "Y-Cube" da Young Men's Christian Association (YMCA), Associação Cristã de Moços (ACM) no Brasil, têm vida útil projetada de 60 anos, e podem ser movimentados várias vezes. São pré-fabricados, com isolamento térmico, e consistem de sala de estar com serviços embutidos, e quartos.

---

[13] HILL, D. J. *Singularity Hub*. 23 abr. 2012. Disponível em: <singularityhub. com/2012/04/23/3d-printing-robot-produces-chairs-andtables-from-recycled--waste/>. Acesso em: 2 mar. 2016.

[14] GROZDANIC, L. *Inhabitat*. 15 set. 2014. Disponível em: <inhabitat.com/dirk--vander-kooij-unveils-new-furniture-made-fromrecycled-plastic-toys-and-video-tapes/>. Acesso em: 2 mar. 2016. Ver também: <www.dirkvanderkooij.com/>.

[15] OSBORNE, H.; NORRIS, S. Moving Day: London Council Tackles Housing Crisis with Portable Village. *The Guardian*, p. 41, 19 mar. 2016.

As iniciativas de **colaboração** e as **plataformas de troca** tornam-se cada vez mais comuns. No setor de construção, o que mais alimenta aterros sanitários no Reino Unido, os pedidos tendem a incluir materiais extras como margem de segurança para compensar variações de quantidade ou danos eventuais. O Enviromate é um mercado on-line onde os construtores "encontram e comercializam sobras de materiais", reduzindo os custos de armazenamento ou descarte.[16] Como *marketplace*, o Enviromate vê o custo dos resíduos, que estima em 2% a 3% do custo do projeto, como oportunidade de criação de valor. O United States Materials Marketplace, projeto apoiado pelo World Business Council for Sustainable Development e outras entidades, visa a aumentar a reutilização de materiais B2B nos Estados Unidos.[17]

Warp It: plataforma de reutilização[18]

O Warp It objetiva fornecer uma rede "em que comprar produtos novos é o último recurso e em que nada se desperdiça", possibilitando que itens reutilizáveis sejam redistribuídos para novas vidas úteis. Ele conecta benfeitores, que emprestam ou doam recursos, com beneficiários, que aproveitam esses recursos. Os itens intercambiados incluem móveis, equipamentos elétricos, suprimentos de escritório (como folhas de papel e cartuchos de impressoras), equipamento laboratorial e médico.

O fundador do Warp It, trabalhando com gestão de resíduos, observou itens em perfeitas condições serem jogados fora, geralmente porque os empregados não conseguiam encontrar novos usuários para os itens supérfluos. O projeto começou em 2005, como um grupo de e-mail tipo Freecycle, para a promoção da reciclagem, em que os membros ofereciam uns aos outros, gratuitamente, itens desnecessários a serem descartados. Embora bem recebida, a iniciativa logo enfrentou alguns obstáculos, como obrigações legais e dificuldades para peneirar e verificar os

---

[16] Enviromate Reuse Ltd, 2015. Disponível em: <enviromate.co.uk/#s=1>. Acesso em: 27 abr. 2016.

[17] United States Materials Marketplace, 2016. Disponível em: <www.materialsmarketplace.org/#about>. Acesso em: 29 abr. 2016.

[18] Warp It reuse network. Disponível em: <www.warp-it.co.uk/>. Acesso em: 16 dez. 2016.

recebedores dos itens. O *feedback* dos usuários destacou aspectos negativos do sistema de e-mails, como ser demorado e trabalhoso, desestimulando a atuação dos membros e não reduzindo significativamente o descarte de itens usados.

Pesquisas sobre barreiras à reutilização e novas formas de diminuir os riscos legais levou ao lançamento de um novo serviço de software, em 2012. A rede agora inclui mais de 1.000 instituições de caridade, 1.000 escolas, mais da metade das universidades do Reino Unido, além de conselhos, NHS e empresas do setor privado. Em 2014, o primeiro cliente no exterior aderiu à iniciativa.

Subsetor: móveis para escritório

A indústria de móveis no Reino Unido contribui com £ 9,4 bilhões para o PIB e emprega diretamente 115.000 pessoas, em 8.000 empresas manufatureiras.[19] A cadeia de suprimentos mais ampla absorve outras 150.000 pessoas, em atividades de varejo e atacado, *leasing*, conserto e design.

A British Furniture Confederation assim segmenta o mercado:

- Doméstico: para uso domiciliar, principalmente por intermédio de outlets de varejo.
- Contratual: móveis para áreas públicas, como hotéis, restaurantes, escolas, hospitais, etc.
- Comerciais: mesas, estações de trabalho, cadeiras, armários e estantes, etc.

O WRAP estima as vendas de móveis para escritório em algo da ordem de £ 680 milhões, equivalente a 165.000 a 200.000 toneladas por ano.[20] A vida útil dos móveis é de 9 a 12 anos, antes da substituição,

---

[19] ABOUT the Furniture Industry. *British Furniture Confederation*, 2015. Disponível em: <www.britishfurnitureconfederation.org.uk/about_furniture_industry.php>. Acesso em: 16 dez. 2016.

[20] BARTLETT, C. Reuse of Office Furniture – Incorporation Into the "Quick Wins" Criteria. Centre for Remanufacturing and Reuse. *WRAP*, 2009. Disponível em: <www.wrap.org.uk/sites/files/wrap/QWOfficeF1.pdf>. Acesso em: 15 dez. 2016.

geralmente por motivos "empresariais ou estéticos", não por causa de danos ou perda de funcionalidade. O WRAP estima que, em 2012, 75.000 toneladas de móveis para escritório foram descartados em aterros sanitários.[21]

As especificações e os preços dos móveis para escritório variam, desde marcas de grife, com estilistas famosos, até produtos "econômicos", de baixo custo, muitas vezes lançados com marca própria do varejista. Os produtos de mobiliário geralmente incluem materiais biológicos e técnicos, com ampla faixa de durabilidade e reciclabilidade. A análise de exemplos típicos para cadeiras e mesas, publicada pela WRAP, revela o peso predominante de materiais técnicos, como mostra a Tabela 9.1.

TABELA 9.1: Conteúdo de materiais de móveis para escritório

Material	Cadeira	Mesa
MFC (aglomerado de madeira)		80%
Plásticos (polipropileno/nylon/polyester)	44%	
Aço	36%	19%
Alumínio	11%	
Espuma	6%	
Outro (cadeira: ABS/PBT/borracha) Mesa (ABS/Plastic/laca)	3%	1%

FONTE: FISHER, K.; JAMES, K.; MADDOX, P. Benefits of Reuse – Case Study: Office Furniture. WRAP UK, 2011

Cadeia de suprimentos tradiciona: problemas e desafios

A Figura 9.4 mostra uma cadeia de suprimentos típica do setor de móveis para escritório, com as aquisições ocorrendo principalmente através de distribuidores. As compras podem variar de uma única mesa, cadeira ou arquivo, passando por um croqui para um pequeno escritório, até um projeto de programação visual para um departamento ou uma empresa inteira. Os grandes projetos podem

---

[21] WRAP, 2012. Estimativa citada em: <www.rypeoffice.com/wp-content/uploads/2015/06/150612-Rype-Office-1page-summary.pdf>. Acesso em: 23 dez. 2016.

FIGURA 9.4: Móveis para escritório – cadeia de suprimentos típica

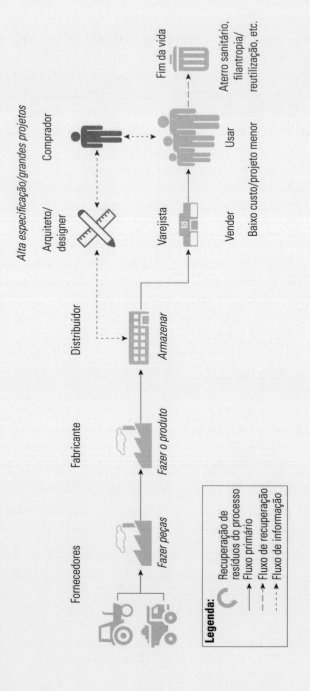

FONTE: © CATHERINE WEETMAN, 2015

decorrer de situações como expansão da empresa, mudança para outras instalações ou reforma completa do escritório, incluindo recepção, salas de reunião e espaços de trabalho dos funcionários.

Embora os móveis para escritório possam ser classificados em algumas categorias (por exemplo, cadeiras de reunião cantiléver, poltronas ergonômicas, bancos duros tipo bar), o número de diferentes itens de catálogo (itens de estoque) pode ser muito maior, uma vez que também incluem as variedades de marcas, preços, cores e acabamentos. Um varejista on-line, por exemplo, oferece mais de 200 estilos de cadeiras diferentes. Isso significa que, para compras de mais do que alguns itens, o design, a especificação e a aquisição se transformam em projetos significativos.

Os métodos de compra refletem a escala e a especificação do projeto. As transações com produtos topo de linha geralmente contam com a participação de arquitetos e designers, que influenciam as decisões dos clientes sobre marca, qualidade, design e cor. Os fabricantes OEM geralmente não participam da elaboração do projeto, nem da especificação dos produtos para os clientes. O prazo de entrega geralmente se estende de 6 a 10 semanas a partir do pedido. Para compras menores, com orçamento mais baixo, a compra quase sempre é feita diretamente no varejista.

Desenvolvimentos da economia circular

Como em muitos outros setores, os problemas referentes a conteúdo de material, emissões e poluição, e o volume em si de móveis substituídos e descartados por ano estão chamando a atenção. Os principais fabricantes estão começando a investir em abordagens mais sustentáveis, inclusive em algumas iniciativas de economia circular.

No Reino Unido, o WRAP fornece ferramentas on-line para quantificar os benefícios da reutilização de produtos, avaliando as emissões de gases do efeito estufa, a demanda de energia e a depleção de recursos, em comparação com o número de empregos e os impactos financeiros.[22] A Figura 9.5 mostra os fluxos circulares de

---

[22] WRAP, 2015. Disponível em: <www.wrap.org.uk/content/benefits-product-re-use-tool>. Acesso em: 16 dez. 2016.

móveis para escritório, com o refornecimento de produtos, componentes e materiais, através da cadeia de suprimentos.

Inputs circulares: reciclados, renováveis, seguros e protegidos

Os fabricantes dos países desenvolvidos estão aumentando o uso de materiais sustentáveis, selecionando-os com base nos impactos sobre a saúde humana e os sistemas vivos, a pegada de carbono e a segurança do acesso futuro a recursos.

Flute Office: inputs renováveis[23]

O Flute Office foi fundado em 2008, quando os proprietários de uma revendedora regional de móveis para escritório, em crescimento acelerado, constataram que aumentava cada vez mais a demanda comercial por compra e fabricação de produtos sustentáveis. Depois de estudar materiais alternativos e técnicas de produção em busca de alternativas sustentáveis e abundantes não muito usadas na fabricação de móveis, eles focaram a pesquisa em papel e papelão. Avanços na tecnologia e na produção de papelão corrugado de alta qualidade acenaram com o potencial de atender às especificações europeias exatas de móveis para escritório.

Trabalhando com designers e engenheiros, eles testaram vários protótipos de escrivaninhas, gabinetes de arquivo e mesas, com empresas locais, lançando a Paperweight Desk em março de 2010.

O Flute Office afirma que a FlutePRO® Range pode ser montada por uma pessoa em três minutos, é resistente a manchas e derramamentos, leve e durável, e pode ser impressa em qualquer cor ou estilo. A empresa a descreve como 100% sustentável, e conquistou com ela um prêmio de inovação do UK Furniture Industry Research Association.

---

[23] ABOUT us. *Flute Office*, [S.d.]. Disponível em: <www.fluteoffice.com/shop/content/10-our-story>. Acesso em: 24 fev. 2016.

FIGURA 9.5: Móveis para escritório – cadeia de suprimentos da economia circular

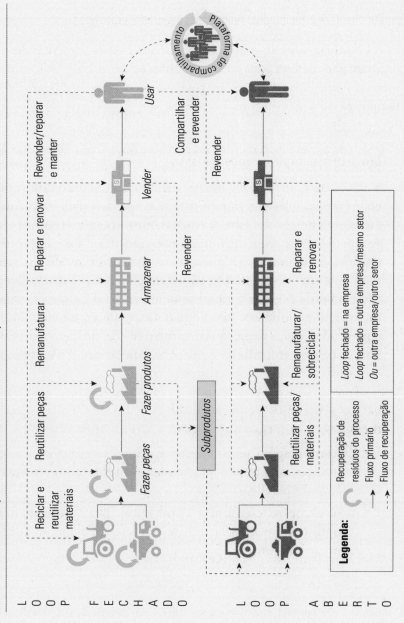

FONTE: © CATHERINE WEETMAN, 2015

Design do produto: usar novamente

No Capítulo 2, vimos como o bom design pode ajudar ou atrapalhar a recuperação de materiais.

Steelcase: design para a recuperabilidade

A Steelcase, fundada em 1912, em Michigan, descreve-se como "líder global em móveis para escritório, arquitetura de interior e soluções de espaço para escritórios, hospitais e salas de aula". A Steelcase lançou sua cadeira para escritório Think® em 2004, que se tornou o primeiro produto do mundo *Cradle to Cradle Certified™*.[24] A Steelcase queria projetar uma cadeira de trabalho que fosse altamente reciclável e segura para a saúde dos seres humanos e do meio ambiente. Para tanto, trabalhou com o Institute for Product Development, na Dinamarca, avaliando vários impactos ambientais da extração de materiais durante a produção, nas lojas, durante o uso e no fim da vida. A Declaração de Produto Ambiental da Steelcase inclui uma avaliação do ciclo de vida, descrevendo os impactos ambientais para o aquecimento global, a qualidade do ar, a depleção de recursos e a geração de resíduos.

A Steelcase informa as seguintes características da cadeira Think®[25]:

- Até 44% de conteúdo reciclado.
- Até 99% reciclável por peso.
- A desmontagem para reciclagem demora cerca de cinco minutos, usando ferramentas manuais comuns, como martelo e chave de parafuso.
- A Steelcase redesenhou a Think® em 2012, com menos componentes e mais facilidade de desmontagem, para reciclagem ou conserto.

---

[24] Steelcase. Disponível em: <www.steelcase.com/insights/articles/rethinking--think/>. Acesso em: 21 fev. 2016.

[25] CASE Studies, Steelcase. *EPEA (Environmental Protection Encouragement Agency)*, [S.d.]. Disponível em: <www.epea.com/de/casestudies/steelcase>. Acesso em: 24 fev. 2016.

Inputs circulares e design do produto: seguro e usável novamente

Herman Miller: design para a reciclabilidade[26]

A Herman Miller é fabricante de móveis comerciais, com instalações de fabricação em Estados Unidos, China, Itália e Reino Unido. Desde 1991, a Herman Miller vem rotulando os componentes recicláveis do produto, para identificar o tipo de plástico e destacar sua reciclabilidade. Na década de 1990, sua cadeira Limerick, peso leve, foi lançada com 100% de conteúdo reciclável e com instruções completas para desmontagem. A fabricação de produtos fáceis de desmontar, com materiais recicláveis e sem materiais problemáticos rendeu-lhe várias certificações *Cradle to Cradle Certified*™, em toda a linha de mobiliário para escritório. Em 2009, mais da metade das vendas da empresa foi de produtos C2C.

Um estudo de caso de 2005 resumiu o Design for Environment Programme da Herman Miller, lançado na década de 1990.[27] O programa segue o protocolo de design MBDC C2C, para a avaliação do design de novos produtos quanto à reciclabilidade e à segurança:

- Composição química do material – que produtos químicos são usados nos materiais, e eles são os mais seguros disponíveis?
- Desmontagem – no fim da vida útil, podemos desmontar os produtos para a reciclagem dos materiais?
- Reciclabilidade – os materiais são feitos de componentes recicláveis e, mais importante, eles podem ser reciclados no fim da vida útil do produto?

A avaliação química do material analisou critérios de saúde humana e saúde ecológica. Para a saúde humana, os critérios são toxinas, desreguladores endócrinos, carcinogênicos, mutagênicos,

---

[26] GreenBiz Group, 2009. Disponível em: <www.greenbiz.com/news/2009/05/12/herman-miller-earns-design-recycling-award>. Acesso em: 24 fev. 2016.

[27] ROSSI, M.; CHARON, S.; WING, G.; EWELL, J. *Herman Miller's Design for Environment Program*. 2005. Disponível em: <chemicalspolicy.org/downloads/HermanMillerDardenCaseStudy8Nov05.pdf>. Acesso em: 24 fev. 2016.

efeitos teratogênicos (que causam malformações no desenvolvimento) e outros. Para a saúde ecológica, os critérios são fatores climáticos, toxinas para diferentes espécies (peixes, algas, organismos do solo, etc.), bioacumulação, conteúdo de metais pesados e persistência ou biodegradação.

A Perfect Vision, da Herman Miller, adota estratégias para fomentar seu programa Design for Environment, como:

- Eliminação de materiais "vermelhos" (alto risco).
- Eliminação de PVC (material "vermelho") de um conjunto de produtos.
- Aspectos energéticos como critérios de seleção de materiais;
- Maximização do conteúdo reciclado e da reciclabilidade dos produtos.
- Design para desmontagem.

Modelo de negócio: recuperar e reutilizar

Um relatório do WRAP, em 2011, estimou que, anualmente, cerca de 14% das mesas e cadeiras para escritório são reutilizadas de alguma maneira no Reino Unido, com o restante indo para aterros sanitários, recuperação de energia e reciclagem.[28] Várias organizações coletam e revendem móveis para escritório, nos setores privado e público. Por exemplo, a Furniture Reuse Network trabalha com mais de 300 instituições filantrópicas e tem Approved Re-use Centres em todo o Reino Unido. Eles operam "instalações, processos e outlets de teste de produtos para garantia de qualidade; e atestam a qualidade operacional, a responsabilidade legal e a proteção do consumidor, para clientes, doadores e parceiros".[29] Outros canais de reutilização incluem eBay, Freecycle e redes de reutilização do setor público, como o Warp It.

---

[28] FISHER, K.; JAMES, K.; MADDOX, P. Benefits of Reuse Case Study: Office Furniture. *WRAP*, 2011. Disponível em: <ww.wrap.org.uk/sites/files/wrap/Office%20Furniture_final.pdf>. Acesso em: 15 dez. 2016.

[29] Furniture Reuse Network. Disponível em: <http://www.frn.org.uk/>. Acesso em: 15 ago. 2016.

Organizações como London Reuse Network também lidam com móveis para escritório. Os fabricantes OEM raramente se envolvem na reutilização, de acordo com o WRAP, embora vários deles se engajem em esquemas de devolução, através de terceiros.[30] O mercado de móveis para escritório usados é fragmentado, e vende principalmente para pequenas empresas e para organizações sem fins lucrativos, com restrições orçamentárias. Os clientes que querem soluções de baixo custo, mais sustentáveis, precisam localizar várias peças, tanto quanto possível com designs compatíveis ou semelhantes, verificar a qualidade e a disponibilidade, e então providenciar a coleta. No caso de novo escritório ou na hipótese de reforma ou expansão vultosa, o projeto pode ser substancial, com riscos para qualidade, prazo de entrega e necessidade de obter financiamento ou espaço para armazenagem, antes da execução do projeto.

Fluxos circulares: remanufatura

Senator International: remanufatura em *loop* fechado[31]

A maior fabricante de móveis para escritório do Reino Unido, a Senator International Limited, fornece agora um serviço de remanufatura para suas mesas, cadeiras, divisórias e unidades de armazenamento. O WRAP estima que a remanufatura economiza até 90% da energia original e, para uma mesa típica, as pegadas de carbono e de água estão em torno de um terço das de um novo item.[32]

A Senator remanufatura mesas, cadeiras, divisórias e unidades de armazenamento, incluindo estofamento, repintura e atualização de componentes, quando necessário. Os serviços

---

[30] ALTERNATIVE Business Model Case Study: Purchasing Reused Office Furniture. *WRAP*, [S.d.]. Disponível em: <www.wrap.org.uk/system/files/priv_download/Reused%20office%20furniture%20case%20study.pdf>. />. Acesso em: 16 dez. 2016.

[31] Senator International Limited, 2014. Disponível em: <www.thesenatorgroup.com/uk/about-us/sustainability/remanufacturing-service/>. Acesso em: 16 dez. 2016.

[32] ALTERNATIVE Business Model Case Study: Remanufacturing Office Furniture. *WRAP*, [S.d.]. Disponível em: <www.wrap.org.uk/system/files/priv_download/Remanufacturing%20office%20furniture%20case%20study.pdf>. Acesso em: 16 dez. 2016.

incluem substituição ou atualização de componentes quebrados ou desgastados e reutilização de componentes, quando necessária. Ela tem feito trabalhos de remanufatura para grandes marcas e órgãos públicos, e oferece serviços de reciclagem aos clientes, por meio de dois centros de reciclagem exclusivos no Reino Unido.[33] Os serviços incluem coleta e reciclagem de resíduos de embalagem e reciclagem ou remanufatura de móveis antigos dos clientes.

ESTUDO DE CASO — Rype Office: Remanufatura em *loop* aberto

A Rype Office fornece móveis para escritório, remanufaturados, de alta qualidade, inclusive projetos de escritórios personalizados, para a entrega de ambientes de trabalho atraentes, sustentáveis e econômicos. A remanufatura possibilita a oferta de sustentabilidade e economicidade, sem comprometer a qualidade e a durabilidade do produto (Quadro 9.2).

Reconhecendo o potencial inexplorado da remanufatura, a Lavery/Pennell, empresa de consultoria e empreendimentos, lançou o negócio em 2014. A Rype Office ergue-se sobre o trabalho dos fundadores, desenvolvendo sistemas de economia circular para os clientes, e já promoveu um estudo em profundidade sobre o potencial da remanufatura: *The Next Manufacturing Revolution* (2013).[34]

A pesquisa da empresa sobre decisões de compra referentes a móveis para escritório, com especificações mais rigorosas, mostrou que os clientes priorizam peças atraentes e de alta qualidade que se encaixem em seu orçamento. A maior produtividade das equipes em ambientes ergonômicos e a melhoria da sustentabilidade do local de trabalho (através da redução

---

[33] SUSTAIN. *Senator International Limited*, 2014. Disponível em: <www.thesenator-group.com/uk/about-us/sustainability/sustain/>. Acesso em: 24 fev. 2016.

[34] LAVERY, G.; PENNELL, N.; BROWN, S.; EVANS, S. *The Next Manufacturing Revolution: Non-Labour Resource Productivity and its Potential for Remanufacturing*. 2013. Disponível em: <www.nextmanufacturingrevolution.org/>. Acesso em: 15 ago. 2016.

de matérias-primas, energia e emissões na fabricação) são considerados benefícios adicionais.

Um grande desafio para a remanufatura é a falta de compreensão, entre clientes, designers e arquitetos, do que é "remanufatura". A estratégia de marketing do Rype Office tem o propósito de desmistificar o conceito, usando termos objetivos como "remodelado" e "refeito", e focando no desempenho "como novo", com economicidade substancial:

> Nosso objetivo é fornecer móveis para escritório atraentes, de alta qualidade, a custos mais baixos, com menor impacto ambiental e maior criação de empregos locais, como benefícios da remanufatura. Para tanto, desenvolvemos técnicas e parcerias que nos capacitam a refazer o mobiliário com economicidade. GREG LAVERY, Diretor, Rype Office.[35]

O Quadro 9.3 compara métodos comuns de compra de móveis para escritório com critérios baseados nas prioridades do comprador típico.

A Rype Office enfatiza sete camadas de qualidade em suas operações:

- Escolher móveis usados, para remanufatura, de marcas consagradas, com estética atemporal, componentes duradouros e ótima ergonomia.
- Adquirir peças e materiais em boas condições, de fornecedores de alto nível.
- Usar equipamentos de última geração e alta precisão, para garantir acabamento impecável.
- Desenvolver novas técnicas para restaurar as superfícies.
- Aplicar processos rigorosos, inclusive testes e inspeção.
- Zelar pela observância de rigorosos padrões A+, A e B, para atender às necessidades e disponibilidades dos clientes.
- Garantir os componentes e o artesanato.

---

[35] Rype Office, 2015. Disponível em: <www.rypeoffice.com/#home>. Acesso em: 23 dez. 2016.

QUADRO 9.2: *Framework* da economia circular – Rype Office

Rype Office	Setor: móveis para escritório		Canais: B2B e B2C		Região: Grã-Bretanha			Loop aberto/fechado: loop aberto, mesmo setor
Modelo de negócio	Propriedade	Compartilha-mento	Troca	Aluguel/Leasing	Serviço	Recupera	Reciclar	Revender
Inputs circulares	Reciclado	Recuperado	Renovável	Seguro	Protegido			
Design do produto	Usar menos	Usá-lo mais	Usá-lo novamente					
Design do processo	Usar menos	Resíduos = alimentos	Renováveis					
Fluxos circulares	Reutilizar	Manter	Renovar	Remanufaturar	Reciclar			
Capacitadores	Biomimética	Química Verde	Pensamento sistêmico	I3D	Rastreamento de ativos	Internet das coisas	Plataforma e aplicativos	
Aceleradores	Colaboração	Código aberto	Certificação	Stewardship do produto	Avaliação do ciclo de vida	Impostos/incentivos		Biotec

FONTE: © CATHERINE WEETMAN, 2015

QUADRO 9.3: Comparações de móveis sustentáveis para escritório

	Economia de custo (1)	Qualidade (2)	Escolha	Facilidade de compra (3)	Sustentabili-dade (4)
Novo					
Reutilizado					
Remodelado					
Refeito					

Legenda:
(1) Custo comparado com o de compra de novos itens
(2) Garantia de qualidade, garantia do produto, durabilidade do produto
(3) Dificuldade e tempo para o comprador cumprir o projeto
(4) Uso de materiais virgens, energia e pegada hídrica, etc.

NOTAS:
RECICLADO são móveis feitos de componentes recuperados de móveis usados, depois separados, triturados, derretidos, transformados em peças e montados em móveis
REUTILIZADO são móveis de segunda mão ou usados, sem atualização, nem renovação
REMODELADO inclui uma "reestilização", por exemplo, novo estofamento para substituir o tecido
REFEITO (remanufaturado), substituindo peças "moles", como tecido, e reutilizando componentes duradouros aproveitáveis

FONTE: EQUIPE RYPE OFFICE, 2015, *What is Most Sustainable Office Furniture?*; http://www.rypeoffice.com/what-is-the-most-sustainable-office-furniture/

O Rype Office é um negócio totalmente circular. Os serviços incluem ajuda ao cliente no design, na captação e na remanufatura dos itens. Ele oferece opções de *leasing* ou recompra, readquirindo e remanufaturando o móvel no fim da vida, para novas vidas.

Processo da cadeia de suprimentos

A Figura 9.6 mostra a cadeia de suprimentos. O Rype Office começa se entendendo com o comprador potencial, para compreender suas necessidades. Fornece, então, assistência no design, para a escolha de móvel remanufaturado que atenda às demandas de marca, qualidade e estética do cliente e que incorpore no *layout* as mais recentes especificações de ergonomia, produtividade e sustentabilidade.

O estágio seguinte é a procura de móveis, componentes e materiais, entre vários fornecedores de confiança; o Rype Office, então, gerencia a logística de entrada nas suas unidades de remanufatura, que atende aos padrões exigidos pelo cliente, seguida de entrega e instalação no local de destino, conforme o prazo de entrega combinado.

FIGURA 9.6: Cadeia de suprimentos do Rype Office

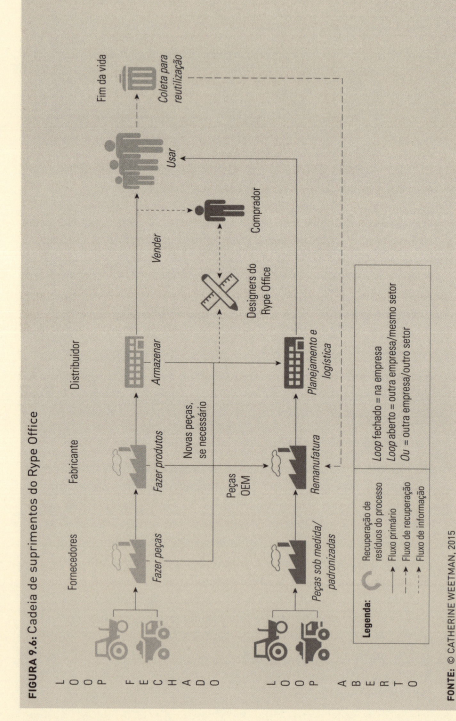

FONTE: © CATHERINE WEETMAN, 2015

Desafios do Rype Office

1. Proposta de valor

- Os clientes tendem a não compreender o significado e os benefícios do rótulo "remanufaturado".

- Atender aos critérios de conformidade de fornecedores, como higidez das demonstrações financeiras, antecedentes e credibilidade, prática de *master service agreements* (MSA), requisitos nem sempre ao alcance de novos negócios.

- Competir em preço e reputação com grandes empresas, com economias de escala e com produtos importados de custo e qualidade mais baixos.

2. Marketing

- "Remanufatura", por definição, significa mesma aparência e desempenho do produto novo, mas em geral é confundida com "reparado" ou "consertado". O Rype Office usa os termos "remodelado" e "refeito" para evitar percepções equivocadas, pelos clientes, da qualidade dos itens remanufaturados.

- Explicar os benefícios ganha-ganha da escolha de móveis remanufaturados em um mundo em que os produtos sustentáveis geralmente têm preços mais altos.

3. Design do produto e processos

- Desenvolver processos de remanufatura de alta qualidade. O Rype Office criou tecnologias de renovação da superfície que devolvem aos revestimentos de aço, alumínio e plástico a aparência de novo. As escolhas de produtos químicos e de materiais são importantes, e o Rype Office almeja priorizar escolhas mais sustentáveis. Um exemplo é a cromagem, processo altamente tóxico que o Rype Office substituiu por alternativas benignas.

- Previsão e gestão de estoques. Qualquer start-up terá dificuldade em prever e garantir um fluxo contínuo de pedidos; no caso da remanufatura, esse desafio é agravado pela localização de suprimentos adequados.

- Controle de qualidade, garantindo que todos os móveis chegam ao cliente, nas condições especificadas. Esse desafio é ainda maior com uma rede de vários fornecedores e sucessivas transferências na cadeia de suprimentos.

4. Inputs e fluxos circulares

– Captação de peças sobressalentes: alguns itens podem ser padronizados ou genéricos e, portanto, comprados no local. Outras peças talvez só sejam encontradas no fabricante OEM ou encomendado no local, como itens sob medida.

– Coleta de peças para remanufatura, com o propósito de eliminar perdas resultantes de danos no percurso.

– Logística, envolvendo o manejo da movimentação de itens e peças, principalmente ao longo dos vários estágios da remanufatura.

– Embalagem: custo, geração de resíduos e eficácia. A embalagem deve proteger o produto entre coleta (p. ex., retirada do item no escritório) e inspeção/remanufatura; entre remanufatura e montagem, e, então, até a entrega ao cliente. O Rype Office pretende usar embalagens que os fornecedores possam reutilizar em vários ciclos.

Benefícios

O modelo de manufatura de *loop* aberto do Rype Office oferece vários benefícios, tanto para o cliente quanto para a sociedade mais ampla:

• Redução de custos, com mais de 50% de economia, em comparação com o preço de tabela de móveis novos.

• Diminuição do prazo de entrega, geralmente abreviando-o para muito menos do que o "padrão" do setor, de 6 a 8 semanas (quando o fabricante do equipamento original está sobrecarregado, esse período pode ser ampliado para 8 a 10 semanas, do pedido à entrega).

• Design sob medida para clientes, inclusive com o redimensionamento de mesas e com a mudança de cores, tecidos, padrões, formas e tamanhos, conforme as preferências do cliente.

- Integração com a decoração do interior ou com os móveis existentes, que não mais estão em produção.

- Atenuação do impacto ambiental, gerando menos de um terço dos efeitos oriundos de um móvel novo. A não extração e produção de matérias-primas reduz a poluição do meio ambiente e os danos à biodiversidade, preserva recursos finitos e economiza energia e água. A manufatura abreviada diminui as emissões de GEE e a poluição da água e do ar. O Rype Office oferece em seu site numerosos relatórios especializados confirmando essa afirmação.[36]

- Aumento da oferta de emprego semiqualificado local, descentralizando as instalações de remanufatura, para minimizar o transporte de ida e volta.

Fluxos circulares: recuperação

A entrega de móveis geralmente envolve embalagem e transporte especiais, com uma equipe incumbida de movimentar cada peça para a posição necessária, de desembalar e de completar a montagem, quando necessário. O retorno com produtos recuperados melhora o aproveitamento dos recursos especializados. Os clientes podem reduzir as despesas com transporte e descarte e evitar o risco de excesso (ou falta!) de móveis no escritório.

Orangebox: design para desmontagem e recuperação[37]

A Orangebox, com sede no sul do País de Gales, projeta e fabrica móveis para escritório. De início, ela se oferecia para retirar cadeiras velhas dos clientes, desmontando-as em seguida, para recuperar e vender os materiais. Em geral, os trabalhadores demoravam 45 minutos para desmontar cada cadeira, custo que

---

[36] Rype Office, 2015. Disponível em: <www.rypeoffice.com/office-furniture-sustainability/>. Acesso em: 23 dez. 2016.

[37] GILBERT, R. Design and the Circular Economy: Toasters That Won't Be Binned. *The Guardian*, 2013. Disponível em: <www.theguardian.com/sustainable-business/design-circular-economy-toaster-binned>. Acesso em: 5 fev. 2014.

anulava o valor dos materiais recuperados. A Orangebox mudou suas prioridades de design, para que sua cadeira seguinte, a Ara, pudesse ser desmontada à mão, sem necessidade de ferramentas. A padronização dos materiais simplificou a reutilização, de modo a "já planejar" a nova vida do produto. A empresa, agora, cobra uma taxa nominal para cobrir os custos de retirada, no intuito de reutilizar o material reciclado em novos produtos, num ciclo permanente. Os produtos recuperados seguem três fluxos circulares:

1. Doar bons produtos a instituições filantrópicas locais, com necessidades definidas.
2. Promover a reutilização por meio de outra empresa de reciclagem.
3. Desmontar os produtos para separar e descartar as peças e componentes, por meio de parceiros de reciclagem locais.

A Orangebox sabe que as grandes empresas geralmente são céticas em relação a produtos remanufaturados, sobretudo quanto às implicações para a saúde e a segurança. Os produtos da Orangebox observam as normas regionais aplicáveis, e a empresa acredita que a certificação da remanufatura ajuda a tranquilizar os compradores, ampliando o mercado potencial para recuperação e remanufatura.

A Orangebox reivindica ter sido o primeiro fabricante da UE a projetar e a desenvolver, em 2009, cadeiras para escritório com credenciais *Cradle to Cradle* (C2C).[38] Seu objetivo final é eliminar os resíduos, especificando os materiais a serem usados e projetando produtos "peso leve", com o mínimo de materiais. Seguindo o protocolo de design *Cradle to Cradle*, a empresa conscientizou-se da importância de usar somente materiais "seguros", com insumos químicos que não imponham risco significativo de fazer mal aos usuários do produto ou aos ecossistemas. Assim, projetaram a cadeira "Do" para usar menos material, menos peças e menos transporte, "entregando, ao

---

[38] REMANUFACTURING: Towards a Resource Efficient Economy. *The All-Party Parliamentary Sustainable Resource Group*, p. 11, mar. 2014.

mesmo tempo, melhor desempenho e qualidade".[39] Os vídeos com a história do design, a montagem da cadeira e as instruções para o usuário estão disponíveis no site da empresa.

A Orangebox alega que praticamente eliminou de seus processos todos os compostos orgânicos voláteis e que tem usado colas com base em água desde 2001. Ela mostra as pegadas ambientais de seus produtos, usando a ferramenta de pegadas de carbono da Furniture Industry Research Association (FIRA), para orientar as decisões de compra dos clientes. Tipicamente, 98% do conteúdo das novas cadeiras Orangebox serão recicláveis, e todos os grandes componentes terão identificadores de material para ajudar na reciclagem.

Com sua abordagem Smart Manufacturing, a Orangebox almeja reduzir o consumo de energia e o uso de recursos naturais, minimizando seus impactos ambientais negativos. Com a otimização dos processos, da produção aos pontos de venda, e no pós-venda, a empresa pretende criar oportunidades de crescimento e capacitar respostas rápidas e ágeis às necessidades de cada cliente. Produtos feitos sob encomenda usam métodos de produção *just in time*; máquinas especiais de corte de tecido reduzem os resíduos e caminhões-reboque específicos para o tipo de carga diminuem os danos em trânsito e minimizam os custos de embalagem.

Ela também tenta priorizar os fornecedores locais, com 98% deles sediados no Reino Unido, e mais de 40% situados a menos de 33 quilômetros de sua fábrica. A Orangebox reconhece que seu impacto ambiental se estende ao longo da cadeia de suprimentos e, por isso, induz os fornecedores em todo o percurso a aprimorar seus próprios processos, em termos de impacto ambiental.[40] Para tanto, analisa e classifica os fornecedores, considerando aspectos como embalagem, materiais e processos; e empenha-se para que os mais importantes tenham planos de melhoria ambiental. Toda a madeira é oriunda de fontes certificadas

---

[39] PRODUCT Range: Do Task Chair. *Orangebox*, 2015. Disponível em: <www.orangebox.com/product_range/task_seating/do>. Acesso em: 28 fev. 2016.

[40] RESPONSIBILITY: Local Sourcing. *Orangebox*, 2015. Disponível em: <www.orangebox.com/responsibility/local_sourcing#Local%20Sourcing>. Acesso em: 28 fev. 2016.

pelo Forestry Stewardship Council (FSC) ou Programme for the Endorsement of Forest Certification (PESC).*

Um projeto de colaboração com a Vitafoam criou um fluxo de reciclagem de *loop* aberto.[41] A Orangebox segrega espuma de resíduos em suas instalações; a Vitafoam, então, coleta e reprocessa os resíduos, criando novos componentes de espuma. Ao usar seus serviços de entrega tipo "comporta de descarga", a Orangebox pode reciclar embalagens de papelão em *loop* fechado. A inclusão de rótulos "reutilizável" nas caixas incentiva os clientes a "dobrar e devolver a embalagem".

A Orangebox agora está se preparando para adotar uma abordagem mais focada em economia circular, cultivando o pensamento sistêmico, de modo a facilitar o desenvolvimento de ciclos mais fechados, indo além da eficiência dos recursos. Ela encara os benefícios da economia circular em termos de resultados financeiros e de valor da marca. Os indutores financeiros incluem mitigação do risco de aumento do custo dos materiais (cerca de 45% do total de despesas); fabricação mais eficiente; e novos mercados potenciais para produtos remanufaturados. A melhoria da qualidade e o manejo ambiental aumentam o "valor da marca" e promovem relacionamentos duradouros com os clientes.

Resumo e implicações para a cadeia de suprimentos

Perscrutamos um minúsculo subconjunto de desenvolvimentos circulares na manufatura industrial, resumindo o vasto potencial das empresas para transformar suas cadeias de suprimentos e de valor. Embora os consumidores só agora estejam começando a preferir a facilidade de acesso à aquisição de propriedade, as empresas há algum tempo já perceberam com mais clareza os benefícios da economia circular, em termos de abastecimento e desempenho. Para os produtores, há ainda outros benefícios decorrentes de relacionamentos mais estreitos com os consumidores e de melhor compreensão do desempenho dos produtos, além da oportunidade de desenvolver novos

---

[41] RESPONSIBILITY: Waste. *Orangebox*, 2015. Disponível em: <www.orangebox. com/responsibility/waste>. Acesso em: 28 fev. 2016.

métodos de prestação de serviços e de manutenção (e de aumentar a receita), o que exploramos na Parte três. Há alguns desafios, como o financiamento da mudança, de vendas para serviços, das fontes de caixa, com riscos potenciais associados a insolvência de clientes, etc.

A recuperação de fluxos, o potencial de reciclagem de alta qualidade e os serviços de remanufatura e manutenção também impõem desafios à cadeia de suprimentos, em especial o de desenvolver cadeias de fornecimento reversas, igualmente eficientes e seguras. Voltamos a esse tópico no Capítulo 13.

Braungart e McDonough, em seu trabalho pioneiro *Cradle to Cradle: Remaking the Way We Make Things* [ed. bras. *Cradle to Cradle: criar e reciclar ilimitadamente*, tradução Frederico Bonaldo, GG BR, 2013], perguntam se os fabricantes devem sentir-se culpados por seu papel nessa até então "agenda destrutiva", concluindo que esse questionamento realmente não é importante. Eles nos lembram que "insanidade já foi definida como fazer a mesma coisa reiteradamente e esperar resultados diferentes. Negligência é descrita como fazer a mesma coisa continuamente, mesmo sabendo que ela é insensata, perigosa e equivocada. Agora que sabemos, é hora de mudar. A negligência começa amanhã."[42]

Recursos adicionais

BRAUNGART, M.; MCDONOUGH, W. *Cradle to Cradle: Remaking the Way We Make Things*. Londres: Vintage Books, 2008.

HAWKEN, P.; LOVINS A. B.; LOVINS, H. L. *Natural Capitalism: The Next Industrial Revolution*. Londres: Earthscan, 2010.

Institute for Manufacturing, University of Cambridge. Disponível em: <http://www.ifm.eng.cam.ac.uk/>. Acesso em: 28 fev. 2016.

LAVERY, G.; PENNELL, N.; BROWN, S.; EVANS, S. *The Next Manufacturing Revolution: Non-Labour Resource Productivity and its Potential for Remanufacturing*. 2013. Disponível em: <www.nextmanufacturingrevolution.org/>. Acesso em: 15 ago. 2016

RESOURCE Security Action Plan: Making the Most of Valuable Materials. *BIS Defra*, 2012. Disponível em: <www.gov.uk/government/uploads/system/uploads/attachment_data/file/69511/pb13719-resourcesecurity-action-plan.pdf>. Acesso em: 15 ago. 2016.

---

[42] BRAUNGART, M.; MCDONOUGH, W. *Cradle to Cradle: Remaking the way we make things*. Londres: Vintage Books, 2008. p. 117.

PARTE TRÊS

O QUE ISSO SIGNIFICA PARA AS CADEIAS DE SUPRIMENTOS?

ESTRATÉGIA E PLANEJAMENTO DA CADEIA DE SUPRIMENTOS

> *Ao fim de uma era de energia barata, de materiais prontamente disponíveis e de crédito em expansão, a pergunta é "como sair dessa?"*
> ELLEN MACARTHUR FOUNDATION, 2013[1]

Este capítulo foca na estratégia da cadeia de suprimentos e no desenho da rede da cadeia de suprimentos. Examinamos como nossas cadeias de suprimentos tradicionais evoluirão, de modo a promover a transição para abordagens circulares, referentes a produtos, serviços, processos ou modelos de negócio inteiros. Começamos com uma rememoração rápida dos **indutores e megatendências** globais que afetam o desenvolvimento da estratégia e do design da rede da cadeia de suprimentos. Em seguida, examinamos as **características das cadeias de suprimentos tradicionais**, enfatizando as que tendem a se transformar em **modelos circulares**. Analisamos, então, as cadeias de suprimentos propícias à economia circular, perguntando:

- Como as **estratégias** da cadeia de suprimentos evoluirão, com **escopo mais amplo** e **espectro mais variado** de escolhas e *trade-offs*, almejando resiliência e variedade?
- Que espécies de **designs de rede** sustentarão melhor os modelos circulares, com **manufatura distribuída**[*] e recuperação local

---

[1] A NEW Dynamic: Effective Business in a Circular Economy. *Ellen MacArthur Foundation*, cap. 3, p. 30, 2013.

de materiais? Quais são os **princípios-chave** desses modelos sustentáveis?

- O deslocamento de modelos de **propriedade** para modelos de **acesso** e a entrega de **desempenho** em vez de produtos gerarão fluxos de materiais e componentes radicalmente diferentes e lançarão novas parcerias e sistemas de apoio. Como desenhar as cadeias de suprimentos para suportar esses novos fluxos de materiais e de valor? Que **tecnologias capacitadoras** mudarão os fluxos de entrada, de manufatura e de conserto e fornecerão novas fontes de informação profusas?

- Como a **cadeia de suprimentos** poderá desenvolver suas próprias **iniciativas circulares**, mormente para embalagens, itens de consumo e "ativos", inclusive depósitos e veículos?

- Como definiremos e mediremos os **critérios de sucesso** da cadeia de suprimentos?

- Que tipos de mudanças precisaremos incorporar ao **planejamento** das atividades da cadeia de suprimentos? Uma seção de Jo Conlon examina como a **gestão do ciclo de vida do produto** sustenta as abordagens circulares.

Drivers e megatendências globais

No Capítulo 3, vimos os fatores complexos que afetam a economia e a geopolítica, o comportamento dos consumidores, o sucesso das empresas e a resiliência da cadeia de suprimentos. O crescimento demográfico contínuo, os deslocamentos do poder global e os desequilíbrios entre oferta e demanda criam riscos para os negócios. O comportamento dos consumidores está mudando, com os *Millennials* considerando o acesso a produtos e serviços mais importante que a propriedade. Os movimentos *maker* e *trader* estão capacitando qualquer pessoa a tornar-se "prossumidor", convertendo seus *hobbies* em fluxos de renda e, talvez, em negócios. A demanda por mais produtos individualizados ou personalizados está impulsionando abordagens de "customização em massa", postergando o último estágio da manufatura até a confirmação do pedido e a especificação final. A tecnologia está transformando a captura e o acesso ao conhecimento e a dados: Do que é feito aquele produto? Como posso consertar meu telefone? Onde está o posto mais próximo de aluguel de carros? Por quanto posso "vender" o assento vago em meu transporte diário casa-trabalho-casa? O relatório Logistics Trend Radar (2016), da DHL, salienta[2]:

- "Lote tamanho um": a exigência de "hipercustomização" pelo cliente significa produção de itens avulsos, em vez de grandes lotes.
- Entrega sob demanda, em especial à medida que se expande o varejo *omnichannel*.
- A *internet das coisas,* além de sensores digitais, como etiquetas com sensores inteligentes.

A tecnologia está engendrando novas estratégias de cadeia de suprimentos. O Fórum Econômico Mundial lista suas "Top 10 Tecnologias Emergentes de 2015", incluindo manufatura aditiva e **manufatura distribuída** (denominada "manufatura redistribuída" por outras organizações, como um programa de pesquisa europeu, o RECODE).[3] Ambas acarretarão desafios para as cadeias de suprimentos globais, de longa distância, que vemos agora em muitos setores. Olharemos para a manufatura distribuída, com mais detalhes, no Capítulo 12. A Figura 10.1 compara as características das cadeias de suprimentos distribuídas e centralizadas. Os benefícios de poucos ativos e de baixo custo das redes centralizadas contrastam com as vantagens das redes descentralizadas, mais resilientes e ágeis. A disrupção dos fluxos pode suscitar graves problemas nas redes centralizadas, ao passo que os nodos e links extras nos sistemas descentralizados incluem mais fontes e opções para o contorno de bloqueios e de problemas de fornecimento. A McKinsey descobriu que 94% das entregas de "empresas ágeis" eram pontuais e completas (On Time and In Full – OTIF) em comparação com 87% das entregas OTIF das outras empresas.[4]

---

[2] LOGISTICS Trend Radar: Delivering Insight Today, Creating Value Tomorrow. *DHL*, 2016. Disponível em: <www.dhl.com/en/about_us/logistics_insights/dhl_trend_research/trendradar.html#.Vz1DfeSK2kU>. Acesso em: 19 maio 2016.

[3] MEYERSON, B. Top 10 Emerging Technologies of 2015. *World Economic Forum*, 4 mar. 2015. Disponível em: <www.weforum.org/agenda/2015/03/top-10-emerging-technologies-of-2015-2/#distributedmanufacturing>. Acesso em: 8 abr. 2016.

[4] DUBEAUCLARD, R.; KUBIK, K.; NAGALL, V. How Agile Is Your Supply Chain? *McKinsey Quarterly*, abr. 2015.

FIGURA 10.1: Design da rede da cadeia de suprimentos

Rede centralizada
- Baixos custos de operações e de ativos
- Fabricação para estoque
- *Lead time* longo (prazo do pedido à entrega), estoques mais altos e obsolescência mais rápida
- Prazos mais longos e kits pré-fabricados na customização para mercados locais
- Eficiência do transporte – veículos maiores, menos carregamentos

Rede distribuída
- Ágil, resiliente, responsiva
- Fabricação sob demanda
- Escolha de materiais e recursos
- Estoques em vários locais para reduzir o risco de problemas regionais
- Meio de transporte para atender a urgências

Centralizada		Distribuída
☆	Credibilidade	★
★	Ativos	*Parceiros locais*
★	Custo	★
☆	Agilidade	★
☆	Resiliência	★
★	Responsividade	★
Muitos	Fornecedores e camadas	*Poucos*
Muitos	Estoque e SKUs*	*Poucos*
Global	Escala	*Local*
Descarte	Fim da vida	*Recuperação*

Legenda: ★ alta necessidade ☆ baixa necessidade

A gestão do risco e a resiliência agora são fatores críticos de sucesso para as cadeias de suprimentos, tanto que as ocorrências, em livros, da frase *supply chain risk* (risco da cadeia de suprimentos) ultrapassaram as da frase *supply chain efficiency* (eficiência da cadeia de suprimentos), em 1988, e as superavam por um fator de cinco em 2008 (Google Ngrams). No Capítulo 3, analisamos os riscos considerados importantes pelos membros do Fórum Econômico Mundial, em 2015. Os riscos da cadeia de suprimentos incluem disrupções climáticas (secas, inundações, furacões, etc.), outros desastres naturais, choques de oferta e demanda (que podem ser exacerbados por práticas de *hedging* e acumulação de estoques), problemas geopolíticos, reputação da marca, terrorismo, segurança e corrupção.[5] Voltamos aos riscos de captação e suprimentos no Capítulo 11.

Cadeias de suprimentos tradicionais

À medida que a amplitude do comércio global crescia a partir do fim do século XX e as empresas se "externalizavam"

---
[5] MANNERS-BELL, J. *Supply Chain Risk: Understanding Emerging Threats to Global Supply Chains*. Londres: Kogan Page, 2014.

no começo do século XXI, em busca de custos de trabalho mais baixos e de novas fontes de materiais, as cadeias de suprimentos se tornavam mais complexas, com várias camadas de fornecedores e conexões de transporte. O Conselho Empresarial Mundial para o Desenvolvimento Sustentável (WBCSD) descreve uma "rede de fornecimento", com um conjunto desagregado de fornecedores, que "cooperam e competem para extrair ou cultivar o recurso primário, para processá-lo ou manufaturá-lo, além de muitos outros ingredientes e componentes. Estes são, então, transportados e armazenados em pontos intermediários, antes do último estágio de distribuição e venda para o usuário final".[6] Essas redes de fornecimento incluem "funções capacitadoras", como finanças, proteção e segurança. Elas dependem da tecnologia, com sistemas integrados de gestão empresarial (*enterprise resource planning* – ERP),* estoque gerido pelo fornecedor (*vendor managed inventory*), rastreamento de remessa (*consignment tracking*), e outros recursos para reduzir custos, melhorar o nível dos serviços e otimizar os estoques. O relatório inclui um exemplo envolvendo baterias de veículos elétricos, nas cadeias de suprimentos automotivas, abrangendo quatro estágios, antes da montagem final do carro.

1. Extração de materiais, com dez diferentes metais e minerais.
2. Processamento, envolvendo seis diferentes operações de fundição, amarração, e outras atividades para os vários materiais.
3. Manufatura de componentes, produzindo oito tipos diferentes de compostos e componentes.
4. Manufatura final da célula de bateria.

As cadeias de suprimentos tradicionais **otimizam os fluxos diretos**, visando a equilibrar a *trade-off* custo-serviço e evitando os fluxos reversos como inconvenientes. A logística reversa se justifica apenas para a devolução de produtos errados, indesejados ou

---

[6] BUILDING Resilience in Global Supply Chains. *WBCSD, ERM*, 2015. Disponível em: <wbcsdpublications.org/project/building-resiliencein-global-supply-chains/>. Acesso em: 8 abr. 2016.

defeituosos, em pequenas quantidades aleatórias, ou, pior ainda, como parte de um grande *recall*. A logística *omnichannel*, em que consumidores compram on-line ou em lojas e apanham a mercadoria na loja ou depósito, ou escolhem outro método de entrega, também ampliou o "poder do consumidor". Os consumidores querem escolher inclusive maneiras eficientes e amigáveis de devolver produtos, se quiserem. Esse desejo força os varejistas, em especial, a ajustar seus métodos de trabalho e a adaptar suas operações, para promover os fluxos reversos. As cadeias de suprimentos modernas tendem a ser:

- **Longas**, em prazos e em distância.
- **Complexas**, em números e em camadas de fornecedores e de países envolvidos.
- Envolver volumes maiores de **estoques** e níveis mais altos de **obsolescência**, piorando à medida que se encurtam os ciclos de vida para estimular a demanda pela versão mais recente.
- **Opacas**, com o fabricante do produto acabado, a marca e o varejista incapazes de terem certeza sobre os atores envolvidos na cadeia de suprimentos. Identidades de fornecedores, países de origem, natureza exata dos materiais e fontes, e padrões éticos e morais tendem a ser obscuros. O risco para a reputação é alto na agenda, com as equipes da cadeia de suprimentos evitando aparecer nas manchetes (ao se lembrarem de notícias negativas da Rana Plaza e do escândalo da "carne de cavalo", no Reino Unido).

O Capítulo 5 salientou muitos efeitos indesejáveis da economia linear, em que as empresas são capazes de externalizar os seus resíduos em cada estágio da cadeia de suprimentos (ilustrada na Figura 10.2). Os negócios são importantes fontes de poluição para as bacias hídricas locais, oceanos, solo, ar e atmosfera. Nossos sistemas lineares – envolvendo extração, agricultura industrial, silvicultura e pesca – degradam e destroem a biodiversidade e os sistemas vivos, o que, por sua vez, prejudica os serviços do ecossistema, essenciais para a nossa sobrevivência – fornecimento de ar puro, água limpa e solos saudáveis e produtivos.

FIGURA 10.2: Processos industriais – extrair, produzir, descartar

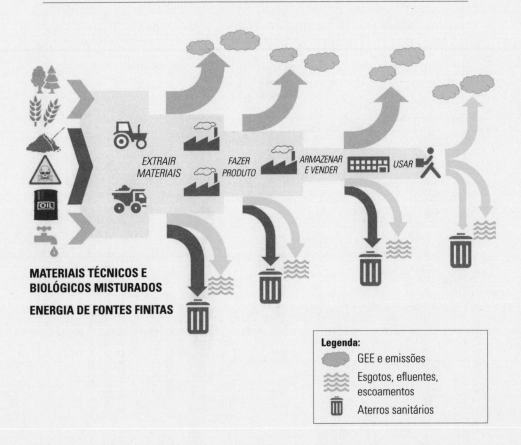

FONTE: © CATHERINE WEETMAN, 2015

Cadeias de suprimentos para uma economia circular

A economia circular transformará muitas dessas cadeias de suprimentos "tradicionais". O escopo da cadeia de suprimentos agora se estenderá para além do ponto de venda, sobretudo no caso de empresas com clientes no varejo e no atacado. A complexidade aumentará e as equipes da cadeia de suprimentos enfrentarão novos desafios:

FIGURA 10.3: Cadeias de suprimentos para uma economia circular

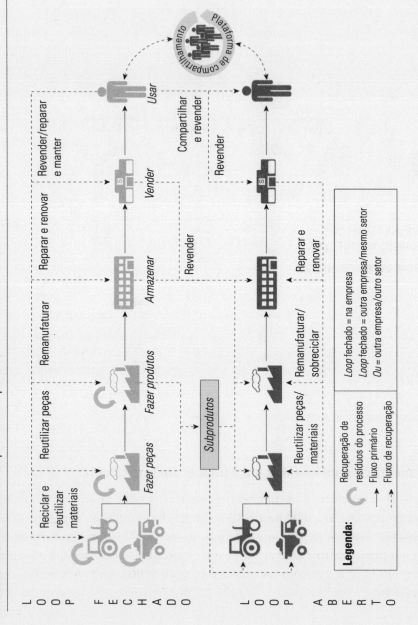

FONTE: © CATHERINE WEETMAN, 2015

- Envolver-se com o usuário final para ajudá-lo a manter o produto, talvez reabastecendo-o ou reparando-o no local.
- Desenvolver maneiras de recuperar o produto com sucesso, para renovação, remanufatura ou reciclagem.
- Engajar-se com novos parceiros e clientes para trocar subprodutos e materiais reciclados/recicláveis.

Visão mais holística da cadeia de suprimentos pode otimizar o valor de fluxos reversos e laterais, além de entregar produtos convencionais e gerar fluxos subsidiários. A Figura 10.3 ilustra os fluxos típicos de uma economia circular, com materiais reciclados, subprodutos e recuperação de produtos e materiais.

Design da rede

O design da rede evoluirá gradualmente, à medida que cada empresa desenvolve e implementa fluxos circulares adicionais e promove transições para novos modelos comerciais, baseados em serviços ou em desempenho. As parcerias incipientes com especialistas locais podem simplificar as mudanças e atenuar os riscos, com a oportunidade de internalizar processos essenciais, para aumentar a segurança e controlar ou aproveitar a massa crítica. Designs de produtos modulares e aumento da recuperação de materiais podem precisar de diferentes redes e operações de logística. Novos subprodutos talvez sejam perecíveis ou perigosos (p. ex., biocombustíveis), com volumes flutuantes. A logística reversa deve preservar o valor do produto e gerenciar volumes flutuantes, além de vários *loops* de retorno.

A McKinsey vê as empresas "desmembrando cadeias de suprimentos monolíticas em outras menores e mais ágeis", melhorando os serviços, ao mesmo tempo em que reduzem a complexidade e os custos.[7] À medida que as empresas consolidavam a manufatura e se expandiam para novos territórios de vendas, os produtos (e os itens de estoque) se multiplicavam, dificultando a previsão de vendas e a manutenção de altos níveis de serviço. As empresas estão reformulando

---

[7] MALIK, Y.; NIEMEYER, A.; RUWADI, B. Building the Supply Chain Of The Future. *McKinsey Quarterly*, jan. 2011.

as redes, talvez recorrendo à análise de Pareto, para segmentar a faixa de produtos:

- Fabricando produtos estáveis, de alto volume, em localidades de baixo custo.
- Fabricando produtos voláteis, de alto volume, em localidades de alta demanda.
- Exteriorizando para países próximos (*nearshore*), com custos menores, a fabricação de produtos estáveis, de baixo volume, para reduzir os custos de produção.

O acesso mais rápido ao mercado, minimizando as perdas de vendas e ao mesmo tempo mantendo estoques baixos, otimiza a *trade-off* custo-serviço. A produção perto do ponto de demanda permite *lead times* muito mais curtos, possibilitando cadeias de suprimentos baseadas em demanda em vez de baseadas em previsões.

As cadeias de suprimentos lineares para alguns setores de produção em massa de alto volume propiciam a formação de "parques de fornecedores", com os principais fornecedores compartilhando a mesma localidade, perto das instalações de montagem. As cadeias de suprimentos circulares desenvolverão abordagens de **ecossistemas industriais**, com os subprodutos e outros fluxos simbióticos permitindo que os ocupantes do ecoparque compartilhem a tecnologia, obtenham mais materiais e inputs, cogerenciem a energia e recuperem o valor dos produtos. Esses modelos de ecoparques industriais estão emergindo em vários países, promovendo fluxos simbióticos entre empresas, com instalações comuns para processar efluentes (e recuperar nutrientes) e produzir energia limpa no local. A ONU está ajudando a transformar zonas industriais no Vietnã em parques ecoindustriais.[8] O objetivo dessas iniciativas é criar redes ambientalmente saudáveis e sustentáveis, usando métodos de produção mais limpos e adotando novas tecnologias para minimizar a geração de resíduos perigosos, emissões de GEE e poluição da água, além do gerenciamento adequado de produtos químicos.

---

[8] UNIDO Launches Landmark Eco-Industrial Park Project in Viet Nam. *United Nations*, 2014. Disponível em: <www.un.org.vn/en/featurearticles-press-centre--submenu-252/3383-unido-launches-landmark-ecoindustrial-park-project-in--viet-nam.html>. Acesso em: 8 abr. 2016.

Princípios-chave

Olhando para as cadeias de suprimentos sob o enfoque da sustentabilidade ou do Seis Sigma, podemos enxergar a logística como uma série de resíduos. Todo elo de transporte, armazenamento e operação de manuseio envolve energia e equipamentos, com inputs de combustíveis fósseis e as consequentes emissões danosas para o ar e a atmosfera (e para a água, no caso de navios). Em 2010, desenvolvendo ferramentas para ajudar as empresas a compreender os desafios e as oportunidades dos modelos de negócio sustentáveis, criei um conjunto de princípios de design para cadeias de suprimentos. Daí resultaram os Oito Princípios de Sustentabilidade (8S), apresentados na Figura 10.4. Exploramos esse tema com mais profundidade na seção de cadeia de suprimentos.

FIGURA 10.4: Princípios "8S" para cadeias de suprimentos

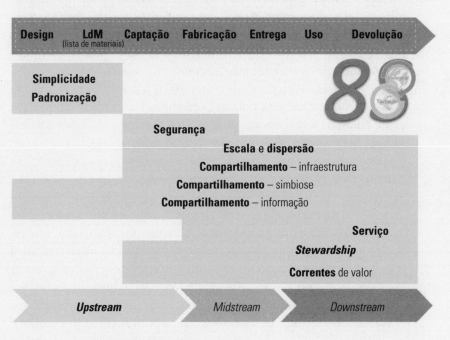

Fonte: © CATHERINE WEETMAN, 2015

1. **Simplificar** o design e a lista de materiais (LdM). Reduzir a complexidade e o desperdício, usando materiais mais simples e mais naturais. Recursos mais simples envolvem menos energia e custos na desmontagem para

reutilização ou biodegradação. Materiais misturados geralmente são *subciclados*. Como aplicar a "eficiência dos recursos" aos materiais em si, reduzindo os recursos "incorporados" (sobretudo os oriundos do exterior, consumindo menos energia e eliminando os resíduos? A *avaliação do ciclo de vida (ACV)* pode ajudar nesse processo, o que examinamos no Capítulo 11.

2. **Padronizar** o design por entre as marcas, melhorando a capacidade de reparar e melhorar mais tarde, no ciclo de vida. Os designs modulares podem ajudar na remanufatura, na substituição de peças e de componentes e nos consertos no local, além da futura atualização dos produtos. Abordagens modulares e princípios de design claros podem aumentar a eficiência do desenvolvimento de produtos no futuro. Haverá condições de colaborar com os seus pares no setor, para criar normas setoriais referentes a peças não essenciais (como no caso do carregador padronizado dos telefones móveis)?

3. Melhorar a **segurança** do fornecimento, em relação tanto aos materiais quanto aos fornecedores. As prioridades para os futuros fornecedores e os locais de produção focarão na disponibilidade dos recursos, não nos custos do trabalho e do fornecimento. Você poderá melhorar a segurança do fornecimento, encontrando inputs reciclados para substituir materiais virgens? Os materiais reciclados não serão imunes a riscos, mas talvez seja possível reduzir a volatilidade de preços, evitar riscos de fornecimento geopolíticos, e assim por diante. Os seus fornecedores conseguirão, em todos os níveis do *upstream* da cadeia de suprimentos, atender aos padrões ambientais? Há riscos de disrupção climática ou geopolítica? Você talvez possa considerar a captação de materiais semelhantes ou sucedâneos, em mais de uma região geográfica, para minimizar o impacto de disrupções no fornecimento. A equipe da cadeia de suprimentos deve recomendar o que e onde comprar, e de que fornecedores sustentáveis. São os materiais em si seguros ou conterão produtos químicos indesejáveis? Como garantir essas condições no futuro? Até que ponto são seguros os dados dos fornecedores? Eles são confiáveis o suficiente para serem publicados? Há entidades certificadoras ou você precisará auditar os fornecedores?

4. As redes da cadeia de suprimentos para modelos circulares almejarão reduzir a **escala** e a **dispersão** geográfica. A manufatura resiliente, com o intuito de customizar produtos para mercados locais, está adotando modelos distribuídos e dispersos. À medida que aumentam os custos de energia e crescem as pressões para descarbonizar as

cadeias de suprimentos, o encurtamento das cadeias de suprimentos passam a fazer mais sentido. Menos níveis de fornecedores melhoram a transparência e maior proximidade das conexões facilitam a compreensão de possíveis problemas de fornecimento. As redes de fornecimento que incluem vários fornecedores em diferentes regiões e que oferecem opções de materiais ou componentes alternativos ou substitutos melhorarão a resiliência e reduzirão os riscos para a segurança do fornecimento. Aumentar o número de localidades com estoque tende a aumentar a segurança do estoque (uma fórmula comum é a raiz quadrada do aumento de localidades; assim, o aumento de duas para quatro localidades dobraria a segurança do estoque, enquanto a redução de quatro para duas localidades reduziria à metade a segurança do estoque). No entanto, prazos de reabastecimento mais curtos e lotes de fornecimento menores (uma vez que a fabricação agora é local) reduziriam o estoque. Manter mais estoque de matérias-primas oriundas de localidades distantes pode ser mais barato e menos arriscado do que manter estoques de produtos acabados feitos nessas localidades.

5. Abordagens compartilhadas podem gerar múltiplos benefícios ao logo da cadeia de suprimentos:

- **Infraestrutura compartilhada pelos usuários**, como plataformas e trocas, pode reduzir os custos ou melhorar os prazos de resposta, sobretudo se a sua própria rede carecer de massa crítica suficiente. Também há numerosos exemplos de redes de logística colaborativa, em que supostos concorrentes trabalham juntos, como as cooperativas de laticínios no Reino Unido e as instalações de armazenamento Openfield, dos agricultores. Tratamos de redes de distribuição de saída no Capítulo 13.

- Há oportunidades para **compartilhar instalações ou equipamentos** com os parceiros da cadeia de suprimentos ou com as empresas locais? Você é capaz de trabalhar com os vizinhos na construção de massa crítica para o processamento de resíduos ou a para a produção de energia, de maneira mais especializada e econômica?

- Você pode compartilhar valor, desenvolvendo **fluxos simbióticos**, transformando resíduos de materiais em *subprodutos*, ou recuperando energia ou água como recursos para os parceiros locais?

- Compartilhamento também significa **compartilhar informações** com os **clientes** e com os usuários finais sobre os impactos dos produtos e dos materiais da cadeia de suprimentos, sobre aquisições, materiais, certificações de fornecedores, e assim por diante. Também inclui compartilhar detalhes sobre a "pegada" do produto ou dos materiais, inclusive energia, uso da água, produtos químicos, emissões, etc. O propósito é oferecer "produtos honestos": o produto é seguro, ético, eficiente em energia e água, e usa mesmo recursos renováveis?

- Como você poderia **compartilhar informações com os seus parceiros de cadeia de suprimentos** para ajudá-los a ser eficientes e eficazes? Fornecer-lhes seus dados ou previsões sobre vendas talvez os ajude a estimar a demanda futura dos produtos deles, ou talvez seja o caso de trabalhar mais de perto com vários fornecedores e outros parceiros da cadeia de suprimentos, na análise das tendências e previsões de mercado.

6. Modelos de **serviço** e desempenho necessitam de cadeias de suprimentos mais complexas:

- Para seus clientes, talvez seja necessário montar uma rede de serviço e manutenção, com uma cadeia de suprimentos de apoio, que forneça engenheiros com peças, ferramentas e inputs intermediários. Que consertos e renovações serão necessários — a manutenção será no local, com os fornecimentos sendo feitos a engenheiros de campo? Como os produtos retornarão no fim do uso, e como você preservará o valor e a funcionalidade deles durante os fluxos reversos?

- Haverá oportunidades de adquirir serviços em vez de produtos ou de acessar diretamente modelos de aluguel ou *leasing*, no caso de ativos ou consumíveis na cadeia de suprimentos? Será possível usar "pneus por rodagem" para veículos ou *pay-per-lux* para a iluminação do seu depósito?

7. Abordagens de **stewardship**, ou manejo de produtos, serão mais comuns, assumindo responsabilidade por todo o ciclo de vida dos produtos e materiais. Como você organizará a cadeia de suprimentos para esse propósito? Você está recuperando produtos para processá-los *in-house* ou direcionando-os para parceiros especializados, que os desmontarão e os reciclarão?

8. Novas **correntes** de entrada e saída de subprodutos, coprodutos, fluxos simbióticos e fluxos circulares serão desenvolvidas em sua cadeia de suprimentos. Talvez haja diferentes requisitos de logística, como transporte por volume, controle de temperatura e elementos

perigosos. Os volumes podem ser difíceis de prever ou controlar, tornando o planejamento mais complexo e desafiador. Talvez apareçam novos fluxos reversos para conserto/reutilização/melhoria/ remanufatura, ou iniciativas de coleta para produtos, embalagens e resíduos. Como projetar e gerenciar os *loops* de fornecimento, para reter o valor de todos os materiais, componentes e produtos – os *nutrientes*, à medida que fluem ao longo da rede? A British Sugar produz 12 subprodutos diferentes a partir de beterraba-sacarina.[9] Alguns deles, como solo e agregados, usam transporte a granel. Outros, como bioetanol, são perigosos. Os clientes se distribuem por diferentes setores do mercado, como agricultura, ração animal e até cosméticos.

Entregando acesso e desempenho

Mudar para um modelo de negócio de serviço ou desempenho exigirá mudanças fundamentais na cadeia de suprimentos adjuvante, ou de apoio:

- descobrindo maneiras eficazes de monitorar as condições dos produtos e equipamentos nas instalações do cliente;
- decidindo como melhor prestar serviços de manutenção (no campo ou no retorno para uma instalação de reparo, *in-house* ou numa oficina de consertos terceirizada);
- criando fluxos de peças e de inputs intermediários de manutenção ("logística de peças de serviços").

As soluções ótimas para tudo isso evoluirão, à medida que mais produtos se deslocarem da propriedade para o acesso e que os padrões de durabilidade, de defeitos e de ciclos de manutenção se estabelecerem. Uma enquete entre profissionais de cadeia de suprimentos, em 2016 – The Growth of the Circular Economy – ranqueou os incentivos "circulares" mais eficazes para os clientes e para a indústria.[10]

---

[9] British Sugar. Disponível em: <www.britishsugarlearningzone.com/how-our--factory-operates/>. Acesso em: 16 abr. 2016.

[10] THE Growth of the Circular Economy. *UPS/GreenBiz*, 2016. Disponível em: <sustainability.ups.com/media/UPS_GreenBiz%20Whitepaper.pdf>. Acesso em: 6 abr. 2016.

Os incentivos mais importantes para encorajar devoluções pelos consumidores foram concessão de descontos; facilidade de entrega do produto em instalações físicas; e opções de remessa pré-paga. Os incentivos mais importantes para a indústria foram recuperação física do produto pelo produtor ou distribuidor, ofertas de embalagem e de coleta convenientes, e renovação e devolução do produto pelo fabricante para uso contínuo.

Design e cadeia de suprimentos

O foco da cadeia de suprimentos se deslocará dos fluxos diretos, que consistem na entrega de produtos ou serviços convencionais, e se concentrará na construção de uma **"rede de nutrientes"**, que recebe e distribui ampla variedade de materiais e produtos, para dentro e para fora de outras organizações do mesmo setor ou de diferentes setores. Esses fluxos priorizarão materiais renováveis ou reciclados, almejando alcançar "zero extração".

Muitos dos novos fluxos de nutrientes ilustrados na Figura 10.5 envolverão diferentes desafios para a cadeia de suprimentos. Além dos fluxos principais, como a entrega de produtos duráveis e embalados para atender a pedidos de clientes, pode haver fluxos a granel de, pelo menos a princípio, volumes imprevisíveis de subprodutos, talvez perecíveis. De início, talvez seja difícil conseguir pedidos antecipados desses novos subprodutos, e as equipes da cadeia de suprimentos nem sempre encontrarão compradores para qualquer quantidade e qualidade dos subprodutos ou dos resíduos recicláveis gerados diariamente pelo processo de produção.

À medida que aumentam esses fluxos, talvez seja possível buscar oportunidades para direcioná-los para mercados de produtos mais valiosos. Quem, por exemplo, receber culturas de raiz, como batatas, ainda com resíduos de terra, poderá recuperar o solo e separar pequenas pedras, ensacá-las e enviá-las para centros de jardinagem, onde seriam vendidas a consumidores como cascalho ou cobertura para aleias, em vez de, por exemplo, agregados de baixo valor para construção. Envolver-se no design de produtos e processos oferece oportunidades para sugerir ideias de novos fluxos e mercados, apontando as vantagens e desvantagens das diferentes opções.

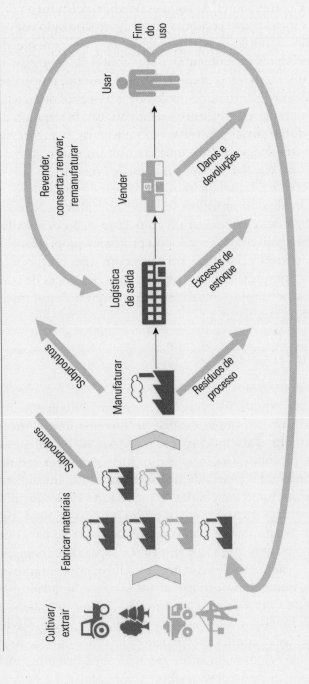

FIGURA 10.5: Fluxos de nutrientes – reciclados ou renováveis

FONTE: © CATHERINE WEETMAN, 2016

Abordagens de parceria e compartilhamento de conhecimento substituirão os relacionamentos tradicionais, mais antagônicos, entre fornecedores e compradores. As equipes de **abastecimento** podem ajudar a acelerar a jornada da economia circular, pressionando para a melhoria contínua dos materiais e para a garantia de fornecimento de recursos futuros. Seria possível encontrar novas fontes de materiais reciclados? Alternativamente, haveria como colaborar com um especialista ou uma universidade no desenvolvimento de novos processos de reciclagem? Suas fontes são sustentáveis (inclusive quanto ao uso da terra) ou concorrem com a produção de alimentos? Como encorajar os fornecedores a explorar oportunidades da economia circular em suas empresas? Os *loops* de recuperação envolvendo remanufatura e conserto podem precisar de novas parcerias e relacionamentos, com contratos inovadores e maneiras inéditas de medir e compartilhar valor e conhecimento. Novamente, você pode escolher entre terceirizar no começo, e então, desenvolver capacidades *in-house* para criar mais valor ou proteger a propriedade intelectual.

Nos próximos capítulos, veremos com mais profundidade como o escopo, a complexidade e a organização da cadeia de suprimentos são afetados por inputs circulares, pelo design do produto e processo e pelos fluxos circulares.

Tecnologias capacitadoras

No Capítulo 4, vimos ampla variedade de tecnologias digitais que facilitam a transição para uma economia circular. Algumas terão efeitos disruptivos sobre as cadeias de suprimentos. A **internet das coisas** e o **big data** podem fornecer fontes de informação mais ricas sobre produtos, sua localização, suas condições e desempenho, além de alimentar a cadeia de suprimentos em si, iluminando-a com informações sobre fornecedores e provedores de logística. Os dados serão mais exatos e atualizados, e poderão ser consultados conforme as necessidades ou usados como painel de controle para direcionar a atenção para pontos críticos. A internet é capaz de interligar múltiplos parceiros da cadeia de suprimentos, melhorando a transparência e a confiança e ajudando a otimizar custos, serviços, agilidade e resiliência.

A manufatura aditiva e a impressão 3D se estenderão ao longo de mais indústrias, possibilitando a manufatura local, sob demanda e sob medida, assim como transformar cadeias de suprimentos de peças sobressalentes e aumentar a longevidade dos produtos. Analisamos aspectos práticos desse potencial no Capítulo 12.

Aceleradores

Ao rever os princípios 8S, vimos abordagens de *stewardship* de produtos e opções de colaboração, além do compartilhamento de instalações e o intercâmbio de informações entre empresas do setor de atividade ou da cadeia de suprimentos. Pelo menos dois dos "quatro grandes" supermercados do Reino Unido desenvolveram programas de colaboração com fornecedores, comprometendo-se a não explorar os melhoramentos como alavanca para a redução de custos. Plataformas de "curadoria" especializadas podem ajudar na troca de conhecimento, transpondo fronteiras geográficas. A 2degrees Network oferece "colaboração plenamente integrada", para ajudar "grandes organizações a cortar custos, reduzir riscos e crescer". Ela presta serviços on-line, públicos e privados, capacitando aos clientes colaborar com um número ilimitado de *stakeholders*, compartilhando melhores práticas e informações para resolver problemas práticos. Os membros podem pedir ajuda para encontrar informações e resolver problemas, postar artigos ou participar de conferências e *workshops*. Um relatório sucinto, de 2015, lista melhorias em eficiência energética, recirculação de resíduos, abastecimento e logística, além de benefícios estratégicos, como inovação, redução de riscos, transparência e reputação da marca.[11]

Iniciativas circulares na cadeia de suprimentos

Esteja ou não a sua organização adotando estratégias circulares, é possível integrar abordagens circulares na cadeia de suprimentos, especialmente para instalações, ativos e itens de consumo. Mais cedo, neste capítulo, analisamos plataformas, intercâmbios e instalações de compartilhamento. No caso de equipamentos e itens de consumo, você pode trabalhar com os seus fornecedores para ajudá-los a se tornar "circulares"? A economia de compartilhamento poderia incluir colaboração com empresas locais para compartilhar equipamentos em picos, ou talvez adotar iniciativas setoriais para circular embalagens de trânsito retornáveis. É possível comprar itens remanufaturados

---

[11] JOINING Forces: The Case for Collaboration. *2degrees Network*, out. 2015. Disponível em: <https://www.2degreesnetwork.com/groups/2degrees-community/resources/joining-forces-case-collaborationbrought-you-by-2degrees/attachments/3849/>. Acesso em: 15 ago. 2016.

ou seminovos, em condições de novo – plataformas como a Warp It conectam empresas para a troca de equipamentos. No caso de embalagem, seria possível alterar o design do pacote para que ele seja mais eficiente na logística? A embalagem é para trânsito reutilizável e reciclável?

Critérios de sucesso

Como mudar seus critérios de avaliação do sucesso e do progresso? Em vez de retorno do capital aplicado (*return on capital employed* – ROCE), as empresas medirão o **retorno dos recursos** aplicados (*return on resources employed* – RORE), visando a extrair valor de todas as moléculas de materiais, energia e água que entram no negócio. Depois de comprar materiais e outros inputs para fazer o produto, descartar parte deles como resíduo (e até tendo de pagar pelo descarte) não faz muito sentido sob a perspectiva de negócios.

Os critérios de sucesso das cadeias de suprimentos irão além de custos e serviços, passando a incluir agilidade, gestão de riscos e avanços rumo aos objetivos circulares. Quão transparente é a cadeia de suprimentos? Em que fornecedores, materiais e processos você confia, e quais lhe parecem mais obscuros? As metas de "zero resíduos para aterros" e de redução de GEE evoluirão, passando a considerar o aumento nos fluxos de nutrientes e de valor, tanto na entrada quanto na saída do negócio.

O Future-Fit Business Benchmark, iniciativa de código aberto baseada nos princípios da Natural Step, divulgou sua segunda versão pública em 2015.[12] O FFBB reconhece que uma mudança fundamental é necessária, para demover as empresas globais da crença de que "basta reduzir seu impacto ano a ano, embora a ciência nos diga que já estamos vivendo muito além da capacidade de carregamento do planeta [...]". O FFBB almeja "oferecer aos líderes de negócios as ferramentas para avistar onde está o destino e para avaliar quão longe ainda está". Ele se baseia na abordagem da Natural Step, com as quatro "condições sistêmicas" que adotamos para avaliações rápidas de problemas específicos do setor (ver o exemplo do setor de moda no Capítulo 7). O paradigma inclui "um conjunto de critérios de desempenho que descrevem uma empresa preparada para o futuro: uma organização que progredirá ao

---

[12] The Future-Fit Business Benchmark. Disponível em: <futurefitbusiness.org/about/introduction/>. Acesso em: 8 abr. 2016.

mesmo tempo em que contribui para o bem-estar da sociedade como um todo". Os objetivos abrangem recursos físicos, resíduos operacionais, presença concreta, uso e descarte do produto, além de empregados, comunidades, clientes, fornecedores e proprietários. De que maneira medir novas formas de criação de valor, talvez recuperando maiores volumes, com melhor qualidade, de produtos e materiais no fim do uso?

Planejamento da cadeia de suprimentos

O planejamento da cadeia de suprimentos também será mais complexo, refletindo as dificuldades de prever os fluxos de retorno de produtos e materiais, com diferentes taxas de recuperação em cada estágio. A medição dos fluxos de diferentes setores e canais de mercado, juntamente com as proporções de produtos para revenda, renovação, remanufatura ou reciclagem, se conjugará com previsões de melhorias destinadas a aumentar a longevidade do produto, os índices de devolução ou a redução de danos na cadeia de suprimentos reversa.

Muitas empresas usam sistemas integrados de gestão empresarial (ERP) para conjugar compras, produção, distribuição, gestão de estoques e vendas (ver exemplo na Figura 10.6). O ERP evoluiu das primeiras versões do sistema de planejamento das necessidades de materiais (*material requirements planning* – MRP) e do sistema de planejamento dos recursos de manufatura (*manufacturing resource planning* – MRP II). Os sistemas ERP rastreiam vários recursos empresariais, como matérias-primas, capacidade de manufatura, estoques e caixa, além de compromissos como vendas e pedidos de compra. Os bancos de dados do ERP rastreiam e compartilham esses dados entre as funções das empresas e, potencialmente, envolvendo *stakeholders* externos.

Projetar produtos mais duráveis e mais reparáveis, que consomem materiais e componentes mais simples e inputs de processos menos danosos, em menores quantidades, impõe desafios aos designers de produtos e à gestão de operações, além de dificultar a obtenção e a incorporação de *feedback* dos usuários dos produtos e dos executores da desmontagem, da recuperação e da reciclagem. Os sistemas de gestão do ciclo de vida do produto fornecem meios para compartilhar essas informações e engajar os *stakeholders*, ao longo de toda a cadeia de suprimentos, com o objetivo de melhorar o design dos produtos, a serem usados novamente e por mais tempo.

FIGURA 10.6: Módulos do ERP II

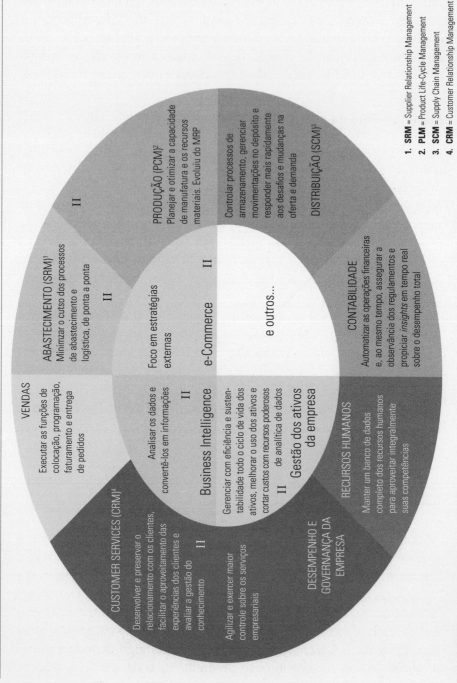

FONTE: SHING HIN YEUNG (Autoria própria), CC BY-SA 3.0; https://commons.wikimedia.org/w/index.php?curid=27867977

Gestão do ciclo de vida do produto

Contribuição de Jo Conlon

Ao longo de diferentes setores de manufatura, as empresas estão inovando para enfrentar os desafios da competição global, inclusive com prazos mais curtos de desenvolvimento e entrega do produto, aumento das necessidades do cliente e legislação e regulação mais rigorosas.[13] O ciclo de vida do produto consiste em uma sequência de estágios que refletem o ambiente competitivo: lançamento, crescimento, maturidade e declínio. Ao integrar os "3 Ps" (pessoas, processos e produtos), as plataformas de gestão do ciclo de vida do produto (PLMs) possibilitam a redução do custo do produto e do time to market, além da melhoria da qualidade.

O PLM evoluiu do desenho assistido por computador (*computer-aided design* – CAD), da gestão de dados do produto (*product data management* – PDM) e da gestão colaborativa da produção (*collaborative production management* – CPM). A abordagem holística do PLM ajuda a gerenciar as complexidades do produto, criado, obtido e vendido em âmbito global.[14] As origens do PLM remontam a 1985, quando a American Motors Corporation procurava uma maneira de acelerar o processo de desenvolvimento do produto Jeep Grand Cherokee.[15] O campo de aplicação do PLM cresceu em setores de engenharia tradicionais, como automobilístico e transportes, e se expandiu para bens de consumo rápido, energia, arquitetura e construção. Stark (2011) explica que essa expansão é induzida pela necessidade das organizações de melhorar e formalizar sua capacidade de gerenciar produtos ao longo de seu ciclo de vida.[16]

---

[13] SAAKSVUORI, A.; IMMONEN, A. *Product Lifecycle Management*. 3. ed. Berlim: Springer, 2008. cap. 1, p. 1-6.

[14] AMERI, F.; DUTTA, D. Product Lifecycle Management: Closing The Knowledge Loops. Computer-Aided Design and Applications, v. 2, n. 5, p. 577–90, 2005.

[15] RUDUCK, E. *A Brief History of Product Lifecycle Management*. 2014. Disponível em: <http://www.concurrent-engineering.co.uk/Blog/bid/100180/A-Brief-History--of-Product-Lifecycle-Management>. Acesso em: 16 abr. 2016.

[16] STARK, J. *Product Lifecycle Management: 21st Century Paradigm for Product Realization*. 2. ed. Londres: Springer, 2011. cap. 1, p. 1–16.

FIGURA 10.7: PLM – Apoiando e impulsionando a cadeia de valor

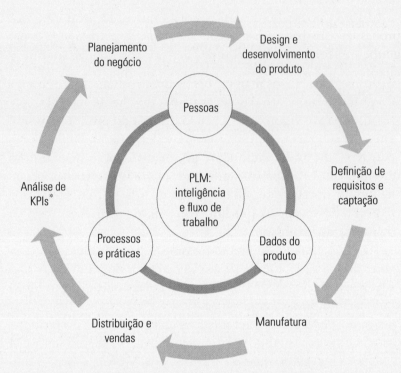

(*) Key Performance Indicators = indicadores-chave de desempenho

Como as empresas usam o PLM

As complexas cadeias de suprimentos globais de hoje evoluíram para ganhar com as vantagens de custo substanciais resultantes da captação e manufatura em âmbito global. Os principais atributos do PLM são categorizados por Corallo *et al.* (2013)[17] como gerenciais, tecnológicos e colaborativos, que define PLM como "abordagem empresarial estratégica, de apoio a todas as fases do ciclo de vida do produto, do conceito ao descarte, fornecendo fonte de dados do produto exclusiva e atualizada. Ao integrar pessoas, processos e tecnologias e ao assegurar a consistência, a rastreabilidade e a recuperabilidade das informações, o PLM capacita as

---

[17] CORALLO, A. *et al.* Defining Product Lifecycle Management: A Journey Across Features, Definitions, and Concepts. *ISRN Industrial Engineering*, 2013.

organizações a colaborarem no empreendimento em si e em toda a sua extensão".

O PLM possibilita o design colaborativo do produto e do processo, com base em ideias e em *feedback* de designers, engenheiros, fornecedores, equipes de serviços, vendas, logística, clientes e usuários. Os estágios típicos do design e do desenvolvimento de produtos incluem:

• Design e especificação do conceito.

• Design e lista de materiais.

• Implementação: abastecer, fabricar, montar, vender, entregar/ instalar.

• Em uso: operar/usar, manter, suportar.

• Fim de uso: recuperar ou descartar, renovar, remanufaturar, revender, reciclar.

A Figura 10.8 mostra os tipos de informação fornecidos em cada estágio da cadeia de suprimentos, promovendo a eficiência e a eficácia de desenvolvimento e processamento do produto e fornecendo dados críticos às pessoas em cada função do negócio.

De tudo isso decorrem benefícios significativos, ao longo de toda a cadeia de suprimentos, para a empresa, para os fornecedores e para os parceiros. A integração dos dados numa plataforma central fornece "uma versão única dos fatos" para todos os usuários, melhorando a eficiência e a eficácia. Esse resultado, combinado com a rápida atualização dos dados, melhora a qualidade e a agilidade do processo decisório e reduz o *time-to-market*. Outros benefícios são:

• Maior eficiência, com a recuperação fácil da versão mais recente, acarreta menos tempo "pesquisando e verificando".

• Menor custo de materiais.

• Maior exatidão em documentação compartilhada, como em manuais de perguntas e respostas/necessidades dos clientes, etc.

• Transparência e observância da legislação.

- Possibilidade de reutilizar e compartilhar a propriedade intelectual no nível de empresa.

- Disseminação mais fácil das melhores práticas.

- O sistema integrado de gestão empresarial e o sistema de relacionamento com o cliente podem ser aglutinados com o PLM para melhorar o processo decisório; possibilidade de integrar também o rastreamento de dados (p. ex, com os oriundos da internet das coisas).

- O escopo e a funcionalidade das plataformas de PLM estão aumentando e evoluindo, para melhorar a gestão dos riscos ambientais, dos custos do ciclo de vida e da demanda de serviços pelo cliente e pelo usuário final.

PLM para uma economia circular

As organizações estão colaborando cada vez mais, compartilhando as informações sobre produtos e a responsabilidade pelo desempenho sustentável, entre vários setores de atividade, para enfrentar os desafios globais. Um exemplo é a Sustainable Apparel Coalition (SAC), que surgiu em 2009. O principal foco da coalizão é construir o Higg Index, ferramenta padronizada para a avaliação de cadeias de suprimentos, de modo que todos os participantes do setor compreendam os impactos ambientais, sociais e trabalhistas de desenvolver e vender seus produtos e serviços.

Gerar e usar dados do produto nos estágios de design e manufatura é simples. Gerar dados do produto durante as fases de uso e fim de uso é mais complexo, e geralmente surgem lacunas de informação depois do ponto de venda. A Figura 10.9 mostra como o PLM pode ajudar a fechar esses hiatos, gerando informações sobre os estágios de uso e fim de uso, para orientar o desenvolvimento do produto, a seleção de materiais e o apoio aos modelos de negócio circulares.

A próxima geração de soluções PLM promove uma nova abordagem na gestão de todo o ciclo de vida, de ponta a ponta. Impulsionadas principalmente pela economia circular, as empresas estão reconhecendo a importância de manter o fluxo de informações sobre o produto durante todo o seu ciclo de vida; e o PLM ▶

FIGURA 10.8: Fluxos de informações e dados

	Design e LdM	Captar e abastecer	Fabricar	Logística e vendas	Uso e recuperação
Produto	Biblioteca de materiais, CAD, listas de peças, especificações técnicas e de desempenho, análise de tendências, substituições.	Materiais: definição, custos, elementos, origem, pegada, certificados	Tempo (custo), especificações de construção, padrões de qualidade	Listas de peças, substitutos, especificações técnicas	*Feedback* sobre a durabilidade de produtos, peças e materiais
Processo	Plano, definição e desenvolvimento do conceito, prototipagem e resultados dos testes de materiais	Auditorias de *compliance* e RSE (responsabilidade social da empresa), termos contratuais, avaliação do fornecedor	Configuração e limpeza, resultados de segurança e qualidade, cumprimento da legislação	Diretrizes para fim de uso; vendas e padrões de sazonalidade, gestão de pedidos de compras	Resultados de testes em uso
Pessoas	Designers, engenheiros, fornecedores, inputs de serviços	Fornecedores: padrões, resultados de auditoria, cotações	Padrões e auditoria de parceiro terceirizado	*Feedback* de vendas e logística, p. ex., embalagem, instalações	*Feedback* de técnico de serviços e usuário

está se expandindo para analisar esse nível mais rico de dados, de modo a apoiar o processo decisório. Essas plataformas PLM de nova geração suportarão produtos inteligentes conectados, viabilizados pela IoT, melhorando o design do produto com base em *feedback* sobre o desempenho e a durabilidade durante o uso. Esse fluxo de informação, ou meada digital (*digital thread*), pode prosseguir, sem costuras e emendas, ao longo da reutilização, até o fim de uso, oferecendo mais *feedback* ao designer e ao produtor e apoiando melhorias no design e nas escolhas de materiais. As plataformas PLM são importantes capacitadores de novos modelos de negócio, com estruturas de suprimentos de *loop* fechado e cadeias de suprimentos transparentes e colaborativas.

FIGURA 10.9: Fechando o *loop* de informações

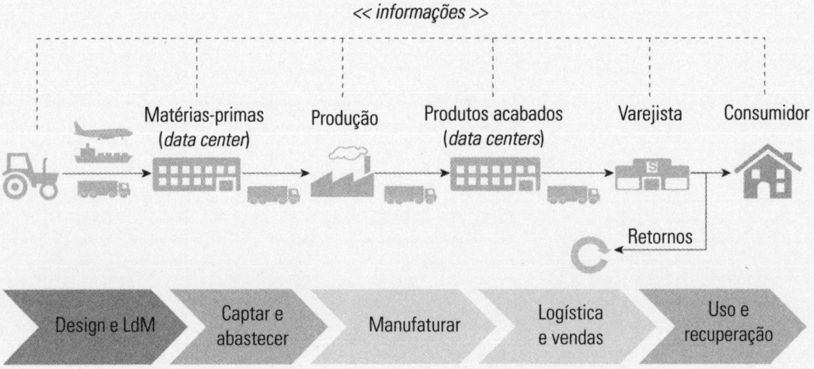

Resumo

O Fórum Econômico Mundial conclui que "os modelos de economia circular conquistarão vantagem competitiva cada vez maior nos próximos anos, por criarem mais valor com base em cada unidade de recurso".[18] As abordagens circulares implicam reconsiderar e redesenhar sistemas complexos, envolvendo colaboração e compartilhamento de conhecimento entre **todos** os *stakeholders*. O escopo e a escala das cadeias de suprimentos mudarão profundamente,

---

[18] TOWARDS the Circular Economy: Accelerating the Scale-Up Across Global Supply Chains. Produzido em colaboração com a Ellen MacArthur Foundation e McKinsey. *World Economic Forum*, 2014.

com envolvimento crescente tanto no *upstream* quanto no *downstream* (talvez usando PLC para compartilhar *feedback* e designs).

Os mercados para ofertas de produtos mais duráveis e de "produtos como serviço" acarretam designs diferentes e materiais sustentáveis: mais puros, não tóxicos, renováveis, reciclados e recicláveis. Cada input precisará de "antecedentes" rastreáveis: origem e pureza dos ingredientes, qualidade e consistência, ética do fornecedor. Cadeias de suprimentos eficazes, eficientes, ágeis e resilientes serão os alicerces das estratégias circulares, com o redesign de produtos, fontes de materiais seguras e protegidas, além de compartilhamento e colaboração. A reconsideração de abordagens comerciais, inclusive modelos de serviço ou desempenho, pode exigir novas cadeias de suprimentos para manutenção ou recuperação; os fluxos de subprodutos originais ou evolutivos e os fluxos simbióticos talvez imponham desafios logísticos diferentes; e a recuperação de produtos e recursos aumenta a complexidade das cadeias de suprimentos reversas.

As cadeias de suprimentos oferecem oportunidades circulares, mesmo que o negócio ainda não tenha adotado o conceito. As oportunidades incluem abastecer-se de ativos e itens de consumo como serviço, compartilhar infraestrutura e equipamentos, ou descobrir maneiras de criar valor com resíduos.

A medição do sucesso focará no retorno dos recursos aplicados (RORE). Como usar a cadeia de suprimentos para criar mais valor? Onde se poderia perder ou destruir valor, para a empresa, fornecedores, clientes, empregados, comunidades locais e outros sistemas vivos? Como continuar elevando o nível, para evoluir de "menos ruim" para "melhor", recuperando e regenerando recursos e revitalizando sistemas vivos?

Recursos adicionais

BUILDING Resilience in Global Supply Chains. *WBCSD, ERM*, 2015. Disponível em: <wbcsdpublications.org/project/building-resilience-inglobal-supply-chains/>. Acesso em: 8 abr. 2016.

Future-Fit Business Benchmark. Disponível em: <http://futurefitbusiness.org>. Acesso em: 11 mar. 2019.

CADEIA DE SUPRIMENTOS – *UPSTREAM*: DESIGN DO PRODUTO, *SOURCING* E *PROCUREMENT*

> *Compreendemos que a nossa lucratividade depende de comunidades saudáveis, economias crescentes e uso responsável de recursos naturais escassos*
>
> SAB MILLER, 2016[1]

Neste capítulo, passamos para o *upstream* da cadeia de suprimentos, analisando a captação, o abastecimento e a gestão das camadas de fornecedores *upstream*:

- **Cadeias de suprimentos "tradicionais"**: geralmente são redes extensas, de longa distância, com várias "camadas" de (numerosos) fornecedores e subempreteiros. Analisamos o papel em evolução das equipes de profissionais de abastecimento e alguns dos desafios com que se defrontam.

- **Tendências globais** afetando o *upstream* da cadeia de suprimentos: gestão de riscos, colaboração e sustentabilidade; além do crescimento dos fluxos de informação e do aumento da complexidade do processo decisório.

---

[1] SAB Miller, 2016. Disponível em: <www.sabmiller.com/sustainability>. Acesso em: 14 abr. 2016.

- Examinamos, então, o *upstream* **das cadeias de suprimentos da economia circular:** escopo e complexidade em expansão; captação de inputs circulares, transparência e avaliações do ciclo de vida; e outros capacitadores tecnológicos.

- Finalmente, exploramos **oportunidades de criação de valor:** gerar novo valor e definir critérios de sucesso.

Cadeias de suprimentos tradicionais

O abastecimento ou aprovisionamento evoluiu e se converteu em função empresarial especializada, nas últimas décadas, à medida que a busca de materiais e produtos de baixo custo levou à substituição de fornecedores locais por fontes internacionais, em evolução contínua para o estágio seguinte da "economia de baixo custo". Primeiro, materiais e componentes de produtos; depois, itens de consumo, serviços, equipamentos e tipos de manutenção, na extensão em que as equipes funcionais transferiam umas para as outras as atribuições de compras. Os profissionais de abastecimento agregam volumes contratuais e negociam para alcançar os suprimentos de mais baixo custo, conforme as especificações, procurando o "melhor valor". Essa abordagem tende a priorizar o preço em relação a outros aspectos, como ética do fornecedor, sustentabilidade das fontes (p. ex., desmatamento), externalidades do processo de produção, condições de trabalho, e assim por diante. Esses outros aspectos talvez nem sejam visíveis para a equipe de abastecimento, obscurecidos pelas **várias "camadas" de fornecedores**, em muitas cadeias de suprimentos.

A Camada 1, de fornecimento direto à marca ou ao principal fornecedor, pode ser apoiada por várias camadas subsequentes, começando com o cultivo e extração (p. ex., mineração); depois, processamento de matéria-prima, compostos, subconjuntos e componentes; e, finalmente, produto final. Vimos o exemplo de uma cadeia de suprimentos de baterias para veículos elétricos, no Capítulo 10, com quatro diferentes estágios, antes da montagem final do carro, incluindo dez materiais, seis atividades de processamento e oito diferentes atividades de fabricação. O Capítulo 7 esboçou a cadeia de suprimentos típica da fabricação de roupas, geralmente com vários processos entre a matéria-prima e a roupa acabada (Ver Figura 11.1).

FIGURA 11.1: Cadeia de suprimentos da moda

FONTE: © CATHERINE WEETMAN

Até a identificação dos fornecedores *upstream*, todos alimentando o produto final com materiais e componentes, pode ser obscura. As empresas podem subempreitar todo ou parte do contrato de fornecimento, com ou sem o conhecimento e permissão do consumidor final. Por exemplo, a demora de algumas grandes marcas do Reino Unido para confirmar se participaram do desabamento do prédio Rana Plaza, em Daca, Bangladesh, ou do escândalo da carne de cavalo, no Reino Unido, ambos em 2013, enfatiza a importância da transparência e da confiança na cadeia de suprimentos.

As cadeias de suprimentos extensas e de longa distância, que evoluem à medida que as empresas deslocam a captação para a próxima base de manufatura de mais baixo custo, têm riscos intrínsecos. Acontecimentos no outro lado do mundo podem provocar caos nas cadeias de suprimentos em outros continentes, como aconteceu na indústria automotiva depois do tsunami do Japão, em 2011. Outras ocorrências relacionadas com o clima podem impactar a produção de matérias-primas, a manufatura ou o transporte. A geopolítica, a volatilidade de custos e a corrupção também estão nos registros de riscos.

Tendências globais

As principais empresas estão investindo tempo e esforço para compreender melhor os riscos de sua cadeia de suprimentos, analisando as condições éticas, sociais e ambientais, assim como os riscos que afetam o fornecimento em si. Elas observam com mais cuidado suas cadeias de suprimentos *upstream*, procurando melhorar a resiliência e robustez, sob critérios éticos, ambientais e econômicos. Elas podem estabelecer seus próprios **padrões de cadeia de suprimentos**, engajar-se em iniciativas colaborativas especializadas, como a Better Cotton Standard System ou a Roundtable on Sustainable Palm Oil. Para adotar uma abordagem mais ampla, as empresas podem aderir aos compromissos do Pacto Global das Nações Unidas (UNGC), de 2010,[2] com dez princípios, abrangendo direitos humanos, trabalho, meio ambiente e anticorrupção. No início de 2016, o UNGC informou que 8.600 empresas em 163 países haviam protocolado 37.000 documentos públicos, descrevendo seu desempenho em relação a esses compromissos.

As equipes de abastecimento estão ampliando seu envolvimento, adotando como principais temas **colaboração e relacionamento.** É importante cultivar e preservar fornecedores de alto desempenho e confiança, como condição para não ser superado pelos concorrentes, praticando condições de pagamento mutuamente aceitas e promovendo trocas de informação mais intensas entre comprador e fornecedor. Externamente, isso inclui o desenvolvimento de parcerias colaborativas com os prestadores de serviço, envolvendo logística, fabricação e análise de dados. Internamente, significa trabalhar em estreito entrosamento com as equipes de design e manufatura, para aprofundar a compreensão de suas necessidades e oferecer ideias e opções.

Um relatório de 2015 dos consultores EY perscrutam o futuro próximo, até 2025, com foco nos desafios para as organizações de abastecimento, prevendo dez "dimensões de mudança",[3] incluindo:

---

[2] SUPPLY Chain Sustainability: A Practical Guide for Continuous Improvement. *United Nations Global Compact*, 2010. Disponível em: <www.unglobalcompact. org/docs/issues_doc/supply_chain/SupplyChainRep_spread.pdf>. Acesso em: 1 jun. 2016.

[3] INFINITE Possibilities: Procurement in 2015. *Ernst & Young LLP*, 2015.

- **Gestão de riscos**, que evoluirá de análises qualitativas, focadas principalmente em acontecimentos disruptivos isolados e de baixa probabilidade, passando a adotar as abordagens dos serviços financeiros e do controle de doenças globais, as quais tendem a usar modelos quantitativos mais complexos e monitoramento de riscos no dia a dia.

- **Sustentabilidade**, deslocando-se da gestão de custos para a criação de valor econômico e social. O aumento dos riscos ambientais, além de problemas éticos, serão temas mais importantes. A compra de produtos melhores para a saúde humana, para a sociedade e para os sistemas vivos se tornará o novo normal.

- **Integração dos fluxos de entrada de materiais e de saída de informações:** a EY vê o abastecimento como o "eixo" para conectar esses fluxos, ligando os fornecedores à empresa e a empresa aos fornecedores. Equipes de design, engenharia, vendas e marketing, e jurídico trocarão informações com fornecedores por meio desse eixo. O processo é uma extensão do sistema de gestão do ciclo de vida do produto, explorado no Capítulo 10.

A tomada de decisões com foco em custos evoluirá para **perspectivas de custo vitalício**. Para tanto, é necessário criar e medir valor para um espectro mais amplo de *stakeholders*. Uma abordagem sistêmica holística incluiria os donos do negócio, além de outros grupos afetados pelo produto, processo, uso e fim de uso: comunidades, empregados, fornecedores, clientes e o planeta (sistemas vivos, bacias hídricas, solos saudáveis, GEE e poluição do ar, dentro de fronteiras seguras). A estimativa do custo vitalício precisa de informações de todos os estágios da vida do produto, do cultivo e da extração, passando pela produção, uso e fim de uso. Se um material pode ser melhorado ou mudado para fornecer melhor durabilidade, como isso afeta o custo vitalício e o valor para o *stakeholder*?

A **transparência** melhorará, tanto na captação e licitação quanto na pegada ética, ambiental e material de cada produto e componente. O desenvolvimento das mídias sociais possibilita que qualquer suspeita de malfeitos, de materiais nocivos, ou de contradições entre as ações de uma empresa e seus "valores" declarados, ou suas políticas de responsabilidade social da empresa, seja divulgada em todo o mundo, em poucas horas. Campanhas de ONGs enfatizam os riscos para a reputação decorrentes da falta de transparência, ou, pior, do abastecimento contínuo por fontes antiéticas e insustentáveis (p. ex., azeite de dendê oriundo da destruição de florestas tropicais). Essas campanhas geralmente usam as mídias sociais para difundir a questão e para convencer os consumidores a pressionar diretamente a marca, postando mensagens no Facebook ou no Twitter da empresa. Essas campanhas também se estendem a problemas políticos, como a #Keepitintheground, do *The Guardian*, com o objetivo de cessar a exploração e a extração de combustíveis fósseis, e uma parceria entre Ceres Investor Network on Climate Risk e Aiming for A, insistindo com as empresas petrolíferas a submeter a testes de estresse suas estratégias empresariais em confronto com a meta do Acordo de Paris de limitar o aumento das temperaturas globais a menos de 2 °C.[4]

Cadeias de suprimentos para a economia circular: *upstream*

Vimos os efeitos da globalização em cada um dos setores industriais, com aumento do escopo e da complexidade e falta de transparência em relação aos fornecedores participantes. Um relatório da All-Party Parliamentary Sustainable Resource Group (APSRG), de 2016, salienta a necessidade crítica de **comunicação e colaboração** ao longo da cadeia de suprimentos.[5] O grupo considera a integração dos vários atores da cadeia de suprimentos a maior dificuldade e a melhor oportunidade para aumentar a eficiência dos recursos materiais. Esses atores, como profissionais de design, abastecimento, fabricação, logística, atendimento a consumidores e manejo de resíduos, precisam compartilhar inovações e sugerir ideias para melhorias. A Philips, mencionada no Capítulo 1, está "abraçando o abastecimento circular como indutor importante da economia circular".[6] Para ela, o

---

[4] PRESS Release: Ceres Statement on Exxon and Chevron Shareholder Votes. *Ceres*, 2016. Disponível em: <www.ceres.org/press/press-releases/ceres-statement-on--exxon-and-chevron-shareholder-votes>. Acesso em: 1 jun. 2016.

[5] LINK to Link: Driving Resource Efficiency Across Supply Chains. *APSRG*, fev. 2016. Disponível em: <www.policyconnect.org.uk/apsrg/>. Acesso em: 9 abr. 2016.

[6] CIRCULAR Procurement. *Philips*, 2016. Disponível em: <www.philips.com/a-w/about/company/suppliers/supplier-sustainability/our-programs/circular-procurement.html>. Acesso em: 9 abr. 2016.

abastecimento circular agrega valor ao "ampliar e intensificar os relacionamentos de negócios duradouros entre fornecedores e clientes", capaz de promover "modelos inovadores baseados no desempenho ou no uso, que foquem no acesso a serviços e produtos, em vez de na propriedade". Esses modelos podem orientar tanto o comprador quanto o fornecedor para objetivos e recompensas comuns, como confiabilidade, desempenho e resultados do produto, em vez de preço e volume de uma única transação. Eles também têm implicações para a geração de caixa, e talvez precisem do apoio de especialistas em finanças para superar o "buraco" inicial no fluxo de caixa do fornecedor. Bancos e empresas financeiras, como DLL (divisão do Rabobank)[7] já estão se dando conta do potencial de serviços para suportar esses modelos circulares.

A avaliação dos **custos vitalícios** pode ser mais complexa no caso de produtos projetados para uma segunda vida ou para vidas subsequentes, isto é, para sucessivos ciclos de uso. Que valor atribuir ao produto no fim de sua primeira vida e quais são as premissas para recuperação e reutilização do produto, componentes e materiais? Essas suposições podem ser conservadoras no começo e, depois, aprimoradas, com base em evidências detalhadas que surjam com o passar do tempo. Modelos de "valor compartilhado"* podem ajudar a superar problemas de confiança e eventuais questionamentos sobre o fato de as premissas serem pessimistas ou otimistas, ao negociar os primeiros contratos com os fornecedores.

Uma apresentação do WRAP sobre Abastecimento e a Economia Circular enfatiza elementos dos custos contratuais que geralmente são obscuros.[8] Aí se incluem aspectos de operações e manutenção, exposição da cadeia de suprimentos à volatilidade de preços, custos reputacionais ou riscos operacionais, custos ambientais, incertezas referentes a margens, e descarte. Luckett examina o papel das especificações, comparando aquelas baseadas em requisitos técnicos com as voltadas para o desempenho. Embora as especificações técnicas digam ao mercado exatamente quais são as

---

[7] DLL, 2015. Disponível em: <www.dllgroup.com/en/press/latest/dll-wins-young-global-leaders-circular-economy-investor-award>. Acesso em: 10 abr. 2016.

[8] LUCKETT, T. Procurement and the Circular Economy. *WRAP*, 2014. Disponível em: <www.sustainable-procurement.org/fileadmin/files/procura-meeting--240914-circular-economy-wrap.pdf>. Acesso em: 10 abr. 2016.

necessidades, é necessário um especialista técnico na equipe, para fornecer requisitos detalhados. As propostas dos fornecedores serão fáceis de examinar, mas oferecerão poucas oportunidades para inovação, com o risco de que as especificações não produzam os melhores resultados. A definição dos parâmetros de desempenho ou dos resultados almejados encorajam a inovação, mas são mais difíceis de avaliar, razão pela qual os critérios para avaliação de licitações requerem análise cuidadosa.

Inputs circulares

À medida que se avança para produtos e materiais circulares, almejando "inputs circulares" (ver Figura 11.2), trocando recursos técnicos virgens (p. ex., metais ou plásticos) por fontes recicladas, talvez seja necessário encontrar novos fornecedores. É possível captar de vários pequenos fornecedores, desenvolvendo e aprimorando métodos para recuperação e reciclagem de materiais, sem depender de uma única grande empresa internacional capaz de atender a todas as necessidades e variações sazonais. Alternativamente, seria possível trabalhar com uma empresa, na outra ponta da cadeia de valor, como uma processadora de resíduos, que veja futuro na recuperação de recursos para revenda? À medida que o modelo circular se desenvolve e amadurece, abordagens de melhoria contínua podem elevar o nível, incentivando a captação de melhores materiais e fontes resilientes, seguras e confiáveis. Talvez seja possível trabalhar com pesquisadores ou organizações comerciais para desenvolver novos materiais, usando biomimética ou química verde, para inovar materiais renováveis ou reciclados (especialmente subprodutos dos fluxos existentes).

FIGURA 11.2: *Framework* da economia circular – inputs circulares

FONTE: © CATHERINE WEETMAN

FIGURA 11.3: Princípios "8S" para cadeias de suprimentos

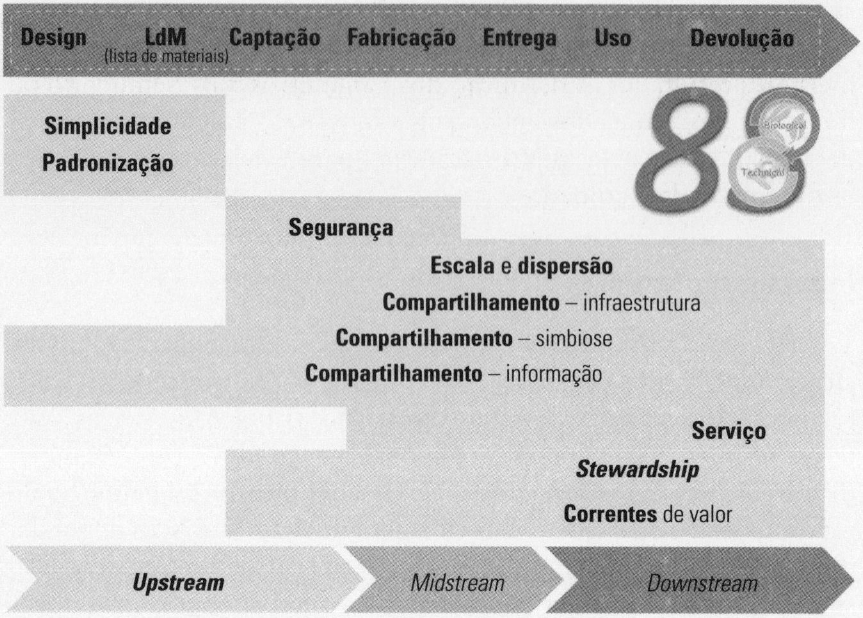

| Design | LdM (lista de materiais) | Captação | Fabricação | Entrega | Uso | Devolução |

Simplicidade
Padronização

Segurança

Escala e dispersão
Compartilhamento – infraestrutura
Compartilhamento – simbiose
Compartilhamento – informação

Serviço
Stewardship
Correntes de valor

| *Upstream* | *Midstream* | *Downstream* |

FONTE: © CATHERINE WEETMAN, 2015

A evolução dos inputs de produtos e processos para materiais reciclados e renováveis reforça os princípios "8S" que vimos no Capítulo 10, uma vez que **simplicidade, padronização** e **segurança** do fornecimento são fatores importantes para o *upstream* da cadeia de suprimentos (ver Figura 11.3). As equipes de abastecimento podem trabalhar em estreito entrosamento com os designers de produtos e os engenheiros de processos para explorar possíveis oportunidades de criar valor no *upstream* da cadeia de suprimentos:

- **Simplificar** significa reduzir a complexidade e o desperdício, usando recursos mais simples e renováveis e melhorando o design do produto, de modo a facilitar a recuperação dos materiais e componentes para reutilização ou reparo.

- **Padronizar** almeja desenvolver designs modulares ou usar os mesmos materiais e componentes numa gama de produtos. Se o componente não é um "diferenciador" da marca (p. ex., dispositivos de carregamento de telefones móveis), talvez seja o caso de colaborar com os concorrentes para desenvolver um novo padrão setorial.

- **Proteção do fornecimento e segurança dos materiais** é também um objetivo fundamental para as equipes de captação e abastecimento. Sob uma perspectiva de médio e longo prazo, seria possível destacar os materiais mais sujeitos a riscos e com maior impacto sobre os resultados da empresa? O impacto pode ser medido pelo volume usado, pelo nível de gastos, pela importância para um componente crítico (ou para um produto de alto valor), além de outros critérios de avaliação.

Várias são as oportunidades para desenvolver **agilidade** e **resiliência**, através de múltiplas opções de captação, especificação de sucedâneos ou de componentes, e recuperação de recursos para reutilização.

Transparência

Já vimos que as cadeias de suprimentos extensas tendem a ser transparentes: quais são os fornecedores e materiais, de que partes do mundo, e como são produzidos. As empresas sabem que os consumidores querem mais do que alegações sobre produtos éticos e sustentáveis, e esperam que as pretensões dos fornecedores sejam justificadas por provas de sustentabilidade das matérias-primas, dos inputs e de todos os outros aspectos do processo ampliado – do "campo ao garfo", do "poço à roda" (petróleo), e assim por diante. As adeptas dessas práticas estão descobrindo que elas envolvem um grande desafio. Mesmo saber quem produz o quê em cada estágio do negócio pode ser mais difícil e obscuro do que o suposto. Até para as empresas de setores com cadeias de suprimentos complexas e com histórico de atitudes éticas ou fraudulentas, é possível que haja preocupações com a confiabilidade dos dados apresentados pelos fornecedores, gerando relutância em divulgar certas informações. A indústria do azeite de dendê da Indonésia é um exemplo de rede complexa, com mais de dois milhões de pequenos agricultores operando mais de 40% das plantações.[9] Tentar descobrir que plantações participariam de sua cadeia de suprimentos é praticamente impossível.

---

[9] PRAKARSA, D. Supply Chain Traceability Key to Fulfilling Sustainability Promises. *Sustainable Brands*, 30 mar. 2016. Disponível em: <www.sustainablebrands.

Fairphone: cadeia de suprimentos de ouro, com certificação Fairtrade[10]

Em janeiro de 2016, a Fairphone, fabricante de telefones móveis, anunciou que havia formado a primeira cadeia de suprimentos de ouro, oriundo de mineração responsável no Peru, com certificação Fairtrade, no setor de produtos eletrônicos, para a fabricação do Fairphone 2. A Fairphone pretende promover a captação mais responsável de quatro minerais de conflito: estanho, tântalo, tungstênio e ouro. O ouro, em especial, é alvo de contrabando e se torna foco de disputa de terras. Mesmo áreas fora de regiões de conflito estão sujeitas a impactos sociais adversos, como exploração de trabalho infantil, poluição (p. ex, de mercúrio), salários baixos e condições de trabalho inseguras. Em geral, nessas comunidades, a mineração é fonte crítica de renda e emprego.

Um smartphone típico contém cerca de 40 minerais, geralmente captados de fontes mineradoras, não de instalações de recuperação e reciclagem. A organização Fairphone, antes do desenvolvimento do seu primeiro smartphone, foi constituída como grupo de campanha em favor de produtos eletrônicos mais justos – com base numa primeira visita de averiguação às minas de cobalto e cobre na República Democrática do Congo (RDC), à qual se seguiram iniciativas para a captação de estanho e tântalo oriundos de minas sem conflito na RDC.[11] Enquanto projetava seus smartphones, a Fairphone mapeou sua cadeia de suprimentos, localizando as fontes de materiais que planeja usar e buscando oportunidades para melhorar os resultados sociais e ambientais. As iniciativas sociais se estendem do bem-estar dos empregados à coleta e reciclagem de lixo eletrônico.

Em paralelo ao desenvolvimento do Fairphone, a organização ampliou o escopo da captação de minerais sem conflito, para incluir tungstênio e ouro, e adotou uma nova abordam ao design.

---

com/news_and_views/supply_chain/daniel_prakarsa/supply_chain_traceability_key_fulfilling_sustainability>. Acesso em: 10 abr. 2016.

[10] FAIRPHONE Achieves First-Ever Fairtrade-Certified Gold Supply Chain for Consumer Electronics. *Sustainable Brands*, 29 jan. 2016. Disponível em: <disq.us/96gxe3>. Acesso em: 7 fev. 2016.

[11] FAIRPHONE: 2011 DRC Trip. YouTube, [S.d.]. Disponível em: <www.youtube.com/watch?v=WWVFXesVScA&feature=youtu.be>. Acesso em: 7 fev. 2016.

Para tanto, desenvolveu um telefone modular, almejando melhorar a durabilidade e a reparabilidade, sempre em busca de oportunidades para selecionar fornecedores imbuídos de mentalidade e de interesses afins, com os quais construir relacionamentos.

Avaliação do ciclo de vida

As empresas estão usando ferramentas como avaliações do ciclo de vida (ACVs) para compreender melhor a pegada do produto ao longo de toda a cadeia de suprimentos e avaliar o impacto de mudanças nos países de captação, nos tipos de materiais e até no impacto de métodos agrícolas, como agricultura orgânica ou biodinâmica *versus* agricultura industrializada.

FIGURA 11.4: Processos industriais – extrair, produzir, descartar

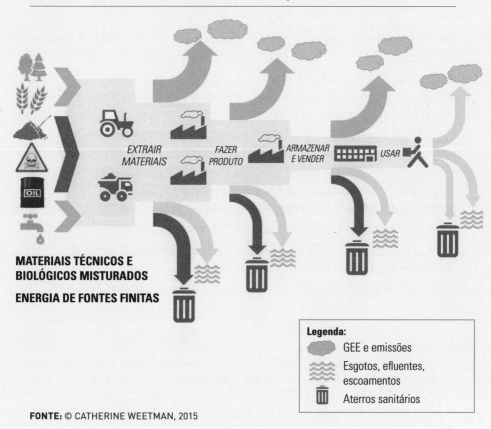

FONTE: © CATHERINE WEETMAN, 2015

A Figura 11.4 nos lembra as externalidades geradas ao longo da cadeia de suprimentos linear, como emissões, efluentes e resíduos de materiais, a serem descartados ou incinerados. A ACV deve seguir normas internacionais que regulam os princípios e arcabouços (ISO 14040:2006) e os requisitos e diretrizes (ISO 14044:2006). Essas normas preveem 20 "categorias de impacto", como carbono, depleção hídrica, toxidade e eutrofização, e são aplicáveis a produtos, prédios, cadeias de suprimentos ou serviços.[12]

Também há normas aplicáveis a diferentes setores, como LEED (Leadership in Energy and Environmental Design), para prédios, ou o Higg Index, para roupas. As avaliações podem ser específicas, para um produto ou empresa, ou genéricas, para todo um setor, como o mapeamento do carbono no ciclo de vida, para a indústria de roupas.[13] As ACVs podem ser extremamente detalhadas; ou "agilizadas", pela omissão de processos secundários e menos importantes. As ACVs genéricas devem incluir amostras representativas dos produtores, dos países de captação, etc., para esclarecer diferenças em métodos ou em necessidades regionais, como água. A análise da pegada do jeans da Levi Strauss, no Capítulo 7, mostrou os impactos ao longo da cadeia de suprimentos, enquanto a ACV do uísque escocês, no Capítulo 4, mediu aspectos referentes a mudança climática, água e uso da terra.

O propósito da ACV é comparar os efeitos de produtos ou serviços, quantificando todos os inputs (recursos) e outputs (p. ex., emissões e outros resíduos) de cada fluxo de material. Os resultados, então, podem iluminar decisões sobre processos e melhorias de políticas públicas. A Figura 11.5 mostra os quatro estágios da ACV delineados pela Organização Internacional para Padronização (ISO), com interconexões em cada estágio, à medida que novas informações suscitam dúvidas ou problemas em outros estágios.

---

[12] ISO, 2006. Disponível em: <www.iso.org/iso/home/news_index/news_archive/news.htm?refid=Ref1019>. Acesso em: 10 abr. 2016.

[13] APPAREL Industry Life Cycle Carbon Mapping. *Business for Social Responsibility*, 2009. Disponível em: <www.bsr.org/reports/BSR_Apparel_Supply_Chain_Carbon_Report.pdf>. Acesso em: 10 abr. 2016.

FIGURA 11.5: Visão geral da avaliação do ciclo de vida

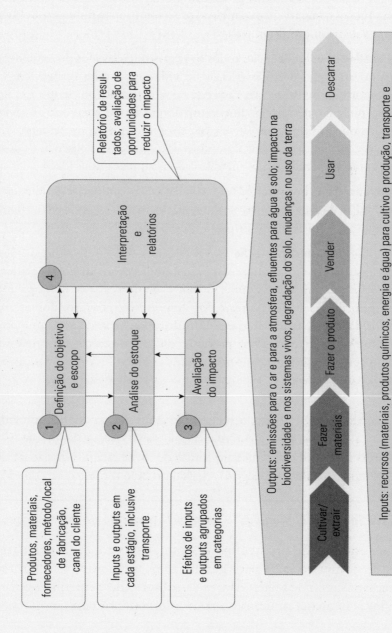

1. A **definição dos objetivos e do escopo** fornece o contexto do estudo, incluindo a "unidade funcional", as fronteiras do sistema, as premissas e as limitações, e as categorias de impacto escolhidas. Se vários produtos ou funções compartilham o mesmo processo, propõe uma metodologia para a distribuição do impacto.

2. A **análise do estoque** inclui todos os recursos (cultivados ou extraídos), usados ao longo de todo o ciclo de vida do produto ou serviço. O transporte e a logística entre cada estágio são incluídos no escopo; e tanto o uso quanto o descarte no fim do uso devem ser considerados. Todavia, pouco ou nenhum controle se exerce sobre o que acontece depois da venda do produto ou serviço; as informações podem ser obscuras e talvez haja grandes variações nos métodos adotados pelos usuários.

3. A **avaliação do impacto**, incluindo seleção das categorias de impacto, atribuição de cada parâmetro de inventário a uma categoria de impacto, e medição para avaliar o impacto total potencial.

4. O estágio de **interpretação** extrai conclusões e faz recomendações. Os resultados são analisados em detalhes, procurando identificar os principais impactos (onde, o quê e que categorias de impacto). As prioridades podem diferir por empresa ou produto. Talvez sua prioridade seja reduzir a pegada hídrica ou evitar desmatamento. Talvez você queira excluir produtos químicos tóxicos do processo. As recomendações para aprimoramentos podem levar a mudanças no design do produto ou nas especificações para abastecimento.

O Quadro 11.1 mostra um exemplo de avaliação do ciclo de vida de uma calça jeans, para a Agência Francesa do Meio Ambiente. Ela mede oito impactos diferentes, ao longo de nove estágios da cadeia de suprimentos, do cultivo do algodão, passando pelo uso, até o fim de vida.

"Capacitadores tecnológicos" – compartilhamento de informações

As equipes de abastecimento estão usando, cada vez mais, redes de comércio B2B para gerenciar riscos, contratos e faturas, transacionar com os fornecedores e analisar o desempenho do fornecedor.[14] O abastecimento ou aprovisionamento também pode ▶

---

[14] Cerasis, 2015. Disponível em: <cerasis.com/2015/09/17/future-of-procurement/>. Acesso em: 9 abr. 2016.

QUADRO 11.1: Avaliação do ciclo de vida do jeans

ESTÁGIO DO CICLO DE VIDA	Indicador ambiental							
	Energia primária	*Mudança climática*	*Destruição da camada de ozônio*	*Toxidade humana*	*Ecotoxicidade aquática*	*Eutrofização da água*	*Consumo de água*	*Resíduo doméstico*
Cultivo	▪	▪	■ (alta)	▪	■		■	
Fiação	▪							
Tecelagem	▪	▪		▪		▪		
Aprimoramento		▪						
Manufatura			■ (alta)	▪				
Tratamento								
Transporte para o varejo								
Uso		■		■	▪	■	▪	■
Fim de vida	■							▪

Legenda: O tamanho da barra denota contribuição do processo como porcentagem do ciclo de vida total

▪ Contribui com 5 a 9% do ciclo de vida total   ■ Contribui com > 60% do ciclo de vida total

FONTE: *The Environmental Product Declaration of Jeans* (adaptado). Conduzido pelo Bio Intelligence Service, em 2006, para o Departmento de Eco-Design e Desenvolvimento Sustentável da Agência Francesa do Meio Ambiente

tirar proveito das plataformas para trocas e compartilhamento de informações. Como exemplo, a Sedex é uma organização sem fins lucrativos, com o objetivo de "promover melhorias em práticas de negócios éticas e responsáveis nas cadeias de suprimentos globais".[15] Em 2016, tinha 36.000 membros, em 28 setores industriais. A Sedex oferece uma plataforma colaborativa que capacita os membros a armazenar, trocar e divulgar informações sobre normas trabalhistas, ambientais, éticas, de saúde e de segurança. Os fornecedores podem entrar com as informações e optar por compartilhá-las com vários clientes, via plataforma, enquanto os compradores têm uma maneira mais fácil de acessar e gerenciar dados sobre ética e responsabilidade. Os fornecedores ganham com a disponibilização das informações de uma única vez, sem precisar submeter-se a múltiplas auditorias, questionários ou avaliações para certificação. Os compradores podem validar os dados por meio de auditorias dos fornecedores por terceiros. As plataformas de gestão do ciclo de vida do produto (ver a seção de Jo Conlon no Capítulo 10) podem ajudar a conectar atores díspares em cada cadeia de valor, capacitando-os a compartilhar o aprendizado com desenvolvimentos circulares anteriores, e, na medida do possível, a oferecer *feedback* de dados sobre o desempenho durante o uso.

Oportunidades de criação de valor

As equipes de abastecimento podem adotar abordagens de economia circular para **criar novo valor.** Aí se incluem abordagens sistêmicas holísticas para a avaliação de custos e impactos: captação de inputs circulares; redução de riscos ambientais, reputacionais ou de fornecimento; ou até passar de modelos de propriedade para modelos de acesso, em funções de apoio, como manutenção, reparos e operações (MRO). Trabalhar com fornecedores para desenvolver soluções baseadas em desempenho, em vez de em especificações, pode liberar valor de produtos e materiais mais duráveis ou de melhor desempenho. Abordagens **colaborativas** podem incluir atividades com ONGs ou com instituições acadêmicas, para explorar suas competências

---

[15] ABOUT us. *Sedex*, 2016. Disponível em: <www.sedexglobal.com/about-sedex/; and What we do [Online] www.sedexglobal.com/about-sedex/what-we-do/>. Acesso em: 10 abr. 2016.

específicas, como nos exemplos da C&A e da Water Footprint Network, no Capítulo 7.

Como definir **critérios de sucesso** e medir o progresso? Os métodos de captação e abastecimento melhorarão à medida que a empresa incorporar "circularidade" em seus produtos e processos. A definição de objetivos e as avaliações do desempenho também evoluirão, focando em mais do que apenas "porcentagem dos gastos gerenciados" ou "ganhos financeiros". Usando o *scorecard* de "condições sistêmicas" da Natural Step, na versão simples que vimos no Capítulo 7, ou na mais detalhada, de código aberto, Future-Fit Business Benchmark (FFBB), que examinamos no Capítulo 10, é possível avaliar temas ambientais, sociais e éticos mais amplos, além da escolha de materiais e da eliminação de desperdícios. Os objetivos de "recursos físicos" do FFBB orientam a "captação de todos os inputs de maneira a não exercer impacto social ou ambiental negativo, e garantir que:

- Toda a energia seja oriunda de recursos renováveis.
- Toda a água seja usada de maneira equitativa, em termos ambientais e sociais.
- Todos os materiais sejam provenientes de fontes gerenciadas com responsabilidade.[16]

Os objetivos materiais enfatizam o "manejo responsável de recursos naturais renováveis e não renováveis", de modo que o "uso de materiais renováveis não reduza a capacidade da natureza de renová-los"; "os materiais não renováveis sejam mantidos em *loops* fechados"; e a empresa "respeite o bem-estar de quaisquer animais que deles dependam".

Alternativamente, o desenvolvimento de objetivos de economia circular específicos da empresa, integrados num *balanced scorecard*, pode ajudar a identificar prioridades e a fornecer referências para um "caso básico" a ser aprimorado. Aí se incluem água, energia, perda de valor (resíduos), assim como inputs de recursos; e, talvez, foco em "vitórias rápidas", além de objetivos de mais longo prazo.

---

[16] The Future-Fit Business Benchmark. Disponível em: <http://futurefitbusiness. org/resources/downloads/>. Acesso em: 10 abr. 2016.

Resumo

As equipes de captação e abastecimento podem desempenhar papéis cruciais na transição para a economia circular, tanto em produtos e serviços da empresa quanto em produtos e serviços adquiridos pela empresa, inclusive instalações e itens de consumo.

> *A negligência começa amanhã.*
>
> BRAUNGART; MCDONOUGH, 2008.
> *Cradle to Cradle: Remaking the Way We Make Things*

Braungart e McDonough descrevem o ponto em que um fabricante ou designer conclui que "não pode continuar fazendo isso", e que prefere deixar para trás um legado positivo: "Depois de compreender a destruição em andamento, se não fizer alguma coisa para mudar a situação, mesmo que nunca tenha pretendido provocar tanta destruição, você se tornará parte de uma estratégia de tragédia". Ao se dar conta dessa realidade, "a negligência começa amanhã".[17]

Recursos adicionais

SUPPLY Chain Sustainability: A Practical Guide for Continuous Improvement. *United Nations Global Compact*, 2010. Disponível em: <www.unglobalcompact.org/docs/issues_doc/supply_chain/SupplyChainRep_spread.pdf>. Acesso em: 1 jun. 2016.

Sustainable Procurement Resource Centre. Disponível em: <www.sustainable-procurement.org/home/>. Acesso em: 11 mar. 2019.

The Future-Fit Business Benchmark. Disponível em: <futurefitbusiness.org/about/introduction/>. Acesso em: 11 mar. 2019.

---

[17] BRAUNGART, M.; MCDONOUGH, W. *Cradle to Cradle: Remaking the Way We Make Things*. Londres: Vintage, 2008. p. 43–4.

CADEIA DE SUPRIMENTOS –
MIDSTREAM:
PROCESSO DE FABRICAÇÃO

> *Se o conserto, a remanufatura e a reciclagem se tornarem comuns, nós ainda transportaremos nossas matérias-primas por grandes distâncias para serem recicladas?*
> DR. DAI MORAN, INSTITUTE FOR MANUFACTURING, UNIVERSITY OF CAMBRIDGE, 2014[1]

No *midstream* da cadeia de suprimentos, focamos no final do processo de manufatura e montagem, consolidando e preparando o estoque para venda aos clientes. Examinamos:

- Problemas e tendências das **cadeias de suprimentos tradicionais.**
- **Desenvolvimentos no *midstream* da cadeia de suprimentos para a economia circular: local *versus* global,** inclusive tendências para a manufatura distribuída; **simbiose industrial, subprodutos e coprodutos; e remanufatura.**
- **Embalagem** para a economia circular.
- **Tecnologias capacitadoras:** I3D, *big data* e comunicações.
- **Relacionamentos,** parcerias e colaboração.
- Novas **oportunidades de criar valor** e medir o sucesso.

---

[1] MORGAN, D. Predicting the Unpredictable: The Future of Manufacturing. *Institute for Manufacturing Review*: v. 1, 2014.

Cadeias de suprimentos tradicionais: problemas e tendências

De meados da década de 1990 até a crise financeira de 2008, a manufatura se tornou mais globalizada, impulsionando mudanças incríveis em todo o mundo e, de acordo com relatório do Fórum Econômico Mundial (FEM), impactando "a prosperidade de mais empresas, países e pessoas do que em qualquer outra época, desde a aurora da Revolução Industrial".[2] Relatório do FEM, explorando o Futuro da Manufatura (Future of Manufacturing), prevê que, embora a expansão dos acordos de livre comércio e a adoção de tecnologias digitais "continuem a possibilitar o achatamento do mundo", os principais fatores que moldarão as cadeias de suprimentos globais desconectadas que vemos hoje mudarão nas próximas décadas, à medida que muda o ambiente global (ver Figura 12.1).

FIGURA 12.1: Reformulando as cadeias de suprimentos de manufatura

← 2010 →

Redes globais complexas

- Relações geopolíticas Leste-Oeste
- Infraestrutura física e financeira
- Informações digitais
- Manufatura computadorizada

Cadeias de suprimentos locais

- Volatilidade das moedas
- Pressões de dívidas soberanas
- Políticas comerciais protecionistas

FONTE: FÓRUM ECONÔMICO MUNDIAL, 2012, *The Future of Manufacturing: Opportunities to Drive Economic Growth*

Novas tendências definirão a manufatura e a competição, como:

- A busca e a escassez crescentes de recursos materiais impulsionarão a inovação.

---

[2] THE Future of Manufacturing: Opportunities to Drive Economic Growth. *World Economic Forum*, 2012. p. 3–4. Disponível em: <http://www3.weforum.org/docs/WEF_MOB_FutureManufacturing_Report_2012.pdf>. Acesso em: 15 ago. 2016.

- A inovação será o indutor mais importante do sucesso para empresas e países.
- As estratégias e as políticas de energia limpa serão as principais prioridades e diferenciadores dos fabricantes e formuladores de políticas.
- A infraestrutura será essencial para a capacidade de fabricação de um país.
- A competição entre os países para atrair investimentos estrangeiros complicará o processo decisório das empresas.
- O talento humano será, novamente, o recurso mais importante, para as empresas e para os países.

Durante grande parte da era industrial, os fabricantes se empenharam em melhorar a produtividade do trabalho. O século XXI está sendo palco de uma reversão completa da tendência de redução dos custos dos materiais, e a McKinsey salienta a reversão, em apenas uma década, do declínio gradual dos preços durante todo o século XX. Muitas empresas, embora continuem a buscar ganhos na produtividade do trabalho, agora veem a produtividade dos recursos como o principal desafio. As abordagens de economia circular podem promover melhorias transformacionais na utilização e na recuperação de materiais (usar de novo).

O panorama global em rápida mutação e a conscientização crescente quanto aos riscos em grande escala tornam menos atraentes os investimentos em megainstalações e, assim, as empresas podem priorizar soluções dispersas e locais para "não pôr todos os ovos numa cesta". Outras tendências a observar incluem a customização em massa, em que clientes e consumidores reivindicam produtos "personalizados" para atender às suas necessidades específicas. Essa tendência pode envolver a seleção de opções no último estágio da montagem, no caso de automóveis, ou a oferta de produtos efetivamente exclusivos, "feitos sob medida", como implantes médicos para a substituição de articulações humanas. Os fabricantes podem atender a essas necessidades usando técnicas de manufatura aditiva, como impressão 3D e montagem no local. Os avanços tecnológicos também abrangem inovações em mídias sociais, internet móvel e computação na nuvem, com implicações para design do produto, relacionamentos empresa-consumidor e interações com os parceiros de cadeia de suprimentos.

Cadeias de suprimentos para a economia circular

Local versus *global*

O relatório do FEM que mencionamos no começo deste capítulo salientou a reformulação das cadeias de suprimentos. Outro relatório do FEM, de 2015, examina as principais tecnologias emergentes,[3] inclusive a **manufatura distribuída**, que tende a ser fator crítico na transformação das abordagens. Em contraste com a manufatura centralizada tradicional, que faz grandes lotes de produtos idênticos, a manufatura distribuída reorganiza as matérias-primas e os métodos de fabricação para fabricar o produto final muito mais perto do cliente. Os designs digitais possibilitam eixos de manufatura locais, usando ferramentas computadorizadas, ou robôs, para produzir peças, montá-las em produtos acabados, em oficinas locais de fabricação ou montagem. Os produtos são feitos sob encomenda, e não para estoque, reduzindo os níveis de estoque e os riscos de excesso de estocagem ou obsolescência. As matérias-primas provêm de fontes locais, reduzindo a energia necessária para logística e armazenamento. O Capítulo 10 compara as cadeias de suprimentos distribuídas e centralizadas.

Os clientes até podem envolver-se diretamente para personalizar o produto final. Um exemplo simples é a MyMuesli, na Alemanha.

MyMuesli: cafés da manhã personalizados

A empresa fabrica muesli, captando ingredientes orgânicos em âmbito regional e mundial. Ela vende on-line, e os clientes podem obter on-line suas próprias receitas de combinações no site, com equipamentos de mistura altamente automáticos, capazes de produzir "566 quatrilhões" de combinações de ingredientes.[4] Os clientes podem usar o site ou mídias sociais para sugerir novos ingredientes e preferências. O processo gera *smart data* para otimizar a cadeia de suprimentos, com as especificações dos produtos personalizados de cada cliente sendo

---

[3] MEYERSON, B. Top 10 Emerging Technologies of 2015. *World Economic Forum*, 4 mar. 2015. Disponível em: <www.weforum.org/agenda/2015/03/top-10-emerging--technologies-of-2015-2/#distributedmanufacturing>. Acesso em: 8 abr. 2016.

[4] CRANFIELD University UK. *RECODE Network*, 2016. Disponível em: <www.recode-network.com/#!innovation-roadmap/c15tf>. Acesso em: 13 mar. 2016.

armazenadas numa etiqueta de memória do produto, que é, então, afixada num tubo de 575 gramas. A máquina de mistura lê a etiqueta e pré-seleciona os ingredientes para o cliente. A distribuição abrange Alemanha, Suíça, Países Baixos e Reino Unido. Também há uma fábrica menor na Suíça.

Voltando aos princípios "8S" de design da cadeia de suprimentos (ver Figura 12.2) dos capítulos anteriores, tratamos de **serviço, manejo** e **escala e dispersão** nos Capítulos 10 e 11, juntamente com algumas oportunidades de compartilhamento. Aqui focamos em compartilhamento na forma de simbiose industrial, definida como engajamento de "indústrias tradicionalmente separadas numa abordagem coletiva à vantagem competitiva, envolvendo troca física de materiais, energia, água e/ou subprodutos".[5]

FIGURA 12.2: Princípios "8S" para cadeias de suprimentos

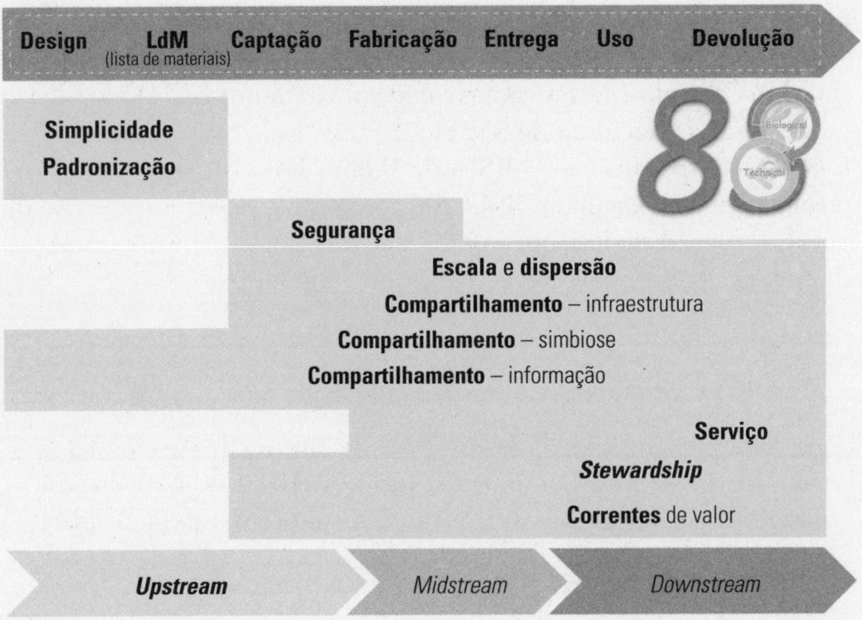

FONTE: © CATHERINE WEETMAN, 2015

---

[5] CHERTOW, M. *Industrial Symbiosis*. 2012. Disponível em: <www.eoearth.org/view/article/153824>. Acesso em: 12 abr. 2016.

Olhando para a "cadeia de design e suprimentos" no *framework* da economia circular (Figura 12.3), podemos ver os objetivos do design do processo, incluindo eficiência dos recursos (usar menos), priorizar renováveis e converter fluxos de resíduos em "alimentos", ou recursos úteis.

FIGURA 12.3: *Framework* da economia circular – design do processo

FONTE: © CATHERINE WEETMAN

Simbiose industrial

No Capítulo 2, examinamos o exemplo da Simbiose de Kalundborg e o Programa Nacional de Simbiose Industrial (National Industrial Symbiosis Programme – NISP) do Reino Unido.[6] Depois, no Capítulo 10, vimos como a ONU está apoiando o desenvolvimento de parques ecoindustriais, com vistas a usar resíduos de uma operação de modo a fornecer recursos para outra operação.

> **The Plant: aquaponia e simbiose industrial**
>
> Em Chicago, The Plant é uma comunidade de negócios de alimentos que opera em antiga instalação de embalagem de carnes.[7] O prédio foi adquirido em 2010 pela Bubbly

---

[6] NATIONAL Industrial Symbiosis Programme. Disponível em: <www.nispnetwork.com/about-nisp>. Acesso em: 20 fev. 2016.

[7] MULROW, J. How Chicago's Quirkiest Companies Sprouted a Circular Economy. GreenBiz, 7 mar. 2016. Disponível em: <www.greenbiz.com/article/how-chicagos-quirkiest-companies-sprouted-circular-economy>. Acesso em: 13 abr. 2016.

Dynamics LLC, com o objetivo de impulsionar inovações agrícolas em ambientes internos, oferecendo atividades educacionais e atuando como incubadora de negócios de alimentos.[8] Mercados de agricultores locais, em ambientes internos e externos, vendem ao público; e as empresas locatárias também fornecem a outros mercados de agricultores, a restaurantes e a outras empresas locais. Em 2015, as empresas e os projetos de demonstração incluíam:

- Uma fazenda aquapônica, que fornece vegetais (cultivados sem solo) e cria peixes alimentados com rações caseiras, provenientes de várias fontes, como grãos usados por cervejarias. Outro exemplo são as moscas soldado-negros, alimentadas com refugos de cozinha, que produzem larvas colhidas para uso em alimentos para peixes.

- Um biorreator de algas, que usa resíduos de um criadouro local de camarões para produzir spirulina, algas nutricionais de rápido crescimento, usadas em alimentos para peixes.

- Um pequeno biodigestor anaeróbico, que converte sobras de alimentos em biocombustível.

- Uma cervejaria de chá de Kombucha, que usa oxigênio produzido por plantas do sistema aquapônico e gera dióxido de carbono para as plantas.

- Uma plantação de cogumelos em ambiente fechado, que usa composto orgânico reciclado com borra de café.

- Uma plantação em ambiente aberto que fornece vegetais para os assinantes.

- "Bike a Bee", que fornece mel para mercados de agricultores, oriundo de 32 colmeias em toda a cidade.

- Outros negócios, inclusive cervejaria, torrefação de café, loja de tortas e padaria.

---

[8] Plant Chicago, 2016. Disponível em: <plantchicago.org/>. Acesso em: 13 abr. 2016.

FIGURA 12.4: Simbiose industrial – The Plant

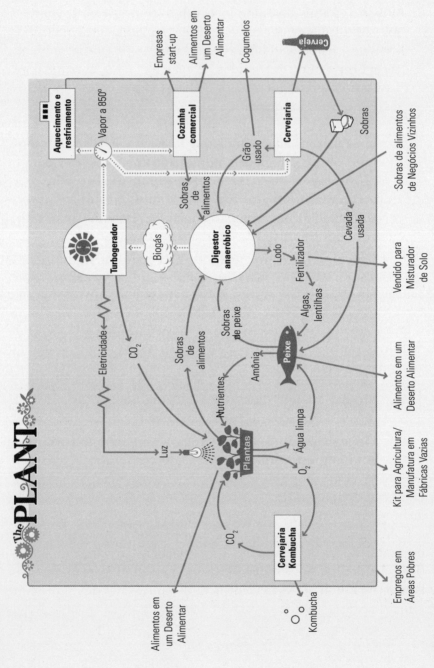

FONTE: Criado por Matt Bergstrom, Bubbly Dynamics, LLC, reproduzido com a gentil permissão de John Edel, The Plant

Os locatários compartilham valores comuns, inclusive preferência por reutilização e reciclagem, com o objetivo de minimizar o uso de energia e água. Os futuros locatários consultam antecipadamente os atuais locatários sobre como reutilizar resíduos ou trocar subprodutos. A Figura 12.4 ilustra os fluxos simbióticos.

Subprodutos e coprodutos

Descobrir maneiras de recuperar valor de todos os inputs, inclusive materiais, água e energia, pode criar toda uma nova faixa de subprodutos e coprodutos. Os resultados podem variar ao longo do tempo, à medida que avanços no biorrefino ajudam a extrair elementos valiosos de materiais a granel, talvez para os setores farmacêutico, alimentício e de cosméticos. É possível encontrar diferentes pontos de venda, com maior potencial de agregação de valor, e investir em processamento nas próprias instalações, para explorar esses subprodutos. A British Sugar desenvolveu muitos subprodutos oriundos de sua matéria-prima básica, a beterraba-sacarina.[9] Limpar o solo de plantio de beterraba e, depois, recolher as pequenas pedras sobre o solo geraram dois subprodutos mais valiosos. A remoção das pedras melhora o solo antes do replantio e as pedras são revendidas para construção de prédios, pavimentação de estradas, etc. Talvez seja um bom caso de negócio selecionar as pedras para agregar valor, ensacando as mais adequadas para venda a consumidores, em centros de jardinagem. Caso o tamanho das pedras recebidas for muito variável, se, por exemplo, vierem de diferentes regiões, talvez seja melhor contratar uma empresa especializada para ensacar os vários tipos.

Vimos a ampla variedade de subprodutos gerados pelo café, no Capítulo 6, enquanto no setor de bens de consumo rápido (BCR) a Procter & Gamble constituiu uma equipe de Global Asset Recovery Purchases para identificar novas cascatas de subprodutos. Uma instalação nos Estados Unidos vende refugos da produção

---

[9] British Sugar. Disponível em: <www.britishsugarlearningzone.com/how-our--factory-operates>. Acesso em: 13 abr. 2016.

de lenços umedecidos de higiene infantil como enchimento para estofamento; os refugos de uma fábrica de papel higiênico no México são vendidos para uso na produção de telhas de baixo custo; subprodutos de máscaras vão para o setor automotivo; e os refugos de produtos de beleza se transformam em produtos para tratamento de couro.[10]

Novos subprodutos podem exigir diferentes métodos de manuseio e transporte. Alguns são transportados e vendidos a granel, outros requerem contêineres menores para melhorar a logística e aumentar o potencial de vendas. Produtos químicos e combustíveis podem ser perigosos e às vezes estão sujeitos a regulação específica. Até que ponto é fácil prever os volumes de produção diários ou semanais? Você consegue encontrar compradores mais flexíveis que aceitem os seus padrões de produção, sobretudo nos primeiros estágios de desenvolvimento desses novos fluxos? Haverá necessidade de armazená-los, ainda que somente para completar a capacidade de um veículo? São os produtos estáveis ou perecíveis?

Remanufatura

Relatório do All-Party Parliamentary Sustainable Resource Group, de 2014, estima que a remanufatura tem potencial para aumentar de £ 2,4 bilhões para 5,6 bilhões e para criar milhares de empregos qualificados.[11] O documento salienta o crescimento da remanufatura, nos Estados Unidos, de 15%, entre 2009 e 2011, chegando a US$ 43 bilhões, com a criação de 180.000 empregos em tempo integral. Ele adota a definição do Centre for Remanufacturing and Reuse, para o qual remanufatura é "uma série de interferências numa peça ou num produto, no fim da vida, para restabelecer o estado de "como novo" ou de "melhor desempenho", com "garantia a ser cumprida". O trabalho lista critérios a serem observados na remanufatura exitosa, com base na experiência acumulada até o momento:

---

[10] HIMMELFARB, N.; O'DEA, K. From Pepsi to Unilever, 5 Circular Economy Strategies for Consumer Goods. *GreenBiz*, 2015. Disponível em: <www.greenbiz.com/article/pepsi-unilever-5-circular-economystrategies-consumer-goods>. Acesso em: 13 abr. 2016.

[11] REMANUFACTURING: Towards a Resource Efficient Economy. *APSRG*, 2014. Disponível em: <http://www.policyconnect.org.uk/apsrg/research/report-remanufacturing-towards-resource-efficient-economy-0>. Acesso em: 15 ago. 2016.

- Produtos duráveis, de alto valor.
- Moda, tendências e tecnologia de produtos não mudam com rapidez.
- Facilidade de desmontagem.
- O produto é alugado ou entregue como serviço, criando, assim, motivos comuns para a durabilidade, longevidade e desempenho.

Nos Estados Unidos, a Caterpillar Inc. e a Nextant Aerospace são citadas como exemplos de empresas que fornecem empregos "improváveis de saírem dos Estados Unidos" e "que fabricam produtos 'como novos', usando apenas uma fração da energia e dos novos materiais que seriam necessários para fabricar novos produtos equivalentes".[12] O DataBase of Remanufacturers lista mais de 7.000 empresas nos Estados Unidos e Canadá, que fabricam mais de 125 tipos diferentes de produtos. A Caterpillar é um exemplo bem conhecido, fabricando mais de US$ 3.5 bilhões de peças e componentes e empregando mais de 5.000 trabalhadores, através da Cat Reman, "marca global de alta tecnologia e baixo custo, focada em capacidades de recuperação". Ela oferece peças para as máquinas e motores Caterpillar, além de remanufatura para clientes de alta visibilidade, nos setores industrial, automotivo e de componentes.[13]

A Nextant Aerospace, em Ohio, remanufatura e atualiza aeronaves Beechcraft, com 200 empregados gerando vendas de US$ 100 milhões.

> Remanufatura: o processo de restaurar um produto disfuncional, descartado ou dado como entrada na compra de um novo, à condição de "como novo".

---

[12] LUND, R. T. Database of Remanufacturers. *Remanufacturing Studies at Boston University*, 2012. Disponível em: <www.bu.edu/reman/The%20Remanufacturing%20Database.pdf>. Acesso em: 13 abr. 2016.

[13] Caterpillar, 2015. Disponível em: <www.caterpillar.com/en/company/brands/cat-reman.html>. Acesso em: 8 abr. 2016.

O relatório do Database of Remanufacturers lista alguns termos "equivalentes a remanufatura", adotados em setores específicos. Aí se incluem "revisão", para motores de aeronaves; "reconstrução", para peças automotivas; "recarga", para cartuchos de impressoras; "recauchutagem" ou "refrisagem", para pneus; além de outros. R.T. Lund, pesquisador e autor prolífico sobre remanufatura nos Estados Unidos, cita esse relatório de 2008, que definiu remanufatura como "o processo de restaurar um produto disfuncional, descartado ou dado como entrada na compra de um novo, à condição de **como novo**", enfatizando que "ele deve atender pelo menos às especificações do produto quando novo. Também pode incorporar atualizações para refletir aprimoramentos [...] desde a fabricação original".

Em 2015, a Comissão Europeia constituiu a European Remanufacturing Network (ERN), consórcio de oito parceiros de pesquisa,[14] como projeto de dois anos. Seus objetivos são conscientizar o público e os formuladores de políticas, aumentar a demanda, enfrentar barreiras, melhorar as operações e a competitividade e encorajar novas empresas a adotar a remanufatura. O estudo da ERN refere-se ao British Standard (BS8887 – Parte 2), definindo remanufatura como "restabelecer o produto a pelo menos seu desempenho original, com a garantia de que é equivalente ou superior ao produto novo".[15] Coletando dados de nove setores de toda a UE, descobriu que Alemanha, Reino Unido, França e Itália geravam 70% do valor de remanufatura. A Tabela 12.1 resume as dimensões dos principais setores industriais.

O estudo considerou os impulsores e repulsores da remanufatura. Entre os principais impulsores, incluiu maiores margens de lucro, vantagens estratégicas e aumento da fatia de mercado, além de maior segurança de fornecimento de peças sobressalentes, menor risco de desabastecimento de recursos, redução do prazo de entrega e proteção do ativo e da marca. O principal repulsor é a "aceitação pelo cliente", envolvendo, por parte do cliente, conscientização quanto aos produtos remanufaturados e a seus benefícios ambientais, e compreensão do artesanato incorporado em produtos remanufaturados de alta qualidade e, portanto, aceitação do preço justo. Outras barreiras são acesso aos

---

[14] ERN, 2015. Disponível em: <www.remanufacturing.eu/about/>. Acesso em: 13 abr. 2016.

[15] REMANUFACTURING Market Study. *ERN*, 2015. Disponível em: www.remanufacturing.eu/remanufacturing/european-landscape/>. Acesso em: 13 abr. 2016.

volumes de peças ou produtos "essenciais", altos custos do trabalho, ambiguidades legais e deficiências do design para remanufatura. Apesar desses entraves, a ERN prevê que, com políticas públicas de apoio e com investimentos das indústrias, a remanufatura tem potencial para gerar valor anual de £ 70 a 100 bilhões em toda a EU, até 2030, empregando entre 450.000 e 600.000 pessoas.

TABELA 12.1: Remanufatura na Europa

Setores	Faturamento (bilhões de £)	Empresas	Empregados (em milhares)	Núcleo[1] (em milhares)	Intensidade[2]
Aeroespacial	12,4	1.000	71	5.160	11,5%
Automobilístico	7,4	2.363	43	27.286	1,1%
EEE[3]	3,1	2.502	28	87.925	1,1%
EPFE[4]	4,1	581	31	7.390	2,9%
Máquinas	1	513	6	1.010	0,7%
Médico	1	60	7	1.005	2,8%
Outros[5]	0,7	184	7	2.630	0,3 – 1,1%
Total	**29,8**	**7.204**	**192**	**132.405**	**1,90%**

(1) Núcleo: peça usada que deve tornar-se produto remanufaturado
(2) Intensidade: índice de remanufatura sobre nova manufatura
(3) Equipamentos elétricos e eletrônicos
(4) Equipamentos pesados e fora de estrada
(5) Inclusive móveis, marítimo e ferroviário, cada um com faturamento abaixo de £ 1 bilhão

FONTE: ERN, 2015, *Remanufacturing Market Study*; http://www.remanufacturing.eu/remanufacturing/european-landscape

A remanufatura pode ser aspecto importante de diferentes modelos de negócio:

- *In-house*, pelo fabricante OEM.
- Como serviço especializado subempreitado, possivelmente por vários fabricantes.
- Por uma empresa em um setor de apoio, atuando como fornecedor-chave do OEM (como a Cat Reman para grandes empresas em outros setores industriais).
- Ou por uma empresa que só remanufatura e vende produtos de outros OEMs (como no estudo de caso do Rype Office, no Capítulo 9).

Embalagem

O design da embalagem é fundamental, mesmo quando se concentra em fluxos diretos de produtos. O Quadro 12.1 mostra objetivos de design típicos para embalagem, abrangendo:

- Embalagem primária (p. ex., tubo para pasta de dentes; invólucro de plástico ou papel para cereal matinal).
- Às vezes, embalagem secundária (p. ex., caixa que contém o tubo da pasta de dente ou o invólucro do cereal matinal).
- Para alguns produtos, embalagens terciárias e embalagens de prateleira.
- Embalagem para trânsito, para proteger o produto entre a manufatura e a entrega.

QUADRO 12.1: Embalagem – objetivos de design

	Tema	Descrição
Proteção física	Armazenamento	Manter as condições do conteúdo até o início do uso/fim da vida do produto
	Distribuição	Proteger contra danos potenciais durante manuseio e transporte em cada estágio
	Segurança/proteção	Segurança do manuseio e proteção do meio ambiente contra impactos oriundos do produto; evitar/impedir manipulação, furtos, falsificação e vendas ilícitas
Informação	Informações sobre o produto	Fornecer informações a quem manuseia, armazena, compra ou usa o produto
	Seguir e rastrear	Localização, situação, números de série e lote na produção/embalagem
Relevância	Facilidade de uso	Amigo do usuário em todos os estágios; p.ex., otimizar tamanho da embalagem (primária, secundária e de trânsito), manuseio e exposição
	Agregação/controle do volume	Quantidade relevante ou tamanho da porção; controle da porção (p. ex., medicamentos)
	Marketing	Apoiar o marketing do produto e estabelecer, preservar ou aprimorar a marca
£	Economia	Otimizar custo e eficácia da embalagem
↻	Fim da vida	Reusabilidade, materiais recuperáveis, facilidade de reciclagem

Os objetivos do design da embalagem podem ser de maior ou menor importância para diferentes *stakeholders* na empresa; o Quadro 12.2 ilustra algumas das várias prioridades. Os níveis de influência podem resultar em diversos designs, talvez enfatizando a atratividade ou a economicidade. Uma enquete entre os fabricantes de alimentos e bebidas do Reino Unido revelou que, em 90% dos casos, as equipes de logística não participavam do design da embalagem do produto. Em geral, isso significava que a embalagem comprometia a quantidade de produtos no palete ou no veículo de entrega. Exemplos de embalagens que consideram aspectos de logística em bens de consumo embalados e em produtos alimentícios reduziram os custos de logística em mais de 10%.

QUADRO 12.2: Perspectivas dos *stakeholders* para embalagens

		Vendas e Marketing	Produção	Compras	CEO / Proprietários	Logística
Proteção física	Armazenamento	Minimizar queixas dos clientes	Simplificar processo de embalagem	Mais de 90% das equipes de logística não participam do design da embalagem		Reduzir custos de logística
	Distribuição					
	Segurança/ proteção					
Informação	Informações sobre o produto					Seguir em trânsito/ fácil *recall*
	Seguir e rastrear					
Relevância	Facilidade de uso	Vender mais!				Minimizar número de itens de estoque
	Agregação/ controle do volume			Custos dos materiais são estáveis		
📈	Marketing	Apelo da marca, destaque na prateleira			Otimizar custo/ benefício (economicidade)	
£	Economia			Fácil de especificar e comprar		
↻	Fim da vida					

393

> Embalagens que consideram aspectos de logística reduziram os custos de logística em mais de 10%.

Envolver as equipes da cadeia de suprimentos no design da embalagem e do produto para fluxos circulares é ainda mais importante. Aumentando as economias propiciadas pela logística, destaca-se a possibilidade de recuperar mais valor dos produtos e componentes devolvidos e de criar embalagens multiuso para reduzir custos e inputs. Encontrar maneiras de ampliar o relacionamento com os clientes pode ajudar nas devoluções: a entrega de um produto substituto, atualizado ou novo possibilita ao cliente reutilizar a embalagem do produto recebido para reembalar e devolver o produto velho. Desenhar embalagens para a recuperação de produtos envolve desafios diferentes. Mesmo que seja possível usar embalagens planas para facilitar o armazenamento, o usuário pode não reter a embalagem original. Se o fornecedor remeter a embalagem antes do retorno, os designs de embalagem plana facilitarão e baratearão a entrega. Talvez seja possível usar papelão pré-moldado e cortado na forma de kit, com instruções simples, para o usuário montar módulos de sustentação e proteção do produto, dentro do contêiner exterior. Em vez disso, o serviço de coleta poderia levar a embalagem protetora para o local da coleta? A *trade-off* entre custo de coleta e recuperação de valor dos produtos e materiais devolvidos deve ser analisado com cuidado.

O design da embalagem também pode seguir princípios de economia circular, para os materiais, para o "produto" embalado, para seus processos e, evidentemente, para os fluxos de recuperação. Os objetivos – usar menos, usar materiais renováveis ou reciclados, usá-lo mais, e usá-lo novamente – devem ser mais fáceis de alcançar, uma vez que se necessita de menos materiais, os objetivos são mais simples e a embalagem oferece maior potencial para soluções colaborativas, em cada setor e entre diferentes setores. Há mais oportunidades para adotar uma perspectiva mais "ponta a ponta", assegurando que a "cadeia de design e suprimentos" inclui a embalagem como elemento crítico, em vez de apenas como consideração secundária.

Tecnologias capacitadoras

No Capítulo 4, examinamos algumas tecnologias em desenvolvimento acelerado, inclusive biorrefino, impressão 3D e outras inovações digitais, como *big data* e a internet das coisas. Neste capítulo, já falamos sobre biorrefino e seu impacto sobre os inputs e outputs. A **impressão 3D (I3D)** e a manufatura aditiva exercem múltiplos impactos sobre o *midstream* da cadeia de suprimentos. Na manufatura, a I3D muda a natureza dos fluxos de entrada de materiais. Em vez de materiais pré-cortados (folhas ou barras de metal, fibras têxteis ou rolos de tecido) e peças, subconjuntos e conjuntos, a I3D usa pó, líquido ou resina como matéria-prima. O transporte de entrada pode ser feito a granel, em caminhões completos, ou em contêineres intermediários, como os contêineres internacionais para granel (*International Bulk Containers* – IBCs) ou em sacos para granel. O descarregamento de líquidos ou de pós a granel exige diferentes instalações de manuseio, e o armazenamento de materiais a granel pode usar tanques ou tremonhas. Talvez seja necessário considerar riscos como explosões. Até materiais simples, como farinha de trigo, têm alto potencial explosivo e estão sujeitos a regulação específica, como a ATEX, na EU, e DSEAR (Dangerous Substances and Explosive Atmospheres Regulations, 2002), no Reino Unido (consulte Recursos adicionais, no final deste capítulo).

A I3D também possibilita a fabricação sob demanda, em especial para produtos customizados ou sob medida. Em vez de grandes depósitos para o armazenamento de produtos acabados, fabricados em lotes, é possível produzir conforme a programação de entrega, com menos flexibilidade na programação da produção.

A I3D também pode transformar a manutenção, seja em suas próprias atividades de manutenção, reparo e operações (MRO), seja nas atividades de manutenção de produtos em campo. A impressão de peças sob demanda mais perto do local de prestação de serviços será mais produtiva do que manter estoques de componentes, para eventuais necessidades, correndo riscos de obsolescência, excesso de estoque ou falta de itens de estoque. Em 2014, a empresa de entregas Maersk anunciou o experimento de instalar uma impressora 3D em uma unidade móvel, para que a equipe imprimisse peças sobressalentes conforme as necessidades.[16] A Maersk, reconhecendo os desafios das

---

[16] ABOUT us. *Maersk*, 7 jul. 2014. Disponível em: <www.maersk.com/en/the-maersk-group/about-us/publications/maersk-post/2014-3/spare-parts-just-press-print>. Acesso em: 13 mar. 2016

novas tecnologias, pretende trabalhar com os fabricantes de equipamentos para desenvolver soluções colaborativas.

O uso de sensores, de comunicação máquina a máquina (M2M), e de **internet das coisas**, além de análise preditiva e de *big data*, já está transformando as linhas de produção e melhorando a eficiência dos recursos. O *feedback* oriundo de produtos em uso, ajudando a referenciar o desempenho e a executar a manutenção preventiva, pode racionalizar o estoque de peças sobressalentes. Também facilita a identificação dos componentes e materiais que suportam o uso de produtos durante mais tempo, com mais intensidade e daqueles que, ao contrário, encurtam o ciclo de vida e restringem as condições de reutilização.

Relacionamentos

O Capítulo 10 destacou as oportunidades de **colaboração** com outras empresas do setor e com empresas que prestam serviços especializados terceirizados. Serviços de remanufatura, renovação e conserto podem ser subempreitados, seja para empresas que oferecem serviços de remanufatura para certos produtos, como a Cat Reman, seja para fabricantes detentores da tecnologia e dos equipamentos necessários. Empresas menores, com processos mais flexíveis, podem ser bons parceiros. Talvez faça sentido subempreitar aspectos isolados da remanufatura ou da renovação para diferentes empresas. Se tomarmos o exemplo de um aquecedor de ambiente doméstico, o queimador, os componentes eletrônicos e os tanques de armazenamento de água podem ser enviados para diferentes empresas especializadas, que os devolverão para remontagem e teste.

Oportunidades de criação de valor

O desenvolvimento de subprodutos e de coprodutos, além de fluxos simbióticos e de parques ecoindustriais, com instalações compartilhadas, agrega um novo nível de complexidade à gestão da cadeia de suprimentos. Mas também oferece maneiras inéditas de **criar novo valor**, convertendo resíduos de materiais e processos em produtos e recursos internos.

Rastrear o valor auferido e buscar meios de aumentá-lo, através da melhoria da logística, de novos formatos de produtos e de canais de mercado com mais valor potencial, pode converter a função da cadeia de suprimentos de centro de custo em centro de lucro.

A **medição do sucesso** pode incluir metas de zero resíduos e calcular o valor auferido, resultante da venda de subprodutos e da redução de inputs, como água e energia.

Resumo

As empresas, a manufatura e as cadeias de suprimentos mudaram profundamente nas últimas décadas. A "Terceira Revolução Industrial", envolvendo tecnologias digitais, continua avançando, com desenvolvimentos significativos em *big data*, internet das coisas, robótica e impressão 3D. Novas pressões estão emergindo, empurrando a volatilidade de custos e a segurança do fornecimento de importantes recursos materiais para o topo da agenda dos Conselhos de Administração. Uma nova revolução industrial baseada em modelos circulares consiste em fazer as coisas para durar, para serem usadas com mais intensidade, e para serem feitas de novo. Essas abordagens transformarão a maneira como pensamos em manufatura, ampliando o seu escopo, para incluir remanufatura, renovação e conserto. A manufatura reversa, ou "des-fazer", florescerá – propiciando maneiras eficazes e produtivas de desmontar produtos e componentes e de reciclar materiais (talvez no nível atômico), para fornecer o próximo lote de recursos.

É provável que o escopo e o significado de manufatura se ampliem, à medida que as empresas desenvolvem maneiras eficazes de estender a vida útil dos produtos, incluindo remanufatura, renovação ou recuperação de matérias-primas valiosas para o próximo lote de produtos. A manufatura distribuída, a montagem e o conserto local oferecem oportunidades de melhorar os serviços e aumentar resiliência. Tudo isso necessita de cadeias de suprimentos ágeis e eficientes, a fim de direcionar o fluxo de materiais, componentes e produtos usados para o "re" processamento, assegurando que as embalagens de trânsito e os processos de manuseio forneçam proteção eficaz para otimizar o valor recuperável.

Recursos adicionais

Institute for Manufacturing: University of Cambridge. Disponível em: <http://www.ifm.eng.cam.ac.uk/>.

LAVERY, G.; PENNELL, N.; BROWN, S.; EVANS, S. *The Next Manufacturing Revolution: Non-Labour Resource Productivity and its Potential for Remanufacturing.* 2013. Disponível em: <www.nextmanufacturingrevolution.org/>. Acesso em: 15 ago. 2016.

REMANUFACTURING Market Study. *European Remanufacturing Network* (ERN), [S.d.]. Disponível em: <www.remanufacturing.eu/remanufacturing/european-landscape/>. Acesso em: 13 abr. 2016.

SHAPA (Solids Handling and Processing Association). Disponível em: <http://www.shapa.co.uk/index.php>.

CADEIA DE SUPRIMENTOS – *DOWNSTREAM*:
DISTRIBUIÇÃO E LOGÍSTICA REVERSA

> *À medida que se expande o escopo da economia circular, também se amplia o foco na logística. As empresas começarão a olhar além do design do produto, assegurando que a logística em breve será outra área para onde os líderes da economia circular convergirão a atenção.*
> UPS/GreenBiz, 2016[1]

Depois da manufatura ou compra, temos o *downstream* da cadeia de suprimentos, abrangendo o armazenamento e a distribuição de produtos. Na economia circular, também precisamos gerenciar o retorno eficaz do produto. Este capítulo abrange:

- **Cadeias de suprimentos tradicionais**, envolvendo problemas e pressões para as equipes de logística.
- **Tendências, complexidades** e **ampliação do escopo** do *downstream* das cadeias de suprimentos, inclusive a reformulação dos serviços de apoio e dos modelos de desempenho.
- Uma seção sobre **logística reversa e cadeias de suprimentos reversas**, da Dra. Regina Frei.
- Mudanças necessárias nas **cadeias de suprimentos da economia circular**; fluxos circulares, oficinas de montagem locais, recuperação

---

[1] THE Growth of the Circular Economy: A 2016 UPS/GreenBiz Research Study, 22 mar. *UPS/GreenBiz*, 2016. Disponível em: <sustainability.ups.com/media/UPS_GreenBiz%20Whitepaper.pdf>. Acesso em: 14 abr. 2016.

exitosa; tecnologias capacitadoras; relacionamentos e colaborações; e embalagem para trânsito.

• Novas oportunidades de criar valor.

Cadeias de suprimentos tradicionais

No Capítulo 10, enfatizamos os desafios para as cadéias de suprimentos tradicionais, com o encurtamento do ciclo de vida dos produtos e a ampliação da variedade crescente dos itens de estoque a gerenciar. As cadeias de suprimentos extensas e de longa distância, que se dispersam para localidades de captação de mais baixo custo, resultam em prazos de previsão de vendas mais longos e, portanto, menos exatos, e em níveis de estoque mais altos. O varejo multicanal aumenta a complexidade, com ampla gama de métodos de distribuição e de tamanhos de embalagem (talvez até mais itens de estoque), maior quantidade de embalagens e probabilidade crescente de devoluções. A logística reversa geralmente não é planejada e, frequentemente, é ineficiente (não muito diferente de uma "compra por estresse" ou *distress purchase*). A maioria das empresas maneja as sobras de produtos e de embalagens na loja de varejo e nas instalações do cliente, em meio a pressões de custo, preços de combustíveis cada vez mais altos, congestionamentos nas estradas, demandas de entregas "pequenas e frequentes" pelos varejistas, e dificuldade de recrutar motoristas de entrega.

Tendências, escopo e complexidades

No Capítulo 3, vimos as tendências de abastecimento das empresas: preferência incipiente por soluções em vez de objetos, resultados em vez de produtos, relacionamentos em vez de transações, e um parceiro de rede principal, em vez de vários fornecedores. Padrões semelhantes estão emergindo no varejo, e percebemos a tendência para acesso em vez de propriedade, e personalização, ou "customização em massa", em vez de produção em massa e produtos idênticos. A tendência para a personalização inclui experiências com serviços e com produtos, como evitar as compras on-line típicas de fins de semana no supermercado. Algumas previsões incluem "casas inteligentes", com sensores na geladeira para reabastecer os itens consumidos.

A Deloitte (2016) detecta mudanças rumo à "economia da assinatura" ou "economia da recorrência", ao comércio pessoal (com aconselhamento e suporte) e à "entrega colaborativa" (usando plataformas coletivas para preencher vagas nas rotas de entrega programadas).[2] Ela prevê o surgimento da "omniorganização", com as empresas desenvolvendo negócios em torno da experiência do cliente, não do canal de entrega.

O *big data* e a análise de dados podem transformar a distribuição, melhorando os serviços e a eficiência das previsões da cadeia de suprimentos e do planejamento de transporte. Em 2016, Banker *et al.* previram disrupções tecnológicas, inclusive automação e robôs, caminhões autônomos e modelos colaborativos (tipo Uber) para frete.[3] Para eles, as redes evoluirão de modo a atender a demandas crescentes de entregas para o dia seguinte.

Os produtos, desenhados para serem mais duráveis e usados mais intensamente, precisarão de *loops* de retorno, voltando ao fornecedor para renovação, remanufatura ou reciclagem de materiais. A logística reversa será planejada e desejável, e pode ajudar a aumentar a força competitiva da organização.

Cadeias de suprimentos reversas

Contribuição da Dra. Regina Frei

Na economia circular, as cadeias de suprimentos se transformam em *loops*, precisando de cadeias de suprimentos reversas robustas para recuperar produtos, componentes e materiais. A Figura 13.1 mostra possíveis cenários: *recalls* de produtos; devolução de itens entregues por equívoco, danificados ou obsoletos; e bens no fim da vida útil, a serem reciclados ou descartados de maneira adequada.

Além da logística reversa, necessária para transporte e distribuição de produtos e materiais nas cadeias de suprimentos

---

[2] RETAIL Trends for 2016. *Deloitte*, 2016. Disponível em: <www2.deloitte.com/uk/en/pages/consumer-business/articles/retail-trends-2016.html>. Acesso em: 17 abr. 2016.

[3] BANKER, S.; CUNNANE, C.; RESIER, C. *Logistics and Supply Chain Trends to Monitor in 2016*. 2016. Disponível em: <logisticsviewpoints.com/2016/01/11/logistics-and-supply-chain-trends-to-monitor-in-2016/>. Acesso em: 17 abr. 2016.

reversas, muitos fatores são essenciais para o sucesso da operação. Mostramos exemplos de produtos e componentes que retornam ao mercado, examinamos um modelo unificador para diferentes opções de cadeia de suprimentos reversa e analisamos suas características comuns.

Exemplos

Embora a ideia de devolver peças, produtos e embalagens usados e rejeitados, para reutilização ou reciclagem, esteja ficando popular, sua implementação é geralmente difícil e as empresas que não atuam em reciclagem frequentemente relutam em aderir à tendência, além de suas obrigações legais, em consequência de dificuldades financeiras, técnicas e organizacionais. Todavia, considerando os possíveis benefícios, as empresas, cada vez mais, estão começando a explorar as cadeias de suprimentos reversas. Os seguintes exemplos ilustram a situação entre empresas e países.

> **Desmantelamento de navios: cadeia de suprimentos reversa e recuperação de materiais**
>
> Iliopoulos (2015) investigou o processo de desmantelamento de navios, executado principalmente na Ásia, em condições precárias para os trabalhadores e para o meio ambiente.[4] Poucos navios são desmontados na Europa, onde a legislação é muito mais rigorosa em relação à segurança do trabalho e à liberação de toxinas.
>
> Em face dos vários tipos e subtipos de embarcações e das modificações que sofrem enquanto em operação, poucas informações são compartilhadas entre o fabricante, o operador e a equipe de desativação. Essa deficiência é problemática para o desmanche, que visa a ganhos financeiros: terceiros que atuam em âmbito global compram navios e os desmontam. Os metais (e, às vezes, outros materiais recuperados) são vendidos para reciclagem. Como ocorre com a maioria dos produtos, o

---

[4] ILIOPOULOS, C. *Reverse Supply Chain of Ships*. MSc thesis, University of Portsmouth (RU), 2015. Disponível em: <reginafrei.ch/projects.html>. Acesso em: 17 abr. 2016.

desmantelamento pelos fabricantes originais seria mais fácil e eles estariam interessados em construir navios desmontáveis com facilidade.[5] Maersk (2014) está desbravando essa abordagem, com o passaporte *Cradle to Cradle*, informando sobre os materiais usados e as mudanças feitas durante a vida útil.[6]

Fabricante de equipamentos médicos: peças sobressalentes e cadeia de suprimentos reversa

Phan (2015) relata o caso de fabricante europeu de equipamentos médicos que organizou uma cadeia de suprimentos reversa para peças sobressalentes usadas por seus técnicos de manutenção.[7] A empresa desconsidera a solução de fim de vida útil para as máquinas nesse estágio. A cadeia de suprimentos reversa experimental opera em alguns países da Europa Central, com a logística sendo executada por terceiros. As peças sobressalentes devolvidas são inspecionadas: as ainda lacradas e no estado original retornam ao estoque. As que já não estiverem lacradas são inspecionadas e, se não apresentarem defeitos, são relacradas e devolvidas ao estoque. Peças fabricadas pela própria empresa são tratadas internamente. Aquelas que apresentarem defeitos e ainda estiverem na garantia são encaminhadas ao fabricante original para substituição.

O principal objetivo da empresa ao constituir essa cadeia de suprimentos reversa experimental é evitar que as peças sobressalentes cheguem ao mercado negro. O ganho financeiro com a recuperação das peças é secundário, embora, por certo, beneficie a empresa.

---

[5] JAIN, K. P.; PRUYN, J. F. J.; HOPMAN, J. J. Influence of Ship Design on Ship Recycling,. In: GUEDES, Soares C.; SANTOS, T. A. (Eds.). *Maritime Technology and Engineering*. Londres: CRC Press, 2014.

[6] CRADLE to Cradle. *Maersk*, [S.d.]. Disponível em: <www.maersk.com/en/hardware/triple-e/the-hard-facts/cradle-to-cradle>. Acesso em: 18 abr. 2016.

[7] PHAM, L. Reverse Supply Chain of Medical Equipment. MSc thesis, University of Portsmouth (RU), 2015. Disponível em: <reginafrei.ch/projects.html>. Acesso em: 17 abr. 2016.

Empresas de produtos eletrônicos: cadeias de suprimentos reversas

Estima-se que, em 2014, 42 milhões de toneladas métricas de lixo eletrônico tenham sido geradas em todo o mundo, e essa quantidade aumenta a cada ano.[8] O rastreamento e o controle dos fluxos de lixo eletrônico são difíceis, porque as classificações e códigos (UNU-KEYS) podem ser ambíguos, além de mudarem quando os itens são processados, ou quando envelhecem.

A maioria dos dispositivos eletrônicos contém vários materiais, como plásticos, semicondutores, metais e cerâmica, alguns dos quais são escassos ou valiosos. Os componentes geralmente são difíceis de separar, daí a complexidade da reutilização. Os produtos recebidos em centros de reciclagem são muito variados: diversos tipos de produtos, de diferentes gerações, em várias condições. Tudo isso torna a desmontagem ainda mais difícil. Por se tratar de operações impossíveis de automatizar, os países desenvolvidos geralmente evitam desmontar os produtos, preferindo incinerá-los. Exceções à regra geralmente são empresas como a TRACOuk, na qual o trabalho manual é coberto por taxas cobradas aos clientes, assim como pela venda de produtos recuperados. Além de produtos eletrônicos quebrados e velhos, o lixo eletrônico geralmente contém proporção considerável de dispositivos em boas condições; usados, mas funcionando ou consertáveis. Esses itens podem custear a triagem, os testes, a renovação e a reciclagem; logo, a criação de empregos. Entretanto, grande parte do lixo eletrônico vai diretamente para os incineradores ou para os aterros sanitários.

Embora a legislação da União Europeia proíba o transporte transfronteiriço de resíduos, produtos eletrônicos de todo o mundo são remetidos para países em desenvolvimento, na Ásia e na África, onde são manejados em

---

[8] BALDÉ, C. P. *et al. E-Waste Statistics: Guidelines on Classifications, Reporting and Indicators*. Bonn (Alemanha): United Nations University, IAS – SCYCLE, 2015.

condições perigosas e geralmente suspeitas ou ilícitas, gerando poluição considerável e problemas de saúde.

Os atuais modelos de negócio, que promovem a obsolescência precoce e encurtam a vida útil para pouco além do prazo de garantia – induzindo os clientes a substituí-los por novos modelos – exacerbam o desafio do lixo eletrônico. É problemático que a remanufatura seja vista, em geral, como ameaça à manufatura, devido à "canibalização" – a venda de produtos remanufaturados afetando as vendas de produtos novos –,[9] embora essas opções devessem ser integradas, atendendo tipicamente a diferentes segmentos de clientes.[10] Os designs modulares, que possibilitam a atualização dos dispositivos, são mais favoráveis ao meio ambiente, mas as grandes empresas de produtos eletrônicos têm ignorado essa possibilidade. Exemplos de produtos eletrônicos de consumo modulares, projetados para atualizações e consertos, são o Fairphone e o G5, da LG; ambos, porém, ainda pertencem a um mercado de nicho. Talvez seja preciso mudar a legislação para obrigar os grandes fabricantes a ajustar suas estratégias. É essencial que as empresas assumam a responsabilidade por todo o ciclo de vida dos seus produtos, favorecendo designs que facilitem a atualização, a desmontagem e a separação de materiais.

A GameStop (2012) adota um modelo de negócio *buy-sell-trade* (compra-venda-troca), renovando consoles de jogos e dispositivos eletrônicos similares, sem receber do fabricante original nenhuma instrução de desmontagem e conserto.[11] Ela devolve ao mercado 85% dos consoles recebidos, e o restante é usado para fornecer peças sobressalentes ou para reciclagem.

---

[9] ATASU, A.; GUIDE, V. D. R.; VAN WASSENHOVE, L. So What If Remanufacturing Cannibalizes My New Product Sales? *California Management Review*, v. 52, n. 2, p. 56–76, 2010.

[10] ABBEY, J. D.; MELOY, M. G.; BLACKBURN, J.; GUIDE, V. D. R. Consumer Markets for Remanufactured and Refurbished Products. *California Management Review*, v. 57, n. 4, p. 26–42, 2015.

[11] GAMESTOP'S Refurbishment Center. *GameStop*, 2012. Disponível em: <www.gamespot.com/articles/inside–gamestops–refurbishmentcenter/1100–6389498/>. Acesso em: 18 abr. 2016.

Há outros exemplos: a Global Robots Ltd renova robôs industriais descartados. Como no caso de carros, os robôs e suas peças sobressalentes são revendidos a preço reduzido. Quase sempre, os clientes não têm condições de comprar robôs novos pelo preço integral. Os robôs renovados são de alta tecnologia, geralmente muito robustos, e frequentemente continuam em operação confiável durante muitos anos.

A Airbus está trabalhando numa estratégia *Cradle to Cradle* com a Tarmac Aerosave, estimando que 90% de uma aeronave pode ser desmontada e reciclada com segurança.[12] A empresa reconhece as oportunidades de aprendizado ao analisar o desgaste normal de um avião velho, e assim melhora seus novos projetos.

Os fabricantes japoneses de fotocopiadoras e de câmeras descartáveis foram pioneiros em **remanufatura.**[13] O engajamento dessas empresas assume uma perspectiva de longo prazo: soluções totalmente automatizadas exigem altos investimentos que demoram dez anos para atingir o ponto de equilíbrio. No caso de cartuchos de tinta para impressoras e de peças para automóveis, os OEMs japoneses ainda não se engajaram, e empresas independentes entraram em cena. A remanufatura de autopeças, contudo, é muito comum entre os OEMs europeus.[14]

Marcas como Dyson, Shark, KitchenAid, TomTom e outras vendem ostensivamente produtos **manufacturer refurbished** (renovados pelo fabricante) em seus sites, geralmente com garantia reduzida. A Amazon oferece produtos com caixa aberta, usados, danificados no depósito e remanufaturados, rotulados como "ofertas de depósito" e sem garantia. Ainda é excepcional encontrar produtos remanufaturados em lojas físicas, talvez porque prever a demanda dos consumidores seja mais difícil.

---

[12] ECO-SERVICES. *Airbus*, 2016. Disponível em: <www.airbus.com/company/eco-efficiency/eco-services/>. Acesso em: 18 abr. 2016.

[13] MATSUMOTO, M.; UMEDA, Y. Analysis of Remanufacturing Practices in Japan. *Journal of Remanufacturing*, v. 1, n. 2, p. 1–11, 2011.

[14] SUNDIN, E.; DUNBÄCK, O. Reverse Logistics Challenges in Remanufacturing of Automotive Mechatronics Devices. *Journal of Remanufacturing*, v. 3, n. 2, p. 1–8, 2013.

FIGURA 13.1: Tipos de cadeia de suprimentos reversa

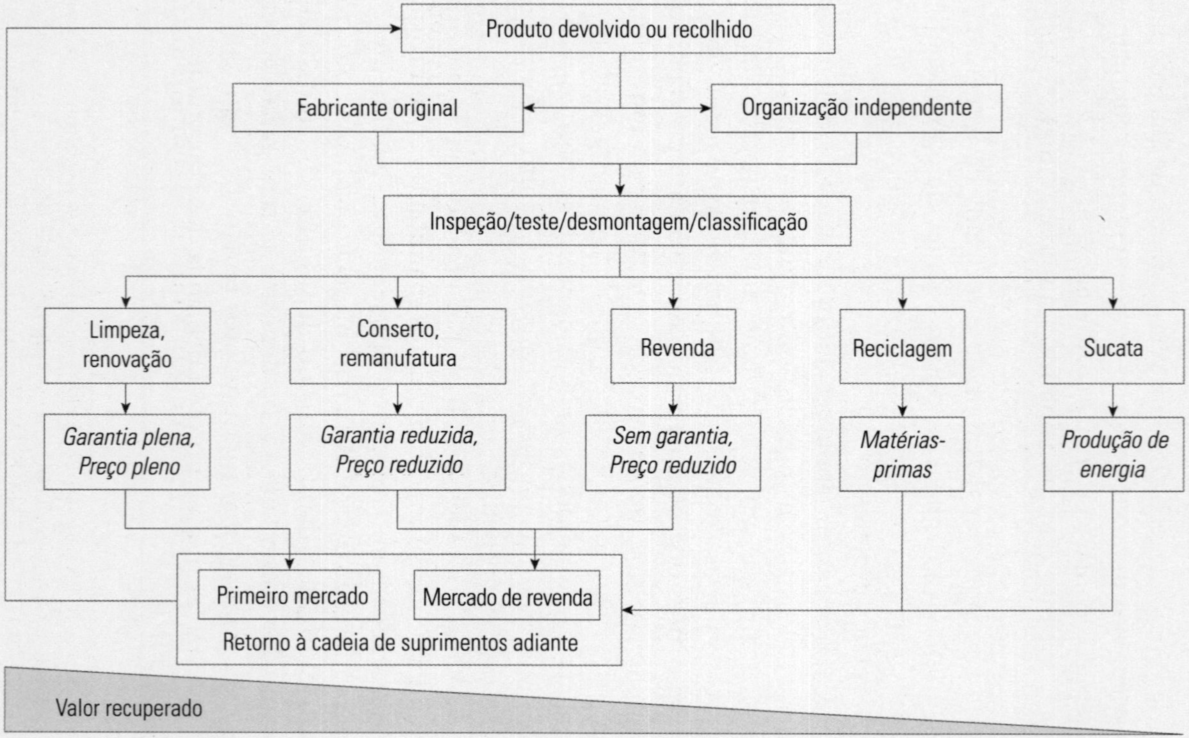

Produto devolvido ou recolhido

Fabricante original ← Organização independente

Inspeção/teste/desmontagem/classificação

| Limpeza, renovação | Conserto, remanufatura | Revenda | Reciclagem | Sucata |

| *Garantia plena, Preço pleno* | *Garantia reduzida, Preço reduzido* | *Sem garantia, Preço reduzido* | *Matérias-primas* | *Produção de energia* |

Primeiro mercado Mercado de revenda
Retorno à cadeia de suprimentos adiante

Valor recuperado

FONTE: DRA. REGINA FREI

Modelo e análise da cadeia de suprimentos reversa

A Figura 13.1 ilustra diferentes tipos de cadeias de suprimentos reversas, dependendo do valor a ser recuperado e do acesso aos mercados de revenda.[15]

Características comuns

Os cenários da cadeia de suprimentos reversa são diversos, com vários *stakeholders*, objetivos e estruturas, mas que têm em comum certas características. Ao aconselhar empresas e governos sobre as melhores maneiras de se engajar em cadeias de suprimentos reversas e sobre as melhores políticas públicas a formular para orientá-las, é importante considerar com clareza os interesses dos *stakeholders* e compreender as diferenças no funcionamento dos fluxos.

Ao recolher produtos ou componentes para reutilização ou remanufatura, é essencial que tenham sofrido poucos danos e desgaste. A Figura 13.2 ilustra os fatores a considerar na decisão sobre reutilizar ou reciclar.

Em geral, os OEMs gerenciam e operam as cadeias de suprimentos reversas para peças usáveis (possivelmente terceirizando a logística). No entanto, quando o foco é o recolhimento de materiais para reciclagem, as empresas terceirizadas podem exercer o controle, atuando de maneira semelhante a como operam nas cadeias de suprimentos adiante, exceto quando os materiais são captados em diversas localidades. O objetivo básico é recuperar valor de componentes ou materiais, com economicidade. As opções que retêm mais valor e envolvem processos menos transformadores geralmente exigem menos energia, ocorrem mais cedo depois da venda original e apresentam maior probabilidade de envolvimento do OEM, como mostra a Figura 13.3.

---

[15] FREI, R.; LOTHIAN, I.; BINES, A.; BUTAR BUTAR, M.; DA GAMA, L. Performance in Reverse Supply Chains. In: *Logistics Research Network Annual Conference*. 2015, Derby (RU).

FIGURA 13.2: Fatores de destino dos produtos

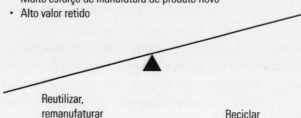

- Pouco esforço de logística e de processos transformadores
- Bom desempenho de produto velho *versus* produto novo
- Muito esforço de manufatura de produto novo
- Alto valor retido

Reutilizar, remanufaturar

Reciclar

FONTE: DRA. REGINA FREI

FIGURA 13.3: Aspectos correlatos à cadeia de suprimentos reversa

FONTE: DRA. REGINA FREI

A desmontagem de produtos para reutilizar componentes ou separar materiais geralmente é processo manual, que exige esforço considerável. Os custos daí decorrentes justificam a remessa dos produtos para países com salários mais baixos, com o aumento do impacto ambiental do transporte e provavelmente sob condições sociais e ambientais menos favoráveis.

Como vimos nos vários exemplos acima, a não ser que o OEM participe do processo, a desmontagem pode ser complexa. Para sistemas produto-serviço (ver Capítulo 3 para mais detalhes), o fabricante ganha quando projeta o produto para atualizações frequentes, consertos fáceis, desmontagem simples e reutilização ou reciclagem de componentes e materiais. Os designs modulares são preferíveis.

Evitando fraudes e mercados negros

O controle dos retornos é fundamental para evitar produtos oriundos de mercados negros, com mais efeitos prejudiciais para as empresas, como falsificações ou distribuição ilícita de produtos abaixo do padrão, impingidos como novos por revendedores clandestinos. As consequências para as marcas podem ser comprometimento da reputação ou até grandes *recalls* de produtos, como no caso de airbags, em 2014.

O design da cadeia de suprimentos reversa dependerá dos objetivos e dos participantes: os sistemas concebidos para manter peças sobressalentes fora do mercado negro funcionarão diferentemente das redes de pontos de reciclagem organizadas por comunidades, ou dos sistemas de retorno de grandes varejistas.

Fraudes na cadeia de suprimentos reversa podem afetar seriamente as empresas. Por exemplo, muitos varejistas online enfrentam taxas de devolução de 10% a 40%, ou mais, o que gera múltiplas oportunidades para fraudes maliciosas (ou erros não intencionais) de clientes, operadores de logística terceirizados e empregados das empresas. Estas precisam adotar medidas preventivas para não perder dinheiro, qualidade e credibilidade.

Cadeias de suprimentos reversas – conclusões e perspectivas

Discutimos vários casos de cadeias de suprimentos reversas e analisamos as características e os fatores que influenciam a maneira como são organizadas e operadas. Mais pesquisas são necessárias para aprofundar a compreensão das cadeias de suprimentos reversas e de suas características. Basicamente, é preciso desenvolver um método de ampla aplicação para a avaliação de sua viabilidade econômica e de seu impacto ambiental e social. Para tanto, é necessário definir critérios padronizados de avaliação do desempenho, considerando os diferentes tipos de cadeia de suprimentos reversas, os produtos envolvidos e seu destino, assim como os *stakeholders* e seus interesses.

Cadeias de suprimentos para a economia circular

Em todo este livro, vimos os níveis **crescentes** de **fluxos circulares**, essenciais para recuperar recursos e reduzir resíduos. Os desafios incluem a gestão de volumes flutuantes de múltiplos *loops* de retorno. Esses fluxos devem reter valor: por meio de transporte seguro, de parceiros fidedignos na logística reversa, e de proteção dos produtos para evitar danos e perdas; além da economicidade. As escolhas podem incluir:

- Um modelo de frete "como o Uber", explorando a capacidade ociosa de redes existentes.
- Colaboração com pares do setor, de modo a fornecer massa crítica para uma rede econômica.
- Descoberta de maneiras de fazer coletas no percurso de entrega.

As economias de escala resultantes possibilitam maior recuperação de valor dos resíduos, justificando investimentos em equipamentos de classificação e compactação. Sistemas de rastreamento podem direcionar e controlar os fluxos de retorno crescentes de produtos e materiais. Os usuários finais podem classificar as condições dos produtos, reduzindo os custos de inspeção e manuseio; casos em que talvez se apliquem a regulação e o licenciamento de resíduos específicos. Para alguns produtos, modais e embalagens adequadas podem resolver a questão, mas, para outros (p. ex., baterias de lítio), talvez caibam restrições legais específicas.

A UPS e a GreenBiz (2016),[16] pesquisando a economia circular entre profissionais de logística, descobriram que as empresas já estão projetando produtos tendo em vista a recuperação. Constatou-se diferença marcante nas abordagens entre as empresas muito grandes (com receita superior a US$ 1 bilhão) e as demais participantes da enquete (ver Figura 13.4). As empresas maiores desenham os produtos para possibilitar níveis mais elevados de recuperação de valor no pós-uso, ao passo que as empresas menores priorizam a subciclagem, incluindo resíduos para geração de energia e reciclagem.

---

[16] THE Growth of the Circular Economy: A 2016 UPS/GreenBiz Research Study, 22 mar. 2016. *UPS/GreenBiz*, 2016. Disponível em: <sustainability.ups.com/media/UPS_GreenBiz%20Whitepaper.pdf>. Acesso em: 14 abr. 2016.

O estudo da UPS/GreenBiz descobriu que as empresas maiores (com receita anual acima de US$ 1 bilhão) são "mais propensas a tratar os resíduos como componente essencial da cadeia de suprimentos".[17] Mais de 75% dessas empresas usam resíduos como input de fabricação, e mais da metade faz produtos cujo conteúdo inclui 25% ou mais de resíduos. Entre elas, 23% usam resíduos pós-consumo, 14% usam resíduos pré-consumo e 16% usam resíduos pós-industrial.

FIGURA 13.4: Design para a recuperação de valor

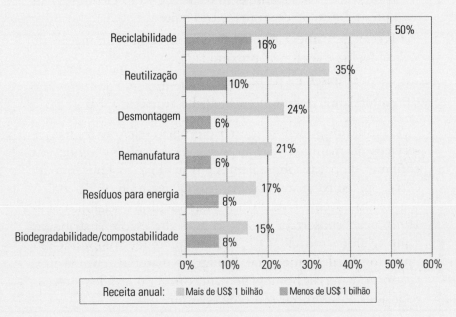

FONTE: UPS/GreenBiz, 2016, *The Growth of the Circular Economy: A 2016.* UPS/GreenBiz Research Study; http://sustainability.ups.com/media/UPS_GreenBiz%20Whitepaper.pdf

---

[17] THE Growth of the Circular Economy: A 2016 UPS/GreenBiz Research Study, 22 mar. 2016. *UPS/GreenBiz*, 2016. Disponível em: <sustainability.ups.com/media/UPS_GreenBiz%20Whitepaper.pdf>. Acesso em: 14 abr. 2016.

Fairphone2: modular e consertável[18]

O Capítulo 11 examinou a abordagem do Fairphone à captação de ouro, estanho e tântalo sem conflito. O Fairphone 2, lançado em 2015, "oferece aos usuários mais controle sobre o telefone". Projetado para durar, inclui componentes de alta qualidade e uma capa protetora integrada.[19] O Fairphone 2 apresenta uma arquitetura modular, facilitando para os proprietários abrir e consertar os próprios dispositivos. As peças substituíveis incluem:

- Capa externa, com múltiplas opções.
- Bateria substituível.
- Unidade central – memória, componentes eletrônicos, etc.
- Monitor, com tela sensível ao toque, de vidro Gorilla®Glass com 0,7 mm de espessura, e três lentes.
- Receiver, câmera frontal, microfone com eliminação de ruído, luz e sensor de proximidade.
- Câmera traseira e flash.
- Autofalante, microfone principal e conector USB.

Os usuários podem consertar o próprio telefone ou usar os serviços de manutenção Fairphone. O Fairphone vende um conjunto de peças sobressalentes em sua loja on-line, em parceria com a iFixit, para criar manuais de manutenção de código aberto. Em novembro de 2015, a iFixit pontuou o telefone como 10/10 pela "consertabilidade", "o mais alto escore já atribuído a um telefone móvel". O Fairphone pretende minimizar seu impacto social e ambiental, limitar os materiais compósitos, favorecer materiais homogêneos, maximizar o uso de materiais reciclados e minimizar o uso de revestimentos.

A UPS destaca o custo logístico de recuperar bens usados como uma grande barreira para "uma economia circular global e eficaz".[20]

---

[18] Fairphone, 2016. Disponível em: <www.fairphone.com/phone/>. Acesso em: 19 abr. 2016.

[19] FAIRPHONE Fact Sheet. Disponível em: <www.fairphone.com/wp-content/uploads/2016/01/Fairphone-factsheet-EN.pdf>. Acesso em: 19 abr. 2016.

[20] THE Growth of the Circular Economy: A 2016 UPS/GreenBiz Research Study, 22 mar. 2016. *UPS/GreenBiz*, 2016. Disponível em: <sustainability.ups.com/media/UPS_GreenBiz%20Whitepaper.pdf>. Acesso em: 14 abr. 2016.

A enquete considerou fatores para estimular a devolução de produtos numa economia circular, descobrindo que consumidores e empresas levam em conta diferentes fatores de economicidade e conveniência (ver Figura 13.5).

FIGURA 13.5: Incentivos para a devolução de produtos

FONTE: UPS/GreenBiz, 2016, *The Growth of the Circular Economy: A 2016*. UPS/GreenBiz Research Study; http://sustainability.ups.com/media/UPS_GreenBiz%20Whitepaper.pdf

Tecnologias capacitadoras

Manutenção, reabastecimento e consertos são ofertas de muitas cadeias de fornecimento circulares, e a tecnologia transformará essas abordagens e melhorará os níveis de eficiência. Exemplos de novas tecnologias são **internet das coisas (IoT)** em máquinas de vendas: captar a necessidade de reabastecimento ou manutenção, requisitando as peças ou produtos e atribuindo automaticamente a tarefa ao profissional mais próximo. Renovações e consertos podem ser feitos por empresas de logística especializadas, usando peças sobressalentes, consultando aplicativos de diagnóstico e conserto, e coletando peças e consumíveis em escaninhos remotos e seguros no percurso. Os serviços incluem inspeção e avaliação, renovação, recuperação e acumulação de resíduos. Haveria condições de reduzir o estoque de peças, usando **impressão 3D** para imprimir peças sob demanda, perto do local de conserto? É possível projetar produtos modulares com um componente padrão, compartilhado por muitos produtos?

A I3D tem potencial para transformar as cadeias de suprimentos. A Amazon, que já causou disrupções em muitos setores, inclusive comprando uma empresa de robótica e experimentando drones para entregar alimentos e suprimentos domésticos no Reino Unido, protocolou um pedido de patente para impressão sob demanda a bordo de seus caminhões", em 2015.[21] UPS, Staples e Royal Mail estão experimentando ofertas de impressão 3D para os clientes. Um site nos Estados Unidos, o Instructables.com,[22] fornece instruções para consertos, inclusive carrinho de bebê, com peças impressas em 3D, captando os materiais do shapeways.com, especialista em impressão 3D. O Instructables.com é um "lugar que permite explorar, documentar e compartilhar suas criações DIY"; é operado pela Autodesk Inc. e foi desenvolvido no MIT Media Lab, em meados dos anos 2000.

Patagonia e iFixit – consertos "*do it yourself*"

Em 2013, iFixit e Patagonia formaram uma parceria para consertos.[23] A Patagonia oferece garantia vitalícia para as suas roupas e outros produtos de atividades ao ar livre. Os clientes podem devolver os produtos para consertos gratuitos, através da loja de varejo original ou pelo site da empresa. A demanda por consertos atinge o pico no outono e no inverno, pressionando os recursos da Patagonia e dificultando o fornecimento de respostas rápidas durante todo o ano. A iFixit trabalhou com a Patagonia para compreender os processos de conserto mais comuns e desenvolver roteiros de consertos para publicação

---

[21] MCCORMICK, R. Amazon Wants to Fit Trucks With 3D Printers to Speed Up Deliveries. *The Verge*, 27 fev. 2015. Disponível em: <www.theverge.com/2015/2/27/8119443/amazon-3d-printing-trucks-patent>. Acesso em: 18 abr. 2016.

[22] Instructables.com, 2016. Disponível em: <http://www.instructables.com/id/How-to-repair-a-Bugaboo-Pram-with-3D-Printing/>. Acesso em: 26 maio 2016.

[23] Ifixit. Disponível em: <ifixit.org/blog/5620/patagoniaifixits-perfect-partner/>. Acesso em: 4 fev. 2016.

on-line. O processo é simples: o consumidor entra na iFixit com o número de referência constante da etiqueta do produto Patagonia, para encontrar o respectivo guia de conserto; em seguida, o departamento de manutenção da Patagonia entrega o tecido e os materiais substitutos no local indicado pelo consumidor.

As pesquisas de mercado da iFixit indicam que o suporte aos consertos dos usuários melhora a percepção da marca pelo consumidor, o que, por seu turno, aumenta a probabilidade de outras compras de produtos da marca no futuro. Uma enquete entre os membros descobriu que:

- Um conserto *"do it yourself"* bem-sucedido aumenta a probabilidade de comprar outro produto do mesmo fabricante (95% dos respondentes).
- As opções e instruções para conserto, disponíveis no site da marca no ponto de compra, aumentam as chances de o consumidor comprar o produto.
- A iFixit capacitou os usuários a fazer consertos que, sem essa ajuda, não teriam conseguido (91%).
- Os usuários, em média, consertaram sete produtos.

Relacionamentos e colaboração

Voltando aos princípios "8S" analisados no Capítulo 10 (ver Figura 13.6), lembramo-nos de que o compartilhamento de infraestrutura de logística fornece oportunidades para redução de custos e melhoria dos serviços.

Se a sua própria rede não tiver massa crítica suficiente, **plataformas de compartilhamento** e de **trocas** podem reduzir custos e melhorar prazos de resposta.

Pense em soluções envolvendo redes de transportes e entregas, compartilhamento de frotas e depósitos, trocas de frete, e quarteirização logística (4PL), ou *lead logistics provider* (LLP). Esses serviços LLP, oferecidos por grandes prestadores de serviços de logística, gerenciam o frete para vários clientes, por meio de uma "torre de controle". As consignações são oferecidas a transportadores ▶

FIGURA 13.6: Princípios "8S" para cadeias de fornecimento

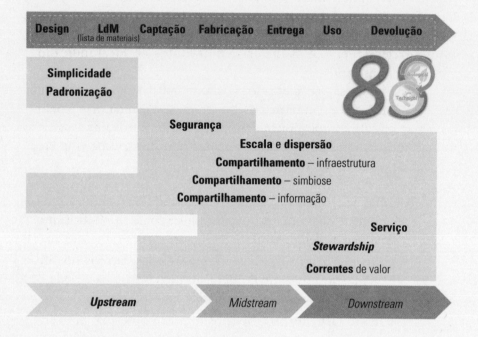

FONTE: © CATHERINE WEETMAN, 2015

selecionados, capazes de atender a exigências referentes a prazos de coleta e entrega. Os transportadores apresentam propostas para o trabalho, pensando em "integrar" trajetos próximos de modo a reduzir distâncias e custos.

Você pode **compartilhar instalações ou equipamentos** com parceiros de cadeia de suprimentos ou com empresas locais? Um *cluster*, ou aglomerado de empresas, todas usando, por exemplo, empilhadeiras, podem ter picos de atividade em diferentes épocas do ano, possibilitando trocas de equipamentos ociosos para reduzir o tamanho e o custo total do *pool*.

Embalagem

No Capítulo 12, vimos como desenhar a embalagem para otimizar os fluxos diretos e reversos. Aqui focamos na **embalagem para trânsito**: sob as perspectivas do produto e da embalagem, à luz dos princípios da economia circular. Para os materiais e o processo de produção, os objetivos são usar menos, usar renováveis ou materiais reciclados, usá-lo mais, e usá-lo novamente. Os materiais recicláveis incluem metal (barris para cerveja e vinho) e papelão. O Pallite, palete baseado em papel, é feito de material reciclável e reutilizável.[24] Em tamanhos padronizados ou sob medida, é mais limpo e mais seco que os paletes de madeira; portanto, altamente adequado para alimentos, fármacos e produtos exportados (além de estar isento da norma internacional ISPM 15), com o benefício de um material que, depois da utilização dos produtos carregados, pode ser reciclado (enquanto os paletes de madeira geralmente estão sujeitos a taxas de coleta e descarte).

Soluções **colaborativas** exitosas incluem bandejas para pão.

Bakers Basco: embalagem para trânsito, colaboração setorial

O setor de panificação do Reino Unido usou várias "cestas" (bandejas) para armazenar e transportar pão das panificações para as lojas de varejo. A diversidade dos tipos de cesta e a falta de controle central, além de taxas de atrito superiores a 40%, resultantes de perdas, danos ou roubo, eram fonte de problema para as panificações e os clientes. Em 2006, algumas panificações de grande porte constituíram uma *joint venture*, a Bakers Basco, para controlar, gerenciar e policiar um novo padrão setorial de cestas para pães, com capacidade para dez unidades. Em 2015, quase 3 milhões de cestas Omega já estavam em circulação, disponíveis para todas as panificações que cumpriam certos critérios relevantes, além da minimização das perdas por uma Divisão de Recuperação de Ativos exclusiva.

Várias são as "soluções de serviços", com empresas oferecendo aluguel de paletes, bandejas, rodízio de paletes, contêineres, etc. Serviços de embalagens especiais para trânsito incluem gôndolas, para armazenamento, transporte e exposição de hortifrútis no varejo.

---

[24] Pallite UK. Disponível em: <http://pallite.co.uk/>. Acesso em: 3 jun. 2016.

Oportunidades de criação de valor

Logística e distribuição desempenharão papel crítico na economia circular. Recuperar valor, encontrando maneiras eficientes e eficazes de restaurar produtos e materiais, pode reduzir o "retrabalho" para o próximo ciclo de uso do produto. A adoção dos princípios de economia circular agrega valor: na embalagem para trânsito, no armazenamento, nas operações de transporte e nas cadeias de fornecimento reversas. Priorizar as áreas de risco, ou onde é possível recuperar o máximo de valor, pode ser um bom guia de iniciativas para melhoria contínua.

Você poderia usar a rede de logística para consolidar os resíduos a jusante, ou no *downstream*, recuperando resíduos de lojas de varejo, restaurantes e hotéis, ou dos próprios clientes? Maiores volumes de resíduos, com a possibilidade de segregação em fluxos recicláveis mais específicos, "mais puros", talvez justifiquem um caso de negócio por equipamentos de classificação e compactação, em instalações adequadas, meios de comunicação para melhorar a recuperação inicial, e assim por diante. Talvez seja possível colaborar com os vizinhos do setor no desenvolvimento de abordagens conjuntas para a separação e reciclagem de embalagens ou outros fluxos comuns.

Resumo

No começo do século XXI, as equipes de cadeia de suprimentos tocaram na logística de *last mile,* almejando prestar serviços confiáveis e eficientes e propiciando aos clientes escolher entre vários modos de entrega ("clique e colete", entrega doméstica, *delivery to a locker,* etc.). A UPS descreve desafio semelhante na economia circular, focando em soluções de *first mile.*[25] Verificar as condições e, portanto, o destino ideal para devolver os bens (e, talvez, a desconsolidação das cargas de retorno) é essencial para prevenir custos e riscos evitáveis de perdas e danos. Encontrar métodos de transporte eficazes para esses retornos, que talvez precisem de embalagem para trânsito e até exijam desmontagem no local do usuário, envolverá desafios. Haveria como integrar essas tarefas com a logística de saída ou seria melhor encontrar um parceiro de coleta adequado? Como usar a tecnologia para monitorar

---

[25] THE Growth of the Circular Economy: A 2016 UPS/GreenBiz Research Study, 22 mar. 2016. *UPS/GreenBiz*, 2016. Disponível em: <sustainability.ups.com/media/UPS_GreenBiz%20Whitepaper.pdf>. Acesso em: 14 abr. 2016.

a localização e as condições dos produtos em um modelo de "desempenho", assegurando manutenção ou retorno no ponto ótimo?

De que maneira incorporar as abordagens de economia circular em sua cadeia de suprimentos? Que serviços poderiam substituir ativos ou fornecer itens de consumo? Que soluções colaborativas transformariam a utilização de ativos, explorariam competências especializadas ou gerariam ciclos simbióticos? Como as cadeias de suprimentos reversas poderiam criar novo valor e se tornar motores da economia circular?

Recursos adicionais

THE Growth of the Circular Economy: A 2016 UPS/GreenBiz Research Study, 22 mar. *UPS/GreenBiz*, 2016. Disponível em: <sustainability.ups.com/media/ UPS_GreenBiz%20Whitepaper.pdf>. Acesso em: 14 abr. 2016.

PARTE QUATRO

IMPLEMENTAÇÃO

DESENVOLVENDO O CASO DE NEGÓCIO E INICIANDO A JORNADA

A perspectiva de loop *fechado – também conhecida como economia circular [...] envolve as pessoas e inspira mudança [...] se bem conduzida, a inovação de* loop *fechado pode acolchoar o negócio contra a volatilidade de preços, prover-nos de vantagem competitiva, ajudar-nos a entrar em novos mercados e capacitar-nos a promover melhores relacionamentos com clientes e fornecedores.*

SIR IAN CHESHIRE, KINGFISHER PLC[1]

Neste capítulo, exploramos como implementar a economia circular – para toda a empresa, para um produto, ou talvez começando com aspectos do design do produto ou processo. Iniciamos com um lembrete das principais tendências que afetam governos, empresas e cidadãos, e prosseguimos para abordar:

- Uma perspectiva mais ampla sobre **o caso de negócio** da mudança.
- **Definição da direção estratégica**, definindo o escopo e a escala da ambição, abrangendo um grupo mais amplo de stakeholders e procurando oportunidades de criar valor.
- Outros **fatores externos** a considerar, inclusive pressões de *stakeholders* e concorrentes.
- **Barreiras** comuns e como superá-las.
- **Início da jornada**: partindo das ideias para o projeto, passando pelo planejamento, e chegando à ação.

---

[1] CHESHIRE, I. Press release: Comment: A New Spur to Innovation, Writes Sir Ian Cheshire. *Kingfisher plc*, jan. 2014. Disponível em: http://www.kingfisher.com/index.asp?pageid=55&newsid=1038>. Acesso em: 15 maio 2016.

- Importância do **pensamento sistêmico**, inclusive com uma seção de Barry Waddilove, apresentando seu jogo de cartas para o design sistêmico holístico.
- **Prioridades e abordagens graduais**.
- Ferramentas de mensuração e avaliação, inclusive *checklists* úteis.

Tendências e *drivers*

Em todo este livro, vimos a importância das tendências globais, abordando aspectos da demanda, como população, demografia e urbanização. As **regras do jogo** também estão mudando, com diferentes modelos de negócio e relações comerciais, comportamentos do consumidor e desenvolvimentos tecnológicos. Muitas são as preocupações referentes a **fornecimento**, abrangendo escassez de recursos e volatilidade de preços, além das demandas por uso de terra e de água, afetando regiões afluentes e indigentes. Relatório do Defra (Department for Environment, Food, and Rural Affairs), de 2012, do Reino Unido, prevê pressões crescentes sobre os recursos hídricos no país, com cerca de 27 a 59 milhões de pessoas potencialmente afetadas por déficits na oferta-demanda de água, até 2050.[2]

Também há aspectos **sistêmicos** críticos a considerar, decorrentes da constatação de cientistas de que o impacto humano sobre o nosso planeta é agora tão intenso que entramos em nova era geológica, o Antropoceno. Voltando às "fronteiras planetárias", mencionadas no Capítulo 5, lembramo-nos de que "quatro das nove fronteiras planetárias já foram transpostas, em consequência da atividade humana": mudança climática, perda de integridade da biosfera, mudança do sistema terrestre e alteração dos ciclos biogeoquímicos (fósforo e nitrogênio). Os cientistas definem mudança climática e integridade da biosfera como "fronteiras críticas", e advertem que "alterações significativas em qualquer uma dessas fronteiras críticas empurrariam o Sistema Terra para um novo estado". A continuidade dos negócios nas condições atuais –

---

[2] SUMMARY of the Key Findings from the UK Climate Change Risk Assessment 2012. p. 4. *Defra*, 2012. Disponível em: <randd.defra.gov.uk/Document.aspx?Document=Summary_of_Key_Findings.pdf>. Acesso em: 23 maio 2016.

a economia linear – envolve altos custos e grandes riscos. Relatório publicado pela UNEP Finance Initiative descobriu que os custos ambientais anuais da atividade humana atingiram, em 2008, 11% do PIB global. Os danos ambientais provocados pelas 3.000 maiores empresas do mundo, em 2008, custaram US$ 2,15 trilhões. Mais de 50% do lucro das empresas estaria sujeito ao risco dos custos ambientais.[3]

> *Em todo o mundo, estamos usando 20% a mais de recursos do que a Terra pode repor naturalmente. Prosseguir no rumo dos "negócios de sempre" significa que, até 2050, sustentar uma população de 9 bilhões de pessoas precisaria de 2,5 vezes os recursos naturais do planeta.*
>
> GILLIES *et al.*, 2013[4]

As previsões de Gillies *et al.* deveriam ser suficientes para nos empurrar para a ação (ver box acima). Adotando uma perspectiva mais ampla, uma gama de estatísticas salienta os principais riscos e problemas para o fornecimento de recursos:

- Prevê-se que a extração de recursos globais, inclusive minérios metálicos, minerais não metálicos, combustíveis fósseis e biomassa, terá mais do que dobrado entre 1980 e 2020.[5]

---

[3] MATTISSON, R. *et al. Universal Ownership: Why Environmental Externalities Matter to Institutional Investors.* Pesquisa realizada por Trucost para UNEP Finance Initiative e PRI. p. 4, 2010. Disponível em: <www.unepfi.org/fileadmin/documents/universal_ownership.pdf>. Acesso em: 23 maio 2016.

[4] GILLIES, R. *et al.* Fortune Favours the Brave: A £ 100 Billion Opportunity in Innovation and Sustainable Growth for UK plc. *M&S e Accenture*, 2013. p. 66. Disponível em: <sustainablebusiness.bitc.org.uk/FortuneFavourstheBrave>. Acesso em: 19 maio 2016.

[5] TOWARDS the Circular Economy: Economic and Business Rationale for an Accelerated Transition. *Ellen MacArthur Foundation*, 2012. Disponível em: <www.ellenmacarthurfoundation.org/publications/towards-the-circular-economy-vol-1-an-economic-and-business-rationalefor-an-accelerated-transition>. Acesso em: 19 maio 2016.

- A produção mundial de aço quase que duplicou desde 2000, aumentando de 850 milhões de toneladas para 1.665 milhões de toneladas, em 2014.[6]

- A China fornece mais de 95% dos elementos de terra rara usados em âmbito global.[7]

- Entre 45 bilhões e 60 bilhões de toneladas de matérias-primas são extraídas da Terra a cada ano.[8]

- O WRAP estima que reciclamos menos de 20% dos 600 milhões de toneladas de produtos e materiais que entram por ano no Reino Unido. "Buscando oportunidades de reutilização, o Reino Unido poderia reduzir sua dependência de matérias-primas, inclusive terras raras, em cerca de nada menos que 20% até 2020.[9]

- A produção global de combustíveis fósseis dobrou entre 1970 e 2014.[10]

- A demanda de energia crescerá em quase um terço entre 2013 e 2040, com todo o crescimento líquido provindo de países fora da OCDE. A demanda da OCDE diminui em 3%.[11]

Numerosas são as oportunidades para melhorar nossos sistemas e reduzir esses riscos. A adoção de modelos circulares mais eficientes

---

[6] WORLD Steel in Figures 2015. *World Steel Association*, 2015. Disponível em: <www.worldsteel.org/dms/internetDocumentList/bookshop/2015/World-Steel-in-Figures-2015/document/World%20Steel%20in%20Figures%202015.pdf>. Acesso em: 19 maio 2016.

[7] GILLIES, R. *et al.* Fortune Favours the Brave: A £ 100 Billion Opportunity in Innovation and Sustainable Growth for UK plc. *M&S e Accenture*, 2013. p. 66. Disponível em: <sustainablebusiness.bitc.org.uk/FortuneFavourstheBrave>. Acesso em: 19 maio 2016.

[8] WHY It Matters. *WRAP*, 2016. Disponível em: <www.wrap.org.uk/content/why-it-matters>. Acesso em: 20 maio 2016.

[9] PRODUCT Re-Use Could Hold Key to Issues of Resource Security, Says WRAP. *WRAP*, 2011. Disponível em: <www.wrap.org.uk/content/product-re-use-could-hold-key-issues-resource-security-says-wrap>. Acesso em: 20 maio 2016.

[10] INTERACTIVE Production of Coal, Peat and Oil Shale, Plus Crude Oil, NGL and Feedstocks. *International Energy Agency*, 2016. Disponível em: <www.iea.org/media/statistics/IEA_HeadlineEnergyData_2015.xlsx>. Acesso em: 19 maio 2016.

[11] FACTSHEET, World Energy Outlook: 2015. *International Energy Agency*, 2015. Disponível em: <www.worldenergyoutlook.org/weo2015/>. Acesso em: 19 maio 2016.

em recursos está acelerando, embora, na maioria das regiões e setores, ainda esteja na infância. A "intensidade" da **remanufatura** é baixa, mesmo nos setores em que é considerada "convencional". As oportunidades para aumentar a remanufatura se aplicam a muitos setores nos Estados Unidos e na Europa. Como proporção das vendas totais, a remanufatura no setor aeroespacial da UE é a de maior intensidade, em 11,5%. Equipamentos pesados e fora de estrada estão em segundo lugar, com 2,9%; e equipamentos médicos, em terceiro, com 2,8%.[12]

Chegamos ao ponto da virada, com nossa demanda crescente exercendo enorme pressão sobre nossos sistemas de fornecimento, como mostra a Figura 14.1. Nossas abordagens lineares para a produção de alimentos, roupas, habitação, bens de consumo e transporte não são sustentáveis. Precisamos, urgentemente, redesenhar os sistemas que reduzem a carga que impomos à terra e aos sistemas vivos, degenerando-os, e aos recursos finitos, diminuindo-os.

FIGURA 14.1: Ponto da virada

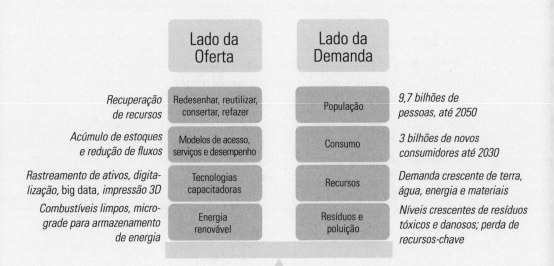

---

[12] PARKER, D. et al. *Remanufacturing Market Study: Report by the European Remanufacturing Network*. 2015. Disponível em: <www.remanufacturing.eu/wp-content/uploads/2016/01/study.pdf>. Acesso em: 22 maio 2016.

O caso de negócio

De uma perspectiva mais ampla, podemos examinar as características das economias que trabalham para seus cidadãos: prósperas, competitivas e sustentáveis,[13] com altos níveis de emprego, de oportunidades e de bem-estar para todos, almejando regenerar os sistemas vivos, produzindo pouco carbono e gerando zero resíduos. Um relatório do Clube de Roma identificou três passos críticos para a economia circular, e avaliou os efeitos da melhoria dos cenários em cinco países europeus[14]:

1. Eficiência de energia, com 25% de melhoria em cada país.
2. Uso crescente de energia renovável e redução de 50% no uso de combustíveis fósseis, que estão sendo substituídos por energia eólica, energia solar e biocombustíveis.
3. Adoção de modelos de manufatura circulares e baseados em desempenho. Aqui se incluem 25% de melhoria na eficiência dos recursos, com a substituição de 25% dos materiais virgens por inputs "secundários" (reusados e reciclados) e a duplicação da vida útil de produtos de consumo duráveis.

O estudo descobriu que cada uma das "alternativas de desacoplamento" acarretou redução significativa nas emissões de carbono, além de efeitos positivos sobre os níveis de emprego. O passo 3, o de eficiência dos recursos e de modelos circulares, tendia a melhorar as balanças comerciais em 1 a 2% do PIB e a gerar mais de 500.000 empregos permanentes nos cinco países (Finlândia, França, Países Baixos, Espanha e Suécia).

Um relatório do WRAP e Green Alliance observa que o Reino Unido já melhorou a **eficiência dos recursos**.[15] Entre 2000 e 2010, o Reino Unido extraiu ou importou quase 20% menos recursos e

---

[13] AN Economy that Works. *Aldersgate Group*, 2014. Disponível em: <aneconomy-thatworks.org/>. Acesso em: 20 maio 2016.

[14] WIJKMAN, A.; SKANBERG, K. *The Circular Economy and Benefits for Society.* 2015. Disponível em: <www.clubofrome.org/a-newclub-of-rome-study-on-the--circular-economy-and-benefits-forsociety/#more-1300>. Acesso em: 21 maio 2016.

[15] MORGAN, J.; MITCHELL, P. Employment and the Circular Economy: Job Creation in a More Resource Efficient Britain. *Green Alliance*, UK, p. 4, 2015. Acesso em: 15 maio 2016.

aumentou a reciclagem em 2,3 vezes, apesar do crescimento da população e da expansão da economia. O Defra "calcula que os negócios no Reino Unido poderiam ganhar até £ 23 bilhões por ano", com melhorias de baixo custo ou sem custo na eficiência dos recursos.[16] Aí se incluem a reciclagem de mais 20 milhões de toneladas de materiais e a geração de 20% menos resíduos, com a redução de 30 milhões de toneladas de materiais que entram na economia. Um estudo que considera a **economia circular** sob a perspectiva do Reino Unido, publicado por Veolia, apontou para a possibilidade de melhorar o PIB em até £ 29 bilhões.[17] O cálculo avaliou os efeitos de seis estratégias, inclusive redução na importação de materiais e no imposto sobre aterros sanitários, estimando que essas abordagens circulares poderiam criar pelo menos 175.000 empregos.

Definindo a direção estratégica

Ao considerar o **escopo e a escala** das mudanças e a **velocidade da transição**, é bom envolver vários *stakeholders*, para compreender suas visões sobre os riscos vindouros e recompensas potenciais. Começar com uma "verificação rápida" das prioridades e da propensão à mudança pode ajudar a definir o esboço inicial do primeiro projeto.

Que **riscos** já estão sendo fontes de preocupação para a empresa? Aí seria possível incluir a **segurança do fornecimento** ou a volatilidade do preço dos principais recursos, custos da energia e da água, custos do descarte ou embalagem de resíduos, custos da logística, etc. Há riscos para a **reputação**, oriundos dos fornecedores ou dos materiais de certas regiões? O mapa de risco global que destacamos no Capítulo 3 pode ser um bom ponto de partida (ver Figura 14.2). Analisar os riscos com diferentes horizontes temporais também pode ser útil, em especial ao escolher as "vitórias rápidas", de curto prazo, a perseguir, e as iniciativas mais complexas, de mais longo prazo, a promover.

---

[16] WRAP's Vision for the Circular Economy to 2020. *WRAP*, 2014. Disponível em: <www.wrap.org.uk/content/wraps-vision-ukcircular-economy-2020>. Acesso em: 21 maio 2016.

[17] VOULVOULIS, N. *The Circular Revolution: An Imperial College London: Report Commissioned by Veolia*. 2015. Disponível em: <www.imperial.ac.uk/environmental-policy/research/environmental-qualitytheme/current-projects/veolia-partnership/circrev/ 372/402>. Acesso em: 21 maio 2016.

FIGURA 14.2: Riscos Globais

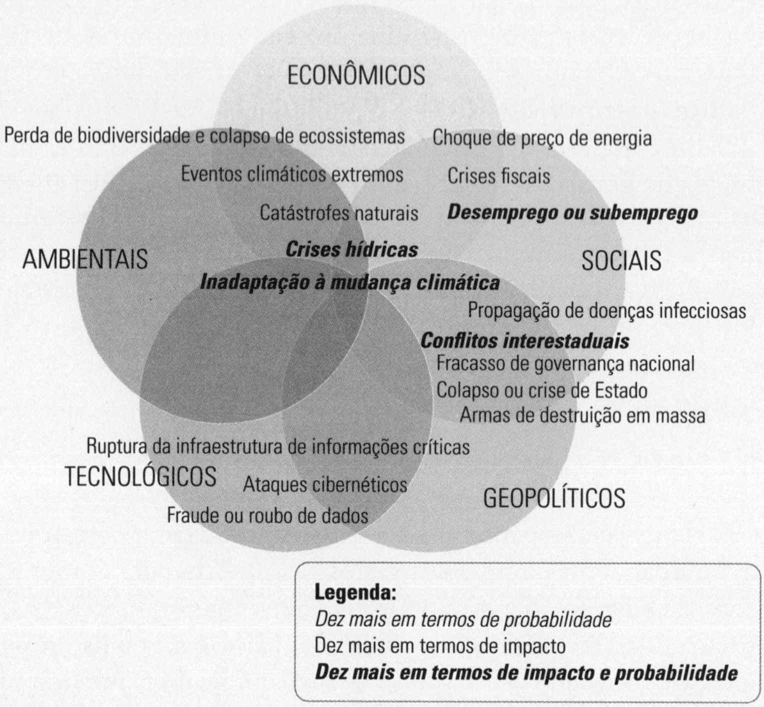

ECONÔMICOS

Perda de biodiversidade e colapso de ecossistemas — Choque de preço de energia

Eventos climáticos extremos — Crises fiscais

Catástrofes naturais — *Desemprego ou subemprego*

AMBIENTAIS — *Crises hídricas* — SOCIAIS

Inadaptação à mudança climática

Propagação de doenças infecciosas

Conflitos interestaduais

Fracasso de governança nacional

Colapso ou crise de Estado

Armas de destruição em massa

Ruptura da infraestrutura de informações críticas

TECNOLÓGICOS — Ataques cibernéticos

Fraude ou roubo de dados — GEOPOLÍTICOS

Legenda:
Dez mais em termos de probabilidade
Dez mais em termos de impacto
Dez mais em termos de impacto e probabilidade

FONTE: Adaptado de Fórum Econômico Mundial Global Risks Report, 2015.

Em relação aos *stakeholders*, qual é o nível de interesse e de adesão deles? Os empregados e os empresários estão familiarizados com os conceitos de economia circular e conscientes de seu potencial? É melhor começar com eficiência dos recursos e redução de resíduos e procurar maneiras de tornar mais circulares os inputs de alto risco? Você conseguiria envolver os *stakeholders* num *workshop* exploratório para gerar ideias e debates?

O **Cambridge Value Mapping Tool** (Ferramenta Cambridge de Mapeamento de Valor) é um método de *workshop* fácil de usar, que ajuda a "reconciliar como a empresa pode criar e entregar valor para seus múltiplos stakeholders, enquanto captura valor para si mesma".[18]

---

[18] VLADIMIROVA, D. New Business Models for a Sustainable Future. *Institute for Manufacturing Review*: University of Cambridge, p. 16–17, 2014. Disponível em: <www.ifm.eng.cam.ac.uk/research/ifm-review/issue-2/new-business-models--for-a-sustainable-future/>. Acesso em: 23 maio 2016.

A ferramenta foi desenvolvida durante vários anos por pesquisadores do Institute for Manufacturing, da University of Cambridge, e tem sido amplamente usada na indústria. Ela pretende adotar uma abordagem holística ao redesenho dos modelos de negócio, sob uma perspectiva de **"valor compartilhado"**.

Valor compartilhado, de Michael Porter e Mark Kramer, é "uma estratégia de gestão para criar valor empresarial mensurável, mediante a identificação e a abordagem de problemas sociais que imbricam com o negócio".[19] O site Shared Value Initiative descreve três maneiras de criar valor compartilhado:

- Reconcepção de produtos e mercados.
- Redefinição de produtividade na cadeia de valor.
- Desenvolvimento de *local cluster* ou arranjo produtivo local.

Cada empresa opera em vários sistemas externos, com uma rede complexa de *stakeholders*. Daí surgem novas oportunidades, sob a perspectiva exclusiva de cada grupo de *stakeholders,* para compreender como capturam, destroem ou perdem valor. Os *stakeholders* podem ser consumidores, clientes e especificadores, comunidades, fornecedores e parceiros, empregados, proprietários, investidores ou acionistas, e, crucialmente, o meio ambiente e os sistemas vivos. A Cambridge Value Mapping Tool ajuda a identificar "trocas de valor fracassadas", usando diferentes lentes para "refletir sobre valor". Na prática, vi a ferramenta e seu método de *workshop* ajudar a gerar ideias em uma gama de contextos de negócios, desde janelas industriais até embalagem de alimentos. A Figura 14.3 resume as diferentes trocas de valor, sob a perspectiva de cada um dos *stakeholders*.

A ferramenta foi desenvolvida e refinada ao longo de muitos anos, e tem sido amplamente usada em *workshops* setoriais. Ela é fácil de compreender e usar, levando os participantes a assumir diferentes papéis de *stakeholders*, na tentativa de enxergar o negócio, o produto ou o serviço aos olhos dos *stakeholders*. A experiência de olhar para o problema do ponto de vista do cliente ou do fornecedor ou da comunidade em torno das fábricas da cadeia de suprimentos pode abrir novas oportunidades de criar valor compartilhado.

---

[19] Shared Value Initiative, 2016. Disponível em: <https://www.sharedvalue.org/about-shared-value>. Acesso em: 3 jun. 2016.

FIGURA 14.3: Pensando em valor

FONTE: VLADIMIROVA, D. *The Cambridge Value Mapping Tool.* Institute for Manufacturing Review, Issue 5, 2015; http://www.ifm.eng.cam.ac.uk/news/the-cambridge-value-mapping-tool/#.V0L0ASK2kV

O Quadro 14.1 mostra um resultado possível para uma empresa de serviços alimentícios, em que os problemas da cadeia de suprimentos são classificados conforme as condições sistêmicas da Natural Step. Muitos dos problemas mostram que não se capturou valor para vários *stakeholders* diferentes, o que pode ser bom ponto de partida para discussões e ideias focadas na criação de oportunidades de criar valor a partir desses problemas.

Fatores externos

A estratégia de negócio bem-sucedida avalia o impacto provável de indutores externos relevantes. As novas **tecnologias** estão ameaçando causar rupturas em seu setor? A tecnologia digital transformou os setores de música e fotografia, em apenas poucos anos. O que os seus concorrentes estão fazendo? Você está enfrentando riscos impostos por um concorrente estabelecido? Acaso há novas ameaças de start-ups, focadas no seu setor (por exemplo, Airbnb para hotéis, Uber para táxis) ou de uma empresa estabelecida, que está entrando no seu espaço (p. ex., a Amazon, entrando em entrega de alimentos ou produtos de mercearia)?

QUADRO 14.1: Valor não capturado – exemplos de serviços de alimentação

Stakeholder →			Planeta		Pessoas				Lucro	
Valor não capturado			Sistemas vivos	Recursos da Terra	Empregados	Clientes e usuários finais	Sociedade	Governos, ONGs	Proprietários/ Acionistas	Fornecedores
Perdido	Nós o criamos	...mas dele não capturamos valor	Sobras de alimentos							
					Competências subutilizadas dos empregados					
				Excesso de estoque						
				Venda de alimentos não sazonais de fontes distantes						
			Mudança no uso da terra por outlets e infraestrutura de logística							
			Escoamento de água de prédios							
Destruído	O que criamos...	...tem impacto negativo	Extração de combustíveis fósseis (e resíduos de mineração)							
			Poluição: ar, água, solo (e custos de limpeza/impostos)							
					Desmotivação (p. ex., contrato de zero horas, baixa remuneração)					
					Barulho – operações e veículos					
					Acidentes					
			Embalagem não reutilizável (e impostos)							
									Sistemas *back door* ineficientes	
Ausente	Há uma necessida-de...	...mas não é necessário			Falta temporária de trabalho/materiais					
					A embalagem não é biodegradável					
					Aprendizado e desenvolvimento limitados					
					Poucas perspectivas de carreira (desmotivação/alto *turnover* de pessoal)					
					Nível de serviço inconsistente					
Excesso	Criamos isso...	...mas não é necessário			Baixa produtividade/tempo ocioso					
					Entrega no dia seguinte para prazo de entrega de três dias					
					Capacidade de trabalho excessiva					
				Embalagem excessiva						
					Vender menos do que poderíamos					

Legenda da condição sistêmica:

1	Materiais escassos extraídos da terra
2	Produtos químicos artificiais, tóxicos e persistentes
3	Destruição e poluição da natureza
4	Trabalho e/ou condições de uso
M	Múltiplo/monetário

FONTE: After Vladimirova, D (2015) The Cambridge Value Mapping Tool, Institute for Manufacturing Review, Issue 5 [Online] http://www.ifm.eng.cam.ac.uk/news/thecambridge-value-mapping-tool/#.V0LOA-SK2kV

Ferramentas como a análise **SWOT** (*strenghts* [forças], *weaknesses* [fraquezas], *opportunities* [oportunidades], *threats* [ameaças]) são úteis para combinar fatores internos e externos, considerado o propósito e o "ponto de venda" único do negócio, e observando ao mesmo tempo as mudanças prováveis no ambiente externo. A análise **PEST** (fatores políticos, econômicos, sociais e tecnológicos) pode ajudar a focar nas mudanças, riscos e oportunidades que já existem ou que tendem a emergir durante a implementação da estratégia. Geralmente se expande a **PEST** para incluir fatores ambientais e legais, mudando o acrônimo para **PESTLE**. Embora esses fatores sejam diferentes para cada negócio, podemos figurar muitos liames, e alguns deles imbricam com vários cabeçalhos **PESTLE**.

Os fatores **políticos**, inclusive intervenções do governo nos níveis nacional e local, incluem acordos comerciais e políticas fiscais e econômicas, como a tributação de resíduos enviados para aterros sanitários. Também há indutores políticos globais: ao fim de 2015, o COP21, em Paris, convocado pela Conferência das Nações Unidas sobre as Mudanças Climáticas (UNFCCC),[20] alcançou um "acordo histórico para combater a mudança climática e acelerar e intensificar as ações e investimentos necessários para a construção de um futuro sustentável de baixo carbono". Seu "objetivo central é fortalecer a resposta global à ameaça de mudanças climáticas, mantendo o aumento da temperatura global neste século bem abaixo de 2 °C em relação aos níveis pré-industriais e empenhando-se em conter o aumento da temperatura além de 1,5 °C".

Os fatores **econômicos** incluem inflação, crescimento ou recessão econômica e taxas de juros. A perspectiva para preços dos principais **recursos** deve ser revisada, embora a previsão das tendências de preços seja obviamente complexa, e nem sempre siga os padrões históricos. Os padrões de longo prazo constam do Global Commodity Index, criado pelo McKinsey Global Institute, que é citado em muitos dos relatórios da Ellen MacArthur Foundation — e é possível buscar o *MGI Commodity Price Index* no site da McKinsey.[21]

---

[20] PARIS Agreement. *UNFCCC*, 2016. Disponível em: <unfccc.int/paris_agreement/items/9485.php>. Acesso em: 15 maio 2016.

[21] MGI'S Commodity Price Index: An Interactive Tool. *McKinsey*, 2016. Disponível em: <http://www.mckinsey.com/tools/wrappers/redesign/interactivewrapper.

Os fatores **sociais** e demográficos incluem crescimento da população e mudanças demográficas, como envelhecimento dos consumidores, disponibilidade de trabalho, fatores de saúde, tendências da moda, atitudes perante a educação, carreira, política, e assim por diante. Os fatores culturais também podem ser importantes – os *Millennials* estão preferindo modelos de "uso" aos modelos de "propriedade"; se essa tendência prevalecer ou se fortalecer na próxima geração, o mercado de serviços e os modelos de aluguel também se expandirão. A casa própria, a vida urbana, as preferências por meios de transporte e a expansão do uso de internet e de mídias sociais por certo influenciarão as estratégias empresariais.

Os fatores **tecnológicos** abrangem os desenvolvimentos de que já tratamos neste livro, como digitalização, impressão 3D, internet das coisas, *big data* e outros. A disseminação acelerada dessas tecnologias significa adoção mais rápida de inovações recentes, à medida que se tornam mais baratas e eficazes.

Os fatores **legais** e regulatórios podem imbricar com influências políticas e com mudanças legislativas, às vezes necessárias para promover agendas políticas (p. ex., tributação do açúcar para melhorar a saúde pública, reduzir os custos da assistência médica e aumentar o bem-estar social). Certas inovações disruptivas podem desafiar as leis vigentes, como o modelo Uber conflitando com taxistas licenciados em Londres e em outras cidades, ou hospedagens do Airbnb transgredindo a legislação local sobre sublocação. Padrões vigentes ou inovadores podem ser importantes, sejam compulsórios (p. ex., Ecodesign na EU), sejam voluntários, como padrões de captação orgânicos ou sustentáveis. Uma lei sobre ecocídio induziria comportamentos mais sustentáveis, e a campanha está conquistando atenção em todo o mundo, com os governos demonstrando interesse crescente.[22] Geralmente, os governos financiam a limpeza das externalidades das empresas, e muitos países estão mudando a regulação para internalizar esses custos, devolvendo-os aos responsáveis. Os problemas incluem obesidade e outras patologias crônicas, provocadas por alimentos processados e pela ingestão excessiva de açúcar, assim como por emissões de GEE, poluição do ar, descarte de resíduos, e assim por diante.

---

aspx?sc_itemid={0237e967-a10a-489f-b428-c5aa3437d98f}>. Acesso em: 3 jun. 2016.

[22] End Ecocide. Disponível em: <www.endecocide.org/>. Acesso em: 15 maio 2016.

Mencionamos fatores **ambientais** ao longo de todo livro. Reinterando, muitos deles imbricam com outras áreas – mudanças do tempo e do clima afetam comunidades, impulsionam migrações e deflagram agitações cívicas, que, por seu turno, geram pressões geopolíticas e riscos econômicos.

Superando barreiras

Ao questionar a viabilidade e as propostas das abordagens circulares, um relatório da Ellen MacArthur Foundation (2012) resume numerosas preocupações comuns[23]:

- **O deslocamento para modelos de desempenho aumentará o "custo total da propriedade".** Produtos duráveis podem dissuadir os clientes de substituir modelos mais velhos por versões mais novas e mais eficientes. Os modelos de *leasing* ou aluguel podem facilmente superar essa questão, e os contratos de desempenho ou resultado estimulam tanto o provedor quanto o usuário a optar por produtos mais eficientes. Esses tipos de modelos também incentivam a adoção de designs modulares, facilitando a substituição de componentes relevantes, como a reposição do motor por outro mais eficiente.

- **A fabricação de produtos mais duráveis significa menos vendas no longo prazo.** É provável que isso afete produtos com mau desempenho e menos duráveis. Os fabricantes e varejistas talvez tenham de adaptar suas ofertas para incluir renovação, conserto e revenda, de modo a compensar a perda de vendas daí resultante.

- **Os clientes preferem a propriedade ao aluguel ou ao *pay per use*.** Já vimos estudos mostrando que os *Millennials* estão optando pelo uso em lugar da propriedade, e o desenvolvimento acelerado da tecnologia está encorajando mais pessoas a contratar o uso de equipamentos. Esquemas de uso de carro a preço fixo e contratos de telefones móveis que incluem a substituição regular dos dispositivos são hoje comuns para os consumidores do Reino Unido. Os clientes empresariais avaliarão os benefícios da propriedade

---

[23] NEWS, But does it Actually Work? *Ellen MacArthur Foundation*, 2012. Disponível em: <www.ellenmacarthurfoundation.org/news/but-doesit-actually-work>. Acesso em: 23 maio 2016.

em comparação com outras maneiras de acessar produtos e serviços, em termos de balanço patrimonial e de fluxo de caixa.

- **A substituição dos modelos de negócio baseados em vendas reduz o fluxo de caixa.** O financiamento da redução inicial na geração de caixa pode ser difícil e arriscado para as empresas, mas alguns bancos, como o DLL, estão reconhecendo as oportunidades comerciais de promover modelos circulares e estão desenvolvendo serviços financeiros para apoiar os modelos de *leasing*, aluguel e *pay-per-use*. Start-ups como TurnToo estão interligando fabricantes e usuários; por exemplo, ao formar parceria com a Philips para oferecer serviços de *pay-per-lux* às empresas.[24]

Markus Zils, ex-McKinsey, fala da necessidade de "reconsiderar o caso de negócio" da economia circular[25]:

- **Se os preços dos recursos caem, o caso de negócio não funciona.** Os preços dos recursos diminuíram gradualmente ao longo do século XX, à medida que melhoramos as técnicas de descoberta, extração, cultivo e processamento de recursos. Essa tendência agora se reverteu, com inclinação ascendente íngreme no século XXI. A demanda agora está superando a oferta, e já descobrimos e exaurimos todas as fontes fáceis.

- **O modelo de negócio não funciona para produtos de baixo custo.** É mais fácil desenvolver o caso de negócio para B2B e produtos mais valiosos, mas também há muitas oportunidades para produtos menos valiosos. As opções incluem usar materiais reciclados, fazer produtos e embalagens mais duráveis, adotar modelos de reabastecimento e de renovação, ou entregar diretamente ao consumidor.

- **Os clientes não estão preparados para isso – eles querem os produtos mais baratos.** A propriedade está ficando menos relevante para alguns produtos e para alguns grupos demográficos.

---

[24] CASE Study: Selling Light as a Service. *Ellen MacArthur Foundation*, 2016. Disponível em: <www.ellenmacarthurfoundation.org/case-studies/selling-light-as-a-service>. Acesso em: 18 maio 2016.

[25] ZILS, M. *Re-Thinking the Business Case for a Circular Economy.* Apresentado no Ellen MacArthur Foundation Re-thinking Progress. Bradford University, 15 abr. 2015.

As pessoas estão se abrindo mais para o consumo responsável e para modelos de "compartilhamento", e o ativismo dos consumidores está crescendo, com *repair* cafés, grupos de interesse comunitários se engajando na sobreciclagem e na subciclagem, e campanhas de ONGs, como a *behind the brands* (por trás das marcas), da Oxfam, avaliando os fabricantes de alimentos com base em metas sustentáveis.

A pegada da fabricação e das cadeias de suprimentos é demasiado complexa e se estende por várias regiões do globo. A McKinsey, num trabalho sobre a economia circular, salienta a complexidade das redes de fornecimento e fabricação que muitas empresas desenvolveram para apoiar seus modelos de economia circular.[26] Os exemplos oferecidos incluem uma furadeira sem fio da B&Q, com até 80 componentes, usando 14 matérias-primas diferentes, oriundas de cerca de 7 países. Podemos mencionar muito mais produtos com muito mais complexidade de componentes, materiais e fontes, o que dificulta o fechamento do *loop* e tende a exigir redes reversas mais intricadas e custos de logística mais altos. A McKinsey sugere a adoção de abordagens de parceria, como permitir que os fornecedores negociem componentes usados e decidam sobre o que reutilizar ou reciclar. O rastreamento da localização e das condições dos produtos e componentes pode melhorar a eficácia das cadeias de suprimentos reversas, talvez direcionando os produtos para o processo de recuperação adequado, sem necessidade de coletas e inspeções centralizadas.

Complexidade dos materiais: a McKinsey também foca na mistura complexa de materiais nos produtos modernos, com muitos deles carecendo de transparência quanto aos insumos e à formulação. Os produtos químicos e os materiais estão ficando cada vez mais complexos, e o trabalho enfatiza as oportunidades de simplificação da lista de materiais, tanto na fase de design quanto nas revisões periódicas, para verificar se agora os materiais podem ser simplificados ou substituídos. O McDonough Braungart Design Chemistry (MBDC)

---

[26] NGUYEN, H.; STUCHTEY, M.; ZILS, M. Remaking the Industrial Economy. p. 11. *McKinsey Quarterly*, fev. 2014. Disponível em: <www.mckinsey.com/business-functions/sustainability-andresource-productivity/our-insights/remaking--the-industrial-economy>. Acesso em: 23 maio 2016.

Cradle to Cradle® Design Framework avalia o design dos novos produtos com base em três conjuntos de critérios[27]:

- Química dos materiais: que produtos químicos entram na composição dos materiais especificados para o produto, e são os mais seguros disponíveis?
- Desmontagem: nós podemos desmontar o produto com facilidade, no fim de sua vida útil, e reciclar os materiais?
- Reciclabilidade: os materiais contêm insumos reciclados? Esses materiais poderão ser reciclados novamente, no fim da vida útil do produto?

O MBDC Design Framework classifica cada material em quatro categorias, com base na avaliação dos riscos dos produtos químicos usados em sua fabricação. Para tanto, considera fatores referentes à saúde humana, como carcinogenicidade, disrupção endócrina, toxidade e outros, e à saúde ambiental, como metais pesados, toxidade e persistência ou biodegradabilidade.

Iniciando a jornada

A jornada e o mapa do percurso serão únicos para cada negócio; e o escopo e a escala das primeiras iniciativas dependerão do nível de conhecimento e do grau de adesão às abordagens de economia circular. Talvez haja alguns *stakeholders* importantes, já esclarecidos e entusiásticos, de um lado, e grupos de gestores e profissionais não tão conscientes e engajados, de outro. Alternativamente, talvez seja preciso que um punhado de pessoas, em funções de design ou cadeia de suprimentos, interessadas no aproveitamento de oportunidades, convença o grupo mais amplo quanto aos benefícios daí decorrentes. Em cada contexto, por certo será proveitoso passar algum tempo materializando a visão abstrata em algo mais tangível, para cada grupo de *stakeholders*. Evite o jargão, foque nas oportunidades de criar valor e reduzir riscos, e ofereça exemplos de inovações em áreas semelhantes à de sua empresa, em termos de setor de atividade, porte de negócios,

---

[27] ROSSI, M. *et al. Herman Miller's Design for Environment Program.* 2005. Disponível em: <chemicalspolicy.org/downloads/HermanMillerDardenCaseStudy8Nov05. pdf p2-3>. Acesso em: 23 maio 2016.

clientes-alvo e outros fatores. Depois de alcançar certo nível de interesse e entusiasmo, é hora de propor ideias de baixo risco que se encaixem em poucas prioridades específicas. A certeza de que as primeiras iniciativas são relativamente pouco arriscadas e podem gerar oportunidades de aprendizado ajudará a manter o entusiasmo e a impulsionar iniciativas mais amplas nas fases seguintes. Divulgar o progresso e o aprendizado (positivo e negativo) alimenta a empolgação. Encorajar ideias e *feedback* de todos os grupos de *stakeholders*, internos e externos, ilumina problemas potenciais ainda incipientes e suscita novas ideias, ajustes e aprimoramentos. Comunicar os benefícios – "buscando o prazer e evitando a dor" – induz as pessoas a se sentirem orgulhosas de estarem perseguindo objetivos "à prova de futuro".

Das ideias para a ação

É provável que você precise pesquisar problemas e oportunidades de mercado para definir a estratégia e desenvolver o caso de negócio. O "panorama" potencial de ideias e iniciativas pode ser amplo; portanto, talvez seja útil começar com um esboço de plano, e destacar o que você **não sabe**. A Figura 14.4 mostra uma abordagem que eu uso, adaptando o modelo de design sistêmico holístico da permacultura, geralmente abreviada para OBREDIM: *observe* (observação), *boundaries* (limites), *resources* (recursos), *evaluation* (avaliação), design, *implement* (implementação), *maintain* (manutenção).

FIGURA 14.4: Processo estratégico

Essa abordagem pretende trabalhar de maneira mais evolucionária, reconhecendo que o propósito e as ideias originais podem mudar quando se compreendem mais informações, depois de refletir sobre os riscos, e quando os custos e as escalas temporais do projeto ficam mais claros. O processo de revisão alimenta *loops* de *feedback,* propiciando "ajustes e melhorias" no escopo, limites, recursos e outros elementos do projeto.

Mapeamento dos benefícios

Ao decidir onde começar, talvez seja útil "mapear" os benefícios das ideias iniciais. Um gráfico simples num cavalete é útil para avaliar os fatores concorrentes, como nível de risco *versus* impacto sobre o negócio, custo *versus* receita, e assim por diante. Vale repetir o exercício para diferentes horizontes temporais, porquanto os riscos e as oportunidades de curto prazo podem parecer muito diferentes na perspectiva de longo prazo, quando se olha 15 a 30 anos adiante. Quais são as suas ideias para reduzir riscos, cortar custos, aprimorar produtos ou expandir mercados e canais de vendas? Como melhorar as capacidades e a resiliência do negócio? Com base nesse exercício, é possível priorizar algumas vitórias rápidas e algumas ideias duradouras, e, então, verificar que outras informações seriam necessárias para melhor explorar e avaliar a situação.

O caso de negócio tende a apresentar uma gama de benefícios qualitativos, assim como ganhos quantitativos. Os benefícios qualitativos podem incluir:

- Engajamento e produtividade dos empregados.
- Valor da marca, reforço da reputação, confiança, lealdade dos clientes.
- Melhoria do relacionamento com os clientes empresariais, à medida que iniciativas circulares e mais sustentáveis aprimoram as avaliações dos fornecedores e os ajudam a cumprir as metas internas.
- Redução dos riscos da cadeia de suprimentos ou de disrupção do negócio.
- Atenuação de mudanças regulatórias ou de onerações fiscais; p. ex., na legislação sobre manejo de produtos e sobre tributação de refugos/resíduos.

Sua empresa talvez já tenha processos para planejamento e implementação de grandes projetos, que podem ser ajustados às complexidades e às abordagens de "design sistêmico holístico", que caracterizam os modelos circulares. Uma revisão do projeto Great Recovery, da RSA, que investiga o papel do design na economia circular, incluiu dez "lições aprendidas".[28] Assumir a posição de que "resíduo é falha de design" foi fundamental para salientar a capacidade do design de exercer enorme impacto na "maneira como fazemos, consumimos e descartamos nossas coisas". As lições envolvem abraçar a complexidade e o mapeamento dos sistemas, usando diagramas de "redes circulares" e *The Four Design Models*:

- Design para a longevidade.
- Design para aluguel ou serviço.
- Design para reutilização na manufatura.
- Design para recuperação de materiais.

"Aprender (des)fazendo", inclusive visitando locais de descarte de resíduos ou desmontando objetos (desmantelamento do produto), foi considerado altamente eficaz na exposição dos desafios. A comunicação focada no design ajudou a tornar o projeto mais centrado em pessoas, encorajando a adesão de novos participantes ao movimento. A experimentação e o redesenho permitiram o "surgimento de novos resultados inesperados [...] oriundos do aprendizado baseado em ação, porque nunca se sabe o que o desmantelamento revelará".

Pensamento sistêmico

Já examinamos o impacto de fatores externos e a importância de envolver uma gama mais ampla de *stakeholders*. Também vemos na estrutura da economia circular (Figura 14.5) os fatores externos que interferem em nossos objetivos circulares – disponibilidade de recursos, legislação, aceitação de novas abordagens ao design

---

[28] DESIGNING for a Circular Economy: Lessons from the Great Recovery. p. 6, 14. *RSA*, mar. 2016. Disponível em: <www.thersa.org/discover/publications-and-articles/reports/designingfor-a-circular-economy-lessons-from-the-great-recovery-2012-2016>. Acesso em: 23 maio 2016.

ou aos modelos de negócio, descobrindo parceiros de colaboração apropriados.

FIGURA 14.5: *Framework* da economia circular

FONTE: © CATHERINE WEETMAN

Em todo este livro, enfatizamos a importância de adotar uma abordagem sistêmica holística para considerar possíveis inovações e estratégias. Examinamos aqui uma ferramenta desenvolvida especificamente para oferecer uma abordagem transfuncional ao design sistêmico holístico, a ser usada por empresas que pretendem desenvolver modelos circulares.

Ferramenta de jogo de cartas para design sistêmico holístico e desenvolvimento de modelo de negócio numa economia circular

Contribuição de Barry Waddilove

Nos últimos 26 anos, trabalhei como designer de produto, desenvolvendo produtos eletrônicos de consumo e aparelhos eletrodomésticos para domicílios. Para mim, nada é mais deprimente do que viajar a um centro de "reciclagem" local e deparar com pilhas de eletrodomésticos, televisores e computadores, muitos deles com menos de dez anos de uso. Estou convencido de que muitos dos colegas com quem trabalhei ao longo dos anos têm a mesma sensação. Seja você um engenheiro de produção, concebendo um novo processo de fabricação; um gerente de marketing, construindo marcas ou serviços; ou um cientista de materiais, identificando as propriedades certas dos materiais, essas equipes almejam criar produtos que cada um de seus membros, pessoalmente, gostaria de usar, um produto que funcionaria bem e se mostraria confiável. Todavia, apesar dessas aspirações individuais, os números mostram que, na economia linear ainda predominante, de extrair-fazer-descartar, cerca de 80% dos produtos minerados ou cultivados acabam em aterros sanitários, não mais do que dois anos depois da venda.[29]

Para as equipes de desenvolvimento, a economia circular, portanto, propõe uma alternativa interessante, uma nova abordagem ao desenvolvimento de produtos, que é restauradora pelo próprio design. Os produtos e os materiais são mantidos em uso durante tanto tempo quanto possível, os modelos de negócio são redesenhados, com foco em serviços, para maximizar a geração de valor durante toda a vida, e os materiais são recuperados e regenerados no fim da vida útil, sempre que for possível. Como, porém, constituir organizações empresariais como parte de cadeias de suprimentos complexas, em âmbito global, de modo a fazer a transição de modelos de negócio lineares para modelos de negócio circulares? Muitos dos atuais designs sustentáveis têm a tendência de maximizar benefícios dentro de áreas específicas da empresa, sem levar em conta, adequadamente, as consequências em outros lugares. As equipes de produto são compostas de especialistas de muitos campos, que devem colaborar com eficácia para alcançar um modelo de negócio circular exitoso. Com tantas funções diferentes interagindo nas equipes de projetos empresariais complexos, como convencer todos os participantes a interagir e conjugar esforços em busca da próxima "grande ideia"?

---

[29] INGLETHORPE, S. Circular Economy: Igniting a Business Revolution. *ENDS Report*, v. 457, p. 16–19, mar. 2013. Disponível em: <www.endsreport.com/37611/circular-economy-igniting-a-business-revolution>. Acesso em: 4 maio 2016.

A abordagem de design sistêmico é necessária para enfatizar o valor de todos os fluxos de material, energia e pessoas. No entanto, as atuais ferramentas de análise de design, como a avaliação do ciclo de vida, são consideradas complexas, exigindo o uso de software sofisticado e jargão especializado.[30] As abordagens típicas ao ecodesign também requerem que os detalhes referentes a materiais, energia, processos de montagem e capacidade de produção sejam bem definidas, antes da mensuração eficaz da sustentabilidade. Esse requisito é até certo ponto impraticável, quando os impactos ambientais são minimizados na interface da ecoinovação.[31] Também os engenheiros são desafiados a implementar processos rigorosos enxutos ou Seis Sigma, que garantam a qualidade com base em estimativa preliminar da vida do produto, muito antes de conhecer o sucesso ou o fracasso do produto no mercado.

As dificuldades não se limitam ao campo de desenvolvimento do design. A transição exitosa para a economia circular requer não só inovação no produto, mas também inovação no modelo de negócio. Exige contribuição de todos os membros da equipe, porque, ao adaptarmos os materiais e a energia que entram na fábrica, é possível que também estejamos mudando o relacionamento com os clientes, na maneira como o produto ou serviço é entregue. As empresas que ajustarem os produtos e a cadeia de suprimentos à economia circular devem desenvolver um relacionamento duradouro da marca com o mercado baseado em serviços pessoais e em manutenção do produto, em vez de um relacionamento efêmero, que se rompe tão logo o produto quebra.

O Design Sistêmico Holístico fornece esse rigor, ao propiciar a consideração do sistema inteiro, como uma totalidade, sob múltiplas perspectivas, para compreender de que maneira as partes podem trabalhar juntas, como sistema integrado, de modo a criar sinergias e resolver simultaneamente múltiplos

---

[30] VOGTLÄNDER, J. *A Practical Guide to LCA for Students, Designers and Business Managers*. Delft: VSSD, 2010.

[31] BOCKEN, N.; FARRACHO, M.; BOSWORTH, R.; KEMP, R. The Front-End of Eco-Innovation for Eco-Innovative Small and Medium Sized Companies. *Journal of Engineering and Technology Management*, v. 31, p. 43–57, 2014.

problemas de design. É um processo interdisciplinar, colaborativo e interativo".[32] Como tornar esse processo acessível para equipes que trabalham numa organização empresarial complexa, cuja força de trabalho é diversificada, com diferentes graus de conhecimento técnico? Essa pergunta gerou muito debate durante um programa de verão de uma semana na Ellen MacArthur Foundation, de que participei, em 2014. A primeira inspiração sugeriu a ideia de um desafio ou jogo sobre circularidade, em que as pessoas exploravam novas ideias. Pesquisas posteriores revelaram que a "gamificação" é um campo emergente, com potencial significativo de engajamento e de mudança comportamental. Basicamente, ocorreu-me a ideia de desenvolver um jogo de cartas simples, para que o design sistêmico pudesse ser explorado por qualquer pessoa na empresa, desde o CEO até as equipes de vendas e engenheiros na fábrica. Afinal, todos podem jogar cartas.

Parti, então, para a criação do meu "Baralho de Inovação Circular" e comecei a procurar empresas para avaliar as versões iniciais da ferramenta. Minha decisão, depois de conversar com várias empresas, foi iniciar com uma empresa relativamente simples, no primeiro estudo de caso, e, em seguida, depois de criar as cartas, avançar para uma avaliação mais profunda, envolvendo várias empresas internacionais mais complexas. A versão final do jogo de cartas foi validada por testes cuidadosos, em mais de uma dúzia de empresas internacionais, muitas das quais estavam empenhadas proativamente no desenvolvimento de produtos e serviços para a economia circular. A Figura 14.6 mostra o desenho das cartas.

Introdução ao jogo de cartas

O jogo tem três estágios:

- O **estágio um** do jogo consiste em esboçar um mapa do sistema básico do negócio existente – com as atividades da empresa e sua rede de fornecimento e distribuição enquadradas como inputs, processos internos ou outputs. Esse estágio ajuda as pessoas a explicar as "atividades principais" ▶

---

[32] BLIZZARD, J.; KLOTZ, L. A Framework For Sustainable Whole Systems Design. *Design Studies*, v. 33, p. 456–79, 2012.

FIGURA 14.6: Desenhos das cartas

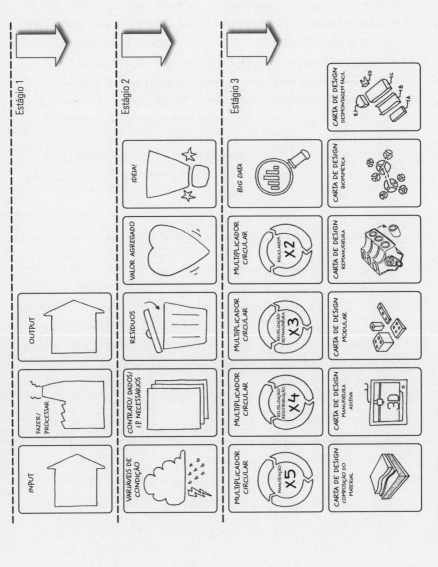

FONTE: © WADDILOVE, jul. 2014

do negócio atual, sob suas próprias perspectivas, ao mesmo tempo em que destaca os principais *stakeholders* externos, como fornecedores ou clientes importantes.

- No **estágio dois**, as cartas são colocadas numa camada, diretamente acima das cartas referentes ao estágio um. O tema principal do estágio dois é "riscos e oportunidades" para os negócios existentes, mas descritos sob a perspectiva da atual posição dos entrevistados e seu círculo de influência dentro da empresa.

- Depois da conclusão do estágio dois, os jogadores passam para o **estágio três**, em que se identificam os projetos circulares potenciais. Novamente, essas cartas são colocadas numa camada acima das cartas referentes aos estágios anteriores. Mais uma vez, as escolhas são feitas sob a perspectiva dos jogadores, e, frequentemente, os projetos circulares são propostos como soluções possíveis para alguns dos desafios identificados no estágio dois.

Ao fim do jogo, os jogadores estão em condições de selecionar os projetos de economia circular em que estão interessados, levantando da mesa de jogo cada "pilha de projeto". Cada pilha de cartas inclui uma ideia circular, ligada nitidamente a um desafio empresarial existente, e, possivelmente, a uma matéria-prima básica, processo ou cliente. A adoção dessa abordagem, associada à solução de problemas, é útil para angariar adesão a uma nova proposta de projeto da organização de negócios mais ampla. Além disso, é melhor jogar o jogo um a um, com diferentes participantes de toda a empresa. As diferentes contribuições são, então, compiladas para identificar os projetos mais promissores sugeridos por vários jogadores.

Detalhes do procedimento jogo de cartas

Antes do início do jogo, pede-se aos participantes para focar em um produto atual de uma empresa real, a ser usado como tema durante o jogo. Mostra-se aos jogadores o diagrama da Figura 14.7, que resume os temas e os assuntos das ▶

$ = **Valor medido para todas as partes**

Captura eficaz de energia

Variáveis de condição

Empresa ou fábrica

Cliente

Fornecimento especializado de energia

Inputs mínimos de energia

Design e fabricação eficientes

Gestão eficiente de instalações

MONITORAMENTO DE DADOS

Fornecimento eficiente

Serviços

Fornecimento especializado de materiais

Inputs ótimos de materiais

Retenção eficaz de ativos

Retenção de material residual

Produção mínima de resíduos

MONITORAMENTO DE DADOS

FONTE: © WADDILOVE, 2013

cartas revelados durante o jogo. Pede-se a cada entrevistado para expor suas opiniões pessoais sobre a maneira como o sistema da empresa se relaciona com a função dele e o produto em questão.

Entrega-se ao jogador um conjunto de blocos de notas de várias cores, juntamente com uma caneta preta com ponta de feltro. Os jogadores seguem as "instruções do jogo" mostradas no Quadro 14.2, e juntam notas para responder a cada carta lançada na mesa. Ao fim do nível um, o sistema básico do negócio fica claro. Os jogadores, então, passam para o estágio dois e, depois, para o estágio três, quando, finalmente, se definem as ideias de design e os modelos de negócios para a economia circular.

O jogo em si e as discussões duram de uma hora e meia a duas horas. Em cada uma de minhas sessões de jogo de cartas, as respostas verbais dos jogadores também foram gravadas, e as perguntas qualitativas suscitaram *insights* úteis, relevantes para os principais critérios identificados durante as pesquisas preliminares. O fluxograma da Figura 14.8 resume muitos desses *insights* e destaca uma seleção de *feedback* dos participantes, recebidos durante o projeto de pesquisa.

Insights da pesquisa

As cartas de inovação sistêmica foram criadas, de início, como ferramenta facilmente acessível para as empresas avaliarem projetos de inovação sob a perspectiva da economia circular. Muitas empresas que usaram essas cartas foram induzidas a identificar "projetos experimentais" voltados para problemas específicos no sistema vigente. Esse tipo de trabalho possibilita que uma pequena equipe de preconizadores da economia circular (incluindo *stakeholders* de dentro e de fora da empresa) apresentem "vitórias preliminares" e aos poucos estimulem o apetite da empresa por projetos maiores e mais ambiciosos. Este método é análogo à abordagem adotada por muitas empresas maiores para vender iniciativas essenciais a uma organização ou a um grupo de *stakeholders* multifacetados.

QUADRO 14.2: Instruções para o jogo

Estágio/Tipo de carta	Equipamento necessário: cartas, Post-its (várias cores), pincel atômico, câmera de vídeo, tripé
Pré-entrevista	Pedido: Selecione um produto oferecido por sua empresa, que usaremos como foco para questões de pesquisa durante esta atividade
Estágio Um	***Prompt* de Pergunta**
Input	Use os Post-its fornecidos para descrever todos os inputs da sua empresa (p. ex., matérias-primas, componentes, energia, trabalho)
Fazer/processar	Descreva todos os processos da sua empresa para criar o produto (p. ex, design, montagem, testes, garantia de qualidade, embalagem)
Output	Descreva os outputs: o que sai da fábrica, qual é a sua oferta de marca/serviço (p. ex., produto, diferenciação, rota de vendas, serviços on-line
Estágio Dois	***Prompt* de Pergunta**
Variáveis de condição	Reveja seu mapa do sistema. Destaque as variáveis de condição que afetam a sua empresa (p. ex., variação de preço, disponibilidade de material)
contrato / dados / I.P. necessários	Destaque as áreas da empresa que exigem documentação legal (p. ex., patentes de projetos, contratos com fornecedores e clientes, garantias)
Resíduos	Descreva quaisquer resíduos hoje existentes em seu sistema (p. ex, refugos/retalhos de materiais, energia, atividade humana, embalagem em fim de vida)
Valor agregado	Descreva o valor agregado para seus clientes externos/fornecedores/fregueses e empregados (p. ex., marca, design, credibilidade)
Ideia!	Pare e reveja todo o seu sistema, inclusive a cartas do estágio dois – acrescente quaisquer novas ideias que lhe tenham ocorrido durante o processo
Estágio Três	***Prompt* de Pergunta**
Multiplicador circular: Manutenção x 5 Reutilização x 4 Renovação x 3 Reciclagem x 2	Estas são as suas Cartas Multiplicadoras Circulares. Elas o capacitam a agregar valor a áreas da sua empresa, adotando abordagens de Economia Circular salientadas na nossa introdução. Você verá que as cartas incluem valores de multiplicação, baseados em pesquisas publicadas que demonstram o valor mais alto a ser alcançado por meio de atividades internas, como manutenção. Tente usar mais de uma Carta Multiplicadora e identificar projetos em diferentes áreas de seu mapa (p. ex., input, processo, output)
Big data	Agora identifique áreas de sua empresa que podem se beneficiar da infraestrutura de TI, com foco em *big data*
Cartas de design: Remanufatura Biomimética Desmontagem ativa Desmontagem modular fácil	Estas são as suas Cartas de Design. Elas o ajudam a identificar atividades de design que talvez facilitem a execução de projetos de inovação definidos durante o processo. Selecione quaisquer cartas que em sua opinião possam ser úteis, e as coloque ao lado da área do mapa do sistema em que sejam aplicáveis. Use várias cartas, se necessário, e também procure identificar projetos em diferentes áreas do mapa do sistema em que seriam benéficas (p. ex., input, processo, output)
Conclusão	O seu mapa do sistema agora está completo. Analise-o cuidadosamente e identifique os projetos que têm mais valor para a empresa

FIGURA 14.8: Jogo do Design Sistêmico Holístico – principais critérios

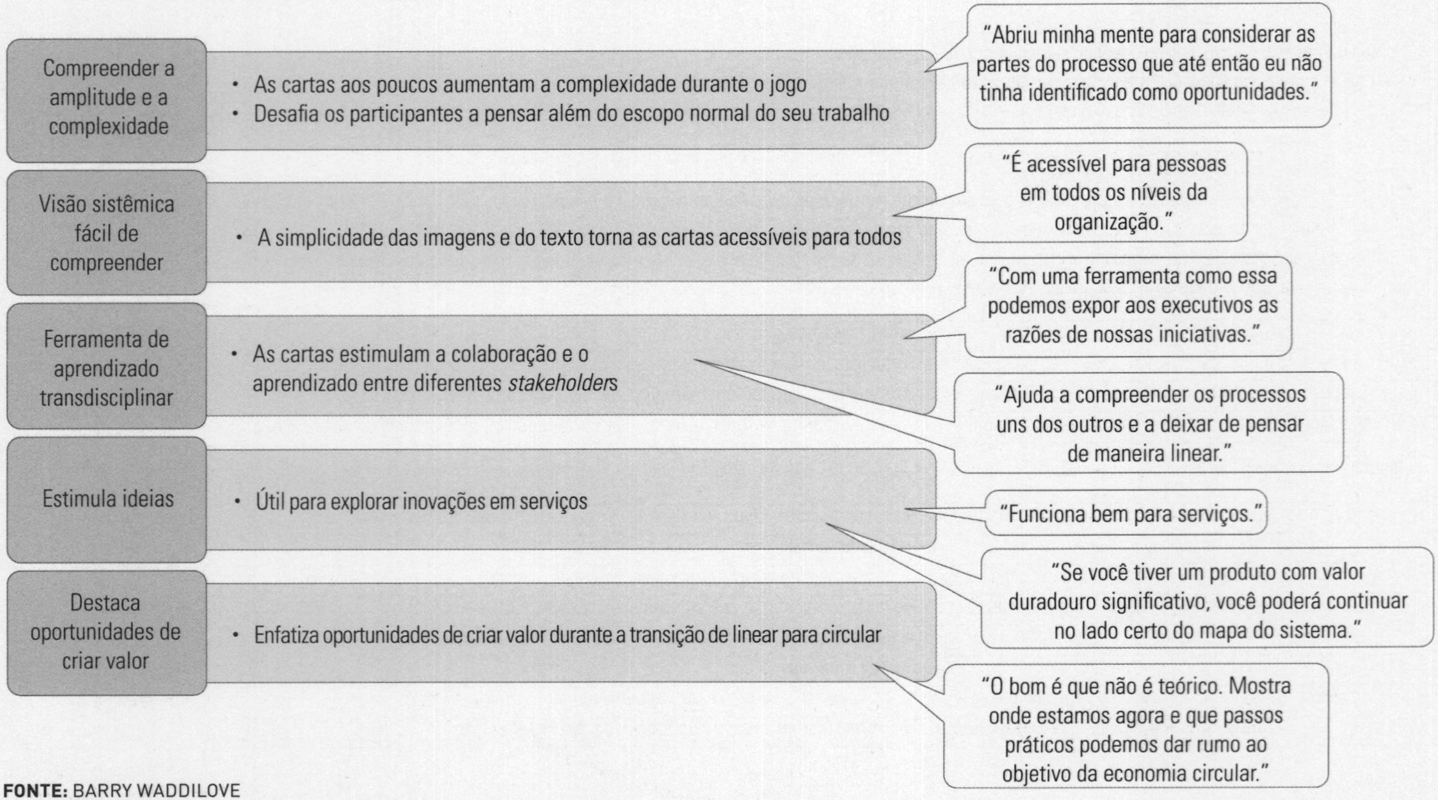

Compreender a amplitude e a complexidade	• As cartas aos poucos aumentam a complexidade durante o jogo • Desafia os participantes a pensar além do escopo normal do seu trabalho	"Abriu minha mente para considerar as partes do processo que até então eu não tinha identificado como oportunidades."
Visão sistêmica fácil de compreender	• A simplicidade das imagens e do texto torna as cartas acessíveis para todos	"É acessível para pessoas em todos os níveis da organização."
Ferramenta de aprendizado transdisciplinar	• As cartas estimulam a colaboração e o aprendizado entre diferentes *stakeholder*s	"Com uma ferramenta como essa podemos expor aos executivos as razões de nossas iniciativas." "Ajuda a compreender os processos uns dos outros e a deixar de pensar de maneira linear."
Estimula ideias	• Útil para explorar inovações em serviços	"Funciona bem para serviços."
Destaca oportunidades de criar valor	• Enfatiza oportunidades de criar valor durante a transição de linear para circular	"Se você tiver um produto com valor duradouro significativo, você poderá continuar no lado certo do mapa do sistema." "O bom é que não é teórico. Mostra onde estamos agora e que passos práticos podemos dar rumo ao objetivo da economia circular."

FONTE: BARRY WADDILOVE

Um desafio é propiciar uma visão sistêmica clara, uma vez que os modelos de negócio na economia circular tenderão a ser mais complexos. No entanto, as equipes devem reconhecer e aceitar essa complexidade; é essencial percorrer detalhadamente o mapa do sistema para descobrir o valor total dos fluxos de materiais e de energia durante toda a vida útil de um produto. A apuração refinada do valor sistêmico do negócio está ficando mais fácil com o uso de tecnologias digitais. Os fabricantes estão investigando novas abordagens para a servitização, que possibilita a mensuração do "valor vitalício total" de cada novo produto. Numa economia circular, a mensuração e o rastreamento exatos do valor duradouro, durante toda a vida de prestação de serviços, é contraponto essencial para enfatizar o valor perdido dos resíduos.

Refletindo sobre o sucesso das sessões de cartas, fica claro que os três estágios desempenham papel importante na identificação de oportunidades de mudança. As inovações propostas no estágio três geralmente se agruparam em torno dos desafios de negócios identificados no estágio dois. Essa constatação se associa a estudos sobre difusão de inovações, de Geels (2004),[33] segundo o qual os nichos de oportunidades desempenham papel vital como sementes de transformação de negócios.

Entrevistas de pesquisa ressaltam o valor das cartas de inovação sistêmica, principalmente em relação a modelos de negócios internacionais. No mercado global, a infraestrutura de TI para *big data* desempenha papel importante na avaliação exata das oportunidades de negócios.

As empresas capazes de se beneficiar mais com as abordagens de economia circular provavelmente serão aquelas com influência significativa sobre toda a cadeia de suprimentos e serviços. As empresas líderes numa nova economia circular demonstrarão perseverança e ambição genuínas para criar uma rede de *stakeholders* simbióticos, que usam a tecnologia em todos os estágios do ciclo de vida do produto, para focar nas necessidades e ambições de cada um de seus clientes. Essa atenção persistente

---

[33] GEELS, F. From Sectoral Systems of Innovation to Socio-Technical Systems: Insights About Dynamics and Change from Sociology and Institutional Theory. *Research Policy*, v. 33, n. 6-7, p. 897–920, 2004.

> à satisfação do usuário propiciará relacionamentos duradouros com a marca, que respeitam o valor dos recursos num mercado global cada vez mais complexo e competitivo.

Prioridades e abordagens escalonadas

Cada negócio tende a enfrentar desafios diferentes ao mover-se para um modelo de economia circular. Engajar os *stakeholders*, tanto internos quanto externos, deve ser prioritário, e pode ajudar a gerar ideias e apoio para as mudanças. Descobrir informações sobre as atuais práticas, materiais e impactos pode ser difícil, sobretudo se a cadeia de suprimentos existente envolver várias camadas de fornecedores e se espalhar por diferentes regiões e países. Nos primeiros estágios, há o perigo de querer incluir muita coisa no escopo do projeto, tornando onerosa e demorada a coleta de dados. Os fornecedores, em especial, podem relutar em compartilhar dados, receosos de que sua *expertise* seja copiada ou de que a informação seja usada para negociar preços.

Que materiais são prioritários para o seu negócio? É possível ordená-los por custo, probabilidade de disrupção ou facilidade de recuperação. Um estudo de edie.net e LAWR pesquisou especialistas e negócios de economia circular, para estimar o potencial da economia circular de gerar uma gama de fluxos de materiais residuais.[34] Ambos os grupos ranquearam metais de terras raras, embalagens de papel laminado de alumínio/aço, e produtos elétricos e eletrônicos (REEE) como os três fluxos com maior potencial. Outros fluxos com alta avaliação foram plásticos, embalagens de vidro e papel, têxteis e entulho de material de construção.

Um relatório sobre o futuro da manufatura para o Government Office of Science, do Reino Unido, prevê que a "manufatura em 2050 parecerá muito diferente da atual e será praticamente irreconhecível em comparação com a de 30 anos atrás".[35] Cerca de 300

---

[34] PERELLA, M. Making Circular Relevant: A Business Blueprint. p. 12. *edie.net* e *LAWR*, 2013. Disponível em: <www.edie.net/downloads/Making-circular-relevant-a-business-blueprint/6?adfesuccess=1>. Acesso em: 18 maio 2016.

[35] THE Future of Manufacturing: A New Era of Opportunity and Challenge for the UK. Summary Report, The Government Office for Science. The Foresight Project, Londres, 2013. Disponível em: <www.gov.uk/government/publications/

importantes empresários, especialistas e formuladores de políticas de 25 países contribuíram para o relatório. Os participantes "enfatizaram reiteradamente o impacto profundo que a sustentabilidade ambiental exercerá sobre os processos de produção", salientando a volatilidade do fornecimento, a mudança climática e o aumento da vulnerabilidade das cadeias de fornecimento globais, além do maior rigor regulatório, envolvendo inclusive a "precificação da pegada ecológica". Para o documento, os produtos e processos sustentáveis se caracterizam por reutilização incorporada, remanufatura e reciclagem, quando "os produtos chegam ao fim da vida útil", e o desenvolvimento de sistemas de *loop* fechado para "eliminar o desperdício de energia e água e promover a reciclagem de resíduos físicos". Ele também prevê três fases prolongadas na "mudança para a manufatura sustentável", apresentadas na Figura 14.9.

FIGURA 14.9: Três fases da transição para a manufatura sustentável

2013-25: Eficiência e resiliência
- Minimização de inputs materiais
- Manejo de resíduos
- Eficiência energética
- Redução do uso da água
- Maior eficiência no uso da terra
- Tecnologia de baixo carbono

2025-50: Experimentação de novos sistemas
- Novas formas de valor associado a produtos
- Reutilização, remanufatura, reciclagem e redesenho de produtos, tendo em vista a recuperação
- Design de produtos mais duráveis para a propriedade compartilhada
- Capacidade extra nas cadeias de suprimentos para assegurar a resiliência

2050 e além: O mundo com restrições de recursos
- Produtos usam menores quantidades de materiais e energia
- Materiais permanecem em *loop* produtivo, não em aterros
- Fábricas mais limpas e silenciosas, perto de consumidores, fornecedores e instituições acadêmicas
- Cadeias de suprimentos com capacidade extra em todos os estágios

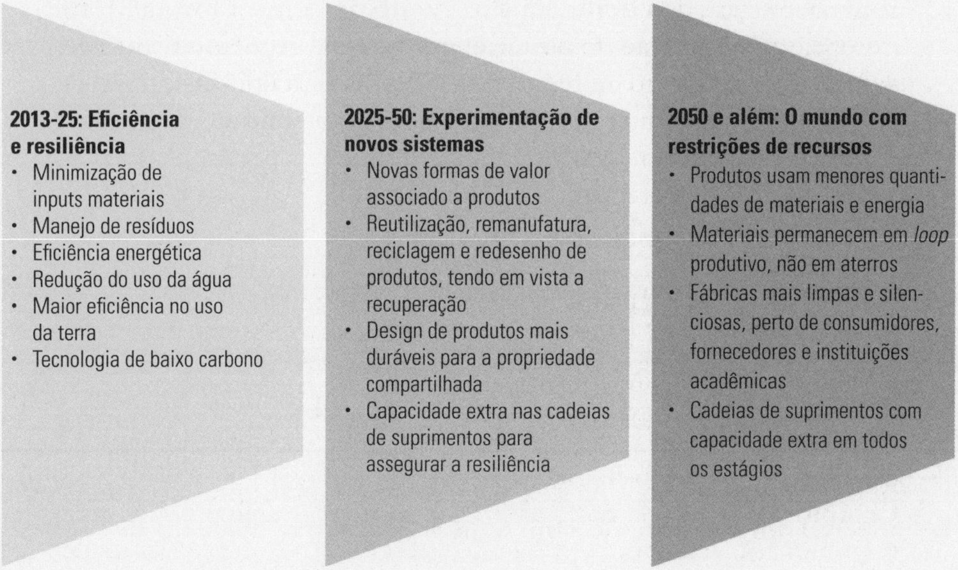

FONTE: FORESIGHT. The Future of Manufacturing: A New Era of Opportunity and Challenge for the UK. Summary Report, The Government Office for Science, Londres, p. 26, 2013.

future-ofmanufacturing/future-of-manufacturing-a-new-era-ofopportunity-an-d-challenge-for-the-uk-summary-report>. Acesso em: 23 maio 2016.

Para as empresas, o processo apresentado no relatório New Industrial Model, de Laery/Pennell, de 2014, propõe uma abordagem pragmática, de três estágios[36]:

1. Reduzir: usar menos (eficiência dos recursos) para reduzir os custos e os impactos.
2. Substituir: reinvestir parte das economias do primeiro estágio para substituir materiais virgens ou insustentáveis por materiais reciclados ou renováveis, oriundos de fontes sustentáveis. Os benefícios incluem segurança do fornecimento, atenuação do efeito volatilidade de preço, criação de empregos e redução do impacto sobre o meio ambiente e a saúde.
3. Reofertar: desenvolver novos modelos de negócio, produtos ou processos para explorar o aprendizado dos estágios anteriores, gerando mais vantagem competitiva.

O relatório cita exemplos de empresas líderes que se beneficiam com abordagens de **eficiência dos recursos**, como a Toyota Motor Europe, com a redução do uso de energia e água por veículo em 70%, desde 1993, e redução de resíduos por veículo em 60%. A Unilever é outro exemplo, com a redução de resíduos por unidade de produto em 82%, nos últimos 15 anos.

Ferramentas de medição e avaliação

A avaliação de riscos será diferente em cada negócio, e considerar os riscos de curto prazo ou de longo prazo poderá gerar resultados diferentes. Os principais critérios são custos, disrupção do negócio, indisponibilidade (impacto de secas sobre a produção agrícola) e sustentabilidade do material. Pode ser uma "verificação rápida", usando, por exemplo, a abordagem de *scorecard* da Natural Step, do Capítulo 5, mostrada na Quadro 14.3. Além de enfatizar as áreas com pior impacto, também facilita a discussão sobre as prioridades de negócios.

---

[36] THE New Industrial Model: Greater Profits, More Jobs and Reduced Environmental Impact. *Lavery/Pennell*, 2014. Disponível em: <http://laverypennell.com/project/new-industrial-model/>. Acesso em: 15 ago. 2016.

QUADRO 14.3: *Scorecard* da Natural Step – exemplo da moda

Critérios da Natural Step	Estágio da cadeia de suprimentos				
	Matérias-primas	**Manufatura**	**Logística e vendas**	**Uso**	**Fim da vida**
Materiais escassos extraídos da Terra	⬇	⬈	⬇	⬈	⬆
Produtos químicos artificiais, tóxicos e persistentes	⬈	⬇	⬈	⬈	⬈
Destruição e poluição da natureza	⬈	⬇	⬈	⬈	⬇
Trabalho e/ou condições de uso	⬈	⬈	⬈	⬈	⬇

Legenda:	**Bom**	**Relativamente bom**	**Relativamente ruim**	**Ruim**	**Não sabe**
	Impactos positivos, sem preocupações	Impactos positivos ou neutros, poucas preocupações	Impactos negativos, grandes preocupações generalizadas	Impactos negativos, grandes preocupações generalizadas	Informações insuficientes
	⬆	⬈	⬈	⬇	?

FONTE: Adaptado de Streamlined Life Cycle Assessment (baseado em Natural Step System Conditions), Sustainable Wealth Creation, 2007, com permissão de Forum for the Future.

A General Electric (GE) avaliou materiais críticos, usando um gráfico de bolha para comparar esses três conjuntos de valores. O risco de fornecimento e preço foi mostrado na escala horizontal; os impactos sobre as operações da GE, na escala vertical; e o tamanho de cada bolha denotava a quantidade gasta de cada material.[37] Para o rênio,

---

[37] HUNG, S.; KU, A. Y. Manage Raw Material Supply Risks. *CEP Magazine*, set. 2014. Disponível em: <www.aiche.org/resources/publications/cep/2014/september>. Acesso em: 18 maio 2016.

usado como material de reforço de "superligas" em vários produtos, como motores de turbina, a GE gerenciou os riscos de fornecimento, reduzindo a utilização e o desperdício por meio da recuperação de rênio de triturações, reciclagem de peças devolvidas, e desenvolvimento de novas superligas que usavam menos rênio.[38]

O Henkel Sustainability#Master® (2012) usa uma **matriz de sustentabilidade** para identificar *hotspots* de impacto para produtos ou tecnologias.[39] A matriz ajuda a destacar problemas em cada estágio da cadeia de suprimentos, durante o uso e até o descarte, analisando fatores de valor (desempenho, saúde e segurança, progresso social) e fatores de pegada (materiais e resíduos, energia e clima, água e esgoto).

O kit **"indicadores de circularidade"**, da Ellen MacArthur Foundation e Granta (2015), pretende ajudar as empresas a estimar a eficácia da transição para produtos ou negócios circulares.[40] A ferramenta parte de fluxos de materiais, para fornecer um "indicador da circularidade do material", de zero a um, com os valores mais altos correspondendo a níveis mais elevados de circularidade. Ele requer um conjunto de informações, como:

- **Inputs de produção:** considera os níveis de materiais virgens, de materiais reciclados, e de componentes reutilizados.

- **"Utilidade" na fase de uso:** verifica se o produto pode ser usado mais intensamente, como em modelo de uso compartilhado. Compara-se, assim, a intensidade efetiva de uso do produto em questão com a da intensidade média de uso de produto semelhante no setor. O objetivo é examinar a durabilidade, em cotejo com modelos de manutenção e reparo e de uso compartilhado.

---

[38] RESOURCE Security Action Plan: Making the Most of Valuable Materials. *Defra*, 2012. Disponível em: <www.gov.uk/government/publications/resource-security- -action-plan-making-the-most-of-valuablematerials>. Acesso em: 18 maio 2016.

[39] SUSTAINABILITY Report. *Henkel, A. G. & Co*, 2012. Disponível em: <sustaina- bilityreport2012.henkel.com/sustainability-stewardship/measuring-sustainability. html>. Acesso em: 18 maio 2016.

[40] CIRCULARITY Indicators: An Approach to Measuring Circularity, Project Overview. *Ellen MacArthur Foundation e Granta*, 2015. Disponível em: <www. ellenmacarthurfoundation.org/assets/downloads/insight/Circularity-Indicators_ Project-Overview_May2015.pdf>. Acesso em: 23 maio 2016.

- **Destino pós-uso:** mede quanto material vai para aterros; quanto vai para recuperação de energia; e quanto é coletado para reciclagem ou reuso.
- **Eficiência da reciclagem:** examina a eficiência dos processos de reciclagem de inputs e de reciclagem de materiais pós-uso.

Checklists

O uso de *checklists* ajuda a adotar uma abordagem consistente para cada design de produto ou iniciativa circular. O *Sustainability Challenge de Henkel* (2012) sugere algumas questões, como[41]:

- Quais são os maiores contribuintes, na cadeia de suprimentos, para o valor agregado e para a pegada?
- Como o seu produto contribui para reduzir os custos e o tamanho da pegada?
- Como desdobrar a pegada em, por exemplo, consumo de recursos ou emissões, de um lado, e valor gerado, de outro?
- Na cadeia de suprimentos, como o produto contribui para as seis "áreas focais": fatores de valor (desempenho, saúde e segurança, progresso social) e fatores de pegada (materiais e resíduos, energia e clima, água e águas residuais)?
- Como ajudar os clientes, os consumidores ou os parceiros de negócios a melhorar sua eficiência dos recursos?
- Que processos adaptar para integrarem as dimensões de valor e de pegada?

Um relatório publicado por edie.net e LAWR oferece um breve *checklist* para ação[42]:

---

[41] HENKEL Innovation Challenge: Sustainability Matrix. *Henkel, A. G. & Co*, 2015. Disponível em: <www.henkelchallenge.com/pdf/SustainableMatrix.pdf>. Acesso em: 15 maio 2016.

[42] PERELLA, M. Circular Relevant: A Business Blueprint. p. 12. *edie.net* e *LAWR*, 2013. Disponível em: <www.edie.net/downloads/Making-circular-relevant-a--business-blueprint/6?adfesuccess=1>. Acesso em: 15 maio 2016.

- Risco: os aumentos de curto prazo nos custos de materiais ou de produtos são compensados por questões de fornecimento de longo prazo?
- Reputação: é possível adotar abordagens circulares para melhorar o valor social, a consciência da marca e a lealdade?
- Mercado: as iniciativas circulares podem ajudar a impulsionar as vendas, a entrar em novos mercados ou a melhorar sua vantagem competitiva?
- Inovação: você pode criar novos produtos ou modelos de negócios para causar disrupções nos mercados existentes?
- Legislação: que legislações ou políticas fiscais, novas ou iminentes, afetarão o seu negócio, e há algum benefício em ir além da observância rigorosa?

A PwC sugere aspectos a considerar como parte de um plano de ação para a segurança dos recursos. Alguns deles podem ser adaptados para um plano de economia circular[43]:

- Desenvolva indicadores de risco para materiais essenciais, incluindo horizontes temporais de curto e longo prazo.
- Reveja os riscos com regularidade, para levar em conta novas informações sobre sustentabilidade de materiais, questões de saúde e segurança do fornecimento, que podem mudar à medida que outras empresas evoluem de materiais perigosos ou finitos para materiais seguros e renováveis.
- Busque meios de atenuar o risco, do tipo constituir ou aumentar estoques e identificar sucedâneos ou substitutos.
- Consulte fornecedores e clientes para explorar abordagens de diferentes modelos de negócio. Seria possível procurar ou vender serviço, em vez de produto, de modo a constituir *loops* de recuperação para produtos, componentes, ou materiais?

---

[43] MINERALS and Metals Scarcity in Manufacturing: The Ticking Time Bomb. Sustainable Materials Management, p. 7. *PwC*, 2011. Disponível em: <www.pwc.pt/pt/sustentabilidade/images/publica/impact-ofminerals-metals-scarcity-on-business.pdf>. Acesso em: 18 maio 2016.

- Há escopo para possíveis abordagens colaborativas, com concorrentes ou pares, em seu setor de atividade?
- Você tem sistemas para avaliar o impacto de recursos no ciclo de vida (para inputs de produtos e processos), de modo a enfatizar efeitos danosos ou perdulários e a priorizar aqueles a serem eliminados?
- As abordagens para o desenvolvimento de produtos e processos e para a escolha de materiais definem critérios adequados para melhorar a eficiência dos recursos, a redução de resíduos e a criação de fluxos circulares?
- Os seus sistemas de produção adotam métodos modernos de processamento e controle para minimizar o consumo de recursos, como materiais, água e energia?

Resumo

Analisamos tendências e indutores críticos, esboçando um panorama de oportunidades para empresas no início do processo de adoção de uma abordagem circular sustentável. Enfatizamos a importância de assumir uma perspectiva ampla, envolvendo variedade mais abrangente de *stakeholders* para maximizar o entusiasmo, a criatividade e o impulso. Essa perspectiva ampla é fundamental também no contexto de negócios, quando se usa uma abordagem de "design sistêmico holístico" para avaliar o impacto potencial de forças externas, das consequências de mudanças, dos efeitos de transformações em sistemas externos, e assim por diante. Podemos ver que a jornada tende a ser "longa e sinuosa" – o importante é começar; depois, desenvolver experiência e impulso; e, então, buscar oportunidades disruptivas. Partindo de iniciativas de baixo risco e baixo investimento, envolvendo eficiência dos recursos e redução de resíduos, é possível criar um "fundo de investimento circular", para financiar projetos mais aventurosos e duradouros, e ao mesmo tempo enfatizar os benefícios para os "incrédulos".

Talvez seja interessante iniciar o exercício como se você fosse um concorrente potencial – caso estivesse partindo do zero, o que você conceberia? Como atenderia às necessidades de mercado, ao mesmo tempo em que asseguraria o abastecimento e evitaria externalidades (que poderiam ser penalizadas pela legislação futura)? Como você regeneraria os sistemas vivos para assegurar que eles continuassem a fornecer os serviços de que dependemos – ar puro, água limpa, solos saudáveis, polinização, conversão de resíduos em alimentos ou em energia, e outros?

> *As empresas líderes podem fazer alguma coisa mágica. Elas podem criar o futuro [...] Elas podem inspirar mudanças muito maiores do que seriam capazes de promover sozinhas, e podem atuar como catalisadores de um movimento mais extenso de pessoas que querem mudar o rumo, mas nem sempre sabem como fazê-lo.*
> PAUL POLMAN, CEO, Unilever, e *Chairman* do World Business Council for Sustainable Development[44]

Recursos adicionais

BRAUNGART, M.; MCDONOUGH, W. *Cradle to Cradle: Remaking the Way We Make Things*. Londres: Vintage Books, 2008.

Ellen MacArthur Foundation. Disponível em: <www.ellenmacarthurfoundation. org/>. Acesso em: 11 mar. 2019.

LOVINS, A. B. *et al. A New Dynamic: Effective business in a Circular Economy*. Ellen MacArthur Foundation Publishing, 2013.

MEADOWS, D. H.; WRIGHT, Diana (Ed.). *Thinking in Systems: A primer*. Vermont: Sustainability Institute; Chelsea Green Publishing, 2008.

Permaculture Association UK. Disponível em: <https://www.permaculture.org. uk/>. Acesso em: 11 mar. 2019.

---

[44] POLMAN, P. Why UN Climate Talks Must Deliver a Brighter Future for Us All. *Huffington Post*, 2013. Disponível em: <www.huffingtonpost.com/paul-polman/ un-climate-talks_b_4177721.html>. Acesso em: 15 maio 2016.

GLOSSÁRIO

Nota: Os termos incluídos no glossário estão destacados com um "*" na primeira vez em que aparecem no conteúdo da obra.

Absorção (contexto de capital natural) – Capacidade do meio ambiente de absorver os subprodutos indesejáveis dos processos de produção e consumo: exaustão de gases de processos de combustão e químicos; água usada para a limpeza de produtos e pessoas; descarte de embalagem e produtos usados. (Definição da OCDE, ver: stats.oecd.org/glossary/detail.asp?ID=6569)

Apps móveis (*mobile apps* – apps) – Programa de computador desenvolvido para funcionar em dispositivos móveis, como smartphones e tablets.

Aquaponia – Os sistemas aquapônicos combinam aquacultura convencional (criação de animais aquáticos, como peixes, mariscos, crustáceos ou moluscos em tanques) com hidroponia (cultivo de plantas em água), em ambiente simbiótico. Na aquacultura normal, os excrementos dos peixes podem se acumular na água, aumentando a toxidade e comprometendo a saúde dos peixes. Em sistemas aquapônicos, a água do sistema de aquacultura alimenta o sistema hidropônico, no qual as bactérias convertem os excrementos em subprodutos, como nitratos e nitritos. Esses subprodutos fornecem nutrição às plantas, e a água purificada recircula para o sistema de aquacultura.

Arbitragem – Compra e venda simultânea de títulos mobiliários, moedas ou *commodities* em diferentes mercados ou na forma de derivativos, de modo a lucrar com as diferenças de preços do mesmo ativo.

Avaliação do ciclo de vida – ACV (*life-cycle assessment* – LCA) – Abordagem do tipo berço ao túmulo para a avaliação de sistemas industriais que monitoram todos os estágios da vida do produto. Fornece uma visão abrangente de todos os aspectos ambientais do produto ou processo.

Bens de consumo rápido – BCR (*fast-moving consumers goods* – FMCG) – Bens de consumo rápido BCR ou bens de consumo embalados (BCE) são produtos vendidos com rapidez e a custo relativamente baixo. Os exemplos incluem bens não duráveis, como refrigerantes, produtos de higiene, medicamentos não tarjados, alimentos processados, e muitos outros. Em contraste, bens duráveis ou grandes eletrodomésticos, como utensílios de cozinha, geralmente são substituídos a intervalos de vários anos.

Big data – Conjunto de dados grandes e complexos, envolvendo dificuldades de captação, análise, tratamento, busca, compartilhamento, armazenagem, transferência, visualização, atualização e privacidade. O termo também pode designar o uso de analítica preditiva, ou outros métodos avançados, para extrair valor dos dados, e raramente para determinado tamanho de conjunto de dados.

Biocapacidade – É a capacidade de determinada área produtiva biológica de gerar o fornecimento contínuo de recursos renováveis e de absorver os resíduos do processo. Cria-se uma situação de insustentabilidade se a pegada ecológica da área superar a sua biocapacidade.

Biomassa – Matéria orgânica derivada de organismos vivos ou recém-vivos. Inclui componentes como lignina, celulose, hemicelulose, etc.

Biomimética – Abordagem à inovação que busca soluções sustentáveis para os desafios humanos, imitando padrões e estratégias da natureza, de eficácia comprovada pelo tempo. A biomimética é desenho que funciona como a natureza, em vez de simplesmente parecer a natureza. Faz a pergunta "Como nos encaixarmos na Terra com a mesma elegância dos sistemas vivos ao nosso redor?" Seu objetivo é criar novas maneiras de viver, inclusive produtos, processos e sistemas sustentáveis no longo prazo. (Definição do Biomimicry Institute, ver: biomimicry.org/what-is-biomimicry/#.VsW6dOahOkV)

Biorrefino – Processamento da biomassa em vários produtos com base biológica, como alimentos, rações, químicos, plásticos, aquecimento e combustíveis.

Biosfera – Regiões da superfície e da atmosfera da Terra ou de outro planeta habitadas por organismos vivos.

Business-to-Business (B2B) – Transações entre empresas.

Business-to-Consumer (B2C) – Transações entre empresas e consumidores

Cadeia de design e suprimentos (*design and supply chain*) – A seção central da estrutura da economia circular usada neste livro, abrangendo inputs circulares, design do produto, design do processo e fluxos circulares.

Cadeia de valor – Todo o conjunto de atividades executadas para criar um produto ou serviço, da concepção ao uso final, e além.

Capitalismo natural (*natural capitalism*) – O uso produtivo e o reinvestimento não só de capital físico e financeiro (bens e dinheiro), mas também de capital natural e humano (natureza e pessoas, inclusive indivíduos, comunidades e culturas). (Definição de Hawken, P.; Lovins, A. B.; Lovins L. H. [2010]. *Natural Capitalism: The Next Industrial Revolution*, Earthscan, Londres [ed. bras. *Capitalismo Natural: criando a próxima revolução industrial*, tradução Luiz A. de Araújo e Maria Luíza Felizardo, Cultrix, 2000].)

Código aberto (*open source, open sourcing*) – Método colaborativo para o desenvolvimento de software, hardware e projetos, caracterizado pelo trabalho transparente (e, geralmente, distribuído) e pelo intercâmbio aberto de arquivos e soluções.

Componente – Peças, conjuntos ou subconjuntos incluídos no produto final. Geralmente são removíveis como parte avulsa e têm identificador único na lista de materiais. Por exemplo, o molho usado numa receita de "refeição pronta" para "viagem" ou entrega em domicílio, o motor elétrico de um aspirador de pó, ou uma placa de circuito de um computador laptop.

Composto – Dois ou mais ingredientes, ou elementos, unidos quimicamente, em proporções fixas. Algum processamento adicional pode ser necessário, talvez usando calor ou água, ou um agente químico para provocar a reação. Exemplos são ligas metálicas, como aço ou latão, combustível sem fumaça (baseado em carvão), ou bebidas envolvendo sucos de frutas.

Compostos orgânicos voláteis – COV (*volatile organic compounds* – VOC) – Categoriade produtos químicos, como acetona, benzeno e formaldeído, que evaporam ou vaporizam imediatamente e são nocivos à saúde humana e ao meio ambiente.

Computação na nuvem (*cloud computing*) – Também conhecida como computação sob demanda, é o tipo de computação via internet que fornece recursos e dados de processamento compartilhado para computadores e outros dispositivos de computação, sob demanda.

Conselho de Manejo Florestal (*Forest Stewardship Council* – FSC) – Organização não governamental internacional dedicada a promover a gestão responsável das florestas do mundo. O FSC dirige um sistema de certificação florestal global com dois principais componentes: certificação de Gestão Florestal e de Cadeia de Custódia. Ver: www.fsc-uk.org/en-uk/about-fsc

Conserto, reparo – Consertar um defeito [do produto] sem fornecer garantia do produto como um todo. (Definição do All-Party Parliamentary Sustainable Resource Group, ver: www.policyconnect.org.uk/apsrg/research/report-remanufacturingtowards-resource-efficient-economy-0)

Consumer-to-Business (C2B) – Consumidores vendendo produtos ou serviços a empresas.

Consumo colaborativo – Reinvenção de comportamentos de mercado tradicionais – aluguel, empréstimo, troca, compartilhamento, escambo, doação – por meio da tecnologia, que ocorre de maneiras e em escalas impossíveis antes da internet. (Definição de Rachel Botsman, ver: rachelbotsman.com/thinking/)

Coproduto – A produção de um produto principal também pode criar coprodutos (que geram receitas equivalentes às do produto principal), subprodutos (que geram receitas inferiores aos do produto principal) e produtos residuais (que geram pouca ou nenhuma receita).

***Cradle to Cradle™* – C2C** (berço ao berço) – Ou design regenerativo. É abordagem biomimética ao design de produtos e sistemas. Modela a indústria humana nos processos da natureza, promovendo a circulação de materiais e nutrientes em metabolismos saudáveis e seguros. (Definição de Braungart, M.; McDonough, W. [2002], *Cradle to Cradle: Remaking the Way We Make Things* [ed. bras. *Cradle to Cradle: criar e reciclar ilimitadamente*, tradução Frederico Bonaldo, GG BR, 2013].)

Cursos on-line abertos e massivos – MOOC (*massive on-line open-courses* – MOOC) – Cursos educacionais on-line, geralmente gratuitos, que oferecem participação ilimitada e acesso aberto, via internet.

Desmaterialização – Desmaterialização de um produto significa literalmente usar menos material ou, melhor ainda, nenhum material para entregar o mesmo nível de funcionalidade ao usuário. Compartilhamento, empréstimo e serviços grupais que facilitam e atendem às necessidades dos consumidores podem atenuar o requisito de propriedade de muitos produtos.

Desenvolvimento sustentável – O relatório da Comissão Mundial sobre Meio Ambiente e Desenvolvimento da Organização das Nações Unidas – Nosso Futuro Comum (Relatório Brundtland), de 1987, definiu desenvolvimento sustentável como "processo que atende às necessidades das gerações atuais sem comprometer a capacidade das gerações futuras de atender às próprias necessidades".

Design para desmontagem (*design for disassembly* – D4D) – O processo de desenhar produtos para que sejam desmontados rapidamente, com facilidade e com eficácia e ao menor custo, no fim da vida do produto, possibilitando que os componentes sejam reutilizados e/ou reciclados.

Diagrama Borboleta – Nome popular do diagrama da Ellen Mac Arthur Foundation que ilustra os fluxos biológicos e técnicos, e os quatro tipos de *loop* na economia circular. (Ver Figura 2.2)

Ecologia industrial – EI – Estudo dos fluxos de materiais e energia nos sistemas industriais. A economia industrial global pode ser modelada como uma rede de processos industriais que extraem recursos da Terra e os transformam em mercadorias, a serem compradas e vendidas para atender às necessidades da humanidade. A ecologia industrial procura quantificar os fluxos de materiais e documentar os processos industriais que impulsionam a sociedade moderna. Os ecologistas industriais geralmente se preocupam com os impactos que as atividades industriais exercem sobre o meio ambiente, com o uso da oferta de recursos naturais do planeta, e com os problemas do descarte de resíduos.

Economia circular – Alternativa à economia linear tradicional (fazer, usar, descartar), em que mantemos os recursos em uso durante tanto tempo quanto possível, extraímos o valor máximo deles enquanto em uso, e, então, recuperamos e regeneramos os produtos e materiais no fim de cada ciclo de vida. (Definição de WRAP, ver: www.wrap.org.uk/content/wrap-and-circular-economy)

Economia ecológica – Pesquisa acadêmica com o propósito de estudar a interdependência e a coevolução das economias humanas e dos ecossistemas naturais no tempo e no espaço. Distingue-se da economia ambiental por abordar a economia como subsistema do ecossistema e sua ênfase na preservação do capital natural.

Eficiência dos recursos – Usar os recursos limitados da Terra de maneira sustentável e minimizar os impactos sobre o meio ambiente. Possibilita a criação de mais com menos e a entrega de mais valor com menos insumos. (Definição da Comissão Europeia, ver: http://ec.europa.eu/environment/resource_efficiency/)

Enterprise Resource Planning – ERP – Categoria de software de gestão empresarial – tipicamente um conjunto de aplicativos integrados – a ser usado por uma organização para coletar, armazenar, gerenciar e interpretar dados de muitas atividades de negócios, como planejamento de produto, compras, manufatura ou prestação de serviços, marketing e vendas, estoques, expedição e pagamento.

Environmental Profit and Loss Accounting (EP&L) – O EP&L atribui valor financeiro aos impactos ambientais, ao longo de toda a cadeia de valor de um negócio, para ajudar as empresas a combinar métricas de sustentabilidade com as de gestão empresarial tradicional. (Definição de Trucost, ver: www.trucost.com/environmentalprofit-and-loss-accounting)

Eutrofização – O aumento nas adições de nutrientes (especialmente nitrogênio e fósforo) à água doce ou a sistemas marinhos, que leva a aumentos no crescimento das plantas, e, muitas vezes, a mudanças indesejáveis na estrutura e nas funções dos ecossistemas.

Externalidades – Definidas pela OCDE como "conceito econômico referente aos efeitos ambientais, não compensados ou ressarcidos, da produção e do consumo, que afetam a utilidade para o consumidor e os custos para a empresa, fora dos mecanismos de mercado [...] gerando a tendência de os custos privados da produção serem inferiores aos custos 'sociais'". Observação: o princípio "o poluidor paga" visa a induzir os domicílios e as organizações a internalizarem (pagar os verdadeiros custos da correção) as externalidades em seus planos e orçamentos.

Fabricante OEM (*original equipment manufacturer* – OEM) – Empresa que fabrica uma parte ou um componente para uso no produto final de outra empresa. Por exemplo, se a Acme Manufacturing Co produz cabos de energia que são usados em computadores IBM, a Acme é o OEM. OEM também significa peças disponíveis no mercado aberto, p. ex., rolamentos com números de peças padronizadas, adequados para vários produtos.

Fim da vida – O momento em que o produto é destruído no fim de sua vida útil. O termo é usado para enfatizar as oportunidades perdidas de reutilização, conserto, remanufatura, reciclagem, etc.

Fim do uso – O momento em que o produto alcança o fim de um "ciclo de vida", e é trocado ou devolvido para reutilização (p. ex., revender ou alugar), reparar, remanufaturar, recuperar recursos, etc.

Fonte – No contexto de capital natural, o fornecimento de recursos e serviços pela natureza ou oriundos da natureza. Os recursos incluem florestas, depósitos minerais, pesqueiros e solos férteis. Os serviços incluem polinização, purificação do ar e da água.

Gases do Efeito Estufa – GEE (*Greenhouse Gas* – GHG) – Alguns gases na atmosfera terrestre atuam um pouco como o vidro numa estufa, retendo o calor do sol e o impedindo de retornar ao ambiente externo. Muitos desses gases ocorrem naturalmente, mas a atividade humana está aumentando as concentrações de alguns desses gases na atmosfera, em especial: dióxido de carbono ($CO2$); metano; óxido nitroso; gases fluorados. (Definição da Comissão Europeia, ver: ec.europa.eu/clima/change/causes/index_en.htm)

Gestão do ciclo de vida do produto – GCVP (*product life-cycle management* – PLM) – Na indústria, a gestão do ciclo de vida do produto é o processo de gerenciamento de toda a duração da vida do produto, abrangendo concepção, engenharia, design, fabricação, manutenção e descarte de produtos manufaturados. A GCPV integra pessoas, dados, processos e sistemas empresariais e fornece um fluxo de informações sobre o produto para as empresas e seu ecossistema de negócios.

Gig economy – Prestação de serviços, ou *gigs* (tarefas específicas), entre indivíduos ou de indivíduos para organizações, geralmente sob a forma de trabalho autônomo, em horário parcial ou integral.

Global Reporting Iniciative (GRI) – Organização internacional independente, que ajuda empresas, governos e outras organizações a compreender e a comunicar o impacto dos negócios sobre aspectos críticos da sustentabilidade, como mudança climática, direitos humanos, corrupção, e muitos outros. (Definição de Global Reporting Iniciative, ver: www.globalreporting.org/Information/about-gri/Pages/default.aspx)

Impressão 3D (I3D) – Impressão 3D, também conhecida como manufatura aditiva (MA), designa os vários processos usados para sintetizar objetos tridimensionais. Na impressão 3D, acumulam-se sucessivas camadas de material, sob controle computadorizado, para construir objetos de quase qualquer forma ou geometria. Os objetos são produzidos com base em modelo 3D, CAD ou outra fonte de dados eletrônicos. Uma impressora 3D é um tipo de robô industrial.

Inputs de processo – Energia, água, produtos de limpeza ou produtos químicos para capacitar, acelerar ou desacelerar o processo de fabricação, a embalagem para transporte, etc. Todos são usados na cadeia de suprimentos ou no processo de fabricação, mas não são parte do produto final.

Insumos físicos – Qualquer coisa usada para fazer um novo produto. Aí se incluem matérias-primas e componentes, e podem ser de fontes virgens ou reciclados. (Definição da Ellen MacArthur Foundation).

Internet das coisas – IoT (*Internet of Things* – IoT) – A rede de objetos físicos – dispositivos, veículos, edifícios e outros itens – providos de recursos eletrônicos, software, sensores e conectividade em rede que os torna capazes de coletar e trocar dados. A IoT possibilita o monitoramento e o controle remotos de objetos, ao longo de infraestrutura de redes existentes, criando oportunidades para a integração mais direta do mundo físico em sistemas computadorizados, resultando em aumento da eficiência, da exatidão e dos benefícios econômicos.

Internet móvel (*mobile internet*) – Termo de marketing para acesso à internet sem fio, por meio de modem portátil, dispositivo móvel, modem sem fio USB, tablet ou outros dispositivos móveis.

Lista de materiais – Rol de materiais, componentes e subconjuntos necessários para fazer o produto.

Lixo eletrônico – Dispositivos elétricos ou eletrônicos descartados no fim do ciclo de vida.

***Loop* aberto** (*open loop*) – Produtos ou materiais usados que são reutilizados por **outra empresa que não o produtor original** – no mesmo tipo de produto ou processo ou em outro produto ou processo.

***Loop* aberto – transetorial** (*open loop – cross-sector*) – materiais e produtos usados que fluem através de um ou mais setores, p. ex., especializada em reciclagem de plástico, lida com o processamento de diferentes tipos de resíduos vindos de fluxos diversos de lixo doméstico.

Loop aberto – mesmo setor (*open loop – same sector*) – Materiais e produtos usados que refluem para uma empresa diferente, mas do mesmo setor, p. ex., especializada em reciclagem de metais que processa aço e alumínio de carros no fim da vida, ou para uma empresa que revende ou remanufatura produtos feitos originalmente por outra empresa.

Loop fechado (*closed loop*) – Produtos ou materiais retidos ou recuperados para serem usados novamente pela mesma empresa – para uso no mesmo produto ou processo ou em outro produto ou processo.

Manufatura aditiva – Impressão 3D, no sentido original do termo, é a aglomeração gradual e sucessiva de material em um molde, por meio de cabeças de impressão jato de tinta. Mais recentemente, o significado do termo se expandiu para abranger variedade mais ampla de técnicas, como extrusão e sinterização. As normas técnicas geralmente usam o termo "manufatura aditiva" nessa acepção mais ampla. Ver também Impressão 3D.

Manufatura distribuída – Forma de manufatura descentralizada local, usando uma rede de instalações fabris com dispersão geográfica e coordenadas via tecnologia da informação.

Materiais – Formas "brutas" de nutrientes biológicos ou técnicos, extraídos, minerados ou colhidos na natureza, sujeitos a processamento, refino ou limpeza, de modo a deixá-los prontos para o uso. Combinados com outros materiais, tornam-se compostos. Os exemplos técnicos são ferro, carvão e granito; os exemplos biológico são madeira, peixe ou leite desnatado ("refinado", com a extração da gordura natural do leite).

Material virgem – Material que ainda não foi usado ou consumido, nem processado, além de suas funções originais.

Mina urbana – Processo de recuperar compostos e elementos de produtos, edifícios e resíduos. Também pode designar as instalações de recuperação, p. ex., usinas de reciclagem, instalações de processamento.

Minerais de conflito – Recursos naturais extraídos de zonas em conflito e vendidos para financiar a luta.

Modelo de referência de operações da cadeia de suprimentos – SCOR (*supply chain operations reference model* – SCOR) - O mais importante referencial de cadeia de suprimentos do mundo, interligando numa estrutura única processos de negócios, métricas de desempenho, práticas e competências pessoais. Os seis processos gerenciais distintos do SCOR são: Plano, Fonte, Processo, Entrega, Retorno e Capacitação. (Definição do APICS Supply Chain Council, ver: www.apics.org/sites/apics-supply-chaincouncil/frameworks/scor)

Natural Step – The Natural Step, fundada na Suécia, em 1989, pelo cientista Karl-Henrik Robèrt, é uma rede global de organizações sem fins lucrativos, focada no desenvolvimento sustentável, com base numa estrutura científica. Sua missão é acelerar a transição para uma sociedade sustentável "em que indivíduos, comunidades, empresas e instituições prosperem dentro dos limites da natureza". Ela define quatro condições sistêmicas para uma sociedade sustentável:

1. Extração de materiais da crosta terrestre – não podemos "escavar a Terra" em volumes superiores à sua capacidade de recuperação e reabastecimento em condições naturais.

2. Fabricação de substâncias e produtos químicos – só podemos fazê-lo à velocidade inferior à de sua decomposição pela natureza, tornando-os seguros.

3. Degradação e destruição da natureza (p. ex., floresta) – só podemos fazê-lo à velocidade que possibilite sua reconstrução espontânea.

4. Preservação da natureza – não podemos agir de maneira que impeça os outros de atender às suas necessidades básicas.

Ver: www.thenaturalstep.org/about-us/.

Nutrientes – Na economia circular, dois são os tipos de nutrientes descritos por Braungart, M. e McDonough, W. (2002), *Cradle to Cradle: Remaking the Way We Make Things* [ed. bras. *Cradle to Cradle: criar e reciclar ilimitadamente,* tradução Frederico Bonaldo, GG BR, 2013]: nutrientes biológicos, concebidos para reentrar na biosfera com segurança e construir o capital natural, e nutrientes técnicos, concebidos para circular com alta qualidade, sem entrar na biosfera. (Definição da Ellen MacArthur Foundation, ver: kumu.io/ellenmacarthur-foundation/educational-resources#circular-economygeneral-resources-map/key-for-general-resources-map/intro-to-the-circulareconomy)

Nutrientes biológicos – Materiais da biosfera que são ou têm seres vivos, como alimentos, fibras, madeira.

Nutrientes técnicos – Materiais naturais, extraídos da crosta terrestre (p. ex., metais, minerais, combustíveis fósseis), ou artificiais (como polímeros, ligas e outros).

OEM (*original equipment manufacturer*) – Ver **Fabricante OEM.**

Organizações não governamentais (ONGs) – Grupo organizado, sem fins lucrativos, de cidadãos voluntários, em nível local, nacional ou internacional. As ONGs prestam vários serviços e executam diversas atividades humanitárias, levam as preocupações dos cidadãos aos governos, preconizam e monitoram política públicas, e encorajam a participação política por meio de informações e orientações. Ver: www.ngo.org/ngoinfo/define.html.

Pay-per-use – Pagamento de uma taxa por cada uso de um produto ou serviço, como uma bicicleta da frota de uma cidade.

Peer-to-peer – P2P (*consumer-to-consumer*) – Transações entre consumidores individuais (cidadãos), ou "pares".

Pegada ecológica – Área produtiva necessária para fornecer os recursos renováveis que a humanidade está usando e para absorver seus resíduos. A área produtiva hoje ocupada pela infraestrutura humana também está incluída nesse cálculo, uma vez que o solo para construções não está disponível para a regeneração de recursos. (Definição da Global Footprint Network.)

Pensamento sistêmico – Processo de compreender como as coisas influenciam umas às outras dentro de uma entidade completa, ou sistema mais amplo. Na natureza, os exemplos incluem ecossistemas em que vários elementos, como ar, água, movimento, plantas e animais trabalham juntos para sobreviver ou perecer. Nas organizações, os sistemas consistem em pessoas, estruturas e processos que atuam juntos.

Permacultura – Os designs de permacultura adotam a pensamento sistêmico para produzir resultados sustentáveis e autossuficientes em ampla variedade de projetos. Suas origens são agroflorestais, e o conceito tem sido aplicado em conjuntos habitacionais, comunidades, fazendas, propriedades rurais e jardins. Seu objetivo é desenvolver sistemas produtivos eficientes, ecologicamente saudáveis. Os designers de permacultura visam a usufruir mais a vida, consumindo menos, minimizando inputs e maximizando outputs, e assim colhendo benefícios para a Terra e para a sociedade mais ampla.

Plano de Ação de Sustentabilidade de Equipamentos Elétricos e Eletrônicos (*Electricaland Electronic Equipment Sustainability Action Plan* – ESAP) – Iniciativa do Reino Unido para a recuperação de REEE (resíduos de equipamentos elétricos e eletrônicos), gerenciada pelo WRAP (Waste and Resources Action Programme.)

Plataformas – Um "ponto de encontro" ou um intercâmbio on-line, permitindo que as pessoas se comuniquem ou transacionem umas com as outras, p. ex., como compradores e vendedores. Os exemplos incluem Uber, eBay, Preloved, Gumtree, Amazon Marketplace e Zipcar.

Produto – O resultado do processo de produção, consistindo de um, de vários ou de muitos materiais, compostos e componentes. Este é o item usado ou consumido pelo usuário final. Precisamos considerar o contexto; p. ex., uma laranja é um produto, mas, se for processada em suco de laranja, ela se transforma em outro produto. A distinção depende da ocorrência de processamentos subsequentes, e ajuda a diferenciar as várias partes do processo da cadeia de suprimentos.

Produto interno bruto – PIB – Valor monetário de todos os produtos acabados e serviços produzidos por um país durante determinado período.

Programme for the Endorsement of Forest Certification (PEFC) – Organização não governamental internacional, sem fins lucrativos, dedicada a promover o manejo florestal sustentável; o Programme for the Endorsement of Forest Certification é o sistema de certificação preferido dos proprietários de pequenas florestas.

Prossumidor – Pessoa que combina as funções econômicas de produtor e consumidor.

Química verde – Processos e produtos químicos que reduzem ou eliminam o uso ou geração de substâncias perigosas. (Definição da Environmental Protection Agency – EPA, dos Estados Unidos.)

Reciclagem – Extração das matérias-primas de um produto para uso em novos produtos. É boa opção para produtos de fácil elaboração, com poucos componentes. (Definição de All-Party Parliamentary Sustainable Resource Group, ver: www.policyconnect.org.uk/apsrg/research/reportremanufacturing-towards-resource-efficient-economy-0)

Recondicionamento – Restabelecimento das condições de uso de um item, embora não necessariamente ao estado de novo. (Definição do All-Party Parliamentary Sustainable Resource Group, ver: www.policyconnect.org.uk/apsrg/research/report-remanufacturing-towards-resource-efficient-economy-0)

Recursos incorporados – A soma de todos os recursos (materiais, energia e água) necessários para produzir quaisquer bens ou serviços, como se esses recursos estivessem embutidos ou incorporados no produto em si.

Redistribuir – Os mercados de redistribuição movimentam itens de onde não são necessários para onde são necessários.

Remanufatura – Conjunto de medidas de remanufatura, em uma parte ou produto no fim da vida, para fazê-lo parecer novo e melhorar seu desempenho, com garantia. (Definição do All-Party Parliamentary Sustainable Resource Group, ver: www.remanufacturing.org.uk/what-is-remanufacturing.php)

Renovar – Melhorias, em grande parte estéticas, em um produto, que podem consistir em fazê-lo parecer novo, com alguns aprimoramentos na funcionalidade. (Definição de All-Party Parliamentary Sustainable Resource Group, ver: www.policyconnect.org.uk/apsrg/research/report-remanu-facturing-towards-resource-efficient-economy-0)

Responsabilidade estendida do produtor – REP (*extended producer responsibility* – EPR) – Tipo obrigatório de manejo do produto que inclui, no mínimo, o requisito de que a responsabilidade do fabricante pelo produto se estenda à gestão pós-consumo do produto e da embalagem. (Definição do Product Stewardship Institute, ver: www.productstewardship.us/?55)

Responsabilidade social da empresa – RSE (*corporate social responsability* – CSR) – Forma de autorregulação empresarial, integrada no modelo de negócio. O objetivo é aumentar o lucro a longo prazo e a confiança dos acionistas, por meio de relações públicas positivas e altos padrões éticos, para reduzir os riscos empresariais e legais, ao assumir responsabilidade pelas ações empresariais. As estratégias de CSR estimulam a empresa a gerar impacto positivo no meio ambiente e nos *stakeholders*, abrangendo consumidores, empregados, investidores, comunidades e outros.

Repropositagem – Transformação de um objeto (produto, componentes ou materiais) de seu uso ou propósito original para uso ou propósito alternativo.

Reutilização – Simples reutilização de um produto, componente ou material, para o mesmo propósito, sem modificações.

Serviços do ecossistema – Os benefícios oferecidos pelos ecossistemas. Aí se incluem serviços de abastecimento, como alimentos e água; serviços de regulação, como controle de enchentes e doenças; serviços culturais, como benefícios espirituais, recreativos e culturais; e serviços de apoio, como ciclos de nutrientes que mantêm as condições de vida na Terra.

Servitização – Inovação das capacidades e processos de uma organização para criar maior valor mútuo, por meio da mudança da venda de produtos para a venda de sistemas produtos-serviços. (Definição de Neely, A., Cransfield University, ver: andyneely.blogspot.co.uk/2013/11/what-is-servitization.html)

Simbiose industrial – A simbiose industrial liga setores de atividade tradicionalmente separados numa abordagem coletiva à vantagem competitiva, envolvendo a troca física de materiais, energia, água e/ou subprodutos. Os fatores críticos da simbiose industrial são colaboração e as possibilidades sinergéticas resultantes da proximidade geográfica (Definição de M. Chertow [2012]. *Industrial symbiosis*, ver: www.eoearth.org/view/article/153824)

Sistemas produto-serviço – SPS (*product-service systems* – PSS) – Oferta integrada de produto e serviço que entrega valor de uso. (Definição de Neely, A. [2013], Cransfield University, ver: andyneely.blogspot.co.uk/2013/11/what-is-servitization.html)

Sobreciclar, sobreciclagem, sobreciclado – Processo de converter materiais em novos materiais ou produtos de melhor qualidade ou de maior funcionalidade. (Definição da Ellen MacArthur Foundation.)

Subciclar, subciclagem, subciclado – Converter produtos ou materiais de uso final em novos produtos ou materiais de qualidade inferior e funcionalidade reduzida; p.ex., reciclagem de plásticos: reciclar plásticos misturados, com uma ou mais composições diferentes, em materiais de qualidade inferior. Ver: www.footprintnetwork.org/en/index.php/GFN/page/footprint_basics_overview/.

Subproduto – Um produto incidental ou secundário, que surge na manufatura ou na síntese de algo mais. Por exemplo, o zinco é subproduto da fabricação de aço.

***Stewardship* do produto** – Processo de minimizar os impactos sobre a saúde, a segurança, o meio ambiente e o contexto social de um produto e de sua embalagem, durante todos os estágios do ciclo de vida, ao mesmo tempo em que maximiza os benefícios econômicos. (Definição do Product Stewardship Institute, ver: www.productstewardship.us/?55)

Terras raras (*rare earth elements* – REE) – Terras raras, elementos de terras raras ou minerais de terras raras são um grupo de 17 elementos metálicos, com composição química semelhante, com diversas faixas de aplicações específicas, em ampla variedade de produtos eletrônicos de consumo, em tecnologias ambientais e em atividades militares. (Definição de Bloodworth.)

Teste de aparelho portátil – TAP (*portable appliance testing* – PAT) – Exame de aparelhos e equipamentos elétricos para garantir que são seguros. A maioria dos defeitos de segurança elétrica pode ser detectado por exame visual, mas alguns tipos de defeitos só são descobertos mediante testes.

Triplo resultado – TR (*triple bottom line* – TBL) – Conceito adotado para focar a atuação das organizações (empresas) nos valores ambientais, sociais e econômicos que agregam – e destroem. "Na acepção mais ampla, o termo abrange o conjunto completo de valores, problemas e processos a serem manejados pelas empresas para minimizar quaisquer efeitos nocivos de suas atividades e para gerar valor econômico, social e ambiental." (Definição de John Elkington, ver: www.sustainability.com/library/the-power-to-change#.V0pxxeSK2kV)

Unidades de manutenção de estoque ou item de estoque (*stock-keeping units* – SKU) – Um item de estoque (produto, componente, material) específico, em razão de algumas características (como marca, tamanho, cor, modelo). Cada item de estoque tem um código identificador exclusivo.

Valor compartilhado – Estratégia de gestão focada em empresas que criam valor mensurável ao identificar e manejar problemas sociais que imbricam com seus negócios. (O conceito foi definido por Michael Porter e Mark R. Kramer, ver: www.sharedvalue.org/about-shared-value)

WRAP – Waste and Resources Action Programme – Organização sem fins lucrativos, do Reino Unido, que publica pesquisas e promove campanhas em defesa dos consumidores e do meio ambiente, e oferece apoio financeiro.

ÍNDICE

Nota: Os números de páginas em *itálico* indicam figuras ou tabelas.

A

Abastecimento (Procurement) 107–109, 348, 360–362, 374, *375*, 376

Accenture 56, 121, 137

Aceleradores 65, 66, 154–161, 205-206, 217, 257–258, 349

Acordo de Paris (Paris, COP21) 365, 434

Aço 73, 301, *302*, *307*, 426

Açúcar 95, 158, 183–184, 195, 350, 435

Adidas 84, 143, 223, 231

África do Sul 124, 269

Agricultura de precisão 149

Agricultura orgânica (produção) 91, 228, 233, 248, 382

Agricultura subterrânea 203

AgriDust 205

Agrofloresta 53, 199, 207

Água azul, escassez de 232-234

Aiming for A 365

Airbnb 103, 116, 118, 119, 137, 432, 435

Airbus 141, 405

Aldicarb 229

Algodão 60, 224, 225, 228, 229, 232, 233, 234, 246, 248, 254

Alimentos 83, 89, 107, 183–220, 236, 240, *433*

Aluguel 110, 111, 116, 117-118, 119-120, 157, 255, 436, 437

Alumínio 73, *307*, 454

Amazon 136, 141, 291, 405, 414, 432, 474

América do Norte 116, *197*

Ananas Anam 242–243

Anderson, Ray 36, 100, 300

Andigestion 206

Anheuser-Busch 190

Antropoceno 32, 174, 181, 424

Apple 136, 281, 283

Aquafil 252

Aquapônicos 88

Ara (cadeira) 324

Arla Foods 96, 203

ARM 136

Asnæs (fábrica) 97–98

Associated British Foods 184

ASTM 80–81

Autodesk Inc 414

Avaliação de riscos 269, 456

Avaliação do impacto 370, *373*, 374

Avaliação, ferramentas 456–458

Avaliações do ciclo de vida (LCAs) 65, 87, 156–157,312, 341, 371–374, 464

B

B&Q 438

Babylone, cerveja, 83

BAE Systems 108

Bakers Basco 417

Balanced scorecard 178–179, 237–239, 377, 456–457

Bambu 84–85, 224, 245

Bancos 93, 118, 108–109, 366, 437

Base Naval de Portsmouth 108

Baterias *263*, 269, 271, 274, 275, 281, 282, 287, 335, 410

Batrec 271

BCR (bens de consumo rápido) 94, 387, 464

Bem-estar animal (saúde) 157, *187*, 193, 205, 229

Bens de consumo rápido (BCR) 94, 387, 464

Benyus, Janine 131

Berílio 269, 274

Better Cotton (Standard System) Initiative 60, 65, 228, 257, 363

Beyond Supply Chains 70

Bicicletas 78, 84–85, 107, 114, 270, 286

Big Data 58, 149, 152–153, 160, 304, 274, 348, 400, *451*, 464

Bio-bean® 216–217

Biocapacidade 33, 177, 464

Biocombustíveis 92, 185, 189, 196, 198

Biodegradação (embalagem biodegradável) 85, 94–95, 131, 203, 248–249

Biodinâmica 205, 371

Biogás *74*, 90, 96, 209

Biomassa 153, 212, 217, 425, 464

Biomimética 53, 82, 105, 130–131, 139, 144, 181, 256, 464

Ver também Cradle to Cradle (C2C)

Bioplastic Feedstock Alliance (BFA) 156

Bioquímicos 153–154

Biorrefino 89, 90, 91, 105, 153–154, 387, 464

Biosfera 66, 72, *74*, 177, 259, 424, 473

Bitcoin 136, 148

BMW DriveNow 114

Boeing 140

Bontrager, Keith 79

Boris bikes 114

Brasil 96, 103, *193*, 203, 266, 269

Braungart, Michael 49, 81, 249, 327, 378, 438

Bring Me Back (Puma) 248

British Bakeries Research Association 78

British Sugar 73, 183, 345, 387

Brocklesby 206

Brussels Beer Project 83

Building Research Establishment 297, 302

Business-to-Business (B2B) 122, 295, 235, 305, *318*, 374, *413*, 465

Business-to-Consumer (B2C) 122, 295–327, *413*, 465

Business intelligence 152–153, *352*

Business Model Canvas 109

C

C&A 232, 376

C2Renew 215

Cadeia de design e suprimentos 69–100, 346–348, 384, 394, 365

Cadeia de valor 34, 248, 326, *354*, 367, 346, 465

Cadeias de suprimentos 69–100, 326–327, 331–359, *368*

    Dowanstream 398–419

    Upstream 360–378

    Midstream 379–397

    EEE (equipamentos elétricos e eletrônicos) 263–264

    Moda 224, 225–226, *362*

    Móveis para escritório *307, 308, 309, 319–320*

    Padrões (normas) *363*

    Reversas 400–409, 438

Cadeias de suprimentos – *downstream* 398–419

Cadeia de suprimentos – *midstream* 379–397

Cadeias de suprimentos – *upstream* 87, 90, 91, 360–378

Cadeias de suprimentos centralizadas 333

Cadeias de suprimentos descentralizadas 333

Cadeias de suprimentos "induzidas pelo comprador" 224

Cadeias de suprimentos induzidas pelo produtor 225

Cadeias de suprimentos reversas 400–409, 438

Cadeias de suprimentos tradicionais 335–336, 360–362, 379–381, 398–399

Cadeiras 80, 304, 307, 312–314, 323–326

Café 206–219

Calfee Design 84–85

Calfee, Craig 84–85

Cambridge Value Mapping Tool 430, *432*

Camira 245

Capitalismo natural 46–47, *62*, 465

Carson, Rachel 40, 131

Casas inteligentes 399

Casca de laranja (reciclagem) 88–89, 203

Castorama 120

Cat Reman 389, 391, 396

Caterpillar 300, 303, 389

Centro de Resiliência de Estocolmo 176

Ceres Investor Network 365

Certificações 156, 205, 278, 313, 324, 376, 466, 474

Cervejarias 89–90, 384–385, 386, 387

CF Global 210

Chanel 142

Checklists 247, 459–461

Chorleywood (processo de panificação) 78–79

Classe de consumidores 31, *33*, 40

Classes médias 31, 42, 57

Climatex Lifecycle (tecido) 249–250, 251

Clorofluorcarbonos (CFCs) 274

Closing the Loop (UE) 54–55

Closing the Loop (H&M) 58–59

Clotho 255

Cobre 265, 270–271, 274, 291, *299*, 302, 370

Coca-Cola 86, 156, 184, 190, 219

Código aberto 49, 50, 104, 137, 146, 294, 465

Código de barras, 291–292

Coffee Charcoal™ 215

Coffeeberry® 209

Colaboração 65, 80, 85–86, 98, 154–156, 205, 363, 365, 376
  Compartilhamento de conhecimento 348
  EEE (equipamentos elétricos e eletrônicos) 265
  Manufatura industrial 238, 303

Colaboração horizontal 155

Colaboração vertical 155

Colômbia 208, 212

Combustíveis fósseis 72, 90, 166, 172, 188, 296, 341, 425–426

Combustível
  Ver biocombustíveis; combustíveis fósseis

Comércio multicanal 58, 399

Comércio mundial 167, *168*, 194–95

Comissão Europeia 143, 269–270, 390

Company Shop 204

Compartilhamento de carros (*car pooling*) 113, 114, 116

Compartilhamento de conhecimento 155–156, 284, 286

Compartilhamento de equipamentos 343, 349, 415–416

Compartilhamento de espaço 114

Compartilhamento de informações *341*, 343–344, 374–376

Compartilhamento de instalações 343, 415–416

Componentes 57, 67, 76, 81, 86, 139, 223, 438, 464, 467

Compostos orgânicos voláteis (COV) 178, 325–326, 465

Computação na nuvem 65, 105, 117, 93, 153, 381, 466

Comunicação 166, 365, 396, 440, 442

Conferência das Nações Unidas sobre as Mudanças Climáticas (UNFCCC) 434

Conservação da natureza 45

Consultorias 55, 154
  Ver também Accenture; McKinsey & Company; PwC

Consumer-to-Business (C2B) 466

Consumidores 42, 103, 117, 137, 144–145, 168, 180, 332, 333
  Ver também Classe de consumidores; *Consumer-to-Business* (C2B); Eletrônicos de consumo;

Equipamentos elétricos e *Peer-to-Peer* (P2P)

Consumo colaborativo 110, 118,466

Consumo de carne 42, 59, 168, *191*–193, 196, 198, 202, 234, 241

Consumo de laticínios 96, *191*, *193*, 202, 203

Contratos 108, 118, 281, 348, 362, 366, 374, 436

Controle de qualidade 321–322

Coprodutos 34, 344, 387–388, 396, 466

Couro 234, 240, 243, 248, 253

Courtauld Commitment 78, 205

Cradle to Cradle (C2C) 44, 49, *62*, 72, 73, 327, 405, 439,466

Craigslist 113

Crescimento da população (crescimento demográfico) 1–3, *41*, 167–170, 297, 332

Critérios de sucesso 350–351, 377

    Ver também ferramentas de medição

Cultivo de tomate 83, 183, *190*

Cursos on-line abertos e massivos (*massive open online courses* – MOOC) 137, 466

Customização 79, 103, 142–144, 146, 262, 284, 332, 342, 381, 395, 399

Custos 57, 178, 364, 366

D

"Do" (cadeira) 324

Danone 156, 184, 203

Definição de objetivos 127, 350, *373*, 374, 377, 440

Degradação 63, 167, *175*, 179, 192, *200*, 236, 296

Degradação do solo 167, *175*, 192, *200*, 236

Dell 277–278

Demografia 102–103, 435

    Ver também Millennials; crescimento da população

Desastres naturais (catástrofes) 86, 105, 334

Desenvolvimento de competências (compartilhamento) 99, 115

Desenvolvimento sustentável (sustentabilidade) 35, 53, 55, 59–61, 264, 364, *455*, 467

Design do processo *63*, 64, 87–95, 203–204, 209, 250–251, 280, 303

Design for Environment, programa 313

Design para desmontagem 79, 302, 323–326, 467

Design sistêmico holístico 442–454

Designs modulares 81, 92, 247, 342, 404, 408, 412

DesignTex 249

Desmantelamento (desmonte) de navios 401–402

Desmatamento 174, *175*, *200*, 268, 361, 374

Diagrama Borboleta 72, 74, 467

Diamond Select Advance, sistema 58

Dieta 173, 185, 192, 195

Digestão anaeróbica 89–90, 206, 385, *386*

Diretrizes (regulação) 158, 159, 275, 435

Diversidade 51, *62*

DLL Group 157, 366

Dodd–Frank Act 268

Doe, Paul 140

Dong Energy 97

Drones 149–151, 209, 414

DuPont 184, 224

E

eBay 61, 103, 113, 118, 137, 285, 291, 314, 474

Echo (++) 112

Ecocídio 435

Ecodesign 435

Ecoeficiência 49, 78, 81

Ecolaboration, projeto 217

Ecologia 45, 47–48, *62*, 341, 467
> *Ver também* ecocídio; Ecolaboration, projeto; ecodesign; ecoeficiência; ecoparques; economia ecológica; pegada ecológica

Ecologia cultural 45, *62*

Ecologia industrial 47–48, 341, 467

Ecologia social 45, *62*

Economia, 133, 434, 467
> Desempenho 44–45, *62*, 122

> Linear 33, 39, 43, 169, 182, 336, 372

Economia atômica 132

Economia azul *44*, 48–49, *62*

Economia circular (definição) 33–34, 39, *44*, 50–67, 467

Economia da assinatura (economia da recorrência) 399

Economia de acesso 114–115, 116, 255

Economia do desempenho (modelos) 44–45, *62*, 108, 110, 120–123, 303, 345–351, 367, 436

Economia ecológica 467

Economia de serviços funcionais
> *Ver também* economia do desempenho

Economia linear 33, 39, 43, 169, 182, 336, 372

Ecossistemas 33, 43, 169, 171, 192, 237, 268
> Negócios 48–49, 107, 108, 119–120

> *Ver também* serviços do ecossistema

Ecossistemas de negócios 48, 107, 108, 120

Edie.net 454, 459

Eficiência dos recursos 78, 87, 298–300, 342, 428, 456, 468

Elementos de terras raras (REE) 264–276, 277, 454

Eletricidade 32, 166, 177, 206, 231, 302, *386*

Ellen MacArthur Foundation (EMF) 50, 54, 56, 72–74, 101, 264, 331, 434–437, 446, 458

Elvis & Kresse *67*, 245

Embalagem (*packing*) 280, 291, 292, 302, 322, 325, 350, 392–395, 416–417

Emissões de carbono 96, 172, 178, 210, 428

Empreendimentos comunitários 97, 112, 114, 124, 144, 289, 409, 438

Empreendimentos sociais 61, 124, 127, 262, 286

Emprego 224, 323

 Ver também normas trabalhistas

Energia 48, 89–90, 149–150, *170*, 172, 188–189, 231, 254, 265–264, 426

 Renováveis 51, 377, 428

Energia nuclear 150, 171

Energia renovável 51, 149–150, 377, 428

Energy from Coffee Wastewater, projeto 209

Energy Labelling Directive, 275

Engenharia verde 132

Enterprise Resource Planning (ERP) 335, 351, 468

EnviroFlight 206

Enviromate 305

Environcom 287–293

Environmental Profit and Loss Accounting (EP&L) 248, 468

Equipamentos médicos 93, 126, 138, 192, *267*, 305, 381, *391*, 402, 427

Equipamentos elétricos e eletrônicos

Plano de Ação de Sustentabilidade (ESAP) 280, 474

Equipamentos elétricos e eletrônicos (EEE) 261–294, 403–404

Equipamentos elétricos e eletrônicos de consumo 261–294

Escoadouros 236

Espresso Mushroom Company 216

Espuma 86, 274, 288, *377*, 326

Estereolitografia (SLA) 138

Estratégia 331–351, 359, 440–445

Estratégia Positiva de Pessoas e Planeta (IKEA) 56–61

Ética 180, 186, 204–206, 212, 268, 293, 369, 336, 374–376

Etsy 137

European Remanufacturing Network (ERN) 390–391

Eutrofização 196, 229, *236*, 372, 468

Exportações 105, *168*, 171, 193–194, 292, 301, 417

Exportações de produtos agropecuários 193–194

Exteriorização 155, 193, 222, 297, 334, 354

Externalidades (fatores externos) 169, 196, 293, 297, 361, 372, 432–436, 468

Extrusão 138

F

Fabricação de carros 117, 159, 335

Ver também BMW Drive-Now; Ford Motor Company; Honda; Renault; Rolls-Royce; Toyota

Fabricante OEM 257, 309, 315, 468

Facebook 120, 136–137, 148, 202, 262, 365

Fairphone 180, 262, 279, 370–371, 404, 412

Fairtrade 157, 207, 210, 211, 217, 370

Fairweather, Adam 211

FareShare 204

Fashion Positive 258

Fast fashion 222, 227–228, 247

Fatores políticos (poder) 103, 434

Feedback 85, 130, 294, 306, 353–355, *358*, 396, 440–441, 450

Ferramenta de jogo de cartas (jogo) *443–454*

Ferramentas de medição *456–459*
Ver também critérios de sucesso

Fertilizantes 107, 166, 186, 188, 193, 196, 210, 213, 229

Fibras naturais 223–226, 240, *242*, 245–246

Fibras sintéticas 231, 245–246, 250, 256
Ver também materiais artificiais (fibras)

Fim da vida (*end of life* – EOL) 51, 52, 169, *187, 232, 236*, 262, *392*, 469

Diretrizes (regulação) 158, 159, 275

Fim do uso 35, 202, 292, 355, 469

Finanças 157–158, 326, 437

Flute Office 310

Fluxo contínuo de serviços, modelos de negócios 47

Fluxos circulares, 57–58, 64–65, 92–98, 204–205, 213, 253–256, 281–282, 322–326, 410

Fluxos de informação *357*, 364

Fluxos de recuperação de output
Ver também fluxos circulares

Fluxos simbióticos 343, 344

Flyknit, calçado 143

Fontes (abastecimento) 469
Ver também fornecimento de água; polinização; recursos

Food Assembly 205

Foodchain 203–204

FoPo 206

Ford Motor Company 86, 139, 156

Ford, Henry 139

Forest Stewardship Council 60, 157, 466

Formuladores de políticas 55, 61, 66, 158–159, 283, 364, 372, 380–381, 390–391, 434

Fornecedores 325, 335, 340, 344–345, 349, 363

Fórum Econômico Mundial (FEM) 32, *41, 43*, 54, 56, 259, 297, 333, 358–359, 380
Beyond Supply Chains 70–71

Fósforo 173, 177, 186, 229, 299, 424, 468

Fósforo *263*

Fraude 120, 198, 246, 296, 409

Freecycle 93, 113, 285, 305, 314

Fronteiras planetárias, conceito 176–177, 424

Furniture Reuse Network 314

Future-Fit Business Benchmark 350, 377

G

"Grande Aceleração" *41*, 120–21

Gado *185*, *189*, 191–194

　　Ver bem-estar animal (saúde)

Gálio 269, *299*

GameStop 404

Gap Inc. 223, 231

Gases do efeito estufa (GEE) 85, 149, 158, *175*, 296, 309, 340, 469

　　Alimentação e agricultura 184, *188–189*, *191*–192, *200*, 217

　　Têxteis 231–233

GE Aviation 141

Geladeiras (refrigeradores) 264, 270, 274, 280, 287, 288, *290*, 291, 304, 399

General Electric (GE) 141, 150, 457–458

General Motors 150

Germânio 269

Gestão de estoques (análise) 292, 293, 297, 321, *373*, 374

Gestão de riscos 364

Gig economy 118, 469

Girl Meets Dress 121, 255

GlaxoSmithKline 135

Global E-waste Monitor, relatório *272*, 275

Global Reporting Initiative 469

Global Robots Ltd 405

Google 69, 105, 136, 211, 262

Governança 58, *352*

Governos locais 94, 111–114

Grafeno 105, 137, 153

Great Recovery, projeto 56, 442

Greencup 210–213

Greenpeace 230–231, 257

GRO Holland 215

Guardian, The 59, 365

Gumtree 113, 285, 474

Gyproc 97, 98

H

H&M 58–59, 223, 231

Hackney Brewery 83

Hampton Creek 202

Heinz 86, 156

Henkel Sustainability#Master® 458

Herman Miller 313–314

Higg Index 258, 356, 372

Hijosa, Dr Carmen 243

Hipercustomização 333

Hive, aplicativo 149

Holoceno 174

Honda 282

Horizon Proteins 206

Hugh's War on Waste (BBC) 204

I

iCropTrak 149

iFixit 284–285, 412, 414–415

IKEA 59–61

Iliopoulos 401–402

Ímãs *263*, 264, 269

Imperfect 206

InCycle, coleção 248

Índia 173, 190, 192, *193*, 228, 232, *233*, 275

Indicadores de circularidade 458

Índio 270, *299*

Indústria aeroespacial 138, 140, 300, 389, *391*, 427

    Ver também Airbus; Boeing; GE Aviation; Nextant Aerospace; Tarmac Aerosave

Indústria do jeans 113, 231, 234, *236*, 251, 372, 374, *375*

Indústria de móveis 113, 125–126, 145, 211, 249, 286, 295, 304, 306–326

Indústria química 39, 98, 295, *299*, 302–303

    China 55, 149, 167, 171, 173, 178, *193*, *233*, 426

    EEE (Electrical and Electronic Equipment) 269–270, 275–276

Indústria da moda 221, 232–233

Inovação "jugaad"

    Ver inovação frugal

Inovações disruptivas (modelos) 34, 52, 130, 135, 202, 279, 348, 399, 413, 435

Inputs circulares, 63, 82–86, 199, 202, 239–246, *277–278*, 310, 321–322, 267–269

Inputs químicos 45, 133, 169, 171, 174, 313, 321, 439

    Agricultura, 92, 186–188, *194*, 208

    EEE (equipamentos elétricos e eletrônicos) 261, 275, 291, 293

    Têxteis 228–231, 240, 243, 245, 249–250

    Ver também bioquímicos

Institute for Manufacturing 29, 67, 107, 222, 260, 327, 379, 397, 430, 431, *432*, *433*

Instructables.com 414

Integração vertical 52, 184, 199, 263

Intel 278–279

Interface Global 300

Internet 65, 105, 110, 116, 126, 135, 136, 139, 149, 150, 153, 161, 166, 180, 203, 205, *214*, *289*, 294, *318*, 333, 348, *356*, 381, 435, 466

Internet das coisas (IoT) (ativos inteligentes) *34*, 65, 136, 148, 149, *214*, *289*, 294, *318*, 333, 348, *356*, 396, 397, 413, 435, 470

Internet industrial

    Ver internet das coisas (IoT)

Internet móvel 65, 105, 116, 381, 470

Inundações 192, 266, 334

iPhone 281

Irrigação 41, 80, 165, 173, 189–190, 208, 209, 230, 233

J

Japão 86, 96, 132, 158, 160, 240, 255, 265, 362, 405

Java-Log®Firelog 216

Java Ore 211

Jobs, Steve 129

K

Kalundborg 97–98, 303, 384

Kingfisher 120, 423

Knight, Jeremy 210

KonaRed 210

L

Lã 203, 241, 245

Lagerfeld, Karl 142

Landshare (movimento) 112

Lantânio 264

LAWR 459–460

Leadership in Energy and Environmental Design (LEED) 297, 372

LEAP, motor 141

Leasing 111, 119–121

LED iluminação 40, 58, *59*, 203

Legislação sobre retorno 275–276

LeMond, Greg 85

Leno, Jay 143

Lenovo 263

Levi Strauss 223, *231, 234, 236, 253, 372*

LG 404

Liedtke, Eric 84

Limerick, cadeira 313

Linear 32, 33, 39, 40, 49, 53, *57*, 99, 111, 119, 133, 152, 169, 182, 186, 221, 268, 336, 372, 425, *444, 452*, 467

LinkedIn 148

Lista de materiais 64, 71, 76, *341, 355, 368, 383, 416*, 438, 465, 470

Lixo eletrônico 268, 270, 271–274, 287–293, 403, 470

LLP *(lead logistics provider)* 415–*416*

Localização *382–383*

Löfbergs 212

Logística 52, 264, 292, 322, 333, 336, 339, 344–345, 399

Logística de peças para serviços 345–346

Logística *omnichannel* 333, 336

London Reuse Network 315

Loop aberto – mesmo setor 72–73, 471

Loop aberto – transetorial 72–73, 470

Loop fechado, sistemas de 46, 455

Looptworks 252–253

Lund, R.T. 390

Lyf Shoes 257

M

M&S (Marks & Spencer) 121, 258

M2M (machine to machine) 149, 396

Machine-to-machine (M2M) 149, 396

Maersk 141, 395, 402

Maker, movimento *34, 103, 294*

Manufatura *455–456*

    Ver também manufatura aditiva; manufatura distribuída; manufatura industrial; Institute for Manufacturing; remanufatura

Manufatura aditiva 77–78, 137–147, 333, 348, 471

Manufatura distribuída 332, 382–384, 397, 471

Manufatura industrial 295–327, 304, 306, 310, 325

Manufatura redistribuída

    Ver manufatura distribuída

Manutenção, reparos e operações (MRO) 126, 144, 296, 344, 346, 381, 414

Mapeamento *315, 273, 441–442*

Máquinas de lavar 143, 264

Máquinas de vendas 126, 413

Mar do Aral *233–235*

Mapeamento dos benefícios 441–442

Materiais *307*, 313, 438–439, 471

Materiais artificiais (fibras) 169, *179*, 223–224, *226*, 237

    Ver também fibras sintéticas

Materiais bioplásticos 86, 137

Material virgem *78, 83, 278, 342, 428, 458,* 471

Matérias-primas *187*, 248, 255, 269, 294, 323, 343, 426, 471

McDonough Braungart Design Chemistry (MBDC) 249, 250, 438

McDonough, William 49, 81, 327, 378

McKinsey & Company 42, 50, 54, 55, 140, 178, 333, 339, 434, 437–438

Meadows, Donella 133–134

Mecanismos de mercado 52, 61, 110, 402, 409

Megacidades 297

Melhoria contínua 82, 99, 204, 367, 376, 418

Menicon *217*

Mercados emergentes 57, 102–103

Mercados negros 402, 409

Mesas *307*, 310, 314

Metais *301–302*

    Ver também alumínio; berílio; cobre; gálio; germânio; índio; lantânio; neodímio; fósforo; elementos de terras raras (REE)

Micorrizas 199

Microempresas 144

    Ver também modelos de manutenção; desempenho; produto-serviço; recuperação; reciclagem; reabastecimento; remanufatura; revenda; reutilização, etc.

Mídias sociais 58, 118, 136, 148, 222, 365, 382, 435

Ver também Facebook; LinkedIn

Midstream 379–397

Millau, viaduto 303

Millennials 117, 279, 332, 435, 436

Millennium Ecosystem Assessment 181

Milwaukee 89

Mina urbana 271

Mineração 266, 268–270

Minerais de conflito 180, 268, 279, 370, 471

Ministério da Defesa do Reino Unido 108

Mission Zero (InterfaceFLOR) 36, 300

MIT Media Lab 414

Moagem úmida (café), processos 209–210

Mobile apps (aplicativos móveis) 65, 105, 116, 148, 149, 160, 284, 463

Moda e têxteis 87, 240–241, 252–253

Modelagem por deposição fundida 138

Modelo de referência de operações da cadeia de suprimentos (SCOR) 471

Modelos comerciais *109,* 110–124

Modelos de compartilhamento (economia) 11, 113–119, 343, 349, 415

Modelos de compartilhamento de ativos 102–103

Modelo de negócio 52, 63, 64, 101–128, 206, 286–87, 293, 303, 314–315, 436

Modelos de propriedade 104, 110, 117, 122, 127, 436

Modelos de resultados

  Ver economia do desempenho (modelos)

Modelos de serviços 47, 111, 113, 114, 121–123, 344

Modelos de troca (plataformas) 111–112, 113, 205, 253, 255–256, 305

Modelos de valor compartilhado 154, 366, 430–432, 477

Modelos sob demanda 118, 148, 332–*333*, 348, 395, 413–*414*

Monsanto 184

Motorola 262

Móveis 306

Móveis para escritório 295, *306–326*

  Ver também cadeias de suprimentos

Mudança climática 157–159, 176, 186, 266, 372, *375*

MyMuesli 382–383

N

Nações Unidas (ONU) 167, 176, 181, 229, 275, 340, 363, 434

Nakatsu, Eiji 131

Nanotecnologia 137, 153

Napster 145

National Industrial Symbiosis Programme (NISP) 96, 205, 384

Natural Step 53, 99, 178–79, *187*, 237, 350, 377, 432, 456–457, 472

Negócios 48–49, 107, 108, 119–120

Ver também serviços do ecossistema

Neodímio 264

Nestlé 156, 184, 186, 190, 209, 217

Networks (redes) *108–109,* 181, 239–340

New Industrial Model 456

NewLife Appliances 291–292

Nextant Aerospace 389

Nike 86, 142, 143, 223, 256, 259

NiMH, baterias *263*

Nitrogênio 66, 173, 176, 186, 210, 229, *236*, 288, 424, 468

Nokia 142, 262, 284

Nonilfenol (NP) 230, 231

Nonilfenol etoxilados 230

Normas trabalhistas 71, 207, 237, 268, 335, 363, 370, 376

Ver também emprego

North Circular, The 104

Nottcutts Garden Centres 212

Novo Nordisk 97, 98

Novos compostos (*novel compounds*) 169, 172

Nula Kids *247*

Nutrientes 48, 49, 64, 37, 72, 245, 472

Nutrientes biológicos (recursos) 72, 76, 79, 169, 174–175, 191–193, 236–237, 268, 472

Nutrientes técnicos (recursos) 72–76, 76, 78, 169, 170–171, 186, 188, 228–229, 264–265, 472

Nylon 223, 224, *225,* 246, 252, *254, 307*

O

O2 Recycle *282*

Obesidade 158, *201,* 435

Ocean Plastic (calçado) *84*

Oferta de sementes 184

Oito Princípios de Sustentabilidade (8S) 27, 341

Olleco 206

Onstar 149

Openfield 343

Operações de logística reversa *283*

Oportunidades de criar valor 21, 28, 110, 130, 182, *276,* 368, 376, 379, 399, 418, 423, 431, 432, 439, *452*

Ver também modelos de valor compartilhado

Orange Peel Exploitation Company 203

Orangebox *20, 323-326*

Organização das Nações Unidas para Alimentação e Agricultura (FAO) 167, 229

Organização dos Países Exportadores de Petróleo (OPEP) 105

Organização Mundial do Comércio (OMC) 167, 180, 222, 262

Organizações não governamentais (ONGs) 173, 473

Original Unverpackt 204

Oxfam 184, 186, *188*, 189, 194, 196, 220, 258, 438

P

Packaging Waste Directive 159

Pacto Global das Nações Unidas (UNGC), compromissos 363

Padrões (normas) 65, 81, *84*, 156, 157, 159, 204, 205, 293, 336, 342, 345, *357*, 363, 388, 435, 475

Padronização 48, 52, 79, 221, 324, *341*, *368*, 372, *383*, *416*

Page, Larry 69

Pallite (paletes) 417

Parcerias 28, 35, 107, 154, *317*, 332, 339, 348, 363, 379

Paris ("Vélib") 114

Parley for the Oceans *84*

Parques ecoindustriais/ecoparques 55, 340, 384, 396

Patagônia *18*, 221, 253, 254, *414*, *415*

Pay-per-use 65, 81, 473

PayPal 120, 148, 202

Peak oil (pico de petróleo), conceito 172

Pearson 135

Pectcof (cereja de café) *19*, *90*, *91*, 209

Peer-to-peer (P2P) *17*, *34*, *112*, 136, 473

Pegada ecológica 33, 177, *185*, 455, 464, 473

Perfect Vision (programa, Herman Miller) *314*

Permacultura *34*, 53, 199, 303, 440, 473

Personalização *18*, 79, 262, 280, 284, 294, 399

Ver também customização em massa

Pensamento sistêmico 12, 28, 49, 53, 61, *62*, *63*, 65, 81, 100, *109*, *129*, 133, 134, *147*, 160, *201*, *214*, *256*, *277*, *289*, *301*, 304, *318*, *326*, 424, 442, *443*, 473, 473

Pensamento sistêmico holístico 98

Perspectivas de custo vitalício 364

Peru 266, *370*

Pesticidas 40, 45, 80, 91, 105, 166, 184, 186, *187*, 188, 207, 228, 229, 234, *243*, 246, 249, 251

PESTLE (modelo) 102, 434

Philips *18*, 54, *57*, 58, 98, 123, 150, 300, 365, 437

Phonebloks (projeto) 262

Piñatex™ 14, *18*, *242*, *243*, *244*

Planejamento 11, *26*, 64, *98*, *112*, 118, 130, 138, 155, 263, 293, 303, *320*, 331, 332, 345, 351, *354*, 400, 423, 442, 468

Plano de ação de roupas sustentáveis 247

Plano de Ação de Sustentabilidade (ESAP) 473

Plastic Bank, The 124

Plásticos 14, 25, 72, 80, *84*, *86*, 124, 125, 139, 144, 145, 156, 205, 264, 265, *267*, 274, *278*, *287*, *288*, *291*, *302*, *304*, *307*, 367, *403*, 454, 464, 476

Plataformas 65, 112, 115, 116, 119, 120, 136, 137, *147*, 148, 158, 160, 205, 284, 305, 343, 349, 350, *353*, *356*, *358*, 376, 400, 415, 474

Plataformas de "curadoria" 349

Plataforma ShareGrid *117*

Pneus *20*, *124*, 344, 390

Poliéster *84*, 223–225, 231, 240, 246, 248, *253*, *254*, 255, 259

Polinização 43, 46, 196, 462, 469

Poluição 42, 43, 45, 47, 65, *90*, *97*, 105, 107, 115, 132, 158, *175*, *179*, 180, *187*, 188, 192, 196, *200*, 208, 230, 234, *238*, 248, 266, 268, 274, 277, 293, 296, 309, *323*, 336, 340, 364, *370*, *404*, *427*, *433*, 435, *457*

Práticas agrícolas 41

 Ver também agrofloresta; uso da terra (degradação da); agricultura orgânica (produção)

Práticas transfuncionais 71

Predictivity (linha de serviços) 150

Preloved 113, 285, 474

Problemas de saúde 404

Processamento de cebolas 88

Procter & Gamble *86*, 156, 387

Prodrive *140*

Produção em massa 103, 138, 139, 140, 221, 340, 399

Produto interno bruto (PIB) 31, 41, 474

Produto perfeito 13, *67*

Produtos 14-16, *18*, 23–25, 28, 32, 34, 35, 39, 41, *44*, 47, 51, 52, 55, *57–62*, 63–65, 69–73, *75*, 76, 77, 80, 81, *84*, 85, *86*, 89, *91*, 92, 93, *94*, *95*, *98*, 99, 101–103, 105, 107, 110, 111, 113-115, 117, 119, *120*, 121–128, 130–133, 135, 137, 139, 142, 143, 145, 146, 148–150, 154, 157, 160, 165, 169, 171, 172, 174, 177, *179*, 182–184, *187*, 188, 190–193, *194*, 196, 198, 199, 202–207, *210*, *211*, 215, *218*, 219, 222, 224, 225, 228–231, 233, 234, 237, 238, *240*, 241, *243–245*, 246, 248, *249*, *250*, 251, *252*, *253*, 254, 256, *257*, 258, *259*, 261, 262, *263*, 264, 265, 269, 271–275, *277–279*, 280–281, *282*, *283*, 284, *285–288*, *290–293*, 294–296, *299*, 300, 301, 303, 304, *305*, 307, 309, *310*, *311*, *313*, *314*, *320*, *321*, 323, *324–326*, 331, 332, 335, 336, *338*, 339, 340, 342–346, 348, 349, 351, *353*, *355–358*, 359, 361, 364, 366–369, *370*, 372, *373*, 374, 376–378, 381, *382*, 388–399, *400*, *401*, *403–405*, *407–409*, 410, 411, *413–415*, 417–419, 426, 428, 431, 432, *433*, 436–439, 441, *443–446*, 454, *455*, 456, *457*, 458, 460, 461, 463–472, 474, 476

Produtos duráveis 346, 389, 436

Produto-serviço *34*, 36, 110, *408*, 476

Programme for the Endorsement of Forest Certification (PEFC) *326*, 474

Project MainStream 54, 68, 262, 269, *276*

Propriedade intelectual 104, 145, 296, 348, *356*

Prossumidores *34*, 103, 137, 144, 181

Puma 248, 249

PwC 56, 117, 136, 460

Q

QR Codes 148, 151

Queijo, produção de *89*

Química sustentável 231
   Ver química verde

Química verde *18*, *63*, 65, 82, *91*, 105, *109*, *129*, 131, 132, 146, *147*, 160, 181, *201*, 203, 205, *214*, 215, 239, *240*, *256*, *277*, *289*, *301*, *318*, 367, *443*, 474

Química verde, departamento (University of York) 203

R

Radio-Frequency IDentification (RFID) 151

Rastreamento, sistemas de 410
   Ver também subprodutos; co-produtos; gestão do ciclo de vida do produto;

Reabastecimento *147*, 343, 413, 437, 472

REACH 275

Reciclagem 14, *17*, *19*, *20*, 25, *34*, 44, 48, 52, *56*, *57*, *60*, *61*, 65, 73, 79, 80–82, 85, 88, *90*, *94*, 95, 110, 122, *124*, 125, *147*, 159, 169, 172, *210*, 217, 228, 240, 248, *252*, 253, 254, 264, 265, 268, 270, *271*, 274, 275, *276*, 279, 280– 282, *283*, 285, 286, *287*, *290–292*, 293, *299*, 301, 302, *305*, 312, *313*, 314, *316*, *324–326*, 327, 339, 348, 351, 367, *370*, 379, *387*, *392*, 400, *401*, *403*, *404*, *406–409*, 410, 418, 429, *443*, *447*, *451*, *455*, 458, 459, 469, 471, 472, 474, 476

Reciclagem em campo *283*

Recondicionamento 474

Recuperação (retângulo da recuperação) 13, 73, *75*, 99

Recursos *19*, 26, 27, 31–33, *34*, 35, 36, 40, 42, *43*, 44–49, 51, 52, 54–56, *57*, *59*, *60*, *62*, 64, 65, *66*, 67, 68, 78, 79, 81, 87, 91, 96, *97*, *98*, 99, 100, 102–107, 110, *112*, 115, 116, 123–125, 127, 128, *132*, 135, 137, *142*, 145, 146, 148, 149, 150, 153, 155, 158, 159, 160, 161, 165, 169, 171–173, *175*, 177, 178, 180, 181, 182, 186, 188, 189–191, *200*, 202, 205, 206, 209, 219, 220, 221, 228, 229, 231, 232, 236, 248, 250, 258, 259–261, 264–266, 268, 274, 275, 277, 280, *284*, 294– 298, *299*, 300 301, 303, *305*, 309, 310, *312*, *323*, *325*, *326*, 327, *334*, 335, 341–343, 348, 350, 351, *352*, 359, 360, 365, 367–369, 372, *373*, 374, 377, 378, 380, 381, 384, 390, 395, 396, 397, 410, *414*, 419, 424, *425*, *427*, 428–430, *433*, 434,

437, *440*, 441, 442, *454, 455*, 456, 459–462, 464, 466, 467, 468, 469, 470, 472, 475

Recursos hídricos (uso) 266, 424

Recursos incorporados 64, 87, 475

RecycleNow 285

Red Tractor 157

Redeem *282, 283*

Redes de fornecimento 335, 343, 438

REDISA (Recycling and Economic Development Initiative of South Africa) *20, 124*

Redistribuição 111, 198, *276, 447*, 475

    Ver também modelos de troca (plataformas)

REEE (resíduos de equipamentos elétricos e eletrônicos) 14, 160, *267*, 273, 275, *287, 288, 290*, 454, 473

ReFood 206

Regulação (diretrizes) 118, 156, 158, 173, *175*, 176, 180, *200*, 275, 276, *353*, 388, 395, 410, 435, 475

Reino Unido 1–4, 14, 24, 73, 78, *83, 89, 90, 94, 96*, 100, 108, *112*, 116, 118, *121*, 151, 153, 158, 183, 189, *191*, 195–198, 202, 204–207, *210, 212–214, 216, 217*, 227, 228, 237, *239, 245*, 255, 261, 273, 280, *283*, 285, *291*, 297, 298, 302, 304, 305, *306*, 309, *313*, 314, *315, 316, 325*, 336, 343, 349, 362, *383*, 384, 390, 393, 395, 414,

417, 424, 426, 428, 429, 436, 454, 473, 477

Relatório de lucros e perdas ambientais (L&PA) 475

Remanufatura 15, *20*, 23, 28, 29, *34*, 35, 40, 45, *56, 57, 63*, 64, 65, 73, *74, 75*, 77, 79, 81, *82, 87, 92*, 93, *109*, 125–127, *129, 147*, 159, *201, 214, 239*, 247, 248, *251, 253, 256*, 264, 265, *276*, 277, 279, 281, *289*, 294, 300, *301*, 303, *311, 315–324, 326*, 327, *338*, 339, 342, 345, *347*, 348, 349, 351, *355, 367*, 379, *384*, 388, *389*, 390, *391*, 396, 397, 400, *404–408, 411*, 427, *443, 447, 451, 455*, 469, 471, 475

    Ver também América do Norte; United States Materials Marketplace

Renault *20, 56, 57*, 135, 300

Renovação 40, *58, 60*, 84, 92, 93, 119, *147, 276*, 281, *288, 292, 319, 321*, 339, 346, 351, 396, 397, 400, *403, 406*, 413, 436, 437, *451*

Renováveis 15, *17–19*, 35, *59, 63*, 64, 65, 72, 77, *82, 84*, 87, 91, *92, 109*, 123, *129*, 131, 133, 146, *147*, 172, 181, 182, 199, *201*, 202, 203, *214, 239*, 241, *242*, 247, *251, 253, 256*, 277, 280, *289, 301, 310, 318*, 344, 346, *347*, 359, *367*, 368, 377, *384*, 394, 417, *443*, 456, 460, 473

Rent the Runway 104, 255

Repair Café *18*, *34*, 103, *286*, 438

Replere 210

Reposição (sobressalentes), peças 126, *145*, 146, 173, *291*, 436

RepRap *18*, *144*

Repropositagem 476

República Democrática do Congo 268, *370*

Resíduos (gestão) 14, *18–20*, 28, 33, *34*, 42, 44, 45, 47, 48, 51, 52, 55, 56, *58–60*, 61, *62*, *63*, 66, 72, 73, *74*, *75*, 77, 80, 81, *82*, *84*, 85, *87*, 88, *89–92*, *94*, 95, 96, *98*, 107, *109*, 110, 115, 122, *124*, 125, *129*, 132, 144, *147*, 153, 155, 158, 159, 169, 172, 174, *175*, 183, *187*, 188, 196, 199, *200*, *201*, 202–206, 208, 209, *211–214*, *216*, *217*, 219, 227, 228, *239*, *247*, 248, *249–251*, 252, *253*, *256*, *267*, 272–275, 277, 280, *282*, *287–290*, *293*, 296, *299*, 300, *301*, *302*, 303, *304*, *305*, *308*, *311*, *312*, *316*, *318*, *320*, *322*, *324–326*, 336, *338*, 340–343, 345, 346, *347*, 349–351, 359, 365, *3678*, 372, 377, *384*, *385*, *387*, 396, *403*, 410, *411*, 413, 418, *427*, 428–430, *433*, 434, 435, 441, 442, *443*, *447*, *449*, *451*, *453*, *455*, 456, 458, 459, 461, 462, 464, 467, 470–473

Resíduos estruturais 107, 196

Resiliência 27, 28, *41*, 51, 77, 102, 139, 169, *170*, 176, 192, 286, 293, 331, 332, *334*, 343, 348, 363, 369, 397, 441, *455*

Resin Identification Coding System (RIC) 80

Responsabilidade estendida do produtor (REP) 65, 159, 475

Responsabilidade social da empresa (RSE) 66, *357*, 365, 476

Restart Project 286

Retorno do capital aplicado (ROCE) 350

Retorno dos recursos aplicados (RORE) 350, 359

Retornos *175*, *200*, *218*, *226*, 264, 275, *358*, *362*, *409*, 418

Reutilização *17*, *20*, 45, 50, 52, *57*, *60*, 63, 64, 79, 80, 88, 91–93, *97*, 98, 104, 122, 123, 125, *147*, 151, 155, 159, 202, 204, 240, 253, *256*, 264, 265, 274, *276*, 277, 280, 281, *283*, 285, *287*, *291*, 293, 302, 303, *305*, *306*, *308*, 309, 314, 315, *316*, *320*, *324*, 342, 345, *358*, 366, 368, 369, *387*, 396, *401*, *403*, *407*, *408*, *411*, *413*, 426, 442, *447*, *451*, *455*, 469, 475

Revenda 28, 34, *61*, 65, 73, 93, 110, 113, 125, *147*, 228, *256*, 281, *291*, *292*, 294, 351, 367, *406*, *407*, 436

Reversas *17*, 23, 270, 327, 359, 398, *400*, *401*, *403*, *4078*, *409*, 418, 419, 438

Revolução verde 166, 186

Revoluções industriais 10, 39, 46, 166

Re-worked 30, *211*

Reworx® 250

Ricoh 281

Riscos 13, 15, 16, 21, 25, 27, 52, *57*, 85, 86, 88, *90*, 99, 102, 105, *106*, 108, 132, 150, 153, 155, 156, 169, 171, 180, 190, 237, 263, 277, 293, 297, *298*, *306*, 315, 327, 332, 334, 339, 342, 343, 349, 350, *356*, 360, 362–366, 369, 374, 376, 381, 382, 395, 418, 425, 426, 429, *430*, 432, 434, 436, 439, *440*, 441, *448*, 456, 458, 460, 463, 475

   Ver também risco para a reputação; avaliação de riscos; gestão de riscos

Risco para a reputação 180, 336

Rohner *18*, *249*, *250*

RoHS Directive 275

Rolls-Royce 108, 123, 300

Rótulos inteligentes 151

Round Table on Responsible Palm Oil 65

Royal Mail 141, 414

rPET (polietileno tereftalato reciclado) 240

Royal Society for the Encouragement of Arts, Manufactures and Commerce (RSA) 24, 56, 442

Rubies in the Rubble 202

Ruh, Bill 161

RWE 123

Rype Office 15, *20*, 30, 73, 93, 296, 307, *316–323*, 391

S

Salários 71, 222, *370*, *408*

Samarco 266

SanRemo 211

Sazonalidade *391*, *357*

Scorecard 13, 16, 178, 179, 186, 237, 377, 456, *457*

Scotch Whisky Association 157

Seda de aranha 82, 256

Sedex 376

   Ver também grafeno

Segurança 43, 45, 64, 71, 72, 82, 86, 118, 131, 150, 151, 169, 171, *175*, 178, 180, 186, *187*, 194, 196, 198, *200*, *201*, 237, 239, *249*, 250, 259, 268, 278, *282*, *288*, 296, 301, 305, 310, *313*, *324*, 334, 335, 339, *341*, 342, 343, *357*, *368*, 369, 376, *383*, 390, *392*, *393*, 397, *401*, *405*, *416*, 429, 456, 458–460, 470, 473, 476

Segurança do estoque 343

Senator International Limited *315*, 316

Serviços compartilhados 113, 114, 117, 122

Serviços de entrega *326*

Serviços de esvaziamento 126

Serviços do ecossistema 44, 177, 220, 336, 476

Servitização 110, *453*, 476

Setor de construção 140, 305

Setor de moda 262, 350

   Ver também indústria do jeans

Setor de música 145

Setor industrial 296

shapeways.com 414

Shared Value Initiative 431

Shuanghui International 196

Siemens 303

Simbiose 49, *95*, 206, *341*, *368*, *383*, *416*

Simbiose de Kalundborg *19*, *97*, 303, 384

Simbiose industrial 15, *19*, 36, 91, 95, 96, *97*, 303, 379, 383, *384*, *386*, 476, 476

Simplificação 438

Singtex Industrial Company 215

Sistemas 33, 42, 43, 48, 49, 50, 52–54, 65, 72, 82, 88, 92, 119, 126, 128, 131, 134, 148, 150, 151, 156, 158, 165, 169, 179, 181, 199, 203, 207, 219, 230, 275, 293, *316*, 332, 333, 335, 336, 351, 358, *409*, 426, 427, 431, *433*, 442, *455*, 461, 464, 466, 469, 470, 472, 476

Sistemas aquapônicos 88, 463

Sistemas produto-serviço *34*, 36, 110, *408*, 476

Ver também stewardship

Sistemas vivos 36, 40, *43*, 44, 45, 51, 54, 61, *62*, 81, 82, 85, 91, 146, 169, 171, 174, 180, 182, 198, 199, 231, 237, 239, 277, 296, 310, 336, 359, 364, *373*, 427, 428, 431, *433*, 461, 464

Ver também ecossistemas

Sita 125

SixSigma *8 wastes* 99

Sky *18*, *283*, *284*

Smartphones 105, 116, 117, 136, 148, 261, 264, 281, *285*, *370*, 463

Ver também telefones móveis (carregadores)

Smithfield Foods 196

Snact 202

Sobreciclagem *34*, 44, *60*, 89, *252*, 253, 438, 476

Speedo 252

Spiber 256

SpoilerAlert 205

Stahel, Walter 39, 44, 45, 66, 110, 121–123, 125, 127, 128, 271, 272, 295, 303

Staples 141, 414

Starbucks 207, 210, 217

Statoil *97*, *98*

Stewardship 61, *63*, 65, *109*, *129*, 147, 158, 159, *201*, *214*, *256*, 275, 277, *301*, *318*, *326*, *341*, 344, 349, *368*, *383*, *416*, *443*, 458, 476

Stuart, Tristram *83*

Subciclagem 89, 265, 410, 438, 477

Subprodutos 15, 34, 35, 52, 64–66, 73, *75*, 80, 83, 87, 88, 96, *97*, 124, 130, 182, 183, 202, 203, 205, 206, 209, 217, *218*, 219, 223, *240*, 241, *302*, 303, *311*, *338*, 339, 340, 343–346, *347*, 359, 367, 379, 383, *387*, 388, 396, 463, 466, 476

Substâncias perigosas 274, 346, 389

Suco de laranja, fabricação *76*, *88-89*, *205*, *241*

Sugarich *205*

Sustainable Apparel Coalition *257*, *356*, *358*

Sustainable Restaurant Association 205

SWOT, análise 434

Syngenta *184*

T

Tado, aplicativo *151*

Tarmac Aerosave *405*

Tecnologia *65, 105, 116, 135-154, 284-285, 332, 335, 348, 374, 413-414*

Tecnologia autônoma *150-151, 399*

Tecnologia de calçados *84, 142, 251*

Tecnologia digital 136, 148-150, 161, 253, 257, 261, 380, 381, 395, 432

Teijin Fibers *239*

Telecomunicações, setor *117, 120*

Telefones

    Ver iPhone; telefones móveis (carregadores); Nokia; smartphones

Telefones móveis (carregadores) 34, 262, 263-264, 271

    Ver também smartphones

Telefonica *281–282*

Televisores (TVs) 261, 274, 287, 292, 291

Ten Foundation 215

TENCEL® 222, 241-242

Tendências globais (riscos) 10, 11, *57*, 102, 221, 360, 363, 424

TerraCycle 94

Terras agrícolas 173, 191, 192, 228, 234, 236

Teste de aparelho portátil 477

Têxteis 10, 14, *18*, 103, 153, 166, 215, *218*, 221–224, *225*, 228, 230, 231, 234, *238*, 239, *240*, 241, 242, 245, 250, *253, 254*, 259, 395, 454

    Ver também bioquímicos

The Plant 15, *19, 384, 386*

Think® (cadeira para escritório) *312*

Thinking in Systems (Meadows) 133, 161, 462

ThredUp *255*

Tidal Vision *18, 240, 241*

Toast Ale *19, 83*

Tomorrow Machine *19, 94*

Toxidade 45, *62*, 88, 229, 230, 372, *375*, 439, 463

Toyota 456

TRACOuk *403*

Transparência 28, 35, *98*, 258, 293, 343, 348, 349, *355*, 361, 362, 364, 365, 369, 438

Transporte *20*, 40, 92, 99, 107, 114, 117, 122, 139, 148, 155, 157, 166, *187, 188*, 198, *213*, 219, *236*, 274, 280, *292*, 300, *323, 324*, 333, *334*, 335, 341, 344, 345, 362, *373*, 374, *375*, 388, *392*, 395, *400, 403, 408*, 410, 417, 418, 427, 435, 470

Trem–bala 131

Triplo Resultado 66, 477

TurnToo 437

U

Uber 109, 116, 118, 119, 136, 148, 400

Umicore 271, 286

União Europeia (UE) 54–55, 79, *193*, *197*, 262, 275, 403

Unilever 135, 156, 184, 456

Unipart 283

United States Materials Marketplace 305

University of York 203

UPS 141, 414

Urbanização 102, 297–298

US Green Building Council (USGBC) 297

Uso da terra *175, 188,* 198, *200,* 236

V

Vander Kooij, Dirk 304

Vapor Laser Talon 143

Veículos autônomos (sem motorista) 150, 151

Vendas 111–112, 148

Veolia Environmental Services 125, 303, 429

Vietnã 209, 232, 340

Viridor *287, 291*

Virus 215

Vitafoam 326

Volatilidade de preços 178, 342, 366, 424

W

Waddilove, Barry 424, 443, 452

Walter's Tools (projeto) 113

Warp It 305, 314, 350

Waste Resources Action Programme (WRAP) 78, 196, 227, 228, 247, 264, 279–280, 306–309, 314–315, 315, 426, 428, 467, 473, 477

Water<Less™ (programa) 234, 251

WEEE Directive 159, *267*

Whitley, Andrew 78

WoolCool 203

World Wildlife Fund (WWF) 156

Wound Up 215

Wyevale Garden Centres 211–212

Y

YFY 278

Z

Zara, 222

Ze o Ze (calçado) 247

Zero, 36

Zero Carbon Food, 203

Zero Emissions Research and Initiatives (ZERI) 49

Zero resíduos *34*, 202, 204, 350, 396, 428

Zipcar 114–116, 474

Zopa 137

LEIA TAMBÉM

A BÍBLIA DA CONSULTORIA
Alan Weiss, PhD
TRADUÇÃO *Afonso Celso da Cunha Serra*

A BÍBLIA DO VAREJO
Constant Berkhout
TRADUÇÃO *Afonso Celso da Cunha Serra*

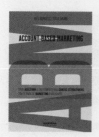

ABM ACCOUNT-BASED MARKETING
Bev Burgess, Dave Munn
TRADUÇÃO *Afonso Celso da Cunha Serra*

BOX RECEITA PREVISÍVEL (LIVRO 2ª EDIÇÃO + WORKBOOK)
Aaron Ross, Marylou Tyler, Marcelo Amaral de Moraes
TRADUÇÃO *Marcelo Amaral de Moraes*

CONFLITO DE GERAÇÕES
Valerie M. Grubb
TRADUÇÃO *Afonso Celso da Cunha Serra*

CUSTOMER SUCCESS
Dan Steinman, Lincoln Murphy, Nick Mehta
TRADUÇÃO *Afonso Celso da Cunha Serra*

DIGITAL BRANDING
Daniel Rowles
TRADUÇÃO *Afonso Celso da Cunha Serra*

DOMINANDO AS TECNOLOGIAS DISRUPTIVAS
Paul Armstrong
TRADUÇÃO *Afonso Celso da Cunha Serra*

ECONOMIA CIRCULAR
Catherine Weetman
TRADUÇÃO *Afonso Celso da Cunha Serra*

ESTRATÉGIA DE PLATAFORMA
Tero Ojanperä, Timo O. Vuori
TRADUÇÃO *Luis Reyes Gil*

INGRESOS PREDECIBLES
Aaron Ross & Marylou Tyler
TRADUÇÃO *Julieta Sueldo Boedo*

INTELIGÊNCIA EMOCIONAL EM VENDAS
Jeb Blount
TRADUÇÃO *Afonso Celso da Cunha Serra*

IOT – INTERNET DAS COISAS
Bruce Sinclair
TRADUÇÃO *Afonso Celso da Cunha Serra*

KAM – KEY ACCOUNT MANAGEMENT
Malcolm McDonald, Beth Rogers
TRADUÇÃO *Afonso Celso da Cunha Serra*

MARKETING EXPERIENCIAL
Shirra Smilansky
TRADUÇÃO *Maíra Meyer Bregalda*

TRANSFORMAÇÃO DIGITAL COM METODOLOGIAS ÁGEIS
Neil Perkin
TRADUÇÃO *Luis Reyes Gil*

MITOS DA GESTÃO
Stefan Stern, Cary Cooper
TRADUÇÃO *Afonso Celso da Cunha Serra*

MITOS DA LIDERANÇA
Jo Owen
TRADUÇÃO *Afonso Celso da Cunha Serra*

MITOS DO AMBIENTE DE TRABALHO
Adrian Furnham, Ian MacRae
TRADUÇÃO *Afonso Celso da Cunha Serra*

NEGOCIAÇÃO NA PRÁTICA
Melissa Davies
TRADUÇÃO *Maíra Meyer Bregalda*

NEUROMARKETING
Darren Bridger
TRADUÇÃO *Afonso Celso da Cunha Serra*

NÔMADE DIGITAL
Matheus de Souza

POR QUE OS HOMENS SE DÃO MELHOR QUE AS MULHERES NO MERCADO DE TRABALHO
Gill Whitty-Collins
TRADUÇÃO Maíra Meyer Bregalda

RECEITA PREVISÍVEL 2ª EDIÇÃO
Aaron Ross & Marylou Tyler
TRADUÇÃO Celina Pedrina Siqueira Amaral

VENDAS DISRUPTIVAS
Patrick Maes
TRADUÇÃO Maíra Meyer Bregalda

VIDEO MARKETING
Jon Mowat
TRADUÇÃO Afonso Celso da Cunha Serra

TRANSFORMAÇÃO DIGITAL
David L. Rogers
TRADUÇÃO Afonso Celso da Cunha Serra

WORKBOOK RECEITA PREVISÍVEL
Aaron Ross, Marcelo Amaral de Moraes

Este livro foi composto com tipografia Bembo e impresso
em papel Off-White 80 g/m² na gráfica Santa Marta.